公的統計情報―その利活用と展望

坂田 幸繁 編著

中央大学経済研究所
研究叢書 75

中央大学出版部

は し が き

　本書は，中央大学経済研究所社会経済ミクロデータ研究部会の3年間（2016
年4月〜2019年3月）の活動成果を叢書としてとりまとめたものである。「公的
統計情報システムの変容とその利活用をめぐって─歴史的・制度的・方法的検
討─」を研究テーマに，統計法改正後の政府統計に代表される公的統計情報の
作製・流通・消費の全過程にわたる変化と対応する利活用の方法や課題を検討
し，さらにはそれらの展望を見極めようと議論を重ねてきたものである。ここ
で公的統計とは中央政府をはじめとする行政機関が作成する統計の呼称（統計
法第二条第3項）であり，実質はいわゆる政府統計，官庁統計，国家統計に分
類される統計情報である。その主体である政府は最大の統計作成者であり，利
用者でもある。それゆえ公的統計情報は統計の利活用を量質ともに左右する特
異な情報性格を有している。

　第2次世界大戦後，米国による占領下，日本の民主化プロセスの槓桿をなす
統計制度の再建が目指されることになる。その法制面での根拠法が1947年に
制定された旧統計法である。それは行政のための統計作成を目指して「統計の
真実性を確保し，統計調査の重複を除き，統計の体系を整備し，及び統計制度
の改善発達を図ること」（旧統計法，第一条）を目的とした。その後，世紀変わ
りを経て，60年ぶりの改正となったのが現行法である。

　2007年制定（その後改正）の現統計法では，「社会の情報基盤としての統計」
という基本理念を明確化し，「公的統計の体系的かつ効率的な整備及びその有
用性の確保を図り，もって国民経済の健全な発展及び国民生活の向上に寄与す
ること」（統計法，第一条）が謳われた。それにともない，統計データの利活用
の量的拡張と質的変化が大きく加速される。それこそが本研究会の問題関心で
あり，叢書執筆の共通テーマである。

　本来個人や企業の秘密保護を前提とする統計調査において，調査によって収

集された情報（調査票情報と呼ばれる）は統計目的（統計数字の獲得）以外の目的への利用には大きな制限が課されている。それを公益に資することが条件とはいえ，利活用の基本的な対象レベルを調査票情報（あるいは記入済み調査個票）に落とし込んだ意義は大きい。単なる2次利用（調査が企画された本来目的とは異なる目的で調査票情報が利用されること）の枠組みでは捉えられぬ公的統計情報システムの変容ともいうべき大きな変化への契機を内包しているように考えられるからである。具体的な解が定まっているわけではなく，本書はその可能性の範囲を歴史的・制度的・方法的に，多様なアプローチから探索しようとしている。

　研究部会に属する15名の研究員と客員研究員による執筆であるが，各自の執筆テーマはそれぞれの具体的な研究関心から自由に設定してもらった。しかし自ずと問題領域は分化していく。利活用の対象となる調査票情報の作製と提供にかかわる問題，調査票情報の2次利用の方法やその拡張的利用にかかわるもの，そして新たな，レベルを異にする発展的問題領域である。そのような事情を反映して，本書は3部16章の構成としている。以下に各章の概要を紹介しよう。

　第Ⅰ部「公的統計情報の作製と提供」（第1章～第5章）においては，利活用の対象となる調査票情報，それ自体の検討にかかわる論考を取り上げている。統計表や集計値形態でのデータ利用では本質的な問題とならなかったエディティングや匿名化手法，さらには教育用訓練データ，国際動向を踏まえた調査法の吟味は不可欠なものである。

　第1章「改正された統計法と二次的利用の現状と課題」（山口幸三）は，統計制度にかかわる2次的利用の現状と課題を整理している。2018年3月に統計法の一部改正がなされ，統計データの2次的利用がさらに促進するように，規定が新設，変更されたが，改善を要する課題はまだ残されている。統計データの2次的利用の促進の取組みを概観し，その利用実績を踏まえた上で，今後の2次的利用の利用形態ごとの課題を吟味し，2次的利用を支える基盤となる教

はしがき　iii

育用統計データとデータアーカイブの整備について考察している。

　第2章「統計表の構造と IPF 法を用いた教育用擬似個別データの作成方法」（小林良行）では，2次利用促進に必須な教育用データの提供とその作成方法を論じている。本章では，IPF（Iterative Proportional Fitting）法を用いて，公表統計表から擬似個別データを作成する方法を提案している。まず IPF 法で扱う多次元配列と統計表の構造，統計表作成過程などとの関係を考察し，次いで擬似個別データの作成方法と作成時の考慮点について述べている。最後に教育用擬似個別データに関係する近年の法制度上の変化をまとめている。

　第3章「公的統計データにおける秘匿性と有用性の評価のあり方に関する一考察―スワッピングを中心に―」（伊藤伸介）はミクロデータの匿名化手法を論じたものである。外部情報による個体情報の特定化のリスクを勘案し，例えば，結果表中の度数1と2に該当するレコードは削除するケースがある。このようなレコード削除は，公的統計ミクロデータの匿名化に関する実務としては，効率的な方法ではないように思われる。そこで本章では，ミクロデータにおける匿名化技法の特徴や有用性の評価方法を考察した上で，国勢調査の個票データをもとにスワッピングの適用可能性を検証している。

　第4章「交互最小二乗法による選択的エディティング手法の質的な順序変数への拡張に関する検討」（高橋将宜）は，調査票によって収集したデータに含まれるエラー処理の方法を論じている。人手によるエディティング（審査と訂正）は時間も労力もかかるため，諸外国の公的統計では，重要なエラーに焦点を絞って選択的にエディティングを行う方法が採用されている。本章では，社会生活基本調査のデータを模したシミュレーションデータを利用して，交互最小二乗法（ALS: Alternating Least Squares）によって，順序変数を間隔変数に変換することで，選択的エディティングを順序変数に拡張できるか検討している。

　第5章「フランス INSEE における均衡抽出法の利用」（西村善博）では，フランス特有のローリング・センサスで採用される均衡抽出法を取り上げる。2次利用に当たっては採用された抽出法が利用のための前提条件（制約）となるためである。とくにフランス INSEE で公表されている手引きをもとに，

iv

INSEE における均衡抽出法の利用の基本的な特質を明らかにしながら，その帰結として今後の課題にも言及している。なお，補論にはキューブ法による均衡抽出の基本的な方法が整理されている。

　当然ながら，調査票情報の 2 次利用が本書の主要関心事となる。第 II 部「公的統計の 2 次利用と社会研究」（第 6 章〜第 11 章）の諸論稿はそれを取り上げたものである。その問題範囲は広く，パネルデータ獲得のための調査法から社会研究の方法や本来的には質的サーベイの課題などもここに含めている。

　第 6 章「パラメータ推定と抽出ウェイトの利用—尤度を中心に—」（坂田幸繁）は，本来実在の有限母集団の母数推定（記述目的）のために抽出設計された標本データを，因果的あるいは構造的モデルパラメータの推定（推論目的）に 2 次利用する際の標本設計情報（とくに抽出ウェイト）の利用について，その指針を整理・提示したものである。先行の研究蓄積に依拠しつつ，戦後の標本調査導入時における論争を 2 次利用に関係付け，抽出ウェイトによる加重推定を研究戦略の 1 つに据えるべきことを提起している。

　第 7 章「Web 調査による公的統計の拡張可能性—生活時間調査を素材に—」（栗原由紀子）では，公的統計である社会生活基本調査と Web 調査を融合利用することで，生活時間の季節性・地域性を捉え，同時に生活時間と消費行動との関係を捉えるための方法を提示している。本章では，Web 調査データを社会生活基本調査の調査票情報を用いて補正した分析事例を示し，その問題点について検討を加えることにより，Web 調査との融合利用による公的統計の拡張可能性について考察を加えている。

　第 8 章「観光地域経済調査からみた観光関連事業所の季節変動分析」（大井達雄）は，ミクロデータを使用して，観光関連事業所の季節変動の実態にアプローチしている。これまで集計データを使用した分析はみかけるものの，ミクロデータを使用した研究はほぼ皆無といってよい。具体的には各事業所の売上金額や利用者数の月次データからジニ係数を計算し，その数値の大小によって，季節変動の大きさを把握している。結果的に，個々の観光関連事業所の季

節変動の大きさ，つまり経営の不安性を把握することを可能としている。

第9章「既集計の公的統計データを用いた貧困量推計と『社会的排除』分析に関する検討」(宮寺良光) は，いわゆる「相対的貧困層」が「社会的排除」の状態に直面しているのではないかという問題意識から，既集計の公的統計データを用いて両者の関係を分析している。貧困量の推計に関しては，生活保護基準を基軸に「貧困線」を世帯人数ごとに設定し，世帯類型・所得階級別の世帯数と「貧困線」に照合させて貧困世帯数を推計し，被保護世帯数と照合させて捕捉率を推計している。「社会的排除」の分析ではコレスポンデンス分析により，貧困と「社会的排除」の因果関係についてアプローチしている。

第10章「ドイツの SOEP の意義と利用可能性」(松丸和夫) は，1984年から開始されたドイツの社会経済パネル調査 SOEP の利用をめぐる論考である。ドイツの社会政策史上初の法定最低賃金制度 (2015年) の導入について，ドイツ国内では SOEP を用いてその影響を測定する実証研究が公表され始めている。本章では，最近のドイツにおける SOEP を用いた研究動向に触れながら，大規模パネルデータとしてのその利用可能性について検討している。

第11章「アドルフ・ケトレーの統計論」(上藤一郎) の課題は，アドルフ・ケトレーの『人間について』を「統計」，「確率」，「社会の体系」の3つの視点から評価し，それを通じて統計学史の通説を再検討することにある。通説とは，イギリス政治算術，ドイツ国状学および古典確率論の流れを19世紀にケトレーが統合して近代統計学を確立したとする歴史評価である。統計 (学) 観の再考を学説史面から提起する論考である。

広義には2次利用の問題ではあるものの，統計表分析では外在的形式であった時間や場所区分の統計単位上の標識化，それにともなう地域・期間・イベント分析の広がりと深化，そして他の情報リソースとの統合や融合的利用といったレベルを異にする問題領域が展開されている。最後の第Ⅲ部「地域分析とデータ統合」(第12章〜第16章) ではそのような論考を中心に取り上げた。

第12章「地域での事業所調査と経済センサスの活用」(菊地進) では，地方

自治体レベルでの地域振興策への統計利用を論じている。地域経済の主要な担い手が中小企業である場合，その地域の産業振興策は中小企業振興策となる。市内事業所を調査し，地域企業の経営実態をしっかり捉えようとするとき，「経済センサス」の調査票情報の利用は大きな手助けとなる。しかし，それに加えて経営力や人材育成力を高めるための方向性が評価できる調査項目も必要となる。そのような取組みとともに，市内事業所調査の結果を振興策の数値目標にまで高めた事例として，愛媛県東温市を取り上げている。

第13章「世帯規模の動向の分析における地域単位の検討」（小西純）では，2010年〜2015年の世帯数の増減率に対する地域別，世帯人員別世帯数の寄与度の東京圏における分布傾向を解析している。さらに，距離減衰関数を適用して改良した移動窓集計により分析地域単位を変えて，世帯数の増減率を地図化する。これにより，市区町村別結果では把握できない寄与度の分布を捕捉することができ，世帯人員別寄与度の空間分布と鉄道路線や駅との関係についての推測が容易になることを明らかにしている。

第14章「人口・世帯属性からみた居住期間分布について」（森博美・長谷川普一）は，国勢調査における居住期間集計の問題を検討している。10年毎に実施される国勢調査（大規模調査）の結果表では5つに区分された居住期間とともに「出生時から」という表章区分が配置されている。そのため，5区分による居住期間分布は実際の分布と異なるおそれがある。本章では，既存集計が与える居住期間分布と年齢別集計によって「出生時から」の居住者を各居住期間階級に再配分した結果との属性別比較を行い，属性間での分布形状の異同を考察している。

第15章「境域情報などを用いた公的統計と行政情報のマッチングについて」（長谷川普一）は，新潟市を対象地域として公的統計である国勢調査と行政情報である住民基本台帳とを個体レベルで統合したデータに関して，その照合手法やデータ特性を検証している。新潟市では都市経営の基礎資料として，行政目的に応じた個人属性別人口動態の把握を必要としているが，そのための有力な解法として，位置情報や個人・世帯情報を用いて異種データの照合を行い，両

データセットの個体レベルでのデータ統合を試みている。

第16章「行政情報と統計情報のデータ統合の分析的意義について―静態・動態情報のデータ統合を中心に―」（森博美）では，行政と統計という2つの情報融合の可能性とその含意を論じる。欧米主要国では1990年代から2000年代初頭にかけて相次いで統計法規を改正し，公的統計への行政情報の活用を制度化し，統計・行政情報統合型統計システムへと大きく舵を切っている。このようなデータ統合を制度化した日本型統計システムの実現に向けて，本章では，統計情報と行政情報との統合データ論の視点から，主として行政情報の多様な情報特性，公的統計情報との統合による新たな情報価値の創造，さらにはそれが拓く新たなデータ利用の可能性などを考察している。

公的統計情報の利活用を論じる本書の立場は改正統計法の精神を前向きに活かそうとするものである。これに対して，2018年末に発覚した厚生労働省の毎月勤労統計をめぐる統計不正問題のベクトルは後ろ向きであった。統計や統計調査をひとや社会に大切なものと思う気持ち，あるいは教育効果も含むそのような素朴な意識のあり方を「統計的精神」*と呼べば，それは民主主義理念に基づく統計的思考法であり，同時に統計のあり方の基盤をなすものである。そして統計法は統計的精神が唯一頼りにできる法制の仕掛けである。それは統計の固有技術の問題というより，単純に統計法の遵守によってその機能が発揮される。今回の不正問題では，まずは遵法意識のゆるみや統計法理念の理解の不十分さを指摘するしかないが，その処理によっては統計的精神に基づく民主主義下の公的統計そのものの存立を根底から突き崩しかねない事件であり，その重大性を心に刻むべきであろう。

直接的には調査に協力する（あるいは情報を提供させられる）被調査者や調査員の統計的精神，直接間接にかかわる公務作業者の統計的精神，これらが統計や統計実践を社会的に成立させ，支える必須のファクターである。今回の不正

＊　大屋祐雪（1995）『統計情報論』九州大学出版会，第7章参照。

問題は統計的作成システムとそれを担う官僚はじめ従事者組織の精神的な統計調査環境汚染のサインでもある。特効薬があるわけではないから，社会教育・倫理教育における統計的精神の涵養をさまざまな場所で事あるごとに試みるしかない。統計的精神を根づかせ，育て，確かなものにする教育のあり方を議論することも忘れてはなるまい。いずれも重要な課題ではあるが，本書の用意した守備範囲を超える。いまはこのような問題意識を指摘するにとどめる。

　本研究叢書の刊行，およびそのための研究部会活動はすべて，中央大学，および中央大学経済研究所の支援によるものである。とくに叢書刊行を含め日常的な研究活動支援に対して，研究所合同事務室の方々には大変お世話になった。また，中央大学出版部の方々には編集から刊行までの実務を担っていただき，遅れがちな作業を効率よく捌いていただいた。ここに記して感謝したい。

　2019 年 7 月

社会経済ミクロデータ研究部会

主　査　　坂　田　幸　繁

目　　次

はしがき

第Ⅰ部　公的統計情報の作製と提供

第1章　改正された統計法と二次的利用の現状と課題
………………………………………………………山口幸三…　3

1. は じ め に………………………………………………………　3
2. 統計データの二次的利用………………………………………　4
3. 統計データの二次的利用の利用実態…………………………　6
4. 基本計画における二次的利用促進の取組み…………………　9
5. 統計法の一部改正による二次的利用の推進…………………　11
6. 統計データの利活用に向けた課題……………………………　11
7. お わ り に………………………………………………………　19

第2章　統計表の構造とIPF法を用いた教育用擬似個別データ
の作成方法………………………………………小林良行…　23

1. は じ め に………………………………………………………　23
2. 統計表の構造と表現形…………………………………………　25
3. 擬似個別データの作成方法……………………………………　32
4. お わ り に………………………………………………………　37

第3章　公的統計データにおける秘匿性と有用性の
　　　　評価のあり方に関する一考察
　　　　　　──スワッピングを中心に──……………………伊藤伸介…　39
　1.　はじめに…………………………………………………………　39
　2.　公的統計ミクロデータにおける匿名化技法および秘匿性・
　　　有用性の評価について ………………………………………　41
　3.　スワッピング技法の有効性に関する実証研究………………　46
　4.　スワッピング済データにおける秘匿性と有用性の定量的な評価……　56
　5.　おわりに…………………………………………………………　59

第4章　交互最小二乗法による選択的エディティング手法の
　　　　質的な順序変数への拡張に関する検討………高橋将宜…　63
　1.　はじめに…………………………………………………………　63
　2.　選択的エディティング …………………………………………　64
　3.　社会生活基本調査を模したシミュレーションデータ ………　66
　4.　順序データに変換 ………………………………………………　69
　5.　順序データから間隔データへの変換 …………………………　70
　6.　モンテカルロシミュレーションによるエビデンス …………　73
　7.　選択的エディティングの実行例………………………………　77
　8.　おわりに…………………………………………………………　78

第5章　フランス INSEE における均衡抽出法の利用
　　　　…………………………………………………………西村善博…　81
　1.　はじめに…………………………………………………………　81
　2.　均衡標本の定義とキューブ法 …………………………………　82
　3.　INSEE の均衡抽出法の基本的な利用…………………………　86
　4.　均衡抽出法のローリング・センサスへの利用………………　92

目　次　xi

　5.　おわりに………………………………………………………………………　98

　補論——キューブ法による均衡抽出の基本的な方法……………………　99

第Ⅱ部　公的統計の2次利用と社会研究

第6章　パラメータ推定と抽出ウェイトの利用

　　　　——尤度を中心に——……………………………坂田幸繁…　109

　1.　はじめに………………………………………………………………………　109

　2.　センサスパラメータにおける尤度概念……………………………………　112

　3.　モデルパラメータの推定——OLSから…………………………………　115

　4.　モデルパラメータと尤度推定………………………………………………　120

　5.　おわりに………………………………………………………………………　129

第7章　Web調査による公的統計の拡張可能性

　　　　——生活時間調査を素材に——………………………栗原由紀子…　135

　1.　はじめに………………………………………………………………………　135

　2.　分析の枠組み…………………………………………………………………　137

　3.　分析結果………………………………………………………………………　143

　4.　おわりに………………………………………………………………………　149

第8章　観光地域経済調査からみた観光関連事業所の

　　　　季節変動分析………………………………………………大井達雄…　159

　1.　はじめに………………………………………………………………………　159

　2.　観光学研究における季節変動に関する実証研究の現状…………………　160

　3.　データと分析手法の紹介……………………………………………………　165

　4.　分析結果………………………………………………………………………　167

　5.　おわりに………………………………………………………………………　182

第9章　既集計の公的統計データを用いた貧困量推計と

　　　　「社会的排除」分析に関する検討 ……………… 宮 寺 良 光… 185

　1.　は じ め に………………………………………………………………… 185

　2.　「貧困問題」に関する研究課題の整理 ……………………………… 186

　3.　貧困量の推計 …………………………………………………………… 196

　4.　「社会的排除」に関する分析………………………………………… 201

　5.　お わ り に………………………………………………………………… 205

第10章　ドイツの SOEP の意義と利用可能性 ………… 松 丸 和 夫… 209

　1.　は じ め に………………………………………………………………… 209

　2.　最低賃金委員会委託研究による MiLoG の影響評価 ……………… 210

　3.　SOEP とは何か ………………………………………………………… 214

　4.　おわりに―― SOEP 利活用の可能性 ……………………………… 237

　補論――ドイツの法定最低賃金制度の概要と SOEP を用いた

　　　　　研究の始まり ……………………………………………………… 238

第11章　アドルフ・ケトレーの統計論……………………… 上 藤 一 郎… 243

　1.　は じ め に………………………………………………………………… 243

　2.　統計学史の通説をめぐる検討 ………………………………………… 244

　3.　ケトレーの『人間について』………………………………………… 250

　4.　お わ り に………………………………………………………………… 265

第Ⅲ部　地域分析とデータ統合

第12章　地域での事業所調査と経済センサスの活用

　　　　………………………………………………………… 菊 地　　進… 273

　1.　は じ め に………………………………………………………………… 273

　2.　中小企業振興基本条例の構成と支援主体の役割…………………… 274

目　　次　xiii

　　3．全事業所調査としての東温市中小零細企業現状把握調査……………　278
　　4．浮き彫りになった経営力，人材育成力，連携力の大事さ …………　281
　　5．肝要な総合計画と行動指針への結実 ……………………………………　284
　　6．田川市における中小企業振興基本調査 ………………………………　288
　　7．おわりに──経済センサスによる独自調査サポートの必要性 ………　292

第13章　世帯規模の動向の分析における地域単位の検討
　　　　　　………………………………………………… 小　西　　純… 295
　　1．は じ め に………………………………………………………………　295
　　2．東京圏における市区町村別人口・世帯数の増減と
　　　　世帯人員別世帯数の寄与度の地域分布 ………………………………　298
　　3．移動窓法による分析地域単位の検討 …………………………………　306
　　4．東京圏における移動窓集計による1人世帯の寄与度 ………………　314
　　5．お わ り に………………………………………………………………　316

第14章　人口・世帯属性からみた居住期間分布について
　　　　　　……………………………… 森　博　美・長谷川普一　319
　　1．は じ め に………………………………………………………………　319
　　2．人口移動と居住期間 ……………………………………………………　321
　　3．調査票にみる移動と居住期間の把握 …………………………………　323
　　4．居住期間に関する既存集計………………………………………………　325
　　5．「出生時から」の居住期間分布への影響………………………………　329
　　6．お わ り に………………………………………………………………　334

第15章　境域情報などを用いた公的統計と行政情報の
　　　　　　マッチングについて …………………………… 長谷川普一… 347
　　1．は じ め に………………………………………………………………　347
　　2．新潟市における公的統計と行政情報をリンケージする必要性と課題

　　　　　………………………………………………………………………… 348

　3. 使用データと二種のサブデータセット ……………………………… 350

　4. マッチングから得られた統合データセットのデータ特性…………… 355

　5. お わ り に……………………………………………………………… 363

第16章　行政情報と統計情報のデータ統合の分析的意義について
　　　　──静態・動態情報のデータ統合を中心に──

　　　　………………………………………………………… 森　　博　美… 367

　1. は じ め に……………………………………………………………… 367

　2. 調査によらない統計原情報の獲得…………………………………… 368

　3. 第二義統計における統計原情報の情報特性（その1）……………… 372

　4. 第二義統計における統計原情報の情報特性（その2）……………… 373

　5. 行政情報と統計情報のデータ統合…………………………………… 377

　6. 静態情報と動態情報の統合データの分析的価値…………………… 380

　7. お わ り に……………………………………………………………… 383

第Ⅰ部

公的統計情報の作製と提供

第 1 章

改正された統計法と二次的利用の現状と課題

山 口 幸 三

1. は じ め に

2007 年 5 月に統計法が 60 年ぶりに改正された。改正された統計法（平成 19 年法律第 53 号）は，基本理念を「行政のための統計」から「社会の情報基盤としての統計」に転換し，これまでの統計制度を大きく変革する内容となっている。統計の利用において，基本理念の転換を表す統計制度として整備されたのが，統計データの二次的利用である。

また，統計法では，「公的統計の整備に関する基本的な計画」（以下「基本計画」という。）を策定し，基本計画に基づいて，公的統計を整備することとなっている。2009 年 3 月に定められた第 I 期の基本計画をはじめとして，第 II 期および第 III 期の基本計画に統計データの有効活用の促進に関する事項が盛り込まれ，統計データの二次的利用を促進するとしている（統計委員会 2009, 2014, 2018）。

2007 年の改正からほぼ 10 年が経って，2018 年 3 月には統計法の一部改正がなされた。一部改正によって，統計データの二次的利用がさらに促進するように，規定が新設，変更されている。

このように状況が変化するなか，統計データの二次的利用の利用実態を踏ま

4　第Ⅰ部　公的統計情報の作製と提供

えて，今後の統計データの二次的利用における課題や提供のあり方について考えたい。

2．統計データの二次的利用

統計法の「第3章　調査票情報等の利用及び提供」に，統計データの二次的利用にかかる規定がおかれている。その規定は，第32条による調査票情報の二次利用，第33条による調査票情報の提供，第34条による委託による統計の作成等（以下「オーダーメード集計」という。），第35条，第36条による匿名データの作成，提供である（表1-1参照）。利用形態ごとに整理すると，表1-2の通りとなっている。

第32条は，第40条第1項の「この法律に特別の定めがある場合」を規定しているものであり，調査実施者が実施した統計調査にかかる調査票情報を利用

表1-1　統計データの二次的利用にかかる規定（抜粋）

調査票情報の二次利用 第32条	行政機関の長又は届出独立行政法人等は，次に掲げる場合には，その行った統計調査に係る調査票情報を利用することができる。 一　統計の作成又は統計的研究（以下「統計の作成等」という。）を行う場合 二　統計を作成するための調査に係る名簿を作成する場合
調査票情報の提供 第33条	行政機関の長又は届出独立行政法人等は，次の各号に掲げる者が当該各号に定める行為を行う場合には，その行った統計調査に係る調査票情報を，これらの者に提供することができる。 一　行政機関等その他これに準ずる者として総務省令で定める者　統計の作成等又は統計を作成するための調査に係る名簿の作成 二　前号に掲げる者が行う統計の作成等と同等の公益性を有する統計の作成等として総務省令で定めるものを行う者　当該総務省令で定める統計の作成等
委託による統計の作成等 第34条	行政機関の長又は届出独立行政法人等は，その業務の遂行に支障のない範囲内において，学術研究の発展に資すると認める場合その他の総務省令で定める場合には，総務省令で定めるところにより，一般からの委託に応じ，その行った統計調査に係る調査票情報を利用して，統計の作成等を行うことができる。
匿名データの作成 第35条	行政機関の長又は届出独立行政法人等は，その行った統計調査に係る調査票情報を加工して，匿名データを作成することができる。 2　行政機関の長は，前項の規定により基幹統計調査に係る匿名データを作成しようとするときは，あらかじめ，統計委員会の意見を聴かなければならない。
匿名データの提供 第36条	行政機関の長又は届出独立行政法人等は，学術研究の発展に資すると認める場合その他の総務省令で定める場合には，総務省令で定めるところにより，一般からの求めに応じ，前条第一項の規定により作成した匿名データを提供することができる。

第1章　改正された統計法と二次的利用の現状と課題　5

表1-2　統計データの二次的利用

利用形態	法的根拠	利用要件		利用目的
		利用できる者		
調査票情報の二次利用	法第32条	調査を実施した各府省等（行政機関，独立行政法人等）自身が利用する場合		統計の作成 統計的研究 調査名簿の作成
調査票情報の提供	法第33条第1号	公的機関（行政機関等，会計検査院，地方独立行政法人等）が利用する場合		
	法第33条第2号	公的機関が委託又共同して調査研究を行う者		統計の作成 統計的研究
		公的機関が公募の方法により補助する調査研究を行う者		
		行政機関等が政策の企画・立案，実施又は評価に有用であると認める統計の作成等を行う者		
委託による統計の作成等（オーダーメード集計）	法第34条	一般の者 学術研究の発展に資するなどが条件		学術研究 高等教育
匿名データの作成，提供	法第35，36条			

できるとしている。調査実施者が自ら調査票情報を利用できるのは，高度の公
益性が認められるからである。2007年に統計法が改正される以前は，調査実
施者といえども，予め想定していなかった集計や統計調査の改善に資する研究
に，調査票情報を利用することが制限されてきた。この規定は，調査実施者に
よる統計調査の改善を促すものとして望ましいものと考える。

　第33条は，第32条と同様に，高度の公益性が認められる場合に限り，調査
実施者以外の者に統計調査にかかる調査票情報を利用させることができること
を規定している。第33条第1号は，公的機関が統計の作成等を行う場合の規
定である。これも，調査実施者と同様に公的機関における調査票情報の利用を
明示したものである。

　第33条第2号は，改正される以前の統計法の目的外使用の考えを踏襲し，
公的機関の統計の作成等と同等の公益性を有する統計の作成等を行う者が，調
査票情報の提供を申し出ることを定めたものである。この利用は，行政機関の
活動と関連性をもつ研究を行う研究者に限られるものの，統計法の新たな利用
の仕組みであるオーダーメード集計や匿名データでは対応できない利用のため
に欠かせない仕組みである。

6 第Ⅰ部 公的統計情報の作製と提供

第 32 条および第 33 条は，調査実施者による場合，行政機関や地方公共団体による場合，一部の研究者など高度の公益性がある場合について規定している。行政機関の活動と関連性をもたない研究を行う研究者は，第 32 条および第 33 条には該当せず，これらの条文を根拠に調査票情報を利用することはできない。このような研究者のために調査票情報の利用を可能にしたのが，第 34 条のオーダーメード集計，および第 35 条，第 36 条の匿名データの作成，提供である。これらは，新たに設けられた利用形態であり，統計データの利用を促進するための主要な仕組みといえる。

3. 統計データの二次的利用の利用実態

2009 年度からの統計データの二次的利用の利用実績を把握し，その利用実態について述べる。各府省は，統計法に基づいた基本計画の着実な推進が求められ，毎年度，総務省政策統括官（統計基準担当）に施行状況の報告を行っている。総務省政策統括官（統計基準担当）は，その報告を「統計法施行状況報告」として取りまとめ，公表するとともに，統計委員会に報告している（総務省政策統括官（統計基準担当）2010-2018）。2009 年度から 2017 年度までの利用実績は，表 1-3 の通りである。

表 1-3 をみると，第 33 条第 2 号による調査票情報の提供の利用件数は，提

表1-3　統計データの二次的利用の利用実績

年度	調査票情報の提供		オーダーメード集計		匿名データの提供	
	法第 33 条 第 1 号	法第 33 条 第 2 号	利用件数	利用可能な 統計調査の数	利用件数	利用可能な 統計調査の数
2009	2,254	54	4	6（ 18）	20	4（13）
2010	2,975	132	12	21（ 93）	38	4（13）
2011	2,647	148	10	24（126）	33	6（34）
2012	2,478	169	19	25（162）	32	6（36）
2013	2,504	244	13	26（202）	41	7（40）
2014	2,437	281	29	26（239）	36	7（41）
2015	2,585	267	22	26（259）	39	7（43）
2016	2,586	324	17	26（278）	39	7（45）
2017	2,584	369	25	28（300）	45	7（46）

（注）（　）内の数は，1 年次を 1 調査としてカウントした場合の数。
（出所）総務省政策統括官（統計基準担当）「統計法施行状況報告」。

供開始年度（2009年度）から大幅に増加している。しかし，オーダーメード集計や匿名データの提供の利用件数はほぼ横ばいであり，新たに導入された利用形態による利用は伸び悩んでいるのが実態である。また，2009年度から2017年度の9年間の累計でみると，オーダーメード集計の結果を提供した件数151件のうち，高等教育目的は5件，それ以外はすべて学術研究目的であり，匿名データを提供した件数323件のうち，学術研究目的は297件，高等教育目的は26件となっている。

　この利用実態について考えてみると，オーダーメード集計については，表1-4の通り利用可能な統計調査の数は多いものの，利用が進んでいない。オーダーメード集計は，利用者が要望する集計様式を提示して，その集計様式に基づいて，調査実施者が集計し提供する方式で実施しており，提供される集計表に制約がある。つまり，集計できるのは，調査実施者が用意する分類項目の単純なクロス集計のみで，分類項目を加工することや組み合わせることはできず，回帰分析などの多変量解析もできない。また，集計に要する時間がかかり，集計内容が多い場合は集計のための手数料が多額になることがある。このようなことから，学術研究目的での利用が進んでいないと思われる。企業については，学術研究を直接の利用目的とするなど一定の要件を満たせば利用可能であるものの，これまで認められていなかったことから統計データの二次的利用に対する認知度が低く，どのような利用が可能であるのかを理解できていないために，利用が進んでいないと思われる。

　匿名データの提供については，統計制度の変更を検討するために，2004年から2008年にかけて，秘匿措置を施した統計データを提供する，「政府統計ミクロデータの試行的提供」が実施された（山口2008）。その試行的提供との比較において，制度化されたにもかかわらず利用件数は少ないと考えられる。利用可能な統計調査は表1-5の通り限られていること，匿名化措置によって利用できる情報に制約があること，利用手続きが煩雑なことが，あまり利用されない要因ではないかと思われる。匿名データを利用した研究者は，匿名化措置によって開示制限がかかっている情報があるために，調査票情報の提供に移行し

8　第Ⅰ部　公的統計情報の作製と提供

表 1-4　オーダーメード集計の利用可能な統計調査（2017 年度）

府省名	統計調査名	提供可能な年次
内閣府・財務省	法人企業景気予測調査	2004 年 4-6 月期～2016 年 7-9 月期
内閣府	企業行動に関するアンケート調査	2006 年度～2016 年度
	消費動向調査	2004 度～2016 年度
総務省	国勢調査	1980 年，85 年，90 年，95 年，2000 年，05 年，10 年，15 年
	住宅・土地統計調査	1978 年，1983 年，88 年，93 年，98 年，2003 年，08 年，13 年
	労働力調査	1980 年 1 月～2016 年 12 月
	家計調査	1981 年 1 月～2016 年 12 月
	就業構造基本調査	1979 年，82 年，87 年，92 年，97 年，2002 年，07 年，12 年
	全国消費実態調査	1999 年，2004 年，09 年，14 年
	社会生活基本調査	1981 年，86 年，91 年，96 年，2001 年，06 年，11 年
	家計消費状況調査	2002 年 1 月～2016 年 12 月
	経済センサス-基礎調査	2014 年
財務省	年次別法人企業統計調査	1983 年度～2016 年度
文部科学省	学校基本調査	2008 年度～2014 年度
厚生労働省	人口動態調査（出生票，死亡票）	2007 年～2015 年
	毎月勤労統計調査（特別調査）	2009 年～2016 年
	医療施設（静態）調査	2008 年，11 年，14 年
	患者調査	2008 年，11 年，14 年
	賃金構造基本統計調査	2006 年～2016 年
農林水産省	農林業センサス	2005 年，10 年，15 年
	海面漁業生産統計調査	2007 年～2016 年
	漁業センサス	2003 年，08 年，13 年
	木材統計調査（製材月別統計調査）	2011 年 1 月～2016 年 12 月
	農業経営統計調査	2008 年～2015 年
経済産業省	経済産業省企業活動基本調査	2008 年度～2016 年度調査（2007 年度～2015 年度実績）
国土交通省	建築着工統計調査	2009 年 4 月～2017 年 3 月
環境省	家庭からの二酸化炭素排出量の推計による実態調査　全国試験調査	2014 年 10 月～2015 年 9 月
日本銀行	全国企業短期経済観測調査	2004 年 3 月調査から 2017 年 9 月調査までの各調査回

（出所）総務省政策統括官（統計基準担当）「統計法施行状況報告」。

ている可能性もある。利用目的でみると，ほとんどが学術研究目的であり，高等教育目的の利用は少なく，実証分析ができる人材の育成には，あまり役立てられていない。これは，利用できるデータの問題ではなく，教育する側の高等教育機関におけるデータを利用する上での問題があると思われる。

表 1-5　匿名データの利用可能な統計調査（2017 年度）

府省名	統計調査名	提供可能な年次
総務省	国勢調査	2000 年，2005 年
	住宅・土地統計調査	1993 年，98 年，2003 年
	労働力調査	1989 年 1 月〜2012 年 12 月
	就業構造基本調査	1992 年，1997 年，2002 年，07 年
	全国消費実態調査	1989 年，94 年，99 年，2004 年
	社会生活基本調査	調査票 A（生活時間編・生活行動編）1991 年，96 年，2001 年，06 年
		調査票 B（生活時間編）2001 年，06 年
厚生労働省	国民生活基礎調査	1998 年，2001 年，04 年，07 年，10 年

（出所）総務省政策統括官（統計基準担当）「統計法施行状況報告」。

4. 基本計画における二次的利用促進の取組み

　統計法に基づき，公的統計の総合的かつ計画的な統計整備のために，取組みの方向性，5 年間に取り組む具体的な措置などが基本計画に示されている。2009 年度を始期とする第 I 期基本計画，次の 2014 年度からの第 II 期基本計画を経て，現在，2018 年度からの第 III 期基本計画に基づいて統計整備が実施されている。

　第 I 期基本計画においては，新たに設けられた二次的利用の取組みの方向性が示された。第 II 期基本計画においては，二次的利用の利用形態ごとに求められるセキュリティレベルや調査票情報等の匿名性の程度が異なるため，それぞれの利用形態に応じた対応策を検討すべきとされた。調査票情報の提供については，セキュリティ確保に万全を期する観点から，リモートアクセスを含むオンサイト利用やプログラム送付型による集計・分析の実用化に向けた検討を行うこと，匿名データについては，提供する統計調査の種類や年次の追加などを行うこと，オーダーメード集計については，安全性が高く，求められるセキュリティレベルが比較的低いことから，利用条件を緩和する方向で検討を進めるとともに，提供する統計調査の種類や年次の追加などを行うこととされた。

　リモートアクセスを含むオンサイト利用は，利用者が高度な情報セキュリティの整ったオンサイト施設で調査票情報を管理する施設にリモートアクセス

10 第Ⅰ部 公的統計情報の作製と提供

し，調査票情報を利用する形態であり，プログラム送付型による集計・分析は，利用者が集計・分析のためのプログラムを作成し，行政機関等の管理者がプログラムを実行して，結果を利用者に提供する形態である。これらの方式は，利用者にとって利便性が制約されるものの，求められる高いセキュリティレベルを確保できる利用形態と考えられる。

オーダーメード集計については，諸外国では学術研究目的以外でも広く利用されていることなどから，利用条件の緩和が 2016 年 4 月からなされている。企業活動の一環として行う研究であっても，学術研究の発展に資すると認められる場合には，公表物は研究の成果でなくてもよく，公表は営利目的利用の後でも可能とされている（統計委員会 2017）。

経済財政諮問会議において，2016 年 12 月に「統計改革の基本方針」が決定され（経済財政諮問会議 2016），政府全体における証拠に基づく政策立案の定着，国民のニーズの対応などについて，統計行政部門を越えた見地から推進するために，2017 年 1 月に統計改革推進会議が設けられた。統計改革推進会議において，5 月に「最終取りまとめ」が決定された（統計改革推進会議 2017）。その内容は，現行の統計関係法制について見直しを行い，次期通常国会に必要な法案を提出することとされ，統計データの利用に関しては，① オンサイト施設において統計的な利活用を行うために用いられる行政記録情報も利用可能にすることや，オンサイト施設における利用を法的に位置づけることについて検討し，その整備を推進すること，② 一般の人が利用できる匿名データについて，必要な法制面・技術面からの検討を行い，提供を開始することとされた。この「統計改革推進会議最終取りまとめ」などに基づいて，「経済財政運営と改革の基本方針 2017」いわゆる「骨太の方針 2017」において，ユーザーの視点に立った統計システムの再構築と利活用促進などの取組みを推進することとされた（内閣府 2017）。

前述の「統計改革の基本方針」で，基本計画を 2017 年中に見直すことが決定され，総務大臣から統計委員会に対して，基本計画の変更に関する諮問がなされた。統計委員会から次期基本計画策定に関する答申が 2017 年 12 月になさ

れ，2018 年 3 月に第Ⅲ期基本計画が決定された。第Ⅲ期基本計画においては，統計情報の提供について，オンサイト利用拠点数および利用可能な統計調査の拡充ならびに行政記録情報の統計的な利活用を行うために必要なシステム基盤の整備に取り組むこととされ，オーダーメード集計および匿名データについて，提供対象とする統計調査・年次の追加などに取り組むこととされた。加えて，オーダーメード集計については，オンデマンド集計の実用化に向けた研究を行うこと，匿名データについては，より広範囲の者が利用できるようにする形での提供に向け，必要な法制面，技術面からの検討を踏まえた早期の提供に向けた取組みを行うこととされた。

5．統計法の一部改正による二次的利用の推進

統計法が，「統計改革推進会議最終取りまとめ」に基づいて，2018 年 5 月に一部改正された。この一部改正によって，① 調査票情報の提供対象について，情報保護を徹底しつつ，学術研究の発展に資する統計の作成等を行う者等に拡大，② 調査票情報を用いて作成された統計等の公表に関する規定の整備が図られた。提供対象の拡大については，第 33 条の 2 として新たに規定が新設され，「相当の公益性を有する統計の作成等として総務省令で定めるものを行う者に提供できる」とされた。これまで公的機関やその委託を受けた研究者に限り限定されていた統計データの利用が，大学などの一般の研究者にも使え，統計データを使った独自の集計や分析ができるようになる。具体的な利用範囲や条件は，総務省令などで規定されている。

6．統計データの利活用に向けた課題

2007 年の統計法の全部改正から 2018 年の統計法の一部改正までの統計データの利活用に関する経緯を概観してきた。このような現状を踏まえつつ，二次的利用促進に向けた課題について考えることとする。

12 第Ⅰ部 公的統計情報の作製と提供

6-1 調査票情報の提供

調査票情報の提供については，高度な公益性が認められた場合に利用できる
ため，利用者は制限されている。しかしながら，利用するパソコンなどの使用
形態や統計データの保管・管理などには守るべき要件が課せられているもの
の，利用場所に特段の制限はなく，研究者の倫理に委ねられている。調査票情
報の提供は，もっとも高いセキュリティレベルが求められるべき利用形態であ
ることを考えると，秘密の保護を担保するには，何らかの制限は必要であると
思われる。そうした課題のなかで，オンサイト利用は，統計データを持ち出す
ことなく，セキュリティを完備した閉じられた施設での利用であり，秘密の保
護が担保されるので，有効な利用形態と考えられていた。しかし，オンサイト
施設の利用は，利用者にとって不便であることや施設管理者の負担の問題もあ
り，実現に至らなかった。そこで，現在，オンサイト施設でのリモートアクセ
スによる統計データの利用が検討されている。利用できるオンサイト施設や利
用できる統計調査が増えることなど，利用する上での条件が整えば，セキュリ
ティレベルを高めるために，利用場所はオンサイト施設に移行していくものと
思われる。

また，リモートアクセスによる統計データの利用を拡大するためには，プロ
グラムテスト用データが不可欠になると考えられる。事前にプログラムテスト
用データで試行することによって，オンサイト施設でプログラムがエラーなく
実行でき，時間をロスすることなく，効率的に集計・分析作業ができる。プロ
グラムテスト用データは，形式的には本物の統計データと全く同じで，データ
の内容は擬似的なものでよいものの，データ内で整合が取れているようにする
必要があると考えられる。このようなプログラムテスト用データの作成は，実
際にはかなり難しく，後述する教育用の統計データと同じ方法では作成できな
いと考えられる。1つの方法としては，統計制度において認められる必要があ
るが，強い匿名化措置を施して絶対的に特定されなくした少数のデータをプロ
グラムテスト用データとすることが考えられる。

さらに，利用者のために多様な利用形態を可能にするために，利用者がプロ

グラムを作成して，調査実施者がプログラムを実行するプログラム送付型の集計方式が開発されることが望まれる。アメリカ，カナダ，ドイツ，オランダ，スウェーデン，オーストラリア，ニュージーランドなどでは，インターネットを介しプログラムをメールで送付して，実行結果を得る，プログラム送付型のリモートアクセスが行われている（統計データの二次的利用促進に関する研究会2012）。

　加えて，利用者のニーズに応じた多様な統計データの提供を考えるならば，前述したオンサイト施設内で利用者が直接統計データを扱えて，統計データを確認しながら実行できる利用形態も再度検討するのが望ましいと考える。

　2018年の統計法の一部改正によって，調査票情報の提供に新たな規定である第33条の2が設けられた。「高度な公益性」ではなく，「相当の公益性」があれば利用できることになり，大学の一般の研究者にも利用できるので，利用できる研究者の範囲が広がり，公的統計データを用いた実証研究が進展していくものと考えられる。

6-2　オーダーメード集計

　オーダーメード集計の利用を考えると，前述したように，集計内容については，調査項目の制約を設けずに，ほぼすべての調査項目を集計できるようにする必要があると考えられる。利用者については，利用条件を緩和したように，研究者というよりも企業などに利用者の範囲を広げることが，これから求められる。そのためには，最新の統計データをなるべく早く利用できるようにすることも重要である。

　オンデマンド集計方式の検討をすることになっているが，実現するには多くの課題があると思われる。オンデマンド集計の基になる統計データをどのようなデータにするのか，そのデータをどのように保護するのかというデータの問題，利用者が求める集計が間違いなく，円滑にできるのかという集計システムの問題などが挙げられる。オンデマンド集計は，オーダーメード集計と違って，利用者が簡単に集計できることが利点と捉えられているが，現行のオーダ

ーメード集計のように事前に集計内容を集計する側と相談することもなく，集計できるのかという問題も大きいのではないかと思われる。

6-3　匿名データの作成および提供

匿名データの提供は，調査票情報の提供での利用ができない一般の研究者の利用を想定して設けられたものの，予想に反して利用が進んでいない。統計調査の種類を増やすことが課題として挙げられているが，新たな統計調査の匿名データを作成するのは難しいと考えられる。それは，匿名データの作成では統計データの有用性と安全性のバランスを取らなければならず，調査実施者にとっては簡単ではなく負担がかかり，事業所・企業に関する統計調査の統計データでは，現在のところ匿名化が困難であると認識されているからである。

提供されている匿名データは，現状では統計調査ごとに1種類であるが，利用を増やすということを考えるならば，複数の種類の匿名データを用意することも検討する必要がある。例えば，現行の匿名データは地域情報が少ないが，匿名化のレベルを維持しつつ，地域情報の匿名化の度合いを弱くし，他の調査項目の匿名化の度合いを強くして，地域情報を多くした匿名データを作成するなどである。このような改善で，利用できる調査項目を増やしていくことが望まれる。

5年周期で実施される統計調査において，匿名データの提供は，次回調査の実地調査に影響が及ばないように，調査が実施されてからおよそ5年後とされている。それでは最新の統計データによる分析ができないので，期間を短縮することなどの検討が必要である。

また，調査票情報の提供の第33条の2として，新たな規定が設けられたことにより，匿名データの利用者との関係がどうなるのかが注目されるところである。仮に，匿名データの利用者と重なることになれば，二次的利用のなかでの匿名データの役割を改めて整理する必要が出てくると考えられる。

6-4 教育用の統計データの整備

　社会科学分野において，統計データを用いた実証研究を発展させ，学術研究水準を向上させるためには，学生を含む若手の研究者に実際にデータを使った実証分析の教育や訓練をして，統計データを用いた実証分析ができる人材を拡大または育成することが重要である。未だ統計データを利用したことがない研究者には，まず統計データを使って，データ特性を理解してもらう，若手の研究者や学生には，統計データを用いた実証分析の演習などを行ってもらう，そうしたことができる環境を整備することが肝要である。利用環境を整備することで，実証分析ができる人材を拡大・育成し，その結果として，統計データを用いた実証研究を発展させ，学術研究水準を向上させることができると考えられる。

　実証分析の教育の枠組みを考えると，実証分析のための教育基盤としては，教育カリキュラムとしての統計調査論，統計データ演習の設置，それぞれの教材の整備，教育できる人材の配置，教育用の統計データの開発などが，重要かつ不可欠である。とくに，教育用の統計データを利用することによって，直接的な統計データの特性や統計データ処理の方法だけではなく，必然的に統計調査の理解を深めることになっていくことを考えれば，教育用の統計データが，実証分析の実質的な教育のために重要な教育基盤の１つであることが理解できるであろう。

　統計法において，高等教育の発展に資する場合に，匿名データの提供ができることになっている。匿名データの提供の目的の１つに高等教育が入っているものの，統計法に規定されている利用目的や利用環境の制約を受けざるを得ない。そのため，多数の学生を対象とした大学などでの講義や統計演習などの利用は，現実問題として困難である。一部の研究者からは，匿名化措置を強めた匿名データを教育用として作成し，若手の研究者に自由に使わせることを提言されている（美添 2009b）。星野（2010）は，匿名データをさらに匿名化したミクロデータは Public Use として利用するべきとしている。欧米諸国では，星野（2010）が提言する程度の高い匿名化措置を施し，情報漏洩リスクを少なくし

16 第Ⅰ部 公的統計情報の作製と提供

た匿名データを Public Use として利用している場合が多い。しかしながら，わが国の統計制度には，そうした利用は想定されていないので，提言を実現できないのが現状である。

2007 年に統計法が改正され，二次的利用の仕組みが検討されていた際に，統計データの二次的利用促進に関する研究会において，課題の 1 つとしてレプリカデータが取り上げられていた（統計データの二次的利用促進に関する研究会 2008）。そうしたなかで，独立行政法人統計センターは，二次的利用における匿名データの提供にかかわっていることから，その利用促進のために，教育用擬似ミクロデータを作成した（山口・伊藤・秋山 2013）。そのデータは，とくに制約もなく自由に利用できる教育用の統計データとして公開され，2011 年 8 月から試行提供が実施された。その後，教育用の統計データについて，匿名データなどとの関係を含め，その制度上の位置づけが整理されることになった。第Ⅱ期基本計画において，「大学生，社会人等に対しては，統計に対する理解及び関心を深めるため，一般の講義等において広く活用可能なミクロデータの作成及び提供も必要となっている。」とし，「広く一般に提供可能な「一般用ミクロデータ（仮称）」については，提供に向けた取組を推進する」とされた。現在は，統計センターから，教育用擬似ミクロデータに代わって，一般用ミクロデータが提供されている（独立行政法人統計センター 2018）。

今後は，開発された教育用の統計データの利用を広め，学生を含む多くの若い研究者に利用してもらうことに尽力することが必要であり，利用者からの要望に応じて教育用の統計データを改善し，種類も増やしていくべきである。

6-5 データアーカイブの整備

第Ⅰ期基本計画においては，「調査票情報の積極的な活用方策については必ずしも十分検討されておらず，各府省で保存している調査票情報の管理状況についても，それを活用する上で良好とはいえない状況」であり，「統計データ・アーカイブの整備に向け，早期に具体的方策を検討すること」を求めている。そして，まずは「統計データ・アーカイブにおける蓄積データの基となる

調査票情報等の保管に早急に着手することが必要である」としている。そのような状況であるがゆえに，統計法が改正された後にも，美添（2009a）が残された課題の1つとして挙げている。

その後，第Ⅱ期基本計画にも，「統計データ・アーカイブ（仮称）」の検討や調査票情報等の適切な保管について言及された。総務省では，「調査票情報等の提供及び活用の促進の基礎」となるための窓口機能，研究助言機能，秘匿審査機能などが重要となるため，関連する「オンサイト利用」の取組みの進展と併せて具体化を進めることとしている（総務省政策統括官（統計基準担当）2018）。

統計データの二次的利用のためには，統計データの保管・管理が必要不可欠である。統計データは国民や法人の協力の下に収集された貴重な公共財であるので，広く活用されるべきものであり，活用されることでその価値はより高まり，国民や法人に還元されていくものである。このようなデータアーカイブは二次的利用を支える基盤であるので，今後の利用促進を考えると重要な課題といえる。

データアーカイブについては，統計データを保管・管理することとともに，保管・管理のあり方も考える必要がある。まずは，保管・管理するべき情報の内容を定める必要がある。保管・管理する情報としては，統計データ本体以外に，メタ情報といわれる符号（コード）表，データレイアウト（統計データの形式），利用上の注意事項，統計調査の概要などがあり，これらの利用に際して必要な情報を系統的に整備し，保管・管理する必要がある。収集した調査票の内容検査を行う段階では，欠損値や誤記入などの不完全データが存在している。不完全データについては，できる範囲でデータの補定（imputation）を行っているので，どのデータのどの項目を補定しているかがわかるようにする必要がある。また，匿名データであれば，匿名化措置の概要，匿名化措置を施した対象項目とその手法なども必要である。これらをそれぞれ統計調査ごとに解説書として整備していく必要がある。

次に，保管・管理体制をどうするかという問題がある。分散型統計機構をとるわが国では統計データは各府省に分散している。統計作成の体制が分散型で

あっても，統計データの保管・管理は集中型にするのが望ましい。その理由として，1つは，保存すべき統計データは年々増大していくなかで，責任を一元化することによって，保存すべきデータの拡散を防ぎやすい，2つ目に，保管・管理する主体が単一になれば，統一的な整備が可能となる，3つ目に，ミクロデータの管理は厳重なセキュリティ対策を講じる必要があり，漏洩のリスクを減じるには，分散管理よりも集中管理の方が望ましい，4つ目として，集中管理によって，規模のメリットを生かしやすくなる，などが考えられる。

　さらに，利用について考えてみる。オーダーメード集計については，利用の申出ごとに集計表を作成する，調査実施者に負担のかかる仕組みとなっている。現在の分散型では，そうした体制をすべての府省で整えることは難しいと考えられる。事実，多くの府省は独立行政法人統計センターに委託する方式をとっている。すべての統計調査を一括受託処理し，オーダーメード集計の経験を蓄積できるデータアーカイブを設けるのが現実的である。また，匿名データの作成についても，オーダーメード集計と同様に，調査実施者が対応することになっており，実務的にも負担が大きい。匿名データ作成を支援する，つまり調査実施者とデータアーカイブとが共同で作成する機能をデータアーカイブにもたせることが現実的であると考えられる。また，統計データの提供について，その提供形態は多様になっていくことが予想される。このように考えると，統計データの作成機能，提供機能をデータアーカイブに設けるのが適切であると考える。保管・管理から作成・提供までの一連の業務を集中化することによって，統一的かつ効率的に整備されて，各調査実施者の負担の軽減にもつながるからである。利用者からみても，統計を利用するために，それぞれの府省にアクセスする必要がなく，データアーカイブにアクセスすることですべてがわかるので，利用における利便性が高まる。

　加えて，統計データのより高度な利用を考えると，異種の統計調査間の統計データをリンケージすることによって，必要な統計情報を追加できる。同種の統計調査の統計データを時系列的につなげることによってパネルデータができる。各種の統計がデータアーカイブに保管されることによって，そうしたデー

タの作成をデータアーカイブの機能として取り入れることができれば，さらに統計データの利用が拡大されることが期待できる。

最後に，利用者に公的統計に対する理解を得る活動も必要と考える。統計データを利用する研究者が，必ずしもその公的統計の調査方法，調査票，標本抽出方法や推定方法を熟知しておらず，統計データに対する理解不足から誤った分析をする可能性もある。これまで公的統計データを利用する機会に恵まれなかったことが影響している。公的統計に関する基礎的な情報が研究者に伝えられ，かつ理解されるためには，定期的な講習会などの機会を設けて啓蒙に努める必要がある。また，利用者を支援したり，相談に乗ったりする役割を果たし，実証分析を発展させることに尽力すべきである。

7. おわりに

2007年の統計法の改正によって，統計データの二次的利用が進んだのは確かであるものの，前述したようにまだ改善しなければならない課題は多く残されている。経済統計や社会統計については，公的統計が果たす役割は大きく，その存在は不可欠なものである。信頼性の高い統計がなければ，有効な実証分析をすることは難しく，政策評価も的確にできない。そのために，2018年の統計法の一部改正の効果を検証しつつ，今後も二次的利用の改善を促し，注視していく必要があると考えている。

謝辞　社会経済ミクロデータ研究部会において，執筆の機会を与えていただき，有益かつ適切な助言をいただいた主査の中央大学坂田幸繁教授に感謝いたします。

参 考 文 献

伊藤伸介（2016）「諸外国における政府統計ミクロデータの提供の現状とわが国の課題」（『中央大学経済研究所年報』第48巻）233-249ページ。

伊藤伸介（2018）「公的統計ミクロデータの利活用における匿名化措置のあり方について」（『日本統計学会誌』第47巻第2号）77-101ページ。

経済財政諮問会議（2016）『統計改革の基本方針』。

小林良行（2011）「匿名データの教育用目的利用に関する一考察」（『統計学』第

20 第Ⅰ部　公的統計情報の作製と提供

100 号）100-105 ページ。

小林良行（2012）「公的統計ミクロデータ提供の現状と展望：一橋大学での取り組みをもとに」（『日本統計学会誌』第 41 巻第 2 号）401-420 ページ。

総務省政策統括官（統計基準担当）（2010-2018）『統計法施行状況報告』平成 21 年度〜29 年度。

竹内啓（2012）「政府統計の役割と統計改革の意義」『21 世紀の統計科学Ⅰ　社会・経済の統計科学』日本統計学会ＨＰ増補版，88-110 ページ。

統計委員会（2009）『公的統計の整備に関する基本的な計画』（第Ⅰ期）。

統計委員会（2014）『公的統計の整備に関する基本的な計画』（第Ⅱ期）。

統計委員会（2017）『調査票情報等の提供及び活用に係る取組』（第 3 回共通基盤ワーキンググループ会合配布資料）。

統計委員会（2018）『公的統計の整備に関する基本的な計画』（第Ⅲ期）。

統計改革推進会議（2017）『統計改革推進会議最終取りまとめ』。

統計データの二次的利用促進に関する研究会（2008）『統計データの二次的利用促進に関する研究会報告書』。

統計データの二次的利用促進に関する研究会（2012）『統計データの二次的利用促進に関する研究会平成 23 年度報告』。

統計データの二次的利用促進に関する研究会（2017a）「統計ミクロデータの安全性確保に関する調査研究」（第 24 回研究会配布資料）。

統計データの二次的利用促進に関する研究会（2017b）「オンサイト利用に係る諸外国の実態と我が国への示唆」（第 24 回研究会配布資料）。

匿名データの利用改善に向けた研究会（2017）『匿名データの利用改善に向けた調査研究報告書』一橋大学経済研究所。

独立行政法人統計センター（2018）「一般用ミクロデータ（仮称）の作成及び利活用について」（http://www.stat.go.jp/useful/pdf/gakkai.pdf）。

内閣府（2017）『経済財政運営と改革の基本方針 2017（骨太の方針 2017)』。

濱砂敬郎（2000）「事実上の匿名性の原則」松田芳郎・濱砂敬郎・森博美編著『講座ミクロ統計分析第 1 巻　統計調査制度とミクロ統計の開示』日本評論社，196-224 ページ。

舟岡史雄（2012）「各国の統計制度と我が国の統計改革」『21 世紀の統計科学Ⅰ　社会・経済の統計科学』日本統計学会ＨＰ増補版，135-157 ページ。

星野伸明（2010）「公的統計ミクロデータ提供制度の課題」（『日本統計学会誌』第 40 巻第 1 号）23-45 ページ。

星野伸明（2016）「エビデンスに基づいた匿名化」（『日本統計学会誌』第 46 巻第 1 号）1-42 ページ。

松田芳郎（2008）「日本におけるミクロ政府統計活用の新しい夜明け」（『統計』第 59 巻第 12 号）2-9 ページ。

松田芳郎（2012）「統計改革の今後―黄昏の国民国家を越えた統計体系のあり方―」（『日本統計学会誌』第 41 巻第 2 号）341-354 ページ。

三菱総合研究所（2013）『統計データ・アーカイブ等に関する調査研究報告書』。

森博美（2012）「わが国における統計法制度の展開」『21 世紀の統計科学Ⅰ　社会・

経済の統計科学』日本統計学会ＨＰ増補版，111-134 ページ。

山口幸三（2008）「政府統計の個票利用と統計法改正—試行的提供の経験を踏まえ
て—」（『経済研究』第 59 巻第 2 号）139-152 ページ。

山口幸三・伊藤伸介・秋山裕美（2013）「教育用擬似ミクロデータの作成—平成 16
年全国消費実態調査を例として—」（『統計学』第 104 号）1-15 ページ。

山口幸三（2014）『失われし 20 年における世帯変動と就業異動　1991 年～2010 年
のミクロ統計データの静態・動態リンケージにもとづく分析』。

美添泰人（2009a）「統計改革の残された課題」『公的統計の利用と統計的手法』統
計情報研究開発センター，66-86 ページ。

美添泰人（2009b）「統計の有効活用に関する展望と課題」（『ESTRELA』No. 181）
9-17 ページ。

美添泰人（2012）「統計改革の残された改革」『21 世紀の統計科学 I　社会・経済
の統計科学』日本統計学会ＨＰ増補版，158-181 ページ。

第 2 章

統計表の構造と IPF 法を用いた
教育用擬似個別データの作成方法

小 林 良 行

1. は じ め に

統計教育に利用できる訓練データの必要性は，旧統計法（1947（昭和 22）年法）の下で研究者が調査票の目的外使用を限定的ながら認められるようになり，認識が高まった[1]。

初めて匿名データを扱う研究者の訓練や大学生の教育に利用できる教育・訓練用データについて，統計委員会（2009）は，一般研究者用の匿名データとは別に利用者の習熟度に応じた簡易な匿名データを作成し，簡便な手続きで提供することの必要性に関して議論を行っている。

一般的に，

① 個別データに何らかの統計的方法を適用して作成した統計は，個別性を除去したものであり，

② 作成した統計に何らかの統計的方法を適用して擬似的個別性を付与したデータ（以下，「擬似個別データ」）は，形式的には個別的だが，調査によって実際に求められた個別データとは異なる性格のデータである。

---

1) 小林（2012a），403 ページ注 10 および 413 ページ注 24 参照。

24 第Ⅰ部　公的統計情報の作製と提供

といえよう。①および②を実現する方法は，作成するデータの使途に応じてさまざまなものが考案されてよい。このような擬似個別データは，教師がデータの特性を十分理解した上で学生に対して個別性を持つデータの取り扱いを教育するのに利用できる[2]だけでなく，研究者が実際の個別データを想定してプログラムを作成，テストする際にも利用できるものである。

　本章で提案するのは，Iterative Proportional Fitting Procedure（以下，「IPF 法」）を用いて，公表統計表から擬似個別データを作成する方法である[3]。

　IPF 法は，Deming and Stephan（1940）により最初に提案されたもので，周辺分布が与えられたときに同時分布を逐次的に求める方法である。

　IPF 法は，産業連関表，小地域推定，ミクロシミュレーションなどさまざまな分野で利用されている。わが国の政府統計の実務では，労働力調査，就業構造基本調査など比推定法を用いている調査で IPF 法が利用されている[4]。

　公的統計の公表統計表では，一般にさまざまな分類項目を組み合わせた多次元クロス表が提供されている。本章では，まず第 2 節で，IPF 法で扱う多次元配列と統計表の構造，統計表作成過程などとの関係を考察する。次いで第 3 節で，擬似個別データの作成方法と作成時の考慮点について述べる。最後に第 4 節で，全体のまとめを行っている。

---

2)　例えば，予め欠測値や外れ値を混入しておきデータクリーニング方法の教育を行うなど，どのような知識の習得を目的とするかによって適切なアレンジが加えられるようなデータが望ましい。

3)　小林（2010；2012b）が提案した 2 つの方法のうちの 1 つである。

4)　労働力調査では，比推定用乗率の作成だけでなく，比推定に用いるベンチマーク人口の算出にも用いられていた。現在では，ベンチマーク人口として必要な地域，男女，年齢階級別推計人口が公表統計表として入手できるため，以前のように IPF 法により地域，男女別推計人口と地域，年齢階級別推計人口から作成はしていない。人口推計の補正値を求めるのに IPF 法を使用した研究として宮本（1956），三浦（1958）がある。

第 2 章 統計表の構造と IPF 法を用いた教育用擬似個別データの作成方法 25

2. 統計表の構造と表現形

2-1 統計表の構造と統計表作成過程のモデル

統計調査では，一般に，調査項目のほかに付加項目と導出項目が存在する。付加項目とは，当該調査以外の情報源から得られ，付加される項目である（例えば都市圏符号，標本調査のウェイトなど）。導出項目とは，調査項目および付加項目を基に作成される項目である（例えば，年齢各歳から導出される年齢 5 歳階級，配偶関係などの組合せから導出される世帯類型など）。通常，調査項目，付加項目および導出項目（以下，「調査項目等」）は，統計調査の設計段階で決定されるものである。調査項目等は，質的項目と量的項目に分類できる。統計表の分類項目は調査項目等の質的項目のなかから選択され，集計項目は調査項目等の量的項目のなかから選択される。

統計表は，表題（表章地域を含む），表頭，表側，欄外，表体，表側頭，頭注，脚注といった情報から構成されている[5]。集計された個々の統計数値は表体に配置される。すなわち，1 つの統計表の表体は，高々 3 次元に配置された数値の集まりである。数値を一定の順序で配置したものは「配列（array）」と呼ばれている。個々の数値を配列の要素という。統計表の表体は配列と同一視できる。

表体以外の情報は統計数値の意味を理解するのに用いられる情報（このような情報を「統計メタデータ」という）である。表体に配置された個々の統計数値は，表頭，表側および欄外に配置された各分類項目がもつ分類区分の組合せおよび集計項目で一意に識別される。

実際の統計表をみると，相異なる複数の集計項目の項目値を含むものがあ

---

5) 同一の表頭および表側をもった表を繰り返すとき，三次元の方向に並べる項目を欄外（または欄外項目）という。例えば，都道府県ごとの産業，労働力状態別人口の統計表を 1 つの統計表として表章するようなとき，都道府県が欄外項目となる。この項目をもっていない統計表も存在する。表側頭は，表側の分類項目の階層関係を表す記述で，分類項目が単一の場合には省略されることがある。

26 第Ⅰ部 公的統計情報の作製と提供

る。このような表は，表間で共通する分類項目とただ 1 つの集計項目をもつ複数の統計表を形式的に 1 つにまとめたものといえる。例えば，地域，経営組織別事業所数および従業者数の統計表は，地域，経営組織別事業所数の統計表と地域，経営組織別従業者数の統計表の 2 つに共通する分類項目を用いて 1 つの統計表の形にまとめたものである。また，公表統計表として地域，経営組織別事業所当たり平均従業者数の統計表を作成する場合，集計の中間段階で地域，経営組織別事業所数および従業者数の統計表を作成することがある。

統計表作成過程をモデル化すると，以下のようになる。

a. 統計調査により収集[6]した観測値の集合 S から，目的とする統計を作成するのに必要な部分集合 S' を作成する。それには，まず集計対象となる統計単位を選択する。次いで，S がもつ質的項目 P_h（$h \in H = \{1, 2, \cdots, a\}$）および量的項目 Q_k（$k \in K = \{1, 2, \cdots, b\}$）からそれぞれ f 個の分類項目 P'_i（$i \in F = \{1, 2, \cdots, f\}$）および g 個の集計項目 Q'_j（$j \in G = \{1, 2, \cdots, g\}$）を選択する。なお，統計単位の選択と項目の選択は順序が逆でもよい。

b. 分類項目の直積 $P' = \Pi P'_i$ の要素 $p' = (p'_1, \cdots, p'_f)$ の相等関係で S' を類別する。同値類 $C_u = C(\psi_u)$（$\psi_u \in \Psi$, $u = 1, 2, \cdots, c$, Ψ は S' の完全代表系）に属す統計単位数を d_u とする。

c. C_u の集計項目 Q'_j の項目値 q_{ujt}（$t = 1, 2, \cdots, d_u$; $d = \Sigma d_u$）を集計する。

d. Q'_j の集計値を $q_{uj} = \Sigma_t q_{ujt}$ とし，$q'_u = (q_{u1}, \cdots, q_{uj}, \cdots, q_{ug})$ を直積 $Q' = \Pi Q'_j$ の要素とすると，cg 個のセル (ψ_u, q_{uj})（$u = 1, 2, \cdots, c$; $j = 1, 2, \cdots, g$）を作成する。

e. (ψ_u, q_{uj}) を高々 3 次元の配列で表現する。

すなわち，統計表の 1 つのセルは項目値の組 (ψ_u, q_{uj}) の形で表現できる。また，複数のセルの集合は項目の組 (P', Q') の形または $\{(P', Q'_j) \mid j = 1, 2, \cdots, g\}$ の形で表現できる。統計表は，集合 $T = (P', Q')$ の要素 (ψ_u, q'_u)

6）統計材料としては，この他に行政記録や登録データが考えられる。また，現在では，POS データや位置移動情報といった，いわゆるビッグデータも統計材料となり得る。

第2章　統計表の構造とIPF法を用いた教育用擬似個別データの作成方法　27

図2-1　統計表作成の概念図

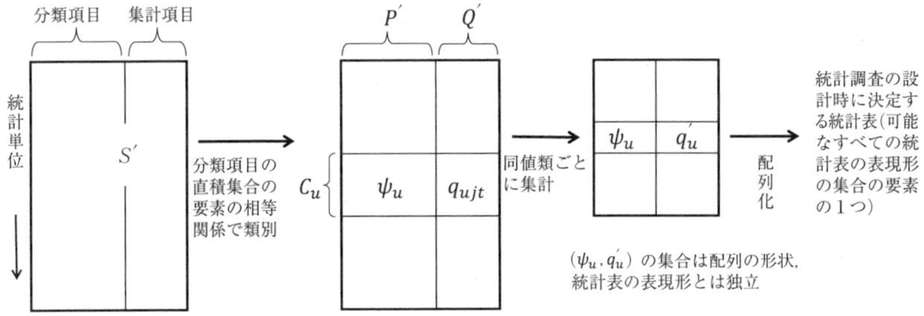

分類項目　集計項目

統計単位

S'

分類項目の直積集合の要素の相等関係で類別

P'　Q'

C_u　ψ_u　q_{ujt}

同値類ごとに集計

ψ_u　q'_u

配列化

統計調査の設計時に決定する統計表（可能なすべての統計表の表現形の集合の要素の1つ）

(ψ_u, q'_u) の集合は配列の形状，統計表の表現形とは独立

を調査設計時に定めた統計表様式により表形式に表現したものである（図2-1）。

2-2　配列と統計表の表現形

　配列の要素を並べる方向を「軸」といい，軸の個数を「配列の次元」という。配列の次元は，配列の要素を指定するのに必要な添字の個数と一致する。軸に沿って配置する要素の数を「寸法（extent）」という。「配列の大きさ（size）」とは，配列のすべての軸について，その寸法を掛け合わせたものであり，配列のすべての要素の数に一致する。配列の要素の配置の仕方を「配列の形状」という。配列の形状は，配列の次元と各軸の寸法で一意に決まる。配列は，①次元が等しく，②すべての軸の寸法が等しいとき，形状が等しいという。

　m 次元配列は，以下のように帰納的に定義できる。

（D1）　スカラーを0次元配列とする。

（D2）　$m \geqq 1$ のとき，1つ以上の同じ形状の $(m-1)$ 次元配列を一定の順序に並べてひとまとまりとしたものを m 次元配列とする。

　上記（D2）において，新たに増えた軸を第1軸とし，既存の $(m-1)$ 次元配列の第1軸から第 $(m-1)$ 軸までは，新たに作成された m 次元配列の第2軸から第 m 軸に対応するものとする。

図 2-2 配列化の概念図

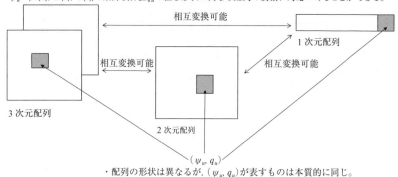

- 分類項目をA, B, Cとし，ψ_uの分類区分をa, b, cとし，分類項目Xの分類区分がxであることを$X(x)$で表すことにする。
- $\psi_u = (A(a), B(b), C(c))$と集計項目値$q_u$の組を形状の異なる配列の要素に対応づけることができる。
- 配列の形状は異なるが，(ψ_u, q_u)が表すものは本質的に同じ。

　配列の各軸の寸法を軸の順に沿ってベクトルで表したものを配列の「形状ベクトル」という。0次元配列（スカラー）の形状ベクトルはϕ（空ベクトル）とする。m次元配列（$m \geq 1$）の形状ベクトルは要素がm個のベクトルである。形状ベクトルの要素数は配列の次元と等しい。空ベクトルの要素数は0とする。

　分類項目値と集計項目値の組を要素とする集合$T = \{(\psi_u, q_{uj}) | u = 1, 2, \cdots, c; j = 1, 2, \cdots, g\}$の配列化とは，Tの要素をある形状の配列Rの要素に配置することである（図2-2）。

　変数の次元（統計表の分類項目の数）nと配列の次元mが等しい場合，配列の1つの軸には1つの分類項目が対応する。分類項目と軸の対応のさせ方によって，異なる種類の統計表の表現形，すなわち統計表の見え方，が存在する。

　変数の次元nが配列の次元mより大きい場合，少なくとも1つの軸には2つ以上の分類項目が階層的に組み合わさった多層分類項目が対応する。分類項目（または多層分類項目）と軸の対応のさせ方によって，異なる統計表の表現形が存在する。また，多層分類項目の層序（多層分類項目を構成する分類項目間の階層関係の組み合わせ方）によって，異なる種類の統計表の表現形が存在する。

第2章　統計表の構造とIPF法を用いた教育用擬似個別データの作成方法　29

　多層分類項目の項目区分は，階層を構成する各分類項目の層序に従い，各々の項目区分を結合して得られる[7]。

　配列の軸の回転，置換によって形状ベクトルは変化する。逆に形状ベクトルの要素を並べ替えると配列の形状が変化する。統計表でいうと，表の見え方，すなわち統計表の表現形が変化することになる（図2-3）。

　形状ベクトルだけでは統計表の表現形の違いを一意に識別できるとは限らない。識別のためには，形状ベクトルとそれに対応した統計メタデータのベクトル記述を対にした情報が必要である。例えば，分類項目AとBの各々の項目区分数が2のとき，形状ベクトルは (2, 2) であるが，統計メタデータ記述 (A, B) または (B, A) と対にして初めて統計表の表現形の違いが識別可能となる。

　統計表の様式は，表体の配列の形状および配列の軸と分類項目の対応を定めていると考えられる。調査票様式および統計表様式は，通常，調査設計時に決定される情報である。統計表の可能な表現形は，上述のように多数存在するが，調査設計時にそのなかの1つを選択して統計表の様式とすることになる。統計情報と統計表様式情報を分離して考えることにより，調査設計時に定める統計表様式情報と統計情報の提供時のそれとは異なっていてもよいことになる。統計表の可能な表現形の集合Lの要素を l_1, l_2 $(l_1 \neq l_2)$ とすると，l_1 と l_2 は互いに変換可能である。

---

7)　例えば，男女の別が上位，年齢階級が下位になる二層分類項目では，項目区分として男・0〜4歳，女・85歳以上などとなる。

30　第Ⅰ部　公的統計情報の作製と提供

図2-3　統計表の表現形の例

分類項目を A,B,C とする。分類項目が多層化するときには，項目間を「・」でつなぎ，上位の分類項目を左に書くことにする。

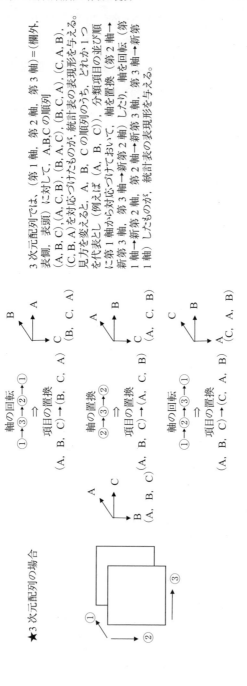

★3次元配列の場合

3次元配列では，(第1軸，第2軸，第3軸)＝(欄外，表側，表頭) に対して，A,B,C の順列 (A, B, C), (A, C, B), (B, A, C), (B, C, A), (C, A, B), (C, B, A) を対応づけるのが，統計表の表現形を与える。それが1つ見方を変えると，A, B, C の順列のうち，どれか1つを代表とし (例えば (A, B, C))，分類項目の並び順に第1軸から対応づけておいて，軸を置換 (第2軸→新第3軸，第3軸→新第2軸) したり，軸を回転 (第1軸→新第2軸，第2軸→新第3軸，第3軸→新第1軸) したものが，統計表の表現形を与える。

第 2 章　統計表の構造と IPF 法を用いた教育用擬似個別データの作成方法　31

2次元配列では、（表側、第1軸）＝（表頭）に対して、A、B、Cから2つ選ぶ順列 (A,B), (A,C), (B,A), (B,C), (C,A), (C,B) の各々に対応する多層分類を第1軸または第2軸に対応づけ、順列中に現れない分類項目をもう一方の軸に対応づけたものが、統計表の表現形を与える。多層分類の層序と項目の置換の組合せで12通りの表現形が得られる。

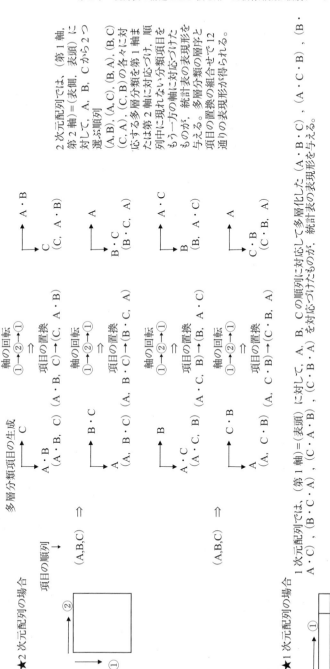

★2 次元配列の場合

★1 次元配列の場合

1次元配列では、（表側、第1軸）＝（表頭）に対して、A、B、Cの順列に対応して多層化した (A・B・C), (A・C・B), (B・A・C), (B・C・A), (C・A・B), (C・B・A) を対応づけたものが、統計表の表現形を与える。

3. 擬似個別データの作成方法

3-1 IPF法を用いた高次の多次元配列の作成方法

IPF法のアルゴリズムを多次元に拡張することはそれほど難しくはない。以下で述べるアルゴリズムでは，周辺分布および同時分布の配列に相当するクロス表は多層分類項目をもたないものとする。

周辺分布としてm個の$(m-1)$次元配列$M_1, M_2, \cdots, M_m$が与えられているとする。同時分布を求めるm次元配列の初期値配列を定め，下記の計算を繰り返すことにより得られる収束値配列が目的の同時分布を与える。

① 第1軸〜第m軸まで，初期値配列または直前に得られた補正値配列の補正計算を行う。

図 2-4 IPF法による多次元配列生成の概念図（4次元配列の例）

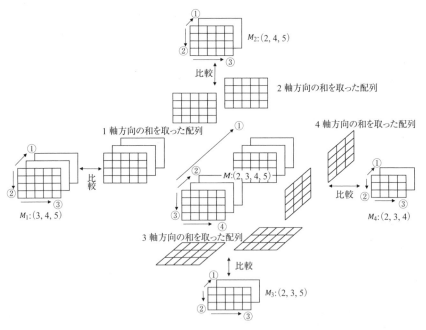

（注） Mは同時分布，M_1からM_4は周辺分布を表す。配列名の後ろのコロンに続くベクトルは形状ベクトルを表す。①，②などは配列の軸を表す。

第2章　統計表の構造とIPF法を用いた教育用擬似個別データの作成方法　33

② 第 m 軸の補正値配列と1サイクル前の補正値配列の要素の差の最大値
と ε を比較する（ε は表章単位に比べ十分小さい正数とする）。

③ 収束判定条件を満たしていなければ補正計算を継続し，満たしていれば
計算終了とする。

より詳細な計算のアルゴリズムは以下の通りである。

$m \geq 2$ なる m 次元配列 M の要素を示す添字を $I = i_1 i_2 \cdots i_m$ で表すことにする。
I の k 番目の添字を $I[k]$ と書くことにする。第 k 軸に対応する分類項目が γ_k 個
の分類区分をもつとき，添字の範囲は $1 \leq I[k] \leq \gamma_k$ となる。

I の K 番目の添字を取り除いた添字を $J[k] = i_1 i_2 \cdots i_{k-1} i_{k+1} \cdots i_m$ と表すことにす
る。ただし，$J[1] = i_2 i_3 \cdots i_m$，$J[m] = i_1 i_2 \cdots i_{m-1}$ とする。

周辺分布として m 個の $(m-1)$ 次元配列 $M_1, M_2, \cdots, M_m$ が与えられていると
する。$M_1, M_2, \cdots, M_m$ は，集計対象となる統計単位の集合が共通で，分類項目が
異なるような統計表から得られるものでなければならない。ここで，$M_h =$
$(\mu_{J[h]})$。$i \neq j$ のとき，M_i と M_j は $(m-2)$ 個の軸に対応する分類項目を共有す
る。

同時分布を求める m 次元配列を $X = (x_I)$ とし，IPF法の初期値配列を $X^{(0)} =$
$(x_I^{(0)})$ で表す。また，k 回目の反復計算における X の第 u 軸に沿った補正後に
得られる配列を $X^{(k, u)} = (x_I^{(k, u)})$ で表し，すべての補正が終わった配列を $X^{(k)} =$
$(x_I^{(k)}) = X^{(k, m)}$ で表す。

<u>Step 0</u>　計算の便宜上，$x_I^{(0, m)} = x_I^{(0)}$ と書く。ε を表章単位に比べ十分小さ
い正数とする。

$k = 1$ として開始。

（k 回目の反復計算）

※以下の各式は配列の $\gamma_1 \times \gamma_2 \times \cdots \times \gamma_m$ 個のすべての要素について計算す
るものとする。

<u>Step 1</u>　（第1軸の補正）　$x_I^{(k, 1)} = \dfrac{\mu_{J[1]}}{\sum_{I[1]} x_I^{(k-1, m)}} \times x_I^{(k-1, m)}$

34 第Ⅰ部 公的統計情報の作製と提供

> Step u （第 u 軸の補正） $x_I^{(k,u)} = \dfrac{\mu_{f[u]}}{\sum_{f[u]} x_I^{(k,u-1)}} \times x_I^{(k,u-1)}$ （$2 \leqq u \leqq m-1$）
>
> Step m （第 m 軸の補正） $x_I^{(k,m)} = \dfrac{\mu_{f[m]}}{\sum_{f[m]} x_I^{(k,m-1)}} \times x_I^{(k,m-1)}$
>
> （収束判定） $e^{(k,m)} = \max |x_I^{(k,m)} - x_I^{(k-1,m)}|$
>
> とし，$e^{(k,m)} < \varepsilon$ ならば $X = X^{(k)}$ として計算終了とする。
>
> $e^{(k,m)} \geqq \varepsilon$ ならば $k = k+1$ として Step1 へ。

　上記では集計項目となる変数を1つとしてアルゴリズムを示したが，集計項目は複数あっても構わない。その場合，周辺分布と同時分布の集計項目となる変数が複数存在するだけである（例えば，集計項目が x, y の2つであれば，上記のアルゴリズム中の各ステップにある変数が x, y の2つになるだけである）。その際の収束判定条件は，すべての変数の収束判定条件が成立していることである。

3-2 擬似個別性の付与方法

　IPF法の収束値配列の各要素から擬似個別性を付与したデータを作成するには，①収束値配列の形状を多次元配列から1次元配列に変換し，②各セルの収束値をセル頻度に応じて分割すればよい[8]。一般に収束値は実数になるの

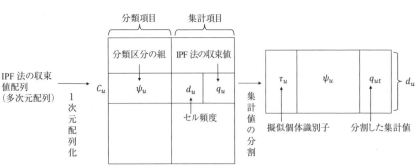

図 2-5　擬似個別性の付与の概念図

（注）上図では集計項目は2つにしているが，セル頻度以外の集計項目は複数あってもよい。

で，実数の分割の問題として考えることになるが，もっとも単純な分割は等分割である。より複雑な分割，例えば，和が固定で，分割数分の実数をある確率分布からランダムに選ぶような分割も考えられるであろう（図2-5）。

3-3 擬似個別データ作成時の考慮点

IPF法では初期値が同じであれば同じ収束値が得られることが知られている[9]。しかし，周辺分布が同じでも，初期値が異なると収束値が異なる場合がある（図2-6）。このことは，擬似個別データを作成する上で，多種類のデータが作成可能であることを示唆し，教育用データの作成方法としては望ましい性質であるといえよう。

一般にIPF法の収束値は実数になるが，集計項目が元々整数の場合，収束値

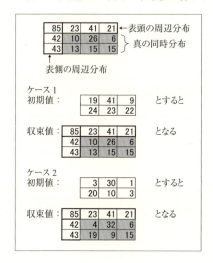

図2-6 異なる初期値から異なる収束値が得られる例

---

8) 擬似個別性を付与するためには，集計項目 $Q' = \Pi Q'_i$ に分類項目区分 ψ_u をもつセルの頻度を集計する集計項目が予め含まれている必要がある。
9) 例えば，廣津（1982），235-238ページでは，3次元配列の場合のIPF法の収束値の存在と収束値の一意性についての証明が示されている。

36　第Ⅰ部　公的統計情報の作製と提供

の整数化をすると軸に沿った合計が周辺分布とかい離する可能性がある。この問題を解決するには収束値と整数化後の値の差分の配分方法の検討が必要である。また，何種類の教育用データが得られるかを知る上で，初期値を変動させたときに収束値にどの程度の影響を与えるのか，影響の大きさの評価方法に対する考察も必要であろう。しかしながら，上記2点に関する先行研究は，管見の限りでは見あたらない。

　統計表のセルがゼロになる代表的なケースとして，以下の2つのものがある。

①　標本抽出ゼロ（sampling zeros）：比較的小さい標本がセル数の多い多重クロス表に分布されたときに生ずるもの。

②　構造的ゼロ（structural zeros）：分類項目のある種の組合せが不可能，無意味である（生起確率が0）とき生ずるもの。統計表では「非結合」と呼ばれる。

　①のケースでは，一般的な方法として IPF 法を適用する前に十分小さな正数 δ を全セルに加えればよいとされている。②のケースでは，弓野・菱谷（1980）114-117 ページおよび廣津（1982）77-78 ページに，構造的ゼロセルには 0 を，それ以外は 1 を初期値とすることが述べられている。池田・岡太（1980）は，クロス表に飽和モデルを用いる際にはゼロセルが存在するか否かとは無関係に 0.5 を加える方がよいとしている。

　公表統計表を周辺分布として新たな統計表を作成しようとする場合，公表統計表の範囲では，現実には m 次元の同時分布を作成するのに必要なすべての $m-1$ 次元の周辺分布が揃うとは限らない。不足する周辺分布がある場合は，本章で提案した方法は直接的に適用できないため，いったん不足する周辺分布を作成してから同時分布を求める必要が生ずる。擬似個別データにもたせたい分類項目数と提案したアルゴリズムによる計算量，計算時間とを比較考量して，擬似個別データを作成する必要があろう。

　調査票では統計単位（例えば個人）と調査単位（例えば世帯）の情報が一体的に存在するが，一方，統計表では統計単位に関する表と調査単位に関する表が

第 2 章　統計表の構造と IPF 法を用いた教育用擬似個別データの作成方法　37

別物として存在することがある。調査票にできるだけ近い擬似個別データを作成する場合には，統計単位に関する表から作成したデータと調査単位に関する表から作成したデータのリンケージを行う必要がある。

4.　お わ り に

新統計法（2007（平成 19）年法）で規定された二次的利用制度では，研究目的だけでなく高等教育目的でも利用できる匿名データの作成，提供が行われることになった。統計委員会（2014）は，広く一般に提供可能な一般用ミクロデータに言及しており，独立行政法人統計センターでは集計表から作成するなど，調査票情報を直接的に用いない方法により作成した一般用ミクロデータを提供している。

擬似個別データを作成する方法には，大きく分けて 2 つの方法が考えられる。1 つ目は，諸外国で行われているように絶対的な匿名性を持つ匿名化データとして作成する方法である。2 つ目は，個別データからいったん統計を作成し，それに統計的方法を適用して擬似的な個別性をもつデータを作成する方法である。後者には，本章で提案した方法のほか，実際の統計調査の個別データから平均，分散などの統計を求め，それらを基にした乱数を生成，変換する方法などが含まれる。

統計改革推進会議（2017）および統計委員会（2018）では，一般の人が利用できる匿名データについて，法制面および技術面からの検討をすることおよび早期の提供開始と手続きの簡素化の検討をすることが述べられている。一般の人が利用できる匿名データとは，利用者が限定的であった従来の匿名データとは性質が異なるものと解せる。このような匿名データは，極めて強度なまたは絶対的な匿名性をもつ匿名化データに該当すると考えられる。今後は，ドイツの Campus Files のような絶対的な匿名性をもつ教育用に利用できるデータが，わが国の政府統計機関が作成する匿名データとして提供されることになるであろう。一方で，前述の第 2 の方法で作成される擬似個別データについても，さらなる研究が進むことにより，統計教育および統計研究が進展していくことが

望まれる。

謝辞　本章は，中央大学経済研究所の社会経済ミクロデータ研究部会（主査：坂田幸繁経済学部教授）における研究をまとめたものである。本研究を進めるに当たり，経済統計学会全国研究大会での報告等では貴重なコメントをいただく機会を得た。坂田先生はじめ，コメントをくださった先生方には感謝いたします。なお，本文中にある意見・見解は，筆者個人のものであり，所属する組織のものではない。

参 考 文 献

Deming, W. E. and F. F. Stephan（1940），"On a Least Squares Adjustment of a Sampled Frequency Table when the Expected Marginal Totals are Known"，*The Annals of Mathematical Statistics*，Vol. 11, No. 4, pp. 427-444.

池田央・岡太彬訓訳（1980）『調査分類データの解析法』（統計ライブラリー）朝倉書店，72 ページ，Upton, G. J. G.（1978）*The Analysis of Cross-Tabulated Data*, John Wiley & Sons, Inc. の和訳。

小林良行（2010）「集計データを用いた疑似個別データ作成について」『2010 年度統計関連学会連合大会講演報告集』早稲田大学，36 ページ。

小林良行（2012a）「公的統計ミクロデータ提供の現状と展望——一橋大学での取り組みをもとに」（『日本統計学会誌』第 41 巻第 2 号）日本統計学会。

小林良行（2012b）「教育用疑似個別データの開発——一橋大学での経験をもとに」『2012 年度統計関連学会連合大会講演報告集』北海道大学，79 ページ。

統計委員会（2009）『第 20 回統計委員会議事録』6 ページ。

統計委員会（2014）「公的統計の整備に関する基本的な計画」24-25 ページ。

統計委員会（2018）「公的統計の整備に関する基本的な計画」31 ページ。

統計改革推進会議（2017）「統計改革推進会議最終取りまとめ」19 ページ。

廣津千尋（1982）『離散データ解析』（シリーズ　新しい応用の数学　22），教育出版。

三浦由己（1958）「小計が与えられた場合の補正計算について」（『統計局研究彙報』第 9 号）総理府統計局，52-74 ページ。

宮本皓次（1956）「年齢別人口推計の誤差について」（『統計局研究彙報』第 8 号）総理府統計局，1-17 ページ。

弓野憲一・菱谷晋介（1980）『質的データの解析　カイ二乗検定とその展開』山内光哉監訳，新曜社（Everitt, B. S.（1977），*The Analysis of Contingency Tables*, Chapmanand Hall Ltd.の和訳）。

第 3 章

公的統計データにおける秘匿性と有用性の
評価のあり方に関する一考察
――スワッピングを中心に――

伊 藤 伸 介

1. はじめに

　諸外国では，学術研究を指向する特定の利用者に限定した個票データ（ex. Eurostat の secure use file など）や匿名化ミクロデータ（ex. Eurostat の scientific use file やイギリスのライセンス型ミクロデータなど）の提供と，Public Use File（ex. アメリカ人口センサスの Public Use Microdata Sample（＝ PUMS）など）の公開という 2 つの方向から，ミクロデータの作成・提供が行われている。各国の法制度を踏まえた形で秘匿性のレベルに留意しつつ，利用者のニーズも考慮した上で，さまざまな形態でデータ提供が行われている（伊藤 2018b）。

　わが国においては，2018 年 6 月 1 日に「統計法及び独立行政法人統計センター法の一部を改正する法律」（以下「改正統計法」と呼称）が公布された。改正統計法の特徴の 1 つは，調査票情報の提供対象が拡大されたことである。具体的には，①「統計法 33 条の 2」が新たに条文化され，② 統計法 36 条の条文改正も行われた[1]。こうした，改正統計法の第 33 条と第 36 条で新たに規定され

1）　わが国の統計法では，法第 33 条第 2 項に基づいて，高度な公益性をもつ学術研究を行う研究者に対して，調査票情報を提供することが認められているが，「統計法 33 条の 2」では，「学術研究の発展に資する統計の作成等その他の行政機関の長又は指

40　第 I 部　公的統計情報の作製と提供

た「相当の公益性」については，「客観的にみて合理的ないしはふさわしい」公益性の範囲を検討した上で（伊藤 2018c），利用目的に照らし合わせながら，調査票情報と匿名データにおける提供者の範囲を運用のレベルで定めることが必要かと考える。

　わが国では，7 つの基幹統計調査の匿名データが提供されているが（2019 年 3 月時点），そのなかで，主として用いられているのは，サンプリング，リコーディング，トップコーディング，ボトムコーディング，特異なレコードの削除といった非攪乱的手法である。それに対して，国勢調査においては，公表されている結果表において度数 1 を含むセルのなかで特異な分布をもつセルが散見される場合には（例えば，詳細な地域における結果表で度数 1 が含まれる場合など），そのセルからミクロデータに含まれる個体情報が露見される可能性がある。こうした可能性を考慮すると，レコード削除では不十分なことから，国勢調査の匿名データの作成にあたって，攪乱的手法としてスワッピングが適用されている。さらに，外部情報とのマッチングによる特定化のリスクを低減するために，全国レベルの公表された結果表のなかの度数 1 と 2 に該当するレコードの削除も行われている。

　しかし，公表されている結果表に対して，このような度数 1 ないしは 2 に該当するレコードを削除するのは，大変な労力をともなうことから，統計実務の観点からは効率的な匿名化措置ではないようにも思われる。もし，これらの度数 1 や 2 に該当するレコードを対象にスワッピングのような攪乱的手法を適用

定独立行政法人等が行った統計調査に係る調査票情報の提供を受けて行うことについて相当の公益性を有する統計の作成等として総務省令で定めるものを行う者」に対しても，調査票情報の提供が可能になっている。また，統計法 36 条では，「学術研究の発展に資する統計の作成等その他の匿名データの提供を受けることについて相当の公益性を有する統計の作成等として総務省令で定めるものを行う者」が匿名データの提供の対象となることが明記されている。なお，改正統計法における「相当の公益性」とは，調査票情報あるいは匿名データの提供を受けて「統計の作成等を行うことについて国民の統計調査に対する信頼が損なわれないような」，「客観的にみて合理的ないしはふさわしい」レベルの「公益性」（調査票情報等の利用，提供等に関する法制研究会 2018，2 ページ）とされている。

することによって，公表された結果表の特異なセルに該当するレコードの削除を行う必要性がなくなるのであれば，統計リソースの有効活用の観点から，より効果的な匿名データの作成が可能になるであろう。わが国における匿名データのさらなる利用促進を図るためには，こうした攪乱的手法の適用可能性についても検討する必要はあるだろう。

　本章では，最初に，公的統計のミクロデータに対して適用される匿名化技法の特徴を明らかにした上で，原データ（raw data）から匿名化技法を適用することによって作成されたデータ（以下「匿名化ミクロデータ」と呼称）の秘匿性と有用性の評価のあり方について考察する。次に，ミクロデータにおける匿名化技法の1つであるスワッピングに焦点を当て，秘匿性と有用性の両面からスワッピングの有効性を検証する。

2. 公的統計ミクロデータにおける匿名化技法および　秘匿性・有用性の評価について

　本節では，公的統計のミクロデータで主に採用されている匿名化技法に関する特徴とそのメリット・デメリット，匿名化されたミクロデータを対象とした秘匿性と有用性の評価方法について論じる。

2-1　ミクロデータに適用される匿名化技法の特徴

　匿名化ミクロデータを作成するために，ミクロデータに対する匿名化技法の適用の可能性が模索されてきた。ミクロデータに適用可能な匿名化技法は，非攪乱的な手法と攪乱的な（perturbative）手法に類別される（Willenborg and de Waal 2001）。非攪乱的な手法については，リコーディング（global recoding, local recoding），データの削除（record suppression, attribute suppression），トップ（ボトム）・コーディングなどが含まれる。また，攪乱的な手法には，ノイズ（加法ノイズ（additive noise），乗法ノイズ（multiplicative noise）），スワッピング（data swapping），ラウンディング（丸め）（rounding），ミクロアグリゲーション（micro aggregation），PRAM（Post RAndomisation Method）[2]などが存在し，攪乱的手法の適用可能性に

42 第 I 部 公的統計情報の作製と提供

関する実証研究が行われてきた（Domingo-Ferrer and Torra 2001；Willenborg and de Waal 2001；Duncan et al. 2011；伊藤他 2014；伊藤他 2018；Ito et al. 2018）。

　攪乱的手法の 1 つとして知られているのがスワッピングである。スワッピングは，1970 年代における Dalenius and Reiss（1978）によるデータスワッピングの方法論に関する研究に遡ることができる。スワッピング（data swapping）とは，ミクロデータに含まれるレコード同士で属性値を入れ替えることであるが（Willenborg and de Waal 2001, p. 126），主として地域間で近似するレコードを入れ替えることが行われている。スワッピングには，特定化のリスクがとくに高いと思われるレコードにターゲットを絞ってスワッピングを行うターゲット・スワッピング（targeted data swapping）と，無作為にスワッピングの対象となるレコードを選別した上でスワッピングを行うランダム・スワッピング（random data swapping）に大別される（Shlomo et al. 2010）。なお，わが国におけるスワッピングの実証研究の事例としては，例えば，Takemura（2002），伊藤・星野（2014），伊藤他（2018），Ito et al.（2018）などによる実証研究がある。

　諸外国の統計作成部局も，公的統計ミクロデータを作成するための実務として，攪乱的手法を用いている。例えば，2000 年アメリカ人口センサスの PUMS（＝ Public Use Microdata Samples）における加法ノイズ，スワッピングおよびラウンディングの適用，（Zayatz 2007；Lauger et al. 2014），2001 年のイギリス人口センサスの SARs（＝ Samples of Anonymised Records）における PRAM の適用（De Kort and Wathan 2009）などがそれに該当する。

　統計作成部局が非攪乱的手法および攪乱的手法を適用する上では，それぞれメリット・デメリットがあると考えられる。非攪乱的手法のメリットとして

　2）　PRAM とは，ミクロデータにおける属性値に対して，事前に設定されたマルコフ連鎖遷移行列に基づいて攪乱を行うことである。なお，PRAM の概要については，例えば藤野・垂水（2003）や伊藤他（2018）を参照。また，Ito et al.（2018）は，2010 年の国勢調査の個票データに PRAM を適用し，侵入者（intruder）がスワッピングにおける入れ替え先の地域を把握することができるケースを想定した場合に，PRAM を追加的に適用することによって，特定化のリスクが低減され，PRAM が有効に作用することを確認している。

第3章　公的統計データにおける秘匿性と有用性の評価のあり方に関する一考察　43

は，変数値に対して攪乱的な処理を行っていないことから，匿名化ミクロデータの利用者側にとっては，実証分析における分析結果の有効性を担保しやすいことが指摘される。また，作成者側にとっては，統計表の作成プロセスに対応した区分の統合を行うことができるなど，匿名加工を行いやすいことが考えられる。非攪乱的手法のデメリットについては，レコード削除や変数の削除によって必要以上の秘匿処理を行った場合，利用者にとって情報量損失が大きくなるリスクがあることが考えられる。

それに対して，攪乱的手法のメリットとしては，作成者側にとっては，変数値に攪乱的な処理を施すことによるブラフ効果を期待できる点が大きい。また，攪乱的手法を効果的に適用できれば，非攪乱的手法よりも詳細な分類区分を提供することも可能である。攪乱的手法のデメリットについては，匿名化ミクロデータの利用者のなかには，実証分析における分析結果の有効性が担保できないと考える利用者がいることから，攪乱的手法における有効性を作成者側が保証する必要性が考えられる。また，必要以上に攪乱的な処理を行った場合，情報量損失が過大になるリスクがあることから，秘匿性だけでなく有用性に関する評価値も求められよう。

2-2　公的統計の匿名化ミクロデータに対する有用性と秘匿性の評価の　　　あり方について

ミクロデータに対して匿名化技法を適用する上では，匿名化ミクロデータにおける有用性や秘匿性の定量的な評価（Yancey et al. 2002；Shlomo et al. 2010 など）を行うことが必要だと考える。こうした定量的な評価によって，ミクロデータの作成における判断材料として有益な数量情報を提示することが可能になる。

秘匿性に関する第1の評価方法は，外部情報とミクロデータのマッチングである。これについては，例えば，ドイツで事実上の匿名性を検証するために行われてきた，ミクロセンサスの個票データと研究者情報とのマッチングに関する研究を指摘することができる（Müller et al. 1995, p. 135；伊藤 2010）。

秘匿性に関する第2の評価方法は，母集団一意に関する指標の計測である。

44　第Ⅰ部　公的統計情報の作製と提供

例えば，イギリスでは，想定されるさまざまなシナリオに基づいてキー変数を
設定した上で，母集団一意の計測が行われている（伊藤 2011）。具体的には，
1991 年人口センサスの SARs（= Samples of Anonymised Records）の作成に関する
露見リスクの研究において，キー変数を用いた母集団一意の検証が行われてい
るだけでなく（Marsh et al. 1991），2001 年の SARs では，母集団一意となるレコー
ドの比率が，露見リスクに関する主要な指標として用いられた（Gross et al.
2004）。

　秘匿性に関する第 3 の評価方法は，特殊な一意の分析（Special Uniques
Analysis）である[3]。特殊な一意に該当するレコードについては，母集団一意と
なるレコードのなかで相対的に少ない変数の組合せでも一意となるレコードが
それに該当すると言える。そのため，キー変数の中から数少ない k 個の変数
（例えば k = 2）のあらゆる組合せを選んだ上でクロス表を作成し，母集団一意
に該当するレコードを探索する方法が考えられる（伊藤・星野 2014 等）。

　秘匿性に関する第 4 の評価方法は，レコードリンケージである。このレコー
ドリンケージは，原データのレコードと匿名化ミクロデータのレコードとの間
で対応づけが可能かどうかを判定する。対応づけが可能な場合には，真のリン
クとみなされ，真のリンクとなるレコードの割合が指標として用いられる。原
データと匿名化ミクロデータにおけるレコード同士の距離を計測し，その距離
に基づいてレコード間の対応づけが可能かを判定する距離計測型リンケージ
（distance-based record linkage）（伊藤 2010, 9-10 ページ）などがある[4]。距離計測型

---

3)　特殊な一意とは，「K 個のキー変数の集合において標本一意であるだけでなく，K
　　の部分集合である k 個（のキー変数の集合）においても標本一意となること」と定
　　義される（Elliot and Manning 2004；伊藤・星野 2014）。こうした特殊な一意に該当
　　するレコードは，「疫学的に特異であるために，本質的に（intrinsically）まれな属性
　　群の組み合わせを有する」ことから，標本一意かつ母集団一意に該当するレコード
　　のなかでも個体が特定化されるリスクが特に高くなる（伊藤・星野 2014）。こうし
　　た特殊な一意の概念は，珍しい属性の組合せをもつ個体が，データの利用者によっ
　　て，偶発的に母集団のなかで特定される偶発的な個体特定（spontaneous recognition）
　　と呼ぶこともできる（Duncan et al. 2011）。
4)　秘匿性評価のためのレコードリンケージについては，原データと匿名化ミクロデ

第3章　公的統計データにおける秘匿性と有用性の評価のあり方に関する一考察　45

リンケージについては，ユークリッド距離やマハラノビス距離といった距離が
用いられている。

　秘匿性に関する第5の評価方法については，クロス集計表を用いることが考
えられる。それは，原データと匿名化ミクロデータのそれぞれに含まれる質的
属性を用いてクロス集計表を作成し，クロス表のなかで度数が1となるセルの
総数をそれぞれ比較し，度数1となるセル数の変化の程度を比較することを指
向している（Shlomo et al. 2010）。

　それに対して，公的統計ミクロデータにおける有用性の評価方法も追究され
てきた。有用性に関する第1の評価方法は，原データと匿名化ミクロデータの
間で，平均，分散等の記述統計量やクロス表における分布特性を比較すること
である。また，原データと匿名化ミクロデータに含まれる属性値の差や，分散
共分散行列や相関係数行列にみられる分布特性を比較・検証することも考えら
れる。さらに，質的属性を対象に，属性値間の距離を定義し，その距離の近さ
を測る方法もある（Domingo-Ferrer and Torra 2001, pp. 105-106）。原データと匿名化
ミクロデータに含まれる質的属性については，順序尺度か名義尺度かによっ
て，その距離の計測方法が異なる。そこで，質的属性に含まれる分類区分の数
や属性における相対的の重要度を考慮した上で，距離に重みを付けることが考
えられる（Takemura 1999, pp. 4-5；伊藤 2018a）。

　有用性に関する第2の評価方法は，情報量損失（information loss）に関する指
標を評価することである。例えば，Shannon が提唱する情報量の概念に基づい
た「情報エントロピー」を用いた情報量損失の評価指標（entropy-based measures）
が考案された（Kooiman et al. 1998；Domingo-Ferrer and Torra 2001）。竹村（2003）

　ータにおけるレコード同士を対象に1対1での照合の程度を判定する確定的リンケ
　ージ（deterministic record linkage）も知られている（伊藤 2010, 8-9ページ）。また，
　原データと匿名化ミクロデータのすべてのレコードのペア（組合せ）を設定し，
　各々のペアがリンクされる集合あるいはリンクされない集合のどちらに属するかを，
　属性値の一致に関する基準および確率値にしたがって分類する確率的リンケージ
　（probabilistic linkage）による評価方法もある。詳細については，伊藤他（2014）を参
　照。

46　第 I 部　公的統計情報の作製と提供

は，ミクロデータのもつ情報量を定量的に評価する上で，情報エントロピーを
用いることの有効性を指摘している（竹村 2003, 250 ページ）[5]。

　ミクロデータの秘匿性と有用性はトレードオフの関係にあるといえる。その
ため，秘匿性と有用性の関係を定量的に明らかにし，秘匿性と有用性のバラン
スを勘案しながら，匿名化措置の適用可能性を模索することが求められる。例
えば，R-U マップ（R-U Confidentiality Map）に基づいて匿名化措置を適用するこ
とが考えられる（伊藤 2012）。この場合，R-U マップを統計実務で適用しよう
とすれば，秘匿性あるいは有用性に関する閾値をどのように設定するかについ
て検討することが求められよう。

3. スワッピング技法の有効性に関する実証研究

　本節では，2005（平成 17）年の国勢調査の個票データを用いて，スワッピン
グの有効性を実証的に明らかにする。とくに，本研究では，外部情報とのマッ
チングによる特定化のリスクを低減する観点から，原データからスワッピング
が適用されたデータ（以下，「スワッピング済データ」と呼称）における秘匿性と
有用性の評価を行う。

3-1　スワッピング済データにおけるデータ特性

　本研究では，スワッピングの有効性を検証するために，ある都道府県におけ
る特定の市町村（以下「地域 A」と呼称）のレコードから作成したテストデータ
（約 50,000 レコード）および同一の都道府県内の別の市町村（以下「地域 B」と呼
称）から作成したテストデータ（約 10,000 レコード）を用いて実証研究を行っ
た。これらのテストデータには，個人単位で抽出した一般世帯の世帯主のレコ
ードのみが含まれている。

　本研究のために，地域 A と地域 B のいずれにおいても，10％のリサンプリ

5）　傾向スコアの計測，クラスター分析による検証，経験分布関数における差異の評
　　価などを行うことによって有用性に関する評価指標を算出することも展開されてい
　　る（Woo et al. 2009）。

第 3 章　公的統計データにおける秘匿性と有用性の評価のあり方に関する一考察　47

表 3-1　本研究において標本一意の計測のために用いたキー変数

変数		区分数
男女の別		13
年齢	5 歳年齢階級	25
	各歳年齢階級	122
配偶関係		5
国籍		13
労働力状態		9
従業上の地位		8
産業大分類		19
職業大分類		10
住居の種類		9
建て方の種類		5
建物の階数 （建物の階数については共同住宅のみ）		30
世帯の住んでいる階 （建て方の種類を考慮。世帯の住んでいる階については共同住宅のみ）		30

ングを行った上で，各種のスワッピングの技法が適用されている。具体的なスワッピングの手順としては，以下のように行われる（伊藤・星野 2014）。

第 1 に，キー変数（key variable）を用いて標本一意（sample unique）を計測し，スワッピングの対象となるレコードを選び出す。使用するキー変数は，表 3-1 で示される 12 変数であり，年齢については 5 歳年齢階級と各歳年齢階級の 2 つのパターンでスワッピングが行われた。

第 2 に，標本一意となるレコードを対象に，キー変数のすべての組み合わせでクロス集計を行い，ある特定のレコードが標本一意に該当した回数をスコアとして計測する。そのスコアに基づいて，スワッピングの対象レコードの中で，優先度の高いレコードを探り出す。

第 3 に，対象となるレコードに対してスワッピングを施す。本研究では，ターゲット・スワッピング（targeted data swapping），(2)ランダム・スワッピング（random data swapping）だけでなく，(3)ターゲット・スワッピングとランダム・スワッピングの併用も行った。

本研究では，標本一意に該当した回数が 1 回以上のレコードをスワッピングの候補となるレコードとして選出する。本研究においては，キー変数 12 変数のすべての組合せについてスコアを計算し，10 ファイルにおけるスコアの平

48　第Ⅰ部　公的統計情報の作製と提供

表 3-2-1　スワッピング済データの基本統計量—5 歳年齢階級

		平均値	中央値	最小値	最大値
〔地域 A〕 50,000 レコード	サンプル 1	556.53	468	16	1,740
	サンプル 2	559.20	478	32	1,838
	サンプル 3	560.53	495	24	1,767
	サンプル 4	542.99	449	20	1,698
	サンプル 5	547.60	464	16	1,718
	サンプル 6	552.77	476	16	1,758
	サンプル 7	568.77	497	20	1,724
	サンプル 8	559.61	480	12	1,902
	サンプル 9	566.16	494	32	1,801
	サンプル 10	550.54	476	24	1,778
	数値の平均	556	478	21	1,772
〔地域 B〕 10,000 レコード	サンプル 1	727.71	665	56	1,794
	サンプル 2	749.58	734	64	1,840
	サンプル 3	727.44	690	64	1,754
	サンプル 4	772.90	736	112	1,826
	サンプル 5	726.97	651	32	1,840
	サンプル 6	745.23	708	56	1,794
	サンプル 7	764.56	722	32	1,832
	サンプル 8	762.01	736	64	1,882
	サンプル 9	766.50	726	48	1,850
	サンプル 10	744.53	704	56	1,865
	数値の平均	749	707	58	1,828

表 3-2-2　スワッピング済データの基本統計量—各歳年齢階級

		平均値	中央値	最小値	最大値
〔地域 A〕 50,000 レコード	サンプル 1	655.32	607	32	1,764
	サンプル 2	653.72	608	32	1,862
	サンプル 3	658.78	608	64	1,818
	サンプル 4	642.11	584	48	1,812
	サンプル 5	652.57	596	32	1,772
	サンプル 6	653.56	597	48	1,782
	サンプル 7	667.19	624	48	1,770
	サンプル 8	658.05	608	24	1,915
	サンプル 9	658.27	608	48	1,869
	サンプル 10	645.72	576	48	1,814
	数値の平均	655	602	42	1,818
〔地域 B〕 10,000 レコード	サンプル 1	848.34	816	128	1,834
	サンプル 2	852.51	779	112	1,858
	サンプル 3	852.06	848	128	1,824
	サンプル 4	870.06	864	64	1,856
	サンプル 5	832.47	768	64	1,840
	サンプル 6	859.47	818	128	1,824
	サンプル 7	863.57	848	128	1,858
	サンプル 8	889.35	896	128	1,905
	サンプル 9	857.23	832	128	1,886
	サンプル 10	865.46	832	128	1,894
	数値の平均	859	830	114	1,858

均的な数値を算出した。表 3-2-1 と表 3-2-2 はそれぞれ，5 歳年齢階級と各歳年齢階級におけるスワッピング済データの基本統計量を示したものである。本表における 10 ファイルの数値の平均を見ると，地域 A（50,000 レコード）におけるサンプルデータ（5,000 レコード）の場合，スコアの平均値，中央値，最小値と最大値はそれぞれ，556，478，21 と 1,772 であるのに対して，地域 B（10,000 レコード）におけるサンプルデータ（1,000 レコード）の場合，スコアの平均値，中央値，最小値と最大値はそれぞれ，749，707，58 と 1,828 になっていることがわかる。一方，各歳年齢階級のスワッピング済データでは，地域 A の場合，スコアの平均値，中央値，最小値と最大値はそれぞれ，655，602，42 と 1,818 であるが，地域 B の場合，スコアの平均値，中央値，最小値と最大値はそれぞれ，859，830，114，1,858 となっている。本分析結果から，年齢階級の区分が細かくなることによってスコアの平均値が大きくなっているが，地域 B においては，5 歳年齢階級区分と各歳年齢区分でスコアの最大値がそれほど変わらないのが興味深い。

次に，本研究では，レコード数全体に対するスワッピング率として 1%，5%，10%を設定した上で，

① ターゲット・スワッピングについては，スコアの高い上位 p%（p はスワッピング率）に該当するレコードをスワッピングの対象レコードとした。

② ランダム・スワッピングに関しては，スワッピングの候補となるレコードから p%ランダムに選別されたレコードをスワッピングの対象レコードとした。

③ ターゲット・スワッピングとランダム・スワッピングの併用の場合，スコアの高い上位 1/2p%にターゲット・スワッピングを適用した上で，残りのレコードから 1/2p%ランダムに選別されたレコードにランダム・スワッピングを適用した。

本研究では，スワッピングの対象レコードに対してその入れ替えの候補となるレコードについては，地域 A や地域 B とは異なる地域（以下「地域 C」と呼称）を対象にドナーファイル（約 5,000 レコード）から探索する。

50 第 I 部　公的統計情報の作製と提供

　スワッピングの対象となるレコードは，特殊な一意として出現する可能性が
高い。このようなレコードとキー変数の値が完全に一致するレコードがドナー
ファイルで見つかる可能性は低いことから，本研究においても，伊藤・星野
(2014) と同様に，スワッピングの対象レコードに対して，ドナーファイルに含
まれるレコードとの距離を計測し，ドナーファイルのなかでもっとも距離が小
さいレコードとスワッピングを行った。具体的には，以下の手順で行われる。

① 　i (i= 1,…, m) および j (j= 1,…, n) を，それぞれスワッピング対象レ
コードの番号およびドナーファイルのレコード番号とし（m と n は，それ
ぞれスワッピング対象レコードの数およびドナーファイルのレコード数），k (j=
1,…, 11) をキー変数の番号[6]とする。このとき，i 番目のレコードにおけ
るキー変数 k の分類区分の数値を Cs_{ki}, j 番目のドナーファイルのレコー
ドにおけるキー変数 k の分類区分の数値を Cd_{kj} に基づいて，キー変数 k に
関する i と j の質的属性値間の距離を次の(1)式で算出する (Domingo-Ferrer
and Torra 2001, pp. 105-106)。

$$Sd_{kij} = |Cs_{ki} - Cd_{kj}| \tag{1}$$

なお，年齢および住居の建て方の「共同住宅」以外については，
$|Cs_{ki} - Cd_{kj}| > 0$ の場合，$Sd_{kij} = 1$ とする。

② 　質的属性値間の距離をスコアとして表示するために，k 番目のキー変数
における分類区分数 C_k で Sd_{kij} を除することによって，k 番目のキー変数に
おけるスコアである $Score_{kij}$ を計測する（(2)式）。

$$Score_{kij} = \frac{1}{C_k} \cdot Sd_{kij} \tag{2}$$

③ 　各キー変数のスコアの総計を求めることによって，i 番目と j 番目のレ

---

6) 　マッチングの実験では，「建物の階数」と「世帯の住んでいる階」については，
それぞれ「建て方の種類」と組み合わせた変数が用いられる。ゆえに，距離計測型リ
ンケージで用いるキー変数は 11 となっている。

第3章　公的統計データにおける秘匿性と有用性の評価のあり方に関する一考察　51

コード間の距離に関する総合指標D_{ij}を導出する（(3)式）。

$$D_{ij} = \sum_k Score_{kij} \qquad (3)$$

④　総合指標D_{ij}に基づいて，スワッピングの対象レコードとドナーファイルとの間の距離計測型リンケージを行う。

表3-3　スワッピングの対象レコードとドナーファイルに含まれるレコードとの距離

5歳年齢階級

スワッピングの種類	ランダム											
スワッピング率	1%				5%				10%			
	平均値	中央値	最小値	最大値	平均値	中央値	最小値	最大値	平均値	中央値	最小値	最大値
5000レコード	0.136	0.109	0.000	0.527	0.136	0.105	0.000	0.733	0.141	0.113	0.000	0.789
1000レコード	0.081	0.060	0.000	0.240	0.074	0.050	0.000	0.315	0.077	0.051	0.000	0.398

スワッピングの種類	ターゲット											
スワッピング率	1%				5%				10%			
	平均値	中央値	最小値	最大値	平均値	中央値	最小値	最大値	平均値	中央値	最小値	最大値
5000レコード	0.433	0.421	0.122	0.882	0.337	0.315	0.039	0.896	0.274	0.250	0.003	0.896
1000レコード	0.335	0.328	0.155	0.579	0.235	0.213	0.033	0.619	0.195	0.177	0.010	0.619

スワッピングの種類	ターゲット＆ランダム											
スワッピング率	1%				5%				10%			
	平均値	中央値	最小値	最大値	平均値	中央値	最小値	最大値	平均値	中央値	最小値	最大値
5000レコード	0.300	0.260	0.004	0.869	0.271	0.227	0.000	0.970	0.248	0.210	0.000	0.979
1000レコード	0.231	0.200	0.004	0.559	0.180	0.159	0.000	0.607	0.153	0.139	0.000	0.626

各歳年齢階級

スワッピングの種類	ランダム											
スワッピング率	1%				5%				10%			
	平均値	中央値	最小値	最大値	平均値	中央値	最小値	最大値	平均値	中央値	最小値	最大値
5000レコード	0.103	0.066	0.000	0.475	0.109	0.076	0.000	0.609	0.113	0.076	0.000	0.700
1000レコード	0.062	0.044	0.002	0.209	0.067	0.039	0.000	0.338	0.069	0.040	0.000	0.370

スワッピングの種類	ターゲット											
スワッピング率	1%				5%				10%			
	平均値	中央値	最小値	最大値	平均値	中央値	最小値	最大値	平均値	中央値	最小値	最大値
5000レコード	0.451	0.436	0.113	0.930	0.373	0.342	0.045	0.964	0.325	0.292	0.023	0.964
1000レコード	0.320	0.309	0.136	0.561	0.239	0.218	0.021	0.621	0.198	0.181	0.008	0.621

スワッピングの種類	ターゲット＆ランダム											
スワッピング率	1%				5%				10%			
	平均値	中央値	最小値	最大値	平均値	中央値	最小値	最大値	平均値	中央値	最小値	最大値
5000レコード	0.287	0.254	0.001	0.857	0.256	0.213	0.000	0.953	0.238	0.200	0.000	0.964
1000レコード	0.209	0.164	0.002	0.552	0.167	0.148	0.000	0.604	0.148	0.135	0.000	0.621

52　第 I 部　公的統計情報の作製と提供

　表3-3 は，スワッピングの対象レコードとドナーファイルに含まれるレコードとの距離に関する平均値，中央値，最小値と最大値を示したものである。ランダム・スワッピングの場合，距離の最小値がほぼ 0 となっていることから，スワッピングの対象レコードとキー変数の値がほぼ同一であるレコードと入れ替えられていることがわかる。それに対して，ターゲット・スワッピングの場合，ランダム・スワッピングと比較して，距離の最小値が大きいレコードとの入れ替えが行われている。このことは，効果的なスワッピングを行うためには，スワッピングの対象レコードとドナーファイルのレコードとの距離に基づいて，スワッピングの種類が選ばれなくてはならないことを示唆している。

3-2　スワッピング済データに対するマッチングに関する研究

　先述のように既存の結果表を外部情報の 1 つとみなした場合，結果表から匿名化ミクロデータに含まれる個体情報が特定化されるリスクが考えられる。そこで，本節では，秘匿性の評価方法の 1 つとして，外部情報と匿名化ミクロデータのマッチングに焦点を当てることにしたい。本研究においては，国勢調査に関する既存の結果表を外部情報とみなした上で，スワッピング済データとのマッチングを行った。

　本研究では，国勢調査で公表されているすべての結果表のなかから度数 1 ないしは 2 に該当するセルを探索する代わりに，結果表に用いられている外観識別性の高い属性のみを選び出し，その属性のすべての組み合わせに関するクロス表を作成し，そのクロス表を「擬似的な」結果表とみなした。本研究では，外観識別性の高い属性として，① 男女の別，② 住居の種類，③ 住居の建て方，④ 建物の階数，⑤ 世帯の住んでいる階，および ⑥ 延べ床面積（14 区分）が選ばれた。なお，スワッピングに使用されていない延べ床面積が，外観識別性の高い属性の 1 つに含まれていることに留意されたい。

　次に，これらの 6 変数を用いて作成したクロス表において度数 1 に該当するレコードを対象に，スワッピング済データとの間でマッチングを行った。なお，50,000 レコードのデータおよび 10,000 レコードのデータのなかでクロス

第3章　公的統計データにおける秘匿性と有用性の評価のあり方に関する一考察　53

表3-4　スワッピング済データとクロス表におけるマッチングの結果，5歳年齢階級

50,000 レコード

(単位：%)

スワッピング率	ランダム			ターゲット			ターゲット＆ランダム		
	1%	5%	10%	1%	5%	10%	1%	5%	10%
1：1 該当するレコードはスワッピング済	0.00	0.00	0.13	0.13	0.00	0.13	0.00	0.00	0.00
1：1 該当するレコードはスワッピングされてない	96.78	87.24	77.96	81.96	43.81	21.39	88.14	59.41	39.18
1：2 該当するレコードの一部はスワッピング済	0.64	0.90	1.03	0.52	0.26	0.13	0.77	0.39	0.26
1：2 該当するレコードのすべてがスワッピング済	0.00	0.00	0.13	0.00	0.13	0.00	0.00	0.13	0.00
1：n (nは3以上)	0.00	0.90	1.80	0.77	1.93	2.45	0.64	1.93	2.58
マッチングしない	2.58	10.95	18.94	16.62	53.87	75.90	10.44	38.14	57.99

10,000 レコード

(単位：%)

スワッピング率	ランダム			ターゲット			ターゲット＆ランダム		
	1%	5%	10%	1%	5%	10%	1%	5%	10%
1：1 該当するレコードはスワッピング済	0.00	0.77	1.15	0.00	0.77	1.92	0.00	0.38	0.77
1：1 該当するレコードはスワッピングされてない	98.46	91.92	80.77	83.46	43.08	25.00	90.00	59.23	36.92
1：2 該当するレコードの一部はスワッピング済	1.15	2.31	3.85	2.31	1.92	1.92	1.54	2.31	2.69
1：2 該当するレコードのすべてがスワッピング済	0.00	0.00	0.00	0.00	1.92	1.15	0.00	0.38	1.92
1：n (nは3以上)	0.00	0.00	0.77	0.00	2.31	4.23	0.00	1.54	2.31
マッチングしない	0.38	5.00	13.46	14.23	50.00	65.77	8.46	36.15	55.38

集計表の度数1に該当するレコードは，それぞれ776レコードと260レコードである。

表3-4と表3-5はそれぞれ，5歳年齢階級と各歳年齢階級におけるスワッピング済データとクロス表において度数1に該当するレコードとのマッチングの結果を示したものである。表3-4を例にすると，地域A（50,000レコード）の5歳年齢階級において，10%のスワッピング率でランダム・スワッピングを適

54　第Ⅰ部　公的統計情報の作製と提供

表3-5　スワッピング済データとクロス表におけるマッチングの結果，各歳年齢階級

50,000レコード　　　　　　　　　　　　　　　　　　　　　　　　　　（単位：%）

スワッピング率	ランダム			ターゲット			ターゲット＆ランダム		
	1%	5%	10%	1%	5%	10%	1%	5%	10%
1：1 該当するレコードはスワッピング済	0.00	0.00	0.26	0.00	0.00	0.00	0.00	0.26	0.00
1：1 該当するレコードはスワッピングされてない	97.68	90.59	83.63	82.86	44.20	21.39	88.66	61.86	41.24
1：2 該当するレコードの一部はスワッピング済	0.77	0.90	0.64	0.39	0.13	0.26	0.52	0.52	0.13
1：2 該当するレコードのすべてがスワッピング済	0.00	0.00	0.13	0.13	0.00	0.00	0.00	0.26	0.13
1：n（nは3以上）	0.00	1.16	1.68	0.90	2.32	2.71	0.90	1.68	2.45
マッチングしない	1.55	7.35	13.66	15.72	53.35	75.64	9.92	35.44	56.06

10,000レコード　　　　　　　　　　　　　　　　　　　　　　　　　　（単位：%）

スワッピング率	ランダム			ターゲット			ターゲット＆ランダム		
	1%	5%	10%	1%	5%	10%	1%	5%	10%
1：1 該当するレコードはスワッピング済	0.00	0.00	0.00	0.00	0.38	2.31	0.00	0.00	0.77
1：1 該当するレコードはスワッピングされてない	98.85	92.31	88.46	83.08	42.31	25.38	91.92	61.92	39.62
1：2 該当するレコードの一部はスワッピング済	0.38	1.54	2.69	1.15	3.08	2.69	0.38	2.31	3.46
1：2 該当するレコードのすべてがスワッピング済	0.00	0.00	0.00	0.00	1.15	1.54	0.00	0.77	1.54
1：n（nは3以上）	0.00	0.38	0.77	0.77	2.69	3.46	0.38	1.15	3.08
マッチングしない	0.77	5.77	8.08	15.00	50.38	64.62	7.31	33.85	51.54

用した場合に，クロス表に含まれる度数1のレコードと1対1でマッチング
し，マッチングされたレコードがスワッピング済である比率は0.13%である
のに対して，1対1でマッチングするが，該当するレコードがスワッピングさ
れていない比率は77.96%となっている。次に，クロス表に含まれる度数1の
レコードと1対2でマッチングし，マッチングされたレコードの一部がスワッ
ピング済である比率は1.03%であるのに対して，1対2でマッチングされ，該

第3章　公的統計データにおける秘匿性と有用性の評価のあり方に関する一考察　55

当するレコードのすべてがスワッピングされている比率は0.13％となっている。さらに，度数1のレコードと1対n（nは3以上）でマッチングする比率は1.80％であり，マッチングしないレコードの比率は18.94％となっている。

　それに対して，ターゲット・スワッピングを適用した場合（5歳年齢階級，10％のスワッピング率），マッチングしないレコードの比率は75.90％となっている。また，ターゲット・スワッピングとランダム・スワッピングの併用については，マッチングしないレコードの比率は57.99％である。

　各歳年齢階級の場合（表3-5），10％のスワッピング率でランダム・スワッピングを適用したときのマッチングしないレコードの比率は，13.66％となっているが，ターゲット・スワッピングにおいてマッチングしないレコードの比率は75.64％となっている。さらに，ターゲット・スワッピングとランダム・スワッピングの併用については，マッチングしないレコードの比率は56.06％である。

　本分析結果をみると，公表されている結果表において特異なセルが出現した場合でも，それに該当すると考えられるレコードに対してスワッピングを行うことによって，公表されている結果表を外部情報と考えた場合の露見リスクを低減することが可能になることがわかる[7]。

---

7)　本研究では，クロス表において母集団一意に該当するレコードと年齢区分が異なる場合のスワッピング済データ（ターゲット・スワッピング，スワッピング率は10％）とのマッチングの結果についてさらなる検証を行った。具体的には，年齢5歳階級におけるスワッピング済データと年齢各歳階級におけるスワッピング済データを対象に，スワッピングの際にドナーファイルにおいて入れ替えの対象となったレコードを確認した。50,000レコードと10,000レコードのそれぞれにおいてドナーファイルのレコードが重複する比率は，それぞれ66.92％と46.52％であることがわかった。この結果は，5歳年齢階級のスワッピング済データと各歳年齢階級のスワッピング済データの両方において，スワッピングの対象になったレコードを確認した場合に，ドナーファイルで入れ替えの対象になったレコードの大部分が重複していることを意味している。
　　ドナーファイルにおいて入れ替えの対象となるレコードが重複している理由としては，スワッピングで用いた距離計測型リンケージの計算式（(2)式）で算出される年齢のスコアが小さいために，そのスコアが総合指標Dに与える影響は小さかったことが指摘できる。このことは，5歳年齢階級と各歳年齢階級の年齢区分にかかわり

56 第Ⅰ部 公的統計情報の作製と提供

また，本分析結果から，各歳年齢階級における秘匿性の程度は，5歳年齢階級におけるそれと比較して，大きく変わらなかったことが確認された。これらの研究成果を踏まえると，国勢調査の匿名データに関しては，年齢を各歳区分で提供する可能性も考えられよう。

4. スワッピング済データにおける秘匿性と有用性の定量的な評価

前節では，外部情報とのマッチングの観点から，国勢調査の匿名化ミクロデータにおける秘匿性を検証した。それに対して，特殊な一意に該当すると思われるレコードの秘匿性の強度を実証的に把握するために，主として特殊な一意のレコードに対して適用されたスワッピングを対象に，その有効性を検証することも考えられる。そこで，本節では，スワッピング済データにおける有用性と秘匿性の評価を行った。最初に，Shlomo et al.（2010）や伊藤・星野（2014）に基づいて，以下の(4)式で示される有用性の評価指標と(5)式で示される秘匿性の評価指標を算出した。

$$有用性の評価指標(DU) = \frac{\sum_c |T^s(c) - T^o(c)|}{n_T} \tag{4}$$

$T^o(c)$：原データを用いて作成したクロス表におけるセルの度数

$T^s(c)$：スワッピング済データを用いて作成したクロス表におけるセルの度数

n_T：集計表におけるセルの数

$$秘匿性の評価指標(DR) = \frac{\sum_c I(T^o(c)=1, T^s(c)=1)}{\sum_c I(T^o(c)=1)} \tag{5}$$

$\sum_c I(T^o(c)=1)$：原データにおけるクロス表の中で度数1であるセルの数

$\sum_c I(T^o(c)=1, T^s(c)=1)$：スワッピング済みデータにおけるクロス表の中で度数1でありかつスワッピングされていないセルの数

なく，年齢以外の変数によってドナーファイルで入れ替えの対象となるレコードが決まることを示唆している。

第3章　公的統計データにおける秘匿性と有用性の評価のあり方に関する一考察　57

(4)式は，スワッピング済データに基づいて「擬似的な」結果表を作成した場合に，原データで作成した結果表との距離を計測することによって，有用性を検証することを指向している。DU が小さいほど，有用性が高いことを示している。また，(5)式は，原データにスワッピングを適用した場合に，クロス表のなかで度数 1 であるセルのなかで，スワッピングが適用されていないセルの比率を計測したものである。DR が小さいほど，スワッピングの効果が高く，秘匿性の強度が大きいことを表している。

　次に，これらの有用性と秘匿性の評価指標を用いて，R-U マップを作成し，有用性と秘匿性の相対比較を行った。なお，R-U マップで使用する有用性と秘匿性の評価指標に関しては，スワッピングデータとのマッチングのために作成されたクロス集計表で用いられた 6 変数のなかのあらゆる 2 変数の組み合わせについて計算された評価指標の平均値がそれぞれ使用されている。

　図 3-1 は，R-U マップをもとに，① ターゲット・スワッピング，② ランダム・スワッピング，および ③ ターゲット・スワッピングとランダム・スワッピングの併用のそれぞれについて，スワッピング率の変化にともなう有用性の評価指標（DU）と秘匿性の評価指標（DR）の比較結果を図示したものである。図 3-1 をみると，スワッピング率の上昇に伴って，DU の数値が大きくなることがわかる。また，ランダム・スワッピングと比較して，ターゲット・スワッピングにおける DU の数値が大きいことから，ターゲット・スワッピングにおける有用性がランダム・スワッピングにおけるそれと比較して低いことが確認できる。それに対して，DR は，スワッピング率の上昇にともなって小さくなる傾向にある。さらに，ランダム・スワッピングにおける DR は，ターゲット・スワッピングにおける DR と比較して高くなることから，ターゲット・スワッピングにおける秘匿性の程度は，ランダム・スワッピングよりも高いことが確認できる。なお，ターゲット・スワッピングとランダム・スワッピングを併用した場合の R-U マップは，ターゲット・スワッピングとランダム・スワッピングの中間に位置していることから，全般的にみて，ターゲット・スワッピングのみを用いた場合よりも有用性は高く，秘匿性の程度が低くなっている

58 第Ⅰ部 公的統計情報の作製と提供

図 3-1　R-U マップ，地域 A

5 歳年齢区分

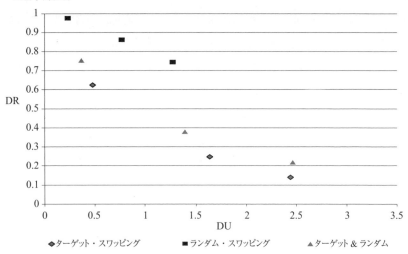

各歳年齢区分

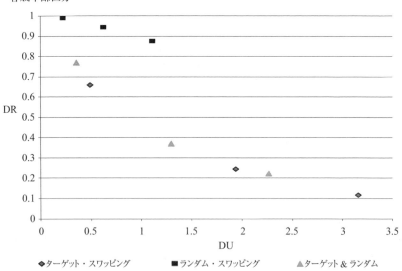

ことがわかる。

5. お わ り に

　本章では，最初に公的統計のミクロデータにおける匿名化技法の特徴と匿名
化ミクロデータの有用性と秘匿性の評価のあり方について論じた。次に，本章
では，国勢調査の個票データを用いて，スワッピングの適用可能性の検証を行
った。さらに，国勢調査の既存の公表されている結果表が外部情報になり得る
ことから，公表されている結果表の集計事項のなかで外観識別性の高い属性を
対象にしたクロス集計表を作成した上で，クロス集計表において度数1に該当
するレコードと国調のスワッピング済データとのマッチングを行った。

　本研究の結果から，年齢については，各歳年齢階級にした場合でもスワッピ
ングを適用した場合，5歳年齢階級と同様に露見リスクを低減することができ
た。このことから，スワッピングの適用の仕方によっては，匿名データにおい
て各歳提供の可能性も考えることができると思われる。

　公的統計において，ミクロデータに含まれる個体情報を保護しつつ，利用者
のニーズを踏まえた匿名化ミクロデータを作成するためには，秘匿性と有用性
の両面を考慮した上で，ミクロデータに対する匿名化措置を検討する必要があ
る。その上で，統計法制度を踏まえながら，統計実務的に可能な匿名化手法の
適用可能性を検討することが求められよう。

　また，ミクロデータにおける有用性や秘匿性の定量的な評価に関しては，匿
名化の対象となる変数をどのような考え方に基づいて選定するかが，大いに関
係すると考えられる。そして，匿名化ミクロデータの作成における有用性や秘
匿性の検証結果の位置づけについても，匿名化の手法を検討するための参考情
報と捉えるかどうかも含め，どういった利用目的を想定して匿名化ミクロデー
タを作成するかが大きくかかわってくる。

　本研究では，R-Uマップをもとに，スワッピング済データにおける有用性と
秘匿性の検証も行った。またターゲット・スワッピングとランダム・スワッピ
ングを併用した場合の分析も行われている。ランダム・スワッピングとターゲ

ット・スワッピングに関しては妥当なスワッピング率を設定することによって，攪乱的な処理を適切に行うことができれば，匿名化ミクロデータの作成にあたって，有用性が保持されたまま秘匿性の強度がより高まる，実用的な攪乱的手法の適用可能性を追究することが可能になるだろう。

付記　本章は，2018年度統計関連学会連合大会（2018年9月10日，於：中央大学）における筆者と寺田雅之氏（（株）NTTドコモ）による学会報告「高次元の公的統計データにおけるプライバシー保護をめぐって」のなかで，筆者が担当した報告内容に基づいている。貴重なコメントをしていただいた中川裕志先生（理化学研究所）と星野伸明先生（金沢大学）に謝意を申し上げたい。また，本章の一部は，伊藤・星野（2015）を加筆・修正したものである。本章における国勢調査の個票データを用いた匿名化技法の有効性の検証および秘匿性と有用性の定量的な評価に関する試算結果は，（独）統計センターの星野なおみ氏によるものであるが，（独）統計センターより単著としての取りまとめの許可をいただき，本章を作成した。（独）統計センターの関係各位にお礼を申し上げたい。

参 考 文 献

Dalenius, T. and S. P. Reiss (1978), "Data-Swapping: A Technique for Disclosure Control (Extended Abstract)", in Proceedings of the Section on Survey Research Methods, American Statistical Association, Washington, D.C., pp.191-194.

De Kort, S. and J. Wathan (2009), "Guide to Imputation and Perturbation in the Samples of Anonymised Records", unpublished.

Domingo-Ferrer, J. and V. Torra (2001), "Disclosure Control Methods and Information Loss for Microdata", Doyle et al.(eds.) Confidentiality, Disclosure and Data Access: Theory and Practical Applications for Statistical Agencies, Elsevier Science, Amsterdam, pp. 91-110.

Duncan, G. T., M. Elliot and J. Salazar-González (2011), Statistical Confidentiality, Springer, New York.

Elliot, M. J. and A. Manning (2004), "The Methodology used for the 2001 SARs Special Uniques Analysis", Paper Presented to An Open Meeting on the Samples of Anonymised Records form the 2001 Census, CCSR.

Gross, B., P. Guiblin and K. Merrett (2004), "Implementing the Post Randomisation Method to The Individual Sample of Anonymised Records (SAR) from The 2001 Census" (http: //doc. ukdataservice. ac. uk/doc/8097/mrdoc/pdf/8097_implementing_ the_post_randomisation_method_to_the_individual_sar_from_the_2001_census. pdf 2018 年11月23日アクセス).

Ito, S., T., Yoshitake, R. Kikuchi and F. Akutsu (2018), "Comparative Study of the Effectiveness of Perturbative Methods for Creating Official Microdata in Japan" Josep

第 3 章　公的統計データにおける秘匿性と有用性の評価のあり方に関する一考察　61

Domingo-Ferrer and Francisco Montes（eds.）*Privacy in Statistical Databases: UNESCO Chair in Data Privacy, International Conference, PSD 2018, Valencia, Spain, September 26-28, 2018, Proceedings*（*Lecture Notes in Computer Science*）, July, 2018, Springer, pp. 200-214（http://doi.org/10.1007/978-3-319-99771-1_14）.

Kooiman, P., L. Willenborg and J. Gouweleeuw（1998）, "PRAM: A Method for Disclosure Limitation of Microdata", *Research Paper*, No. 9705, Statistics Netherlands, Voor-burg.

Lauger, A., B. Wisniewski and L. McKenna（2014）, Disclosure Avoidance Techniques at the U. S. Census Bureau: Current Practices and Research, Research Report Series（Disclosure Avoidance #2014-02）, U.S. Census Bureau, pp. 1-13.

Marsh, C., C. Skinner, S. Arber, B. Penhale, S. Openshaw, J. Hobcraft, D. Lievesley and N. Walford（1991）, "The Case for Sample of Anonymized Records from the 1991 Census", *Journal of the Royal Statistical Society*, Series A, Vol. 154, No. 2, pp. 305-340.

Müller, W., U. Blien and H. Wirth（1995）, "Identification Risks of Micro Data: Evidence from Experimental Studies", *Sociological Methods and Research,* Vol. 24, No. 2, pp. 131-157.

Shlomo, N., C. Tudor and P. Groom（2010）, "Data Swapping for Protecting Census Tables", Domingo-Ferrer, J. and Magkos, E.（eds）*Privacy in Statistical Databases UNESCO Chair in Data Privacy International Conference, PSD 2010Corfu, Greece, September, 2010 Proceedings*, Springer, pp. 41-51.

Takemura, A.（1999）, "Local Recoding by Maximum Weight Matching for Disclosure Control of Microdata sets", ITME Discussion Paper , No.11, Faculty of Economics, Univ. of Tokyo.

Takemura, A.（2002）, "Local Recoding and Record Swapping by Maximum Weight Matching for Disclosure Control of Microdata Sets", *Journal of Official Statistics*, Vol. 18, No. 2, pp. 275-289.

Willenborg, L. and T. de Waal（2001）, *Elements of Statistical Disclosure Control* , Springer, New York.

Woo, M., J. P. Reiter, A. Oganian and A. F. Karr（2009）, "Global Measures of Data Utility for Microdata Masked for Disclosure Limitation", *The Journal of Privacy and Confidentiality*, Vol. 1, No. 1, pp. 111-124.

Yancey, W. E., W. E. Winkler and R. H. Creecy（2002）, "Disclosure Risk Assessment in Perturbative Microdata Protection", Research Report Series（Statistics #2002-01）, Statistical Research Division U. S. Bureau of the Census（https: //www. census. gov/srd/papers/pdf/rrs2002-01.pdf 2019 年 3 月 3 日アクセス）.

Zayatz, L.（2007）, "Disclosure Avoidance Practices and Research at the U. S. Census Bureau: An Update", *Journal of Official Statistics*, Vol. 23, No. 2, pp. 253-265.

伊藤伸介（2010）「ミクロデータにおける秘匿性の評価方法に関する一考察」（明海大学『経済学論集』第 22 巻第 2 号）1-17 ページ。

伊藤伸介（2011）「わが国におけるミクロデータの新たな展開可能性について―イ

62 第Ⅰ部 公的統計情報の作製と提供

ギリスにおける地域分析用ミクロデータを例に—」（明海大学『経済学論集』第 23 巻，第 3 号）36-54 ページ。

伊藤伸介（2012）「政府統計ミクロデータの提供における匿名化措置—イギリス統計法における法制度的措置と攪乱的手法の適用可能性を中心に—」（明海大学『経済学論集』第 24 巻 3 号）1-14 ページ。

伊藤伸介・村田磨理子・高野正博（2014）「ミクロデータにおける匿名化技法の有効性の検証—全国消費実態調査と家計調査を例に—」（『統計研究彙報』第 71 号）83-124 ページ。

伊藤伸介・星野なおみ（2014）「国勢調査ミクロデータを用いたスワッピングの有効性の検証」（『統計学』第 107 号）1-16 ページ。

伊藤伸介・星野なおみ（2015）「スワッピングの適用可能性に関する評価研究—国勢調査ミクロデータを用いて—」（『製表技術参考資料』No. 28）27-43 ページ。

伊藤伸介（2018a）「国勢調査における匿名化ミクロデータの作成可能性」（『経済志林』第 85 巻第 2 号）241-277 ページ。

伊藤伸介（2018b）「公的統計ミクロデータの利活用における匿名化措置のあり方について」（『日本統計学会誌』第 47 巻第 2 号）77-101 ページ。

伊藤伸介（2018c）「公的統計ミクロデータの利活用の動向とわが国における課題」（『統計』2018 年 6 月号）13-18 ページ。

伊藤伸介・星野なおみ・阿久津文香・菊池亮（2018）「匿名化された公的統計ミクロデータの作成における攪乱的手法の有効性の評価」（『経済学論纂（中央大学）』第 59 巻第 1・2 合併号）37-60 ページ。

竹村彰通（2003）「個票開示問題の研究の現状と課題」（『統計数理』第 51 巻 第 2 号）241-260 ページ。

調査票情報等の利用，提供等に関する法制研究会（2018）『調査票情報等の利用，提供等に関する統計法の改正について』。

藤野友和・垂水共之（2003）「PRAM の理論とその実用上の諸問題」（『統計数理』第 51 巻第 2 号）321-335 ページ。

第 4 章

交互最小二乗法による選択的エディティング手法の
質的な順序変数への拡張に関する検討

高 橋 将 宜

1. は じ め に

公的統計調査のように，調査票によって収集するデータには，エラーが含まれていることが多い。かつては，膨大な人件費をかけて人手によってエラーを検出して訂正を行っていたが，そのような人手によるエディティング（審査と訂正）は，時間と労力がかかり，公的統計に割かれる予算と人員が削減されている近年では，ますます現実的に難しくなってきている。そこで，諸外国の公的統計では，重要なエラーに焦点を絞って選択的にエディティングを行う方法が採用されている。厚生労働省の毎月勤労統計における不正問題が明らかとなった昨今，公的統計に配分される予算の減少と人員の削減が問題視されている。選択的エディティング（selective editing）は，そのような削減された人員の中でも高い精度の統計を維持することを目的に開発されたものであり，非常にタイムリーな話題である。

選択的エディティングでは，外れ値検出法を利用して重要なエラーを検出し，検出されたエラーは代入法[1]（imputation）によって自動的に訂正される。

---

1) 本章では代入法については扱わない。代入法については高橋・渡辺（2017）を参照されたい。

64　第Ⅰ部　公的統計情報の作製と提供

エラーの検出方法として外れ値検出法を利用するという性質上，選択的エディティングは，量的な連続変数のみに適用可能で，質的な変数には適用できないとされてきた（de Waal 2013, p. 478；高橋 2016, 23 ページ）。

　しかしながら，質的な変数のなかでも，順序変数の場合，尺度法を利用することでメトリックを回復できる場合がある。本研究では，社会生活基本調査のデータを模したシミュレーションデータを利用して，交互最小二乗法による尺度の最適化（ALSOS: Alternating Least Squares, Optimal Scaling）を試み，順序変数を間隔変数に変換することで，選択的エディティングを順序変数に拡張できるか検討する。すなわち，順序変数 x に対して，ALSOS が適用できるような実数値情報，あるいはそれに代わる数量 y が入手・利用できるとすれば，順序変数を間隔変数に変換できる可能性が広がることをシミュレーションで示す。

2. 選択的エディティング

　選択的エディティングとは，欧州の公的統計機関によって開発され，主に国連欧州経済委員会（UNECE: United Nations Economic Commission for Europe）の統計データエディティングに関するワークセッションを通じて発展してきた手法である。

　スウェーデン統計局，イタリア国家統計局，英国国家統計局，カナダ統計局，ニュージーランド統計局，フィンランド統計局などにおいて実務に適用されている。例えば，スウェーデン統計局では，2004 年から 2014 年までに 11 種類の調査で実装し，高い精度を維持しながらも，10％〜60％の費用を削減している（高橋 2016, 22 ページ）。また，イタリア国家統計局の開発した混淆正規分布モデルによる選択的エディティング手法（Di Zio and Guarnera 2013）については，高橋（2012）および高橋（2013）が詳しく報告している。

　その手法を簡単に要約すれば，すべてのエラーをしらみつぶしに修正するのではなく，集計値に大きな影響を与えるようなエラーに集中して修正する方法である（de Waal 2013, p. 473）。そのためには，ある値がエラーである確率を推定することと，その値がエラーだった場合に集計値に与える影響度を算出するこ

図 4-1　選択的エディティングの例

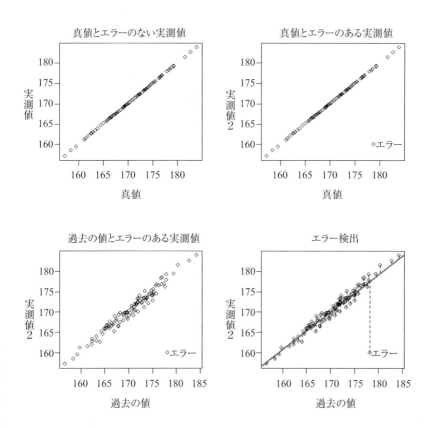

とが必要である（高橋 2016, 10 ページ）。選択的エディティングについては，de Waal et al.（2011, pp. 191-221）が詳しい。

　例えば，100 人の成人男性について身長を測ったとする。このとき，真値がわかっている場合に実測値にエラーがなければ，横軸に真値を，縦軸に実測値を配置した散布図において，データは一直線に並ぶはずである（図 4-1 左上）。一方，もし実測値にエラーが含まれていたならば，その値は直線から離れた場所に位置することになる（図 4-1 右上）。すなわち，外れ値である。もちろん，実際には真値は不明だから実測するので，横軸に真値を配置することはできない。そこで，実際に利用できる値として，過去に実測した値を横軸に配置し

66 第Ⅰ部 公的統計情報の作製と提供

て，それとの関係で大きく外れているかどうかを判定し，エラーかどうかを検出する（図4-1左下）[2]。「実測値2＝a＋b*過去の値」というモデル（実線）から大きく離れている値をエラー候補として検出して，集中的に精査し，エラーと判明したならば，適切な値に修正する（図4-1右下）。

ゆえに，選択的エディティングは，外れ値を検出するという性質上，量的な連続変数にしか適用できず，質的な順序変数への適用は難しいと考えられてきた（de Waal 2013, p. 478；高橋 2016, 23ページ）。本章では，質的な順序変数を量的な間隔変数に変換することで，選択的エディティングの適用への道を開くことを模索する。

3. 社会生活基本調査を模したシミュレーションデータ

図4-2は，「平成28年社会生活基本調査」の調査票Aの問18（仕事からの1年間の収入または収益）である（総務省統計局 2016）。連続変数として量的に回答するのではなく，16個の順序あるカテゴリとして回答することになっている。本章では，この変数を分析の対象とし，以下では年間収入と呼ぶこととする。

図4-3より，年間収入は右にすその長い分布であるから，対数正規分布として式(1)のようにデータを生成する。平均値と標準偏差は，実データのおおよその値を模して設定した。標本サイズは2000に設定した。

また，表4-1より，h23年間収入の平均値は5.330であり，h28年間収入の平均値は5.650であり，年間収入は5年平均で5.650/5.330＝1.06倍になっているので，係数は1.06として，式(2)のように生成した。ε_iの分散の真値は不明だが，h23年間収入とh28年間収入の相関がほどよくなるように，200とした。なお，年間収入の値はマイナスになることはないので，マイナスの値は0とした。

また，対数正規分布のため，右裾が極めて長い分布となるが，社会生活基本調査の調査票における上限カテゴリは「1500万円以上」であるため，真値の

2）この場合，過去の値は，何らかのエラーチェックを受けてエラーが取り除かれていると想定している。

第 4 章　交互最小二乗法による選択的エディティング手法の拡張に関する検討　67

図 4-2　社会生活基本調査の年間収入の調査票

18　仕事からの1年間の収入または収益（税込み）
・仕事からのこの1年間の収入について記入してください ・自家営業の場合は　売上高から必要経費を差し引いた営業利益について記入してください ・ふだん副業をしている場合は　それも含めた1年間の合計について記入してください ・仕事について1年未満の人は　1年間の見積りについて記入してください
収入なし　50万円未満　50〜99万円　100〜149万円　150〜199万円　200〜249万円　250〜299万円　300〜349万円 400〜449万円　500〜599万円　600〜699万円　700〜799万円　800〜899万円　900〜999万円　1000〜1499万円　1500万円以上

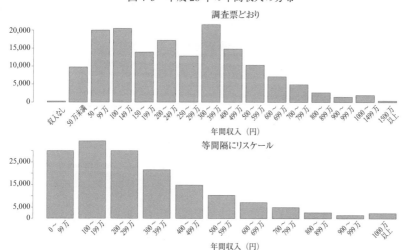

図 4-3　平成 28 年の年間収入の分布

(注)　「第 3-1 表　従業上の地位・雇用形態・勤務形態・週間就業時間・希望週間就業時間・年次有給休暇の取得日数・ふだんの健康状態・仕事からの個人の年間収入・収益, 行動の種類別総平均時間—週全体, 有業者, 男女総数 (15 歳以上)」（総務省統計局 2016）より集計した。

68　第 I 部　公的統計情報の作製と提供

表 4-1　2016 年（平成 28 年）および 2011 年（平成 23 年）の年間収入データ

意　味	符号	2016 年（平成 28 年） 人数	総額	2011 年（平成 23 年） 人数	総額
収入なし	0	268	0	2,595	0
50 万円未満	1	9,779	9,779	8,792	8,792
50〜99 万円	2	20,000	40,000	12,999	25,998
100〜149 万円	3	20,478	61,434	12,418	37,254
150〜199 万円	4	13,899	55,596	8,842	35,368
200〜249 万円	5	17,184	85,920	10,614	53,070
250〜299 万円	6	12,803	76,818	7,528	45,168
300〜399 万円	7	21,520	150,640	12,241	85,687
400〜499 万円	8	14,772	118,176	8,351	66,808
500〜599 万円	9	10,321	92,889	5,644	50,796
600〜699 万円	10	7,165	71,650	3,934	39,340
700〜799 万円	11	4,959	54,549	2,788	30,668
800〜899 万円	12	2,654	31,848	1,648	19,776
900〜999 万円	13	1,478	19,214	913	11,869
1000〜1499 万円	14	1,966	27,524	1,541	21,574
1500 万円以上	15	393	5,895	552	8,280
合計		159,639	901,932	101,400	540,448
平均		5. 650		5. 330	

（注）総務省統計局の社会生活基本調査より集計した。

上限を設けた。その際，1500 万円「以上」をどこまでとするかは議論のある
ところだが，全国消費実態調査の匿名データの年間収入の値が 2500 万円にト
ップコーディングされていることを参考にして，今回のデータにおいても
2500 万円以上の値を 2500 万円とした。

$$\text{h23 年間収入}_i \sim LN\ (5. 5, 1) \tag{1}$$

$$\text{h23 年間収入}_i = 1. 06 \times \text{h23 年間収入}_i + \varepsilon_i \tag{2}$$

$$\varepsilon_i \sim N\ (0, 200)$$

図 4-4 は上記の手順で生成した h28 年間収入と h23 年間収入の 1 万回分の分
布であり，表 4-2 はその基本統計量（1 万回の平均値）である。おおよそ，現
実的な年間収入のデータを模しているであろう。

図 4-4 生成した模擬データの分布

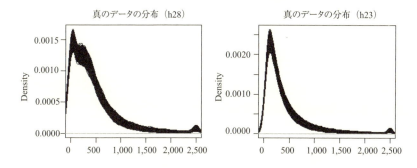

表 4-2 生成した模擬データの基本統計量（1 万回の平均値）

	最小値	第1四分位	中央値	第3四分位	最大値	平均値	標準偏差
h28	0.00	105.39	305.36	574.64	2,500.00	430.19	472.93
h23	0.00	124.83	244.91	480.53	2,500.00	391.13	432.87

（注）総務省統計局の社会生活基本調査より集計した。

4. 順序データに変換

上述した通り，社会生活基本調査の年間収入には，順序あるカテゴリが 16 個ある。そこで，この 16 個のカテゴリに対して，表 4-1 の「符号」の列にあるように，機械的に 0 から 15 までの番号を振って，順序変数とする。図 4-5 は，そのようにコーディングした h28 年間収入と h23 年間収入の 1 万回分の分布である。真のデータの分布とは，全く異なる分布になっていることがわかる。

図 4-5 順序データに変換した模擬データの分布

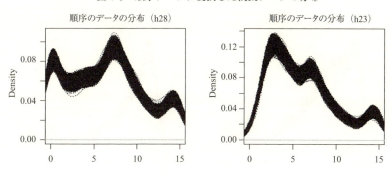

5. 順序データから間隔データへの変換

5-1 調査票情報の活用

社会生活基本調査の年間収入のカテゴリ区分は，調査票情報から知ることができる。順序データを間隔データに変換する1つの方法としては，この調査票情報をカテゴリ間の距離に反映させることである。表4-3の通り，カテゴリ内の中央値を採用しよう。最上位のカテゴリは，上側に限界がないため，1500とした。よって，模擬データ（真のデータ）のトップコーディングは2500万

表4-3　社会生活基本調査の年間収入のカテゴリ区分（間隔変数）

意　味	符　号
収入なし	0
50万円未満	25
50～99万円	75
100～149万円	125
150～199万円	175
200～249万円	225
250～299万円	275
300～399万円	350
400～499万円	450
500～599万円	550
600～699万円	650
700～799万円	750
800～899万円	850
900～999万円	950
1000～1499万円	1,250
1500万円以上	1,500

図4-6　調査票情報により間隔データに変換した模擬データの分布

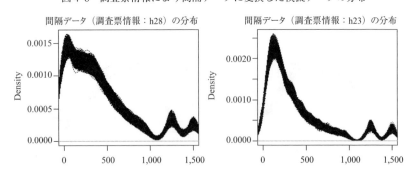

第4章 交互最小二乗法による選択的エディティング手法の拡張に関する検討 71

としたが，それを社会生活基本調査レベルに落としたものは，1500万で切られる形となっている。

図4-6は，そのようにコーディングしたh28年間収入とh23年間収入の1万回分の分布である。順序データの分布と比較して，真のデータに近い分布になっていることがわかる。

5-2 ALSOSによる尺度の最適化

すべての調査において，順序変数のカテゴリ間の距離を適切に設定するための情報があるとは限らない。そこで，交互最小二乗法による尺度の最適化（ALSOS: Alternating Least Squares, Optimal Scaling）も検討する。

交互最小二乗法による尺度の最適化では，観測値に関する2つの統計モデルがあるとする。1つ目のモデルは変数間の構造的な関係に関するものであり，2つ目のモデルは変数の測量的な特徴に関するものである（Jacoby 1991, pp. 74-80；Jacoby 1999）。なお，交互最小二乗法について，和書では，森・黒田・足立（2017）が詳しい。

表4-4に示す具体的な数値を用いて，このアルゴリズムを例証しよう。X_iは1～6までの6段階の順序尺度とし，Y_iは0～100までの間隔尺度とする。ここでは，10人分のデータを考えることとする。

X_iとY_iの関係は，$\hat{Y}=23.643+10.016X_i$で表すことができ，決定係数は0.7563である。このモデルを変形した式(3)によって，X_iの予測値を算出する。

表4-4 ALSOS 例示用のデータ

ID	X_i	Y_i
1	6	82
2	1	41
3	3	34
4	4	54
5	3	68
6	2	42
7	1	37
8	5	72
9	6	98
10	4	59

表4-5 X_i（順序変数）と$\hat{X}_i$の予測値

ID	X_i	$\hat{X}_i$
1	6	82
2	1	41
3	3	34
4	4	54
5	3	68
6	2	42
7	1	37
8	5	72
9	6	98
10	4	59

その結果は，表 4-5 の通りである。

$$\hat{X} = \frac{Y_i - 23.643}{10.016} \tag{3}$$

次のステップでは，カテゴリ 1 は（1.733＋1.334）/2＝1.534 といった具合で，それぞれのカテゴリの値の平均値を算出する。表 4-6 の通り，この値を新たなカテゴリの区分として用いる。

表 4-7 のデータは，表 4-6 で再定義した新たな区分を用いて，10 個のデータの区分を最適化したものである。$\hat{Y}_i = 23.6433 + 10.018 X_i$ で表すことができ，決定係数は 0.8204 に上昇した。上記のプロセスを繰り返し，決定係数が上昇しなくなった状態を収束とみなす。そのときの値が，X_i の最適化された尺度で

表 4-6　新たなカテゴリ区分

X_i	$\hat{X}_i$
1	1.534
2	1.833
3	2.732
4	3.281
5	4.828
6	6.625

表 4-7　最適化後の X_i

ID	X_i（最適化）	Y_i
1	6.625	82
2	1.534	41
3	2.732	34
4	3.281	54
5	2.732	68
6	1.833	42
7	1.534	37
8	4.828	72
9	6.625	98
10	3.281	59

図 4-7　ALSOS により間隔データに変換した模擬データの分布

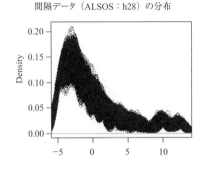
間隔データ（ALSOS：h28）の分布

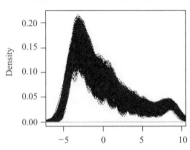
間隔データ（ALSOS：h23）の分布

ある。

図4-7は,このようにALSOSを用いてコーディングしたh28年間収入とh23年間収入の1万回分の分布である。尺度の間隔を推定しているため,調査票情報を用いた場合と比べてばらつきが大きい様子が窺えるが,順序尺度の分布と比べて,元の真のデータの分布形状に近いことがわかる。

5-3 真の間隔データ

比較のために,真の連続データを100万円ずつの幅で均等配分した真の間隔データの分布は図4-8の通りである。正しい間隔データなので,真の連続データの分布にもっとも近いことがわかるが,当然のことながら,このデータは実際には利用可能ではない。

図4-8 真の間隔データに変換した模擬データの分布

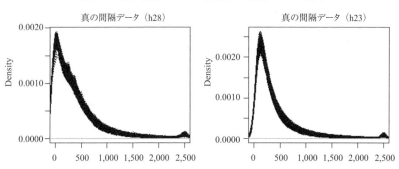

6. モンテカルロシミュレーションによるエビデンス

上記で説明した方法によって,h28とh23の年間収入を模したデータを生成し,真の間隔データ(100刻みでデータを等間隔で区分),順序データ,間隔データ(調査票情報による最適化),間隔データ(ALSOSによる最適化)に変換し,1万回のモンテカルロシミュレーションを実施した。なお,式(2)の通り,h22年間収入$_i$ = 1.06 × h23年間収入$_i$ + ε_iとして生成しているため,回帰係数の真

値は 1.06 だが，マイナスの値を 0 に修正し，2500 以上の値を 2500 としているため，真値は 1.06 よりやや低い値となっている。

　第 2 節で説明した通り，選択的エディティングでは，モデルによる予測値と観測値との差から外れ値を検出するため，モデルのパラメータを適切に推定できるかが重要事項である。選択的エディティングに使用できるモデルは多数あるが，本章では，もっともスタンダードな最小二乗法による回帰モデルを検討する。

　図 4-9 は，1 万回のモンテカルロシミュレーションによって回帰係数の推定精度を検証したものである。黒の縦棒は，回帰係数の真値を表す。それ以外の曲線は，4 種類のデータに基づいて算出した回帰係数の分布を表している。黒

図 4-9　モンテカルロシミュレーション（1 万回）の結果（回帰係数の分布）

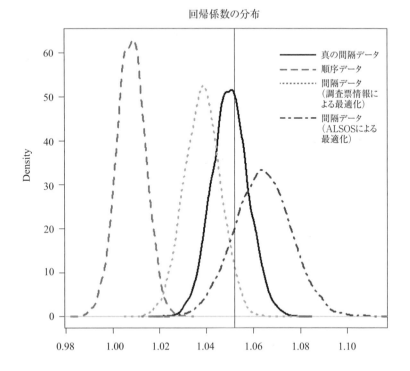

の縦棒に近い分布ほど，よい分布とみなすことができる。黒の実線は真の間隔データ，太い破線は順序データ，点線は間隔データ（調査票情報による最適化），点鎖線は間隔データ（ALSOSによる最適化）を表している。ここから，真の間隔データのパフォーマンスがもっともよく，次いで間隔データ（調査票情報による最適化）と間隔データ（ALSOSによる最適化）が拮抗しており，順序データのパフォーマンスがもっとも悪いことがわかる。

パラメータ θ に対する推定値 $\hat{\theta}$ の偏りは $E(\hat{\theta}) - \theta$ で定義され，二乗平均誤差（MSE: Mean Squared Error）は $E(\hat{\theta} - \theta)^2$ で定義される。偏りに加えて MSE も検証する理由は，以下の通りである。パラメータ推定値と真値との差を二乗することで，MSE は推定値の偏りよりもばらつきに重きを置いているからである（Carsey and Harden 2014, p. 89）。推定量の優劣を考慮する際，偏りとばらつきがトレードオフの関係にあるとき，偏りが少ないこととばらつきが少ないことのど

図 4-10　モンテカルロシミュレーション（1万回）の結果（偏りと RMSE）

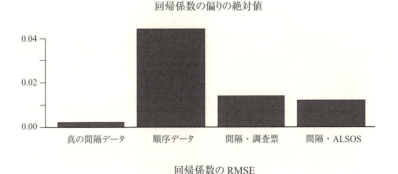

ちらがよいかは，状況によるため，偏りと MSE の両方を検証することが重要である（Gujarati 2003, pp. 899-902）。本章では，図 4-10 に示す通り，偏りの絶対値と MSE の平方根（RMSE）を用いて評価を行った。

　真の間隔データの偏りがもっとも小さく，RMSE 基準でもっともパフォーマンスがよい。ただし，このデータは，通常，利用不可能である。順序データの偏りはもっとも大きく，RMSE 基準でもっともパフォーマンスが悪い。偏りの点では，間隔データ（ALSOS による最適化）が次点であり，間隔データ（調査票情報による最適化）がわずかに劣る。一方，RMSE 基準では，間隔データ（調査票情報による最適化）が次点であり，間隔データ（ALSOS による最適化）がわずかに劣る。間隔データ（調査票情報による最適化）と間隔データ（ALSOS による最適化）のパフォーマンスは，ほぼ拮抗していることがわかる。

図 4-11　散布図とエラーの位置

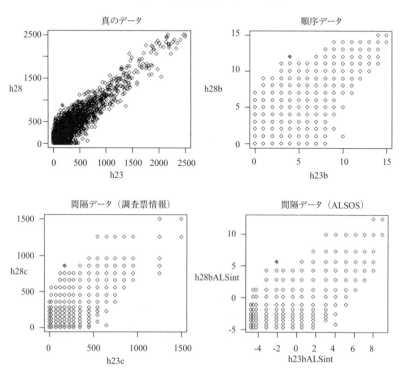

7. 選択的エディティングの実行例

最後に，ここまで用いてきた真の連続データ，順序データ，間隔データ（調査票情報），間隔データ（ALSOS）を用いて，選択的エディティングの実行結果の例を示す．ID2000 番の h28 の値が誤って 10 倍として記録されているとしよう．図 4-11 において，塗りつぶしの丸で示されている値がエラーである．

それぞれのデータを用いて，$\hat{h28}_i = a + b \times h23_i$ として予測値を算出し，予測値と実測値の差を計算する．もし予測値と実測値が完全に一致していれば，この値は 0 である．図 4-12 の破線は，99％信頼区間である．真のデータ，間隔データ（調査票情報），間隔データ（ALSOS）ではエラーを検出できているが，順序データでは検出できていない様子がわかる．

図 4-12　予測値と実測値との差によるエラーの検出

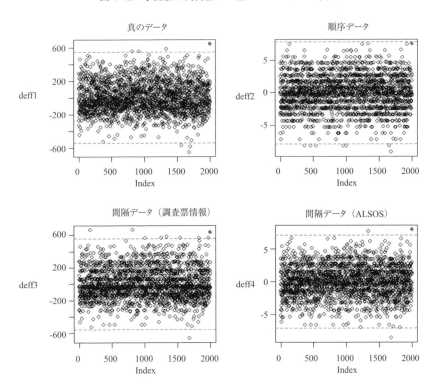

8. おわりに

　本章では，たとえ順序データのカテゴリ間の距離が不明であっても，ALSOS を用いることで最適化できることを示し，量的な変数にしか用いることができない選択的エディティングを順序変数に拡張できる可能性を提示した。実データを用いて順序変数の尺度を最適化し，実際に選択的エディティングを行うことは，将来の課題としたい。

　順序データには，順序ロジットや順序プロビットといった特化モデルがあるが（Long 1997, pp. 114-147），非線形のモデルで実用上の解釈の難易度が上がるため，社会科学の応用分野ではあまり活用されていないともいわれている（河村 2015, 89 ページ）。本章の解析結果は，順序尺度を用いた調査・研究にも幅広く応用できるものである。

参 考 文 献

Carsey, T. M. and J. J. Harden（2014），*Monte Carlo Simulation and Resampling Methods for Social Science*, Sage Publications.

de Waal, T.（2013），Selective Editing: A Quest for Efficiency and Data Quality, *Journal of Official Statistics*, 29(4), pp. 473-488.

de Waal, T., J. Pannekoek and S. Scholtus（2011），*Handbook of Statistical Data Editing and Imputation*, Wiley.

Di Zio, M. and U. Guarnera（2013），A Contamination Model for Selective Editing, *Journal of Official Statistics*, 29(4), pp. 539-555.

Gujarati, D. N.（2003），*Basic Econometrics*, McGraw-Hill.

Jacoby, W. G.（1991），*Data Theory and Dimensional Analysis*, Sage Publications.

Jacoby, W. G.（1999），Levels of Measurement and Political Research: An Optimistic View, *American Journal of Political Science*, 43(1), pp. 271-301.

Long, J. S.（1997），*Regression Models for Categorical and Limited Dependent Variables*, Sage Publications.

河村和徳（2015）『政治の統計分析』共立出版。

総務省統計局（2016）「平成 28 年社会生活基本調査」。

高橋将宜（2012）「諸外国のデータエディティング及び混渚正規分布モデルによる多変量外れ値検出法についての研究」（『製表技術参考資料』no.17）1-45 ページ。

高橋将宜（2013）「諸外国における最新のデータエディティング事情～混渚正規分布モデルによる多変量外れ値検出法の検証～」（『製表技術参考資料』no.23）

1-67 ページ，

高橋将宜（2016）「政府統計データのエディティングに関する国際的動向：選択的エディティングの理論とソフトウェア」（『製表技術参考資料』no. 31）1-55 ページ。

高橋将宜・渡辺美智子（2017）『欠測データ処理：R による単一代入法と多重代入法』共立出版。

森裕一・黒田正博・足立浩平（2017）『最小二乗法・交互最小二乗法』共立出版。

第 5 章

フランス INSEE における均衡抽出法の利用

西 村 善 博

1. はじめに

　フランスの 2004 年以降の人口センサス（ローリング・センサス）では，均衡抽出法に基づいて，コミューンないし住所を単位とするローテーション・グループが作成されている。均衡抽出法の適用にあたって，フランスの国立統計経済研究所（INSEE[1]）は，キューブ（Cube）法を利用している。

　そのアルゴリズムは 1998 年に，Jean-Claude Deville と Yves Tillé によって提案され，最初のアプリケーション・プログラムが ENSAI[2] の学生によって作成された（Tillé 2011）。一方，INSEE で開発されたプログラム（キューブ・マクロ）は Frédéric Tardieu が作成し，INSEE 統計方法ユニットおよび新センサス方法論リーダーの勧告を基に Bernard Weytens が仕上げたものである（Chauvet et Tillé 2005a）。

　INSEE はその利用者手引きとして，Rousseau et Tardieu（2004）を公表している。そこで本章は，それを基に，INSEE における均衡抽出法の基本的な利用

---

1)　INSEE は Institut national de la statistique et des études économiques の略称である。

2)　ENSAI は Ecole nationale de la statistique et de l'analyse de l'information（国立統計情報分析学院）の略称である。

82　第Ⅰ部　公的統計情報の作製と提供

およびローリング・センサスへの利用の特質を把握することを目的とする。まず，均衡標本の定義からみていこう。

2.　均衡標本の定義とキューブ法

2-1　均衡標本の定義

サイズ N の有限母集団を U とする。この要素はラベル $k \in \{1, \cdots, N\}$ によって識別される。p 個の補助変数 $x_1, \cdots, x_p$ は母集団の各要素について既知であり，そのベクトルを $\mathbf{x}_k = (x_{k1}, \cdots, x_{kj}, \cdots, x_{kp})'$ とする。また，母集団の要素 k が標本に選出される確率（包含確率）を π_k とする。このとき，サイズ n の無作為標本を S とすると，これが均衡標本であるためには次の均衡式を満たさなければならない（Tillé 2011, p. 215）。

$$\sum_{k \in S} \frac{\mathbf{x}_k}{\pi_k} = \sum_{k \in U} \mathbf{x}_k \tag{1}$$

この式の左辺は Horvitz-Thompson 推定量（以下，「HT 推定量」）であり，「標本が標本抽出枠における 1 つないしは複数の利用可能な変数のそれぞれに関して均衡がとれていると言われるのは，その総計の HT 推定量が標本抽出枠に基づく真の総計に正確に一致するときである」（Rousseau et Tardieu 2004, p. 7）とされる。

　すなわち，均衡抽出法は，補助変数の総計の推定値と真値が一致するように（場合によっては近似するように）制約をかけながら標本を抽出する方法といえる。このような方法で抽出された標本のことを均衡標本と呼ぶ。また，均衡（近似的も含め）が成立したときの補助変数は均衡変数と呼ばれている。以下では，これを原則に議論を展開する。

　均衡標本には 2 つの重要な利点がある（Rousseau et Tardieu 2004, p. 8）。定義上，それは選択された均衡変数に関して，母数と完全に一致する標本を与えるという意味で母集団の適切な縮図といえる。さらに，均衡変数の慎重な選択によって，パラメータの推定量の精度を顕著に改善することも期待できる。

　均衡抽出の特殊ケースとして，「包含確率」および「定数 1」を均衡変数と

して使うケースがある。これにより，決まったサイズの標本を確保したり，母集団サイズを正確に推定することが容易となる。その応用として，層化抽出法への適用がある。

2-2　均衡抽出の特殊ケース[3]

　もし「包含確率」変数に関してうまく均衡させるならば，決まったサイズの標本抽出が可能である。実際，要素 k が包含確率 π_k を保持するサイズ N の標本抽出枠から，サイズ n の標本 S を抽出する場合，次の均衡式を満たす必要がある。

$$\sum_{k \in S} \frac{\pi_k}{\pi_k} = \sum_{k \in U} \pi_k \quad \text{すなわち,} \quad \sum_{k \in S} 1 = n$$

これは必要なサイズ n の標本を得ることに相当する。たとえば，サイズ n の非復元単純無作為抽出のケースでは，$\pi_k = n/N$ である。これは「包含確率」に関する均衡を保証する。すなわち，次式が成立する。

$$\sum_{k \in S} 1 = \sum_{k \in U} \frac{n}{N} = n$$

また，「定数 1」（その総計は母集団サイズに等しい）に関して均衡させれば，標本からの HT 推定量は正確に母集団のサイズを与えるだろう。すなわち，要素 k の包含確率が π_k であるサイズ N の母集団から標本 S を抽出するケースでは，次式を均衡式として成立させねばならない。

$$\sum_{k \in S} \frac{1}{\pi_k} = \sum_{k \in U} 1$$

この制約は，母集団サイズの HT 推定量 $\hat{N}$（標本抽出ウェイトによる総計）が真の度数 N と一致すること，すなわち，$\hat{N} = N$ を意味する。

　層化抽出では，例えば，制約として各層 h へ一定数の標本割当 n_h を課すため

---

3)　本節は Rousseau et Tardieu（2004, pp. 14-15）に依拠している。ただし，均衡式の表記を Tillé（2011）に基づき一部変更している。

84　第Ⅰ部　公的統計情報の作製と提供

に，「包含確率」と各層の指標変数の積を利用することになる。実際，h 層の母集団を U_h（$h = 1 \sim H$）とし，H 層に分割されたサイズ N の標本抽出枠を考えよう。そこから，H 個の層別「包含確率」に関して均衡させるように，相互に独立したサイズ n_h の標本 S_h を抽出する。すなわち，次式を成立させるように，サイズ n_h からなる H 組の標本を抽出する。

$$\sum_{k \in S} \frac{\pi_k}{\pi_k} \delta_{kh} = \sum_{k \in U} \pi_k \delta_{kh} \quad \text{すなわち,} \quad \sum_{k \in S_h} 1 = \sum_{k \in U_h} \pi_k = n_h$$

$$\text{ただし,} \quad \delta_{kh} = \begin{cases} 1 & k \in U_h \text{のとき} \\ 0 & \text{上記以外} \end{cases}$$

　この均衡式は各層における包含確率の合計が整数であることを要求している。整数でないならば事後的に調整（着陸局面）が必要となる。なお，層化抽出の抽出例を 3-2(3) に記載した。また，層化抽出においては，一般に補助変数と各層の指標変数を関係づけることによって必要な均衡条件を設定できる。

2-3　キューブ法

　INSEE の均衡抽出法の適用はキューブ法に依存する。キューブ法は 2 つの局面，すなわち，飛行局面と着陸局面に分かれる。飛行局面はランダム・ウォークであって，それは包含確率のベクトルで開始され，均衡条件を満たし，ベクトルのすべての要素が 0 か 1 に等しくなるときに終了する。

　例えば，母集団サイズが 4，各要素は包含確率として 0.5 を保持するとき，制約として決まった標本サイズ 2 の非復元無作為抽出のケース（Tillé 2011, pp. 218-219）を仮定しよう。ここでは，包含確率のベクトルを $\pi = (\pi_1, \cdots, \pi_k, \cdots, \pi_N)'$，標本 S のベクトルを $\mathbf{S} = (S_1, \cdots, S_k, \cdots, S_N)'$（$S_k$ は $k \in S$ ならば 1，$k \in S$ ならば 0）とすると，飛行局面において，ベクトル π はランダムに要素 0 ないし 1 のベクトル，すなわち，ベクトル $\mathbf{S}$ に変換される。ただし，包含確率の総計は標本サイズ（n）に等しくなければならない。このケースでは，次のようなベクトルの継起を観察できる。

$$\pi = \begin{pmatrix} 0.5 \\ 0.5 \\ 0.5 \\ 0.5 \end{pmatrix} \rightarrow \begin{pmatrix} 0.6666 \\ 0.6666 \\ 0.6666 \\ 0 \end{pmatrix} \rightarrow \begin{pmatrix} 1 \\ 0.5 \\ 0.5 \\ 0 \end{pmatrix} \rightarrow \begin{pmatrix} 1 \\ 0 \\ 1 \\ 0 \end{pmatrix} = \mathbf{S}$$

したがって，包含確率の総計と標本サイズはいずれも 2 となり，両者は一致する。

　同様のケースで，包含確率の合計が非整数であれば丸めの問題が生じ，いくつかの要素が 0 に設定されることができない。母集団サイズが 5 の場合，例えば，$\pi = (0.5, 0.5, 0.5, 0.5, 0.5)'$，$\sum_{k \in U} \pi_k = 2.5$ であれば，次のようなベクトルの継起を観察できる。ここでは，飛行局面の終了時における包含確率のベクトルを $\pi^* = [\pi_k^*]$ としておこう。これは最終的に目的とするベクトル $\mathbf{S}$ ではないことに注意しよう。

$$\pi = \begin{pmatrix} 0.5 \\ 0.5 \\ 0.5 \\ 0.5 \\ 0.5 \end{pmatrix} \rightarrow \begin{pmatrix} 0.625 \\ 0 \\ 0.625 \\ 0.625 \\ 0.625 \end{pmatrix} \rightarrow \begin{pmatrix} 0.5 \\ 0 \\ 0.5 \\ 1 \\ 0.5 \end{pmatrix} \rightarrow \begin{pmatrix} 1 \\ 0 \\ 0.25 \\ 1 \\ 0.25 \end{pmatrix} \rightarrow \begin{pmatrix} 1 \\ 0 \\ 0.5 \\ 1 \\ 0 \end{pmatrix} = \pi^*$$

すなわち，標本サイズは 2.5 となって，目標とするサイズ 2 の標本とはなっていない。言い換えれば，このケースにおいて，飛行局面は 1 つの非整数要素を含むベクトルで終了する。飛行局面の終了時に，均衡式が正確に満たされていなければ，新たに着陸局面という処理作業が必要となる。

　より一般的に述べると，飛行局面の終了時に，標本に選出されるか（もしくは外されるか）未定の要素数を $q = Card\{k \in U \mid 0 < \pi_k^* < 1\}$ とすれば，$q \leq p$ が成り立つ（ただし，p は均衡変数の個数）。ほとんどの場合，ベクトル π^* には非整数の要素が q 個（$q > 0$）存在する。このとき，丸めの問題は着陸局面で調整される。

　着陸局面の調整法として，基本的に 2 つの方法がある。1 つは線形計画法の

86　第 I 部　公的統計情報の作製と提供

利用である。もう 1 つは均衡変数が多すぎて[4]線形計画法を実行できない場合の処理法である。これは，均衡条件を減らし制約を解除するとともに，飛行局面の再開によって均衡標本を得る方法である。

キューブ法による均衡標本の抽出[5]では，包含確率を抽出作業に先だって決定したうえで，できるかぎり均衡をとりながら，包含確率を満たす標本を選出することが課題となる。それを処理するために 2 つの局面が必要となる。

3.　INSEE の均衡抽出法の基本的な利用

3-1　飛行局面だけで処理されるケース

ここでは，標本の抽出が飛行局面だけで収束するシミュレーション例（Rousseau et Tardieu 2004, pp. 42-44）をみておこう。当該の標本抽出枠は 1999 年センサスの世帯単位のデータとし，10,000 世帯を母集団サイズ（N）とする。このデータは，世帯総人数，男女別人数，年齢 5 階級（18 歳未満，18〜25 歳，25〜40 歳，40〜60 歳，60 歳以上）別人数，および 1 世帯につき値 1 を付与した「定数 1」の変数から構成される。

抽出例 1 は，標本抽出枠から標本サイズ（n）500 世帯の非復元単純無作為抽出のケースであり，包含確率は 500 / 10,000 で与えられる。表 5-1 における「定数 1」の総計の推定値欄には，「定数 1」に包含確率の逆数を掛け合計した値を示している。同様に，「包含確率」の総計の推定値を算出することで，標

---

4)　Deville and Tillé（2004, p. 901）と Tillé（2010, p. 27）では，飛行局面の終了時に，標本に抽出されるか未定の要素数 q で示され，前者では $q > 10$，後者では $q > 13$ である。一方，Tillé（2011, p. 220）では均衡変数の個数 p で示され，$p > 20$ とされている。

5)　均衡抽出を実現するための処理プログラムであるキューブ・マクロでは，アルゴリズムによる逐次計算を行うため，有効桁数の取り扱いに注意が必要となる（Rousseau et Tardieu 2004, p. 16）。キューブ・マクロの作動時間は標本抽出枠のサイズ，均衡の制約数に左右される（Rousseau et Tardieu 2004, pp. 16-17）。標本抽出枠のサイズとして，その当時，10 万以下が限界である。このため，サイズ 10 万よりも大きな標本抽出枠を利用する場合，抽出枠の分割を行う方法が開発されている。さらに，キューブ・マクロの改訂版（Chauvet et Tillé 2005a, pp. 3-6）では，飛行局面の実行時間を削減するためのアルゴリズムが提示されている。

表 5-1　抽出例 1 の結果

均衡変数	総計の真値	総計の推定値 （HT 推定量）	相対誤差 （%）
包含確率	500	500	0.00
定数 1	10,000	10,000	0.00

（出所）Rousseau et Tardieu（2004, p. 43）を基に作成。

本サイズの均衡状態を確認できるようにしておいた[6]。

　表 5-1 の結果から，総計の推定値は真値と一致していることがわかる。この抽出例では飛行局面（初期設定のまま）で，目標とする標本サイズ（世帯数）500 が確保されることから，着陸局面（調整局面）は不要である。飛行局面において，標本抽出枠の全要素が包含確率のランダム変換により 1 ないし 0 に設定され，標本に選出されるか（もしくは外されるか）決定しているからである。しかしながら，多くのケースで抽出例 1 のような初期設定のままでは均衡に達することができず，調整局面が必要となる。

3-2　着陸局面での調整

　着陸局面（調整局面）では，キューブ・マクロの利用者は，問題状況に応じて，調整オプション A から C までの 3 つの基準を選択することができる。すなわち，各基準に基づいて最適な均衡標本が提供される。

（1）調整オプション A[7]

　調整オプション A では，均衡標本に達するまで，飛行局面の反復ステップを再実行できるように，均衡条件を減らし制約を次々に解除する。このとき，

6）　母集団の要素 k の包含確率 $\pi_k（= n/N）= 0.05$ の下で，サイズ $N = 10,000$（世帯）の母集団からサイズ $n = 500$（世帯）の標本 S が抽出されている。均衡変数が「包含確率」の場合，その総計の推定値は $\sum_{k \in S}(\pi_k/\pi_k) = (0.05/0.05) \cdot 500 = 500$ となる。「定数 1」の場合は $\sum_{k \in S}(1/\pi_k) = (1/0.05) \cdot 500 = 10,000$ となる。標本サイズと母集団サイズにそれぞれ一致する。

7）　本節は Rousseau et Tardieu（2004, pp. 12-14, 26-27）に依拠している。

88 第Ⅰ部 公的統計情報の作製と提供

利用者にとって，もっとも重要度の低い変数から始められる。

　抽出例 2 をみてみよう。これは，要素（世帯）の包含確率は抽出例 1 と同様に 500 / 10,000 として，「包含確率」と「定数 1」の他に，世帯総人数，男性数および 18 歳未満人数についても均衡させたケースである（表 5-2）。飛行局面の実行によって，標本抽出枠の 10,000 要素のうち，9,996 要素が既に 1 か 0 に設定されている。残り 4 要素が標本に選出されるか未定である。また，標本には既に 499 要素が選出され，1 要素だけが標本に加えるべき要素として未定であると仮定しよう。

　着陸局面において，均衡に関する制約を次々に解除していき，最終的にサイズ 500 の標本（近似的な均衡標本）を得るように設定する。制約の解除は，すべての均衡条件を満たすことが困難な場合，もっとも重視する変数（ここでは「包含確率」，したがって標本サイズ）に関する均衡が正確に成立するように，「定数 1」→ 18 歳未満人数→男性数→世帯総人数の順に連続的に行えばよい。ただし，抽出例 2 の結果をみると，「定数 1」，したがって母集団サイズに関しても完全な均衡が成立している。ここでは，「包含確率」と「定数 1」は比例関係（共線関係）にあるため，標本サイズに関する均衡が成立すれば母集団サイズに関する均衡も成立するからである。

　調整オプション A の利用によって，標本に抽出された要素の合計（標本サイズ）は，通常は整数である包含確率の総計と一致するはずである。もし一致しない場合には，標本サイズとして包含確率の総計にもっとも近似した 2 つの整

表 5-2　抽出例 2 の結果

均衡変数	総計の真値	総計の推定値 （HT 推定量）	相対誤差 （％）
包含確率	500	500	0.00
世帯総人数	22,133	22,140	0.03
男性数	10,747	10,740	-0.07
18 歳未満人数	4,201	4,180	-0.50
定数 1	10,000	10,000	0.00

（出所）Rousseau et Tardieu（2004, p. 27）を基に作成。

第 5 章　フランス INSEE における均衡抽出法の利用　89

数のうち，いずれかに相当する標本がランダムに選択される。

(2) 調整オプション B[8]

　調整オプション B は線形計画法を利用する。着陸局面の 3 つのオプション
のなかで，これがデフォルトに設定され，もっとも一般的であるが計算時間を
要するという欠点がある。しかし，それは先験的にいかなる均衡条件に対して
も不利益を与えたり，優先することもないという意味で，全体的に良質の均衡
を与える。キューブ・マクロでは，2 種類のコスト関数が与えられており，
$C_1(s)$ を利用した条件付き平均コストの最小化がデフォルトである[9]。

　抽出例 3 は，「包含確率」，世帯総人数，男性数，18 歳未満人数に関して均
衡した 500 世帯の非復元単純無作為抽出のケースである。包含確率は
500 / 10,000 である。飛行局面後，標本に抽出されるか未定の要素数（世帯数）
が 4，標本に加えるべき要素数が 2 残っていると仮定している。調整オプショ
ン B において，$C_1(s)$ 利用の条件付き平均コストを採用後，抽出された要素数
は 500 となる（表 5-3）。

　着陸局面は標本に選出されるか未定の 4 世帯に適用され，最終的に 500 世帯
からなる標本を作成するためには，そこから 2 世帯を確保せねばならない。し
かし，そのようなシナリオはオプション B では保証されない。すなわち，着
陸局面では可能な $2^4 = 16$ 組の標本を対象に，最適化に基づいて標本抽出デザ
インを検討する。

　そのなかで，キューブ・マクロは高い抽出確率と最小のコストを示す，
No. 6 の標本を選択する（図 5-1）。したがって着陸局面を通じて，求められた
サイズに一致した 500 世帯からなる標本が設計されたことになる。しかし，そ
の他の制約に関しては，わずかに誤差が生じている。

---

8)　本節は Rousseau et Tardieu（2004, pp. 12-14, 19-20, 27-29）に依拠している。

9)　$C_1(s)$ は補論「着陸局面」の (5) 式である。$C_1(s)$ を利用した条件付き平均コスト関数
は，(4) 式の $C(s)$ を $C_1(s)$ に置き換えたものである。なお，利用者の手引きでは，$C_1(s)$
は $coût_{CV}(s)$ と表記されるが，本章では $C_1(s)$ を用いる。

表 5-3　抽出例 3 の結果

均衡変数	総計の真値	総計の推定値 （HT 推定量）	相対誤差 （％）
包含確率	500	500	0.00
世帯総人数	22,133	22,160	0.12
男性数	10,747	10,760	0.12
18 歳未満人数	4,201	4,200	-0.02

（出所）Rousseau et Tardieu（2004, p. 28）を基に作成。

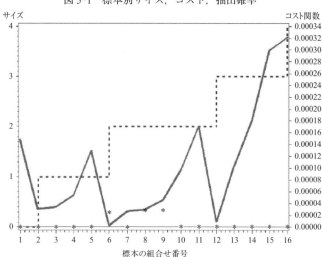

図 5-1　標本別サイズ，コスト，抽出確率

（注）サイズは点線で左目盛りである。コストは実線で右目盛りである。星印の高さは標本の抽出確率を示し，左目盛りである。
（出所）Rousseau et Tardieu（2004, p. 29）を基に作成。

(3) 調整オプション C[10]

　調整オプション C はオプション B と同様に線形計画法を利用する。しかし，決まったサイズの標本の選出に限定される。したがって，オプション C の対象となる標本はオプション B の一部である。標本抽出枠における全要素の当初の包含確率の総計が標本サイズに等しくなるような標本の組合せの探求を目

---

10)　本節は Rousseau et Tardieu（2004, pp. 12-14, 19-20, 36-39）に依拠している。

表 5-4　抽出例 4 の結果

均衡変数	総計の真値	総計の推定値 （HT 推定量）	相対誤差 （%）
PITU1	170	170	0. 00
PITU2	165	165	-0. 00
PITU3	165	165	-0. 00
NB018TU1	1,962	1,984. 7412	1. 16
NB018TU2	1,055	1,061. 6667	0. 63
NB018TU3	1,184	1,187. 0242	0. 26

（出所）Rousseau et Tardieu（2004, p. 38）を基に作成。

的とする。このため「包含確率」が均衡変数のなかに含まれる場合に限られる[11]。

　包含確率の総計が整数であれば，オプション C は常にその整数に等しいサイズの最終標本を与えてくれる。他のオプションでは，このような特性は体系的に保証されない。もし，飛行局面終了時における包含確率の総計が非整数であれば，それを挟む 2 つの整数が可能な最終標本のサイズとなり，そのうち 1 つがランダムに選択される。

　抽出例 4 は，住居密度別に 3 層（農村コミューン（住居層 1），中規模都市（住居層 2），大規模都市（住居層 3））に層化したうえで，3 層の合計が 500 世帯となるように設計したケースである。抽出の際には，非復元単純無作為抽出を用いる。

　均衡の制約は各層における「包含確率」と 18 歳未満人数とし，層別に均衡させるために新規の補助変数を作成する。すなわち，標本に基づいて各層の世帯数が復元できるように，層別「包含確率」（PI）と各層の指標変数（住居層 1 = TU1 など）の積としての変数（PITU1～PITU3）を定義する（表 5-4）。例えば，住居層 1 が 1 のとき（TU1 = 1）に「包含確率」は 170 / 4622（= PI）であるので，PITUI =（170 / 4622）・1 = 170 / 4622 となる。同様に，PITU2 = 165 / 2695，PITU3 =

---

11)　以上 3 つの調整オプションに関する均衡変数の個数の限界は，A は制限がなく，B が 19 まで，C は 21 までとなっている（Rousseau et Tardieu 2004, p. 16）。

92　第 I 部　公的統計情報の作製と提供

165/2683 となる。また，各層の 18 歳未満人数が復元できるように，層別 18 歳未満人数（NB018）と各層の指標変数の積としての変数（NB018TU1〜NB018TU3）を定義する。

　飛行局面後，標本に選出されるか未定の要素数が 6，標本に加えるべき要素数が 3 残っているとしよう。着陸局面としてはオプション C で，$C_1(s)$ 利用の条件付き平均コストが採用された。その結果，サイズ 3 の ${}_6C_3 = 20$ 組の標本を対象に，最適化に基づいて標本抽出デザインを検討した結果，わずかな標本が真に実現可能であることが判明した。そのなかで，最大の抽出確率（約 0.8）をもつ標本が選択される[12]。こうして最終的に 500 の抽出要素が得られ，各層において求められた割当を適切に満たす標本が設計されたことになる。しかし，18 歳未満人数をみると，各層で獲得された総計の推定値は標本抽出枠に基づく真値と少しの違いがある。

4.　均衡抽出法のローリング・センサスへの利用

4-1　層化抽出法の改善と複数標本の構成法

　キューブ・マクロの改訂版では層化抽出法の難点を指摘したうえで，層化均衡と母集団全体としての均衡（グローバル均衡）を両立させるアプローチが提示される（Chauvet et Tillé 2005a, pp. 12-18; 2005b, pp. 14-21）。

　そこではまず，(1)式を変形した，次のような均衡式が示される。すなわち，母集団 U が H 個の層に分けられている場合，補助変数 x_k に関して，次式が成立するならば，標本抽出デザインは層別に均衡している。

$$\sum_{k \in U_h} \frac{S_k x_k}{\pi_k} = \sum_{k \in U_h} x_k \quad {}^\forall h = 1, \cdots, H \text{ に対して}$$

　層化均衡抽出は母集団全体において直接，標本を抽出することで実行される。実際，上式は次のように変形される。

$$\sum_{k \in U} \frac{S_k(x_k 1_{k \in U_h})}{\pi_k} = \sum_{k \in U} x_k 1_{k \in U_h} \quad {}^\forall h = 1, \cdots, H \text{ に対して}$$

---

12)　詳細は Rousseau et Tardieu（2004, p. 39）に掲載された図を参照されたい。

そして母集団 U において，補助変数 x_k と指標変数

$$1_{k \in U_h} = \begin{cases} 1 & \text{もし } k \in U_h \text{ ならば} \\ 0 & \text{上記以外} \end{cases}$$

との積に等しい変数に関して均衡した標本を選出する。これは $H \times p$ 個の変数に関して均衡をとることに帰着する。

　しかし，このような従来型の層化抽出法には次のような難点がある。① もし $H \times p$ 個が大きすぎるならば，検討すべき標本数が多すぎるので，唯一の実行可能な調整オプションは A となる。② すべての層は同じ品質の均衡をもたない。オプション A を使うと，均衡は，最初に除外された変数に適合する層についてはさほど良くない。③ 各層において決まったサイズを正確に達成できない。

　このため次のようなアプローチ[13] で抽出法の改善が図られる。① まず，層別に均衡をとることを試みる（層化均衡）。すなわち，各層において，個別に飛行局面を実行し，補助変数に関する均衡を追求する。② 次に，もはや層別に均衡をとることができないとき，母集団全体としての均衡（グローバル均衡）を探求する。すなわち，各層の飛行局面において標本に選出されるか未定の要素を集め，それらの要素に対して最後の飛行局面を実行する。その後，着陸局面を実行する。③ それから，①と②で標本に選出された要素をすべて集めて最終標本とする。

　Chauvet et Tillé（2005a, p. 18; 2005b, pp. 20-21）には，理論的に，母集団全体としての均衡が成立し，各層については近似的に均衡が成立することが示されている。このような層化均衡とグローバル均衡を両立させるアプローチがローリング・センサスにおいて，人口 1 万人未満コミューンのローテーション・グループの作成などに利用される。

---

13) この方法の着想は，標本抽出枠のサイズが 10 万を超える場合の分割処理に求められる（Chauvet et Tillé 2005a, p. 13; 2005b, p. 15）。

94　第Ⅰ部　公的統計情報の作製と提供

　次に，複数標本を構成する方法を取り上げる（Chauvet et Tillé 2005a, pp. 8-12, 17; 2005b, pp. 8-13, 20）。これは，一定の包含確率を用いて選出された標本 S が補助変数 x_k に関して均衡しているならば，その補集合の標本 $\bar{S}$ もまた S と同じ補助変数に関して均衡するという性質を利用する。

　すなわち，既にみたように，(1)式が成立すれば標本 S は補助変数 x_k に関して均衡している。一方，標本 $\bar{S}$ の包含確率は $\bar{\pi}=1-\pi_k$ である。したがって標本 $\bar{S}$ は次式が成立すれば同じ補助変数に関して均衡する。

$$\sum_{k\in S}\frac{x_k}{1-\pi_k}=\sum_{k\in U}x_k \tag{2}$$

標本 S と $\bar{S}$ が補助変数 x_k に関して均衡するとは，変数 x_k と $x_k/(1-\pi_k)$ に関して均衡した標本 S を選出できれば実現する。実際，(2)式が成立するので，それが可能である。

　このような性質を前提に複数標本の選出が行われる。例えば，一定の包含確率 π_k を用いて，補助変数 x_k に関して均衡した 2 つの重複しない標本の選出を想定する。まず均衡標本 S_1 を選出し，次に S_1 の補集合で標本 S_2 を選出する。この標本は，包含確率 $\pi_k/(1-\pi_k)$ を用いて，補助変数 $x_k/(1-\pi_k)$ に関して均衡する。このような方法によって，キューブ・マクロの改訂版では，包含確率の逆数 $1/\pi_k$ の整数部に相当する組数まで均衡標本を抽出することが可能である。このような複数標本の構成法がローリング・センサスのローテーション・グループの作成に利用される。

4-2　ローリング・センサスの標本抽出デザイン[14]

　ここでは，ローリング・センサスへの均衡抽出法の実際の適用をみておこう。センサスの当初の対象はフランス本国，海外県およびサン＝ピエール＝エ＝ミクロンにおけるコミューンである。以下では，フランス本国のコミューンに関する標本抽出デザインに限定する。

---

14)　本節は Grosbras（2002），Bertrand et al.（2002），Godinot（2005），西村（2017）に依拠している。

第5章　フランス INSEE における均衡抽出法の利用　95

　コミューンの人口規模には著しいばらつきがある。このため標本調査の一般化は不可能である。人口1万人を境界に，それ未満は全数調査，それ以上は標本調査の対象となる。以下，人口1万人未満コミューンを「小コミューン」，1万人以上コミューンを「大コミューン」とする。

　センサスでは，年次の調査結果に基づく全国および州レベルの年次推計値，5年の調査結果に基づく詳細な推計値・コミューン別法定人口の提供を目標とする。このために調査標本は1年の代表性と5年の代表性を保証する必要がある。なお，大コミューンの詳細な推計値にはコミューン内の小地区[15]レベルの推定値を含む。

　こうして，標本抽出デザインは小コミューンと大コミューンでは違いが生じる。前者ではコミューンを単位とするローテーション・グループ，後者では住所を単位とするローテーション・グループの作成が主要な課題となる。

　小コミューンでは1999年センサスの結果を基に，当時の州ごとに，コミューンを単位とする5つの均衡グループが作成される。県レベルでもコミューンが極めて多数存在する場合，均衡グループの作成は可能である。しかし，その作成が不可能な県もあり，統一を図るために州レベルの選択となっている。

　ここでは均衡抽出法を利用して，層化概念を一般化しながら，基準構造を選択し，できるだけ忠実にそれを再現する標本が設計される。目標値は99年センサス結果を基に作成される。すなわち，99年に，小コミューン全体と同様の年齢別人口構造を有する小コミューンの集合は少なくとも一定期間，良質の代表性をその基準に関して保持するだろうという仮説の下に，人口・住宅変数のなかから均衡の基準となる変数（基準変数）が選択される。住戸数，集合住宅住戸数，男女別人口，年齢5階級（20歳未満，20〜39歳，40〜59歳，60〜74

---

15)　この小地区は IRIS（îlots regroupés pour l'information statistique：統計情報のための再編街区）を指す。これは人口5千人以上のコミューンにおける，約2千人の地区である。当初，1999年センサス結果の提供を準備するために2千人を目標に分割されたもので，コミューン以下レベルのデータ提供に関して基本的な単位である。（Godinot 2005；INSEE 2016）

96　第Ⅰ部　公的統計情報の作製と提供

歳，75歳以上）別人口，県別総人口（グループにおけるウェイトで示される）がそ
れである。

　均衡抽出法の適用にあたって層化均衡とグローバル均衡を両立させるアプロ
ーチが利用されたとみなせる。県レベルの層化変数によってグループ内で県人
口がよりよく配分される。住宅タイプの変数（住戸数，集合住宅住戸数）によっ
て，集合住宅住戸数の割合に関してグループ間の均衡をとることが可能とな
る。このことは，グループ内の大規模な小コミューンの配分に影響を与えるの
で，同質的に変化するグループを得ることが可能となる。男女別人口および年
齢5階級別人口は，人口構造に関して各グループの同質性を改善する[16]。

　5つのコミューン・グループは，年次グループとして5年を1サイクルとす
る連続グループ，すなわち，ローテーション・グループを構成する。センサス
の年次調査では毎年，年次グループに属するコミューンの全体が，したがって
1/5の割合でコミューンが悉皆的に調査される。

　次に，大コミューンでは，各コミューンにおいて住所を単位とする集合が作
成される。標本の抽出単位は住所であり，年次標本に抽出された住所の住戸は
悉皆的に調査されることが前提である。標本抽出デザインは，住所グループと
年次住所標本が，住戸と人口について，コミューンとその小地区特性を十分に
代表することが原則である。

　センサスの結果作成に影響を与える統計的な問題として，住所に固有なクラ
スターの影響と標本抽出枠を更新する年次情報の品質がある。前者は，大規模
の住所が標本に存在するか否かで，変数によっては，コミューンおよびその小
地区レベルの推定値が大きな影響を受けるという問題である。こうして住所が
3つの層，すなわち大住所層，既知の小住所層，新住所層に分けられる。

　大住所層は60戸以上の住所から構成され，コミューン住戸数の10％以下を

16）　しかし，均衡変数別の均衡の程度や調整オプションの利用といった点については
　　不明である。後者について，利用者の手引きでは，調整オプションAをローテーシ
　　ョン・グループの設計に利用したという指摘がある（Rousseau et Tardieu 2004, p. 12）。
　　しかし，その具体的な適用は不明である。

占める[17]。小住所層は少なくとも1戸存在する住所から構成される。大・小住所層の住所は99年センサスの結果を初期値として，均衡抽出法の複数標本の構成法を利用して5つの均衡グループに分けられる。大住所層では，均衡変数として住戸数が利用される。小住所層では，小コミューンの場合と同様の均衡の基準変数（県別総人口を除く）が利用される。新住所層は99年センサス後に出現した住所から構成される。新住所層の住所は大住所層と同様に，住戸数を基に5つの均衡グループに分けられる[18]。なお，新住所には住戸数が著しく変化した小住所を含み，大住所に該当する住所は大住所層に組み込まれる。

　このような3つの住所層から成る集合が5つの住所グループを構成する。各グループはコミューン住戸数の約1/5を集めている。各グループは年次グループとして，5年を1サイクルとする連続グループ，すなわち，ローテーション・グループを構成する。

　センサスの年次調査の実施前に，標本抽出枠の年次グループの住所は更新されている。年次調査（N年1・2月）には，建物登録簿（RIL[19]）を基に構成された約半年前（N-1年7月1日現在）の住所抽出枠が利用されるからである。

　年次標本は大・新住所層のすべての住所，小住所層では無作為に抽出された住所である。このために小住所層については，均衡抽出法の層化均衡とグローバル均衡を両立させるアプローチが利用される。均衡の基準変数は，住戸数，集合住宅住戸数，小地区における住戸数のウェイトである。住戸数のウェイトを導入する目的は標本がコミューンの全域に適切に配分されることにある。

　小住所層の住所抽出率は，調査対象の住戸数が大・新住所層のそれと合計して，コミューンの住戸数（したがって人口）の約8%（年次グループ住戸数の約40%）に等しくなるように調整されている[20]。

---

17)　もし，10%の制限を超えるならば，60戸の境界を上げて調整される（INSEE 2009）。

18)　最終的に，3つの均衡グループに分けられる計画である（Godinot 2005）。

19)　RIL は Répertoire d'immeubles localisés の略称である。これは N-1 年 7 月 1 日から N 年 6 月 30 日のサイクルで点検・更新される（Godinot 2005）。

20)　小住所層については小地区の代表性を損なわないように，年次グループ住戸数の

98　第Ⅰ部　公的統計情報の作製と提供

5.　おわりに

　最後に，ローリング・センサスのローテーション・グループの継続について
述べておこう。小と大のいずれのコミューンでも，年次調査の最初の5年間
（2004〜08年）におけるローテーションの順番が次の5年間（2009〜13年）以降
も繰り返される。したがって，1サイクルの終了後にローテーション・グルー
プが再編されるわけではない。その根拠は大きく2つに分けられる。

　第1に，均衡の安定性に求められる（Grosbras et al. 2002, p. 126）。小コミュー
ンについては，1999年センサス結果に基づくコミューンの均衡グループへの
配分を，90年センサス結果を基に検討した結果，州レベルの均衡が十分に安
定性をもつことが確認されている。大コミューンでは，いくつものコミューン
について，99年センサス結果を基に90年以前に建築された総住戸を抽出枠と
みなして，住所ローテーション・グループが作成される。それらのグループに
90〜98年に建築された住戸を連続的に組み込むと同時に，古い住所の廃止を
シミュレーションさせて，99年センサス結果を基に，90年枠に基づく均衡が
9年後に再現できたかを検討した結果，均衡が安定的なことが確認されている。

　第2に，均衡の維持に向けた調整が図られる（Godinot 2005）。例えば，小コ
ミューンでは毎年，コミューンの統合や分離が起こる。人口の増減により，1
万人の境界を超えるコミューンもある。しかし，それらの事象はさほど多くな
い。統合や分離に対しては，コミューンの消滅を考慮に入れ，均衡を遵守し
て，新コミューンをもっとも良くグループに割り当てることで処理されるだろ
う。境界超えの場合も同様に，5つのグループの構成が許容範囲内で再検討さ
れるだろう。大コミューンでは，グループ間の均衡が住所の消滅によって変化
を受ける傾向にあるが，それは新住所の5つの小住所層への配分によって再確
立されるとされる。

　25％を下回らない抽出率が必要とされる。下回る場合，当該の年次に調査される新
　住所の全数調査を断念することで抽出率の調整が図られる。（Godinot 2005）

しかし，このような根拠は 2000 年代中頃までの議論である。それから十数年以上経過している。したがって，ローテーション・グループの調整に関する実態を追跡する必要がある。仮にグループの再編となれば，INSEE は統計の提供，とりわけコミューン別法定人口の提供を中止せずに，その再編を実施せねばならないという問題に直面する。再編にならなくても，ローリング・センサスの維持に必要な措置，あるいはセンサス結果の質に与える影響という観点から，興味深い論点が提供されるのではないだろうか。

補論──キューブ法による均衡抽出の基本的な方法

均衡抽出の幾何学的表現[21]

既述のように，サイズ N の有限母集団を U とする。この要素はラベル $k \in \{1, \cdots, N\}$ によって識別される。p 個の補助変数 $x_1, \cdots, x_p$ は母集団の各要素について既知であり，そのベクトルを $\mathbf{x}_k = (x_{k1}, \cdots, x_{kj}, \cdots, x_{kp})'$ とする。また p 組のベクトル $(x_{1j}, \cdots, x_{kj}, \cdots, x_{Nj})', j = 1, \cdots, p$ は線形的に独立していると想定する。

標本 s はベクトル $\mathbf{s} = (s_1, \cdots, s_k, \cdots, s_N)'$ で示される。s_k は $k \in s$ ならば 1，$k \in s$ ならば 0 である。標本抽出デザイン $p(\cdot)$ は可能なすべての標本の集合 $\mathcal{S} = \{0,1\}^N$ に関する確率分布である。無作為標本 $\mathbf{S}$ は確率 $\Pr(\mathbf{S} = \mathbf{s}) = p(\mathbf{s})$ で値 $\mathbf{s}$ をとる。要素 k の包含確率は要素 k がこの標本に選出される確率 $\pi_k = Pr(S_k = 1)$ であり，そのベクトルは $\boldsymbol{\pi} = (\pi_1, \cdots, \pi_k, \cdots, \pi_N)'$ である。目的は(1)式を満たす標本抽出デザインの作成である。このためにキューブ法が適用されるが，包含確率は標本の抽出に先立って決定される。

キューブ法は標本抽出デザインの幾何学的表現に基づいている。母集団 U の可能な 2^N 組（空集合を含む）の標本は列ベクトル空間 $\mathbb{R}^N$ の 2^N 組のベクトルに対応する。すなわち，ベクトル $\mathbf{s}$ のそれぞれは $\mathbb{R}^N$ の超立方体の頂点とみなされる。可能な標本数は超立方体の頂点の個数である。包含確率 π_k をともな

---

21) 本節は Deville and Tillé（2004, pp. 894-897），Chauvet et Tillé（2005a, p. 2; 2005b, pp. 2-3）Tillé（2001, pp. 142-146; 2011, pp. 215-218）に依拠している。

100 第 I 部　公的統計情報の作製と提供

った標本抽出デザインは，次のように超立方体のそれぞれの頂点に確率 $p(\mathbf{s})$ を付与することから構成される。

$$\boldsymbol{\pi} = E(\mathbf{S}) = \sum_{\mathbf{s}\in\mathcal{S}} p(\mathbf{s})\mathbf{s}$$

したがって標本抽出デザインは超立方体の頂点の凸状の線形結合としてベクトル $\boldsymbol{\pi}$ を表現する。こうして標本抽出のアルゴリズムは(1)式が満たされるように，ベクトル $\boldsymbol{\pi}$ から出発して，超立方体の頂点に達するようなランダム・ウォークとみなされる。

ところで(1)式は次のように変形される。

$$\begin{cases} \sum_{k\in U}\mathbf{a}_k S_k = \sum_{k\in U}\mathbf{a}_k\pi_k \\ S_k\in\{1,0\}, k\in U \end{cases} \tag{3}$$

(3)式ではベクトル $\mathbf{a}_k = \mathbf{x}_k / \pi_k, k\in U$ であり，S_k は $k\in S$ ならば 1，$k\in S$ ならば 0 である。(3)の方程式体系は未知の値 S_k を含むとともに，列ベクトル空間 $\mathbb{R}^N$ の次元 $N-p$ の線形部分空間 Q を定義する。

次元 $P\times N$ の行列を $\mathbf{A} = (\mathbf{a}_1, \cdots, \mathbf{a}_k, \cdots, \mathbf{a}_N)$ とすれば，線形部分空間は $Q = \boldsymbol{\pi} + Ker\mathbf{A}$ で与えられる。$Ker\mathbf{A}$ は行列 $\mathbf{A}$ の核であり，ベクトル $\{\mathbf{u}\in\mathbb{R}^N | \mathbf{Au} = 0\}$ によって生成される線形部分空間である。

線形部分空間 Q と超立方体の交点が，超立方体の頂点にあれば(3)式を正確に満たす均衡標本が存在する。さもなければ存在しない。換言すると，均衡標本の存在は線形部分空間と超立方体の交点の位置に左右される。それは 3 パターンに整理される。利用者の手引きでは線形部分空間 Q が「制約空間」，行列 $\mathbf{A}$ が「制約行列」と呼ばれるので，以下，それに従う。

均衡標本の存在パターン別幾何学的表現

均衡標本の存在パターンを幾何学的にみると，図 5-2〜5-4 のようになる。それぞれサイズ 3（各要素は 2/3 の包含確率を保持）の母集団から標本を抽出するケースである（Rousseau et Tardieu 2004, pp. 10-11）。

抽出例(i) 常に正確な均衡が存在：「定数1」に関して均衡した非復元単純無作為抽出

サイズ2の3組の均衡標本が存在する（図5-2）。例えば，頂点 (1, 1, 0) は母集団の最初と2番目の要素から構成される標本である。均衡は常に正確であり，飛行局面はそれらの標本のうち1つを指定するだけでよい。

図5-2 正確な均衡の存在

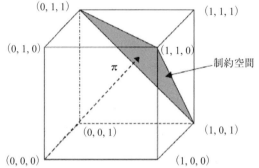

（出所）Rousseau et Tardieu（2004, p. 10）を基に作成。

図5-3 ときどき正確な均衡の存在

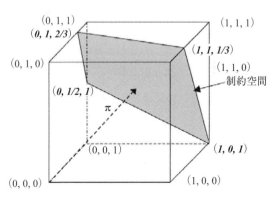

（出所）Rousseau et Tardieu（2004, p. 10）を基に作成。

102　第Ⅰ部　公的統計情報の作製と提供

図 5-4　正確な均衡の不在

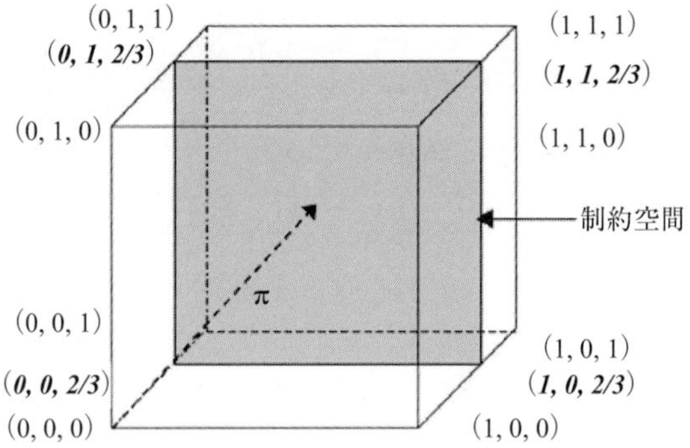

（出所）Rousseau et Tardieu（2004, p. 11）を基に作成。

抽出例（ii）　ときどき正確な均衡が存在：母集団における要素の順序番号に
　　　　　関して均衡した非復元無作為抽出

　飛行局面において，均衡は最初と最後の要素から構成された，1 つの頂点
（1, 0, 1）だけ成立する（図 5-3）。しかし，制約空間と立方体とのその他の 3 つ
の交点のうち 1 つでも近似的な均衡が成り立つ。したがって着陸局面におい
て，選択された最適性の基準により，頂点 (0, 1, 0)，(0, 1, 1)，(0, 0, 1)，
(1, 1, 0) および (1, 1, 1) に類似した，その他 5 組の近似的な均衡標本のうち
1 つを選択できる。最適性の基準によって，均衡にもっとも近似した標本をほ
ぼ確実に得ることが可能である。

抽出例（iii）　正確な均衡が不在：母集団の最後の要素についてのみ 1 をとる
　　　　　指標変数に関して均衡した非復元無作為抽出

　制約空間と立方体の頂点との間に交点がないので，どの標本も正確には均衡
式を満たせない（図 5-4）。着陸局面は課せられた制約を近似的に満たすために
必要不可欠である。

飛 行 局 面

　飛行局面では，すべての制約が厳密に遵守される。その目的は各要素が有す
るほぼすべての包含確率をランダムに 0 ないし 1 に丸めることである（Chauvet

et Tillé 2005a, p. 2)。この局面はランダム・ウォークが完全に均衡した頂点に達したか，あるいはすべての制約を厳密に遵守できなくなるために停止する。前者の場合，飛行局面終了後から必要な均衡標本が提供される（前記の抽出例(i)）。

飛行局面では包含確率が初期化され，「均衡マルチンゲール」（Deville and Tillé 2004, p. 899）に関する反復ステップが実行される。Tillé（2011, p. 219）によると，最初のステップ，すなわち，時点 $t = 0$ に対応するステップでは次のようになる[22]。最初に，任意のベクトル $\mathbf{u}(0)$ が選択されねばならない。ただし，包含確率のベクトルを π とすると，$\pi + \mathbf{u}(0)$ は制約空間にとどまる必要がある。ベクトル π から出発し，ベクトル $\mathbf{u}(0)$ によって与えられる方向に従うと必ず立方体の面に達する。その点を $\pi(0) + \lambda_1^*(0)\mathbf{u}(0)$ とする。もし π から逆方向，$-\mathbf{u}(0)$ で与えられる方向に従っても立方体の面に達するだろう。その点は $\pi(0) - \lambda_2^*(0)\mathbf{u}(0)$ で与えられる。ベクトル $\pi(1)$ は $\pi(0) + \lambda_1^*(0)\mathbf{u}(0)$ あるいは $\pi(0) - \lambda_2^*(0)\mathbf{u}(0)$ に設定されるだろう。この選択はランダムに行われる。こうして最初のステップの終わりに，立方体の面にジャンプした。このことは少なくとも $\pi(1)$ の1つの要素が0か1に等しいことを意味する。

このような手続きを一般化したのが表5-5である。各時点（$t = 0, \cdots, T$）に対応するステップでは，少なくとも1要素が標本に選出されるか，あるいは外されるか決定される。

包含確率のベクトル π は各ステップで更新される。飛行局面終了時における包含確率のベクトルを $\pi^* = [\pi_k^*] = \pi(T)$ とする。標本に選出されるか（もしくは外されるか）未定の要素数を $q = Card\{k \in U \mid 0 < \pi_k^* < 1\}$ とすれば，$q \leq p$ が成り立つ（ただし，p は均衡変数の個数）。ほとんどの場合，ベクトル π^* には非整数の要素が q 個存在する。すなわち，$q > 0$ ならば丸めの問題は着陸局面で調整される。（Chauvet et Tillé 2005a, p. 3）

---

22) これは母集団サイズ $N = 3$ から標本サイズ $n = 2$ の標本を抽出することを前提にした説明である。

104 第 I 部 公的統計情報の作製と提供

表5-5 飛行局面の一般的な手続き

最初に，$\pi(0) = \pi$ に初期化する。次に，時点 $t = 0, \cdots, T$ において以下の(1)から(3)を反復する。

(1) 任意のベクトル $\mathbf{u}(t) = [u_k(t)] \neq 0$ を生成する。このベクトルは制約行列 $\mathbf{A}$ の核にある。すなわち，$\mathbf{Au}(t) = 0$ が成立する。ただし，$\pi_k(t)$ が整数ならば $u_k(t) = 0$ である。

(2) $\lambda_1^*(t)$ と $\lambda_2^*(t)$ を計算する。それらは，それぞれ $0 \leq \pi(t) + \lambda_1(t)\mathbf{u}(t) \leq 1$，$0 \leq \pi(t) - \lambda_2(t)\mathbf{u}(t) \leq 1$ となる $\lambda_1(t)$ と $\lambda_2(t)$ の最大値である。

(3) 次式を計算する。

$$\pi(t+1) = \begin{cases} 確率 \quad q_1(t)で, \quad \pi(t) + \lambda_1^*(t)\mathbf{u}(t) \\ 確率 \quad q_2(t)で, \quad \pi(t) - \lambda_2^*(t)\mathbf{u}(t) \end{cases}$$

ただし，$q_1(t) = \lambda_2^*(t)/\{\lambda_1^*(t) + \lambda_2^*(t)\}$，$q_2(t) = 1 - q_1(t)$ である。飛行局面は $\mathbf{u}(t) \neq 0$ が生成不可能になると停止する。

（出所）Tillé（2011, p. 219）を基に作成。

着 陸 局 面

飛行局面においてランダム・ウォークが立方体の頂点に達しなかったとき，着陸局面が開始される（抽出例(iii)，ときどき抽出例(ii)）。この局面の調整法として，基本的に2つの方法がある。1つは線形計画法の利用である。もう1つは均衡変数が多すぎて[23]線形計画法を実行できないときの処理法である。これは均衡条件を減らし制約を解除するとともに，制約空間内で動きが収束するまで飛行局面を再実行する。制約の解除は均衡標本に達するまで連続的に行われる。以下，前者について，Deville and Tillé（2004, pp. 900-901, 911），Tillé（2001, pp. 150-154），Rousseau et Tardieu（2004, pp. 12-14）を基に略述する。

ここでは均衡式に対して十分な近似を与える標本抽出デザインを探求することが課題である。そのため，$q \leq p$ に関して定義される線形計画法を利用して，2^q 組の標本すべてを対象に，条件付き平均コストが最小となる標本抽出デザインを検討する。

飛行局面の終了時における包含確率のベクトル π^* と適合可能な標本 s のべ

---

23) 具体的には脚注4)を参照されたい。

クトルを $\mathbf{s}$, $\boldsymbol{\pi}^*$ と適合可能な 2^q 組の標本を要素とする集合を $\mathscr{C}(\boldsymbol{\pi}^*)$, $p(s|\boldsymbol{\pi}^*)$ を $\boldsymbol{\pi}^*$ を所与とする標本 s の選出確率とする。また，行列 $\mathbf{M}$ を次元 $p \times p$ の半正定値行列とする。

このとき，コスト関数 $C(s) = (\mathbf{s} - \boldsymbol{\pi}^*)' \mathbf{A}' \mathbf{MA}(\mathbf{s} - \boldsymbol{\pi}^*)$ を標本 s の関係コストと定義すれば次のことがいえる。行列 $\mathbf{M}$ のトレースの最小化は $\boldsymbol{\pi}^*$ に関する条件付き平均コストの最小化となる。したがって，すべての標本 $s \in \mathscr{C}(\boldsymbol{\pi}^*)$ に関して，次の条件付き平均コスト関数を最小化する標本抽出デザインの探求となる。

$$\sum_{s \in \mathscr{C}(\pi^*)} C(s) p(s|\pi^*) \tag{4}$$

ただし，

$$\sum_{s \in \mathscr{C}(\pi^*)} p(s|\pi^*) = 1, \quad \sum_{s \in \mathscr{C}(\pi^*)|s \ni k} p(s|\pi^*) = \pi_k^* \quad (k \in U,\, 0 \le p(s|\pi^*) \le 1,\, s \in \mathscr{C}(\pi^*))$$

コスト関数は行列 $\mathbf{M}$ を利用して定義される。しかし，実際のコスト計算には以下の 2 種類が使われる。1 つは簡便な測定方法である。

$$C_1(s) = \sum_j \frac{\{\hat{X}_j(s) - X_j\}^2}{X_j^2} \tag{5}$$

$C_1(s)$ は標本 s における j 番目の均衡変数の総計の推定値（HT 推定量）と真値との相対誤差の 2 乗和である。もう 1 つは行列 $\mathbf{M}$ を $\mathbf{M} = (\mathbf{AA}')^{-1}$ として，以下を利用する。

$$C_2(s) = (\mathbf{s} - \boldsymbol{\pi}^*)' \mathbf{A}' (\mathbf{AA}')^{-1} \mathbf{A}(\mathbf{s} - \boldsymbol{\pi}^*) \tag{6}$$

この式は標本のベクトル $\mathbf{s}$ とその制約空間への射影とのユークリッド距離の 2 乗である。

参 考 文 献

Bertrand, P., G. Chauvet, B. Christian, et J.-M. Grosbras（2002）, "Les plans de sondage du nouveau recensement". http://www. jms-insee. fr/2002/S03_1_ACTE_BERTRAND-CHAUVET-ET%20ALII_JMS2002.PDF（2019 年 2 月 10 日アクセス）

Chauvet, G. et Y. Tillé（2005a）,"De nouvelles macros SAS d'échantillonnage équilibré". http: //www. jms-insee. fr/2005/S03_4_ACTE_CHAUVET-TILLE_JMS 2005. pdf（2019 年 2 月 10 日アクセス）

Chauvet, G. et Y. Tillé（2005b）, "Fast SAS Macros for balancing Samples: user's guide". http://csbigs.fr/article/view/379/683（2019 年 2 月 10 日アクセス）

Deville, J. -C. and Y. Tillé（2004）, "Efficient balanced sampling: The cube method", *Biometrika*, 91, No. 4, pp. 893-912.

Godinot, A.（2005）, *Pour comprendre le recensement de la population*, *INSEE METHODES*, n° Hors série. https://www.insee.fr/fr/information/2579979（2019 年 2 月 10 日アクセス）

Grosbras J. -M.（2002）, "Les plans de sondage*"*, *Journal de la Société Française de Statistique*, tome 143, n° 3-4, pp. 117-124.

Grosbras, J.-M., J.-M. Durr, et D. Allain（2002）, "Compte rendue des échanges sur la partie plan de sondage", *Journal de la Société Française de Statistique*, tome 143, n° 3-4, pp. 125-128.

INSEE（2009）, "Recensement de la population：Les pondérations", Version du 1er juillet 2009. http://www. insee. fr/fr/publics/ communication / recensement / particuliers / doc / fiche-ponderation.pdf（2010 年 5 月 12 日アクセス）

INSEE（2016）, "IRIS". https://www.insee.fr/fr/metadonnees/definition/c1523（2019 年 5 月 10 日アクセス）

Rousseau, S. et F. Tardieu（2004）, "La macro SAS CUBE d'échantillonnage équilibré: Documentation de l'utilisateur". https://www. insee. fr/fr/statistiques/fichier/2021904/ documentation_cube_web.pdf（2019 年 2 月 10 日アクセス）

Tillé, Y.（2001）, *Théorie des sondages*, Dunod.

Tillé, Y.（2010）, "Balanced sampling by means of the cube method". http://www.eustat. eus/productosServicios/52.2_balanced_sampling.pdf（2019 年 2 月 10 日アクセス）

Tillé, Y.（2011）, "Ten years of balanced sampling with the cube method: An appraisal", *Survey Methodology*, Vol. 37, No. 2, pp. 215-226. https: //www150. statcan. gc. ca/n1/en/pub/12-001-x/2011002/article/11609-eng.pdf?st = lXs8ynSA（2019 年 6 月 9 日アクセス）

西村善博（2017）「人口センサスの変容―フランスのローリング・センサス―」 (『統計学』（経済統計学会）第 112 号）49-64 ページ。

第Ⅱ部

公的統計の2次利用と社会研究

第 6 章

パラメータ推定と抽出ウェイトの利用
——尤度を中心に——

坂 田 幸 繁

1. はじめに

　統計法改正により利用形態として定着しつつある政府統計調査票情報の 2 次利用をめぐって，その信頼性，正確性評価のための論点として，本章は実在の有限母集団からの標本統計の調査票情報の利活用の方法に焦点を当てる。標本設計情報，とくに抽出ウェイト（単純なケースでは，抽出率の逆数）の利用や，解析的利用における尤度概念の与え方は，標本調査理論の専門でもない限り一般利用者にとって必ずしも自明なわけではない。ここでは公的標本統計における調査票情報を解析的に利用する際の標本設計情報，とくに抽出ウェイトへの対処法を中心に利活用を議論したい。

　近年のミクロデータの提供と利用に関する統計法制的保障は，改めて 2 次利用としての標本調査データを統計的認識原理に遡って新たなフレームワーク（図 6-1 参照）の下で議論を再開する必要性を提起している。本論に入る前に，まず標本調査をめぐる議論の今日的枠組み（例えば，Skinner, Holt and Smith 1989；Chambers and Skinner eds. 2003）を確認するとともに，問題の所在を明確にするために日本への標本調査導入時の議論，標本調査論争にも若干触れておこう[1]。

　実在の有限母集団からの抽出標本による当該母集団特性値の推定プロセス

図 6-1 標本調査論争と 2 次利用

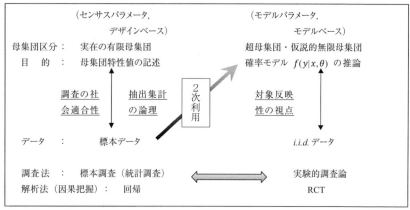

(出所) 筆者作成。

は，センサスパラメータの推定，あるいはデザインベースのアプローチと呼ばれ，母集団要素から構成される関数（記述的統計量：合計，平均，分散，相関・回帰係数など）の獲得が目標であり，母集団の記述が目的である（図左のブロック）。他方で，構造や因果を表現する（通常は）確率モデルを想定し，データはその実現値と考え，データからモデルのパラメータを推定しようとするプロセスをモデルパラメータの推定，あるいはモデルベースのアプローチという（図右のブロック）。ここでは実在の母集団もモデルからの実現値集合と考えるから，超母集団（super-population）モデル，その集団的表現を仮説的無限母集団という。データは同一母集団からの独立抽出標本であり，いわゆる $i.i.d.$ データ，あるいは無作為化データがこれに対応する。因果推論の枠組みでみれば，無作為化比較試験（RCT）に対応する理念的なタイプのデータである。この文脈で対比させれば，標本データは特定母集団の（現実記述的な）統計量を獲得することに特化した抽出デザインを前提とするデータと位置づけられる。そしてこれに対する因果分析のツールには，関連要因を容易にコントロールできる回帰

---

1) 調査論争における標本調査の有効性と限界についての総括的経緯は坂元（1976），木村（1976），岩崎（2018），また個票データの 2 次利用については坂田（2006），ウェイトの補正効果については栗原・坂田（2014）など参照されたい。

モデルが多用される。

　社会科学的見地からの標本調査論争の批判的議論の帰趨は次のようであった。センサスパラメータの推定に関して，数論理としては抽出集計の論理を，事物論理としては個人や企業のプライバシー重視の「市民社会」への調査の技術的社会適合性を対置する（大屋 1964）。他方でモデルパラメータの推定に関しては，対象反映性の視点からの確率モデル批判，*i.i.d.* データの概念の具体的有効性や無作為化に関する保証，あるいはその担保条件の不成立（社会科学では調査データに多くの場合依拠する）が俎上に上った。しかしセンサスパラメータの「記述」とモデルパラメータの「推論」が明確に峻別されていたとはいえず，議論のすれ違いや錯綜もあり，その後論争は下火となる。

　改めて，このときの統計的推論にかかわる問題指摘を現代的な視点で整理すると，それらは本来，調査票情報あるいはミクロデータの 2 次利用の課題として展開されるべきであった。有限母集団パラメータの記述のために第 1 義的に収集された標本調査データを，仮説的無限母集団のモデルパラメータの推論に 2 次利用する。その方法の可否と有効性が問われるべきといえる。本章では，調査データにおいてとくに多用される回帰分析を対象に，まずセンサスパラメータの推定についての論理を整理し，それからモデルパラメータの最小 2 乗推定量の特徴を整理し，その後はモデルパラメータの尤度推定に軸足をおいて検討を加えたい。

　論点を明確にするため，標本デザインとしては抽出確率が高めの，一部オーバーサンプリングした階層を含む層化抽出に限定し，回帰モデルにおける抽出ウェイトの利用の是非について一定の理論的方向性を確認することにしたい。とくに回帰モデルでは，関係する要因をコントロールしたパラメータの推定値が得られるので，ウェイト利用など不要とする誤解も散見されるためである。

　注）本章の議論は Cameron and Trivedi（2005）を参照している。とりわけ，議論の進め方，数学的表記は同書 5 章，6 章，24 章の記述に依拠している。また該当する記述の段落末尾にはそのページ数を（ ）で記しておく。

112 第Ⅱ部 公的統計の２次利用と社会研究

2. センサスパラメータにおける尤度概念

2-1 層化標本と回帰パラメータの推定

以下では単純な層化抽出の標本設計を想定しており，サイズ N の母集団要素にインデックス（h, i）を付与して，第 h 層（$h = 1, \cdots, L$）における第 i 番目の要素単位（$i = 1, \cdots, N_h$）であることを表す[2]。これに線形回帰モデル $Y = X\beta$ を当てはめることを考える。ただし，$Y = \{Y_{hi}\}$ は母集団全体の目的変数列ベクトル，$X = \{X_{hi}\}$ は説明変数行列である[3]。回帰係数 $\beta = (\beta_0, \beta_1, \cdots \beta_k)'$ を推定すべき有限母集団の固定パラメータとする。つまり目的変数 Y_{hi} に対して（$k + 1$）次行ベクトル $X_{hi} = (X_{hi0}, X_{hi1}, \cdots, X_{hik})$ を説明変数として定義する。$X_{hi0} = 1$ とし，β_0 は定数項である。なお，（　　）$'$ は転置行列を表す。

Y を連続型変数とすると，回帰係数ベクトル β の最小 2 乗解は形式的に次の推定方程式の解として与えられる。

$$G(\beta) = X'Y - X'X\beta = 0 \tag{1}$$

逆行列 $(X'X)^{-1}$ が存在すれば，推定方程式の解は $\beta = (X'X)^{-1}X'Y$ で与えられる。これが全数データが得られたときの母集団要約統計量，すなわちセンサスパラメータである。

いま各層からサイズ n_h を確率抽出する層化抽出デザインにおいては，(1)式の行列 $X'X$ と $X'Y$ の行列要素は母集団の合計統計量なので[4]，それらは抽出ウェイトによる標本データの要素（$y_{hi}, \mathbf{x}_{hi}$）の加重推定量として与えられる。すなわち，

---

2) センサスパラメータの数式表記については，StataCorp（2003）pp. 37-41 に準じている。また土屋（2009）223-225 ページにも詳しい。

3) 以下ではとくにことわらない限り，母集団要素，あるいは全数データは大文字で，標本要素や標本（抽出）データは小文字を割り当てている。

4) 例えば，$X'Y = \sum_{h=1}^{L} \sum_{i=1}^{N_h} X_{hi} Y_{hi}$ であり，合計統計量となる。

$$\widehat{X'X} = \sum_{h=1}^{L} \sum_{i=1}^{n_h} w_{hi} \, \mathbf{x}'_{hi} \, \mathbf{x}_{hi} = \mathbf{x}' W \mathbf{x}$$

$$\widehat{X'Y} = \sum_{h=1}^{L} \sum_{i=1}^{n_h} w_{hi} \, \mathbf{x}'_{hi} \, y_{hi} = \mathbf{x}' W \mathbf{y}$$

ただし，小文字 x は説明変数の標本データ行列，同じく $\mathbf{y}$ は目的変数の標本ベクトル，W は抽出ウェイト w_{hi} を要素とする対角行列 ($W = diag\,[w_{hi}]$) である。対応するパラメータの推定量は次式で得られる。

$$\hat{\beta} = (\widehat{X'X})^{-1} \widehat{X'Y} = (\mathbf{x}' W \mathbf{x})^{-1} \mathbf{x}' W \mathbf{y} \tag{2}$$

　他方で一般性のある解釈としては，回帰パラメータの推定量 $\hat{\beta}$ は加重標本推定方程式

$$\hat{G}(\beta) = \widehat{X'Y} - \widehat{X'X}\beta = \mathbf{x}' W \mathbf{y} - \mathbf{x}' W \mathbf{x} \beta = \mathbf{0} \tag{3}$$

の解としても定義できる。ここで，

$$\hat{G}(\beta) = \sum_{h=1}^{L} \sum_{i=1}^{n_h} w_{hi} \mathbf{d}_{hi} \tag{4}$$

と書け，$\hat{G}(\beta)$ は合計統計量の特殊ケースである。ただし，残差 $e_{hi} = y_{hi} - \mathbf{x}_{hi}\beta$ を使って，$\mathbf{d}_{hi} = \mathbf{x}'_{hi} e_{hi}$ である[5]。

2-2　尤度によるセンサスパラメータの推定

　Y が質的データの場合，例えばロジスティックモデルを当てはめて有限母集団の記述的特性を捉えようとすることがある。いま全数データ (Y_{hi}, X_{hi}) に対して，これをモデルからの *i.i.d.* データであるかのようにみなし，形式的にモデ

---

5)　$\hat{\beta}$ の分散推定量は線形近似によって求められる。1 階のテーラー展開により $\hat{\beta} - \beta \doteq -\left\{\dfrac{\partial \hat{G}(\beta)}{\partial \beta}\right\}^{-1} \hat{G}(\beta)$ と書けるから，分散推定量は次式で与えられる。

$$\hat{V}(\hat{\beta}) = \left[\left\{\frac{\partial \hat{G}(\beta)}{\partial \beta}\right\}^{-1} \hat{V}\{\hat{G}(\beta)\} \left\{\frac{\partial \hat{G}(\beta)}{\partial \beta}\right\}^{-1'}\right]_{\beta = \hat{\beta}} = (\mathbf{x}' W \mathbf{x})^{-1} \hat{V}\{\hat{G}(\beta)\}_{\beta = \hat{\beta}} (\mathbf{x}' W \mathbf{x})^{-1}$$

ルの対数尤度を定義する（4-1参照）。それを$l(\beta;Y_{hi},X_{hi})$とおく。対数尤度のβに関する1階偏微分（スコアベクトル）を$S(\beta;Y_{hi},X_{hi})=\partial l(\beta;Y_{hi},X_{hi})/\partial\beta$とおき，これを使って定義される次の推定方程式の解によって，有限母集団に対するセンサスパラメータβを定義する。

$$G(\beta)=\sum_{h=1}^{L}\sum_{i=1}^{N_h}S(\beta;Y_{hi},X_{hi})=\mathbf{0} \tag{5}$$

このとき標本データ$(y_{hi},\mathbf{x}_{hi})$による推定量$\hat{\beta}$は，（5）式に代わって次の加重標本推定方程式を満足する解として得られる。これを擬似最尤（pseudo-maximum-likelihood）推定量という。有限母集団の全数データに対する形式的な最尤解（全数データの統計量）を標本から単に確率推定した擬似的な統計量にすぎない。

$$\hat{G}(\beta)=\sum_{h=1}^{L}\sum_{i=1}^{n_h}w_{hi}S(\beta;y_{hi},\mathbf{x}_{hi})=\mathbf{0} \tag{6}$$

なお標本推定方程式$\hat{G}(\beta)$は，$\hat{G}(\beta)=\sum_{h=1}^{L}\sum_{i=1}^{n_h}w_{hi}\mathbf{d}_{hi}$とも書ける。$\mathbf{d}_{hi}=s_{hi}\mathbf{x}'_{hi}$であり，$s_{hi}$は$(h,i)$要素のスコア指標である。$s_{hi}$は標本対数尤度$l(\beta;y_{hi},\mathbf{x}_{hi})$を$\mathbf{x}_{hi}\beta$の関数として書き直して，$s_{hi}=\partial l(\mathbf{x}_{hi}\beta;y_{hi})/\partial(\mathbf{x}_{hi}\beta)$と求められる[6]。

2-3　ま　と　め

　デザインベースのアプローチ，あるいはセンサスパラメータの推定では，回帰モデルであれロジスティックモデルであれ，全数データを用いたときの回帰係数などの有限母集団特性値（母集団要素の関数としての統計量）を標本データから推定する問題に帰結する。そのさい，抽出ウェイトによる重みづけが基本となるが，一般的には加重標本推定方程式による母集団推定方程式の推定とい

---

6)　$\hat{\beta}$の分散推定量は1階のテーラー展開を使って，

$$\hat{V}(\hat{\beta})=\left[\left\{\frac{\partial\hat{G}(\beta)}{\partial\beta}\right\}^{-1}\hat{V}\{\hat{G}(\beta)\}\left\{\frac{\partial\hat{G}(\beta)}{\partial\beta}\right\}^{-1'}\right]_{\beta=\hat{\beta}}=H^{-1}\hat{V}\{\hat{G}(\beta)\}_{\beta=\hat{\beta}}H^{-1}$$

と書ける。Hは加重標本対数尤度のヘッシアン行列である。

う形で統一的に表現できる。適用するモデルの解釈や意味はともかくとして，標本データによる目標母集団に関する統計量（母数）の推定である限りは，抽出ウェイトの利用が大前提となる。

3. モデルパラメータの推定──OLS から

社会・経済領域における計量分析においては，研究関心の対象である母集団からの標本調査データが多く利用される。もっとも単純な想定では，母集団メンバーが等確率で抽出される単純無作為抽出（Simple Random Sampling：SRS）データがある。統計的推論の基礎をデータが *i.i.d.* という仮定におくことは合理的であり，通常それは標準的な教科書では推定量の小標本特性や漸近的性質を導出する前提とされる。しかし実際のデータでは SRS の仮定は適切とはいえず，調査コストの軽減や特定の部分母集団の推定精度を向上させるため代替的な，より複雑な抽出スキーム（例えば，家計調査（総務省）では層化 3 段抽出の標本交替制）が利用されている。そのため，標本データ$(y_i, \mathbf{x}_i)$が抽出される部分集団間で分布は異なるであろうし，同一クラスター内の標本は独立ではなく，厳密には *i.i.d.* は成立していない。そのような一般的な標本デザインの場合には推定方法の調整が必要であろうし，推定量の性質は SRS の想定とは異なるであろう。

ここで改めて，モデルパラメータの推定を意識した標本区分を示しておこう（表 6-1 参照）。本章で焦点を当てるのは，モデルにおいては説明変数に相当する変数を層化変数とする外生的層化データと，それに対して目的変数が層化変数として使われている内生的層化データである。

一般に，回帰モデルによる分析に関して，次のような指針がミクロ計量の分野では既に共通認識といってよい（Cameron and Trivedi 2005, p. 813）。

① 実在の有限母集団におけるデータ特性の推定や予測が目的ならば，加重推定量によって抽出率の差を調整する必要がある。

② yを$\mathbf{x}$に回帰させることによって$\mathbf{x}$の与える効果の測定に関心がある場合には，$\mathbf{x}$が与えられたときのyの条件付きモデルが正しく特定され，目的

116　第Ⅱ部　公的統計の2次利用と社会研究

表6-1　層化抽出デザインの分類（層内は SRS）

層化図式	定　義	説　明
SRS	$S = 1, C_1 = Y \times X$	全標本空間を1層でカバー
外生的	$C_s = Y \times X_s,\ \text{with } X_s \subset X$	説明変数だけで層化
内生的	$C_s = Y_s \times X,\ \text{with } Y_s \subset Y$	目的変数だけで層化
標本追加	$S = 2, C_1 = Y \times X,\ \text{and } C_2 \subset Y \times X$	標本空間の一部からの予備的観測値が追加された無作為標本
分割	$C_s \subset Y \times X,\ C_s \cap C_t = \varnothing$, and $U_{s=1}^{S} C_s = Y_s \times X$	標本空間全体を満たすように，相互に排他的な層に標本空間を分割

（注）Y:目的変数，X:説明変数，S:層の数，C_s:第 s 層，s = 1, 2, …, S 。標本追加と分割については内生的な場合も外生的な場合も，その複合もあり得る。

（出所）Cameron and Trivedi（2005），p. 823 より訳出・転載。

変数が層化変数に設定されていないのならば，加重推定は必要ない。

③　目的変数の値に依存して標本が抽出されるケース，例えば低所得階層の抽出確率が等確率の場合より高めに設定されているような，いわゆる一部オーバーサンプリングされた標本を使って所得モデルを推定する場合には，加重推定する必要がある。

④　クラスター抽出では少なくとも標準誤差が過小推定され，推定量の一致性にも問題があるため調整が必要となる。

以下ではとくに①～③に関して，このような指針に至る論理を整理しておこう。なお，モデルパラメータの推定ではデータは仮説的無限母集団からの実現値なので，以下では明示の必要がない限り，全数データ（有限母集団の観察値表現）と標本データをとくに区別してはいない。また支障がない限り，これまで用いてきた標本要素のインデックス hi は新たにナンバリングして i に統一している。

3-1　外生的層化標本と OLS：モデルが正しいとき

抽出ウェイト $\{w_i\}$ をもつデータセットから線形回帰モデル $y_i = \mathbf{x}_i \boldsymbol{\beta} + u_i$（$u_i$は誤差項）を推定するとき，

OLS 推定量：$\hat{\boldsymbol{\beta}}_{ols} = (\mathbf{x}'\mathbf{x})^{-1}\mathbf{x}'y$

WLS 推定量：$\hat{\boldsymbol{\beta}}_{wls} = (\mathbf{x}'W\mathbf{x})^{-1}\mathbf{x}'Wy$

の2種類の推定量が考えられる。ウェイトを使わない単純なOLS推定量とWLS（加重）推定量である。ただし前節と同じく，$W = diag[w_i]$である。

正しく回帰モデルが特定されており，$E[u|\mathbf{x}] = \mathbf{0}$と想定でき，その結果$\mathbf{x}$において条件付き平均が線形，すなわち$E[y_i|\mathbf{x}_i] = \mathbf{x}_i\beta$と仮定できれば，OLS推定量が適切である。それは$\beta$に関して一致推定量を与えるとともに，誤差項$u_i$が均一分散であれば，ガウス＝マルコフの定理から有効推定量となる。WLS推定量も同じ仮定の下で一致推定量を与えるが，誤差が均一分散の場合には有効とはならない。いまのケースで重みづけは不均一分散への対応ではなく，標本の代表性を調整しているにすぎないからである。

また損失関数を誤差2乗和で評価するとき，最良予測量は条件付き平均関数$E[y|\mathbf{x}]$である。そして条件付き平均関数が$\mathbf{x}$とβで線形とすれば，$E[y|\mathbf{x}] = \mathbf{x}\beta$であるから，最適予測量は$\hat{y} = \mathbf{x}\beta$であり，$\hat{\beta}$はOLS推定量として得られる。それはパラメータ$\beta$の因果的構造的解釈を可能にし，OLSによる$\beta$の一致推定は$E[y|\mathbf{x}] = \mathbf{x}\beta$の一致推定が可能であることを意味する。したがって，説明変数の変化が条件付き平均に与える効果の政策分析を可能とする[7]（pp. 67-69, 818）。

3-2　外生的層化標本とOLS：モデルが誤っているとき

線形モデルを想定しているとして，本来モデルに導入されるべき第3の説明変数がモデルから除外されていたり，$\mathbf{x}$に関して非線形であったり，あるいは説明変数と回帰係数に相関がある場合には，実際には線形モデルでは正しく捉

---

7)　線形回帰モデルは，2乗誤差損失基準での最良線形予測値として，構造モデル的解釈というより，誘導形的な解釈がいつでも可能である。しかし，条件付き平均が$\mathbf{x}$において線形，すなわち$E[y|\mathbf{x}] = \mathbf{x}\beta$であるためには，$E[u] = \mathbf{0}$，$Cov[\mathbf{x}, u] = \mathbf{0}$に加えて，$E[u|\mathbf{x}] = \mathbf{0}$の仮定が必要となる。もし$E[u|\mathbf{x}] = \mathbf{0}$であれば，$E[y|\mathbf{x}] = \mathbf{x}\beta$であり，このとき最小2乗推定量$\hat{\beta}$の確率極限は，最小2乗推定量がOLSかWLSか，あるいは標本がSRSか外生的な層化抽出であるかにかかわらず，βである。これに対して$E[y|\mathbf{x}] \neq \mathbf{x}\beta$の場合には，これらの異なる最小2乗推定量は異なる確率極限をもつ。いずれにしても，OLSの構造的な解釈には，説明変数が与えられたときの誤差項の条件付き平均がゼロである必要がある。

118　第Ⅱ部　公的統計の2次利用と社会研究

えられないケースが多々ある。当然，このときモデルは適切には推定されない。しかしそれでも最小2乗推定量（OLS）は，2乗誤差損失基準において $\mathbf{x}$ を所与としたときの y の最良線形予測量を与えていると解釈できる。ただし，それには標本の歪み（オーバーサンプリングなど）を調節する必要がある。

　例えば，条件付き平均が $\mathbf{x}$ において非線形（$E[y \mid \mathbf{x}] \neq \mathbf{x}\beta$）ならば，OLS推定量の構造的解釈は困難である。しかし，2乗誤差損失の下では依然として β は最良線形予測量と解釈できる。期待損失 $E[(y-\mathbf{x}\beta)^2]$ の β に関する微分の1階の条件は $-2E[\mathbf{x}(y-\mathbf{x}\beta)]=0$ であるから，最適線形予測量はOLS推定量と類似した表現である標本関数 $\beta^* = E[\mathbf{x}'\mathbf{x}]^{-1} E[\mathbf{x}'y]$ となる。

　したがって母集団において，データが $i.i.d.$ であれば，必ず $y_i = \mathbf{x}_i\beta^* + u_i$ と書ける。ただし，$E[u]=0$, $Cov[\mathbf{x}, u]=0$, $\beta^* = E[\mathbf{x}'\mathbf{x}]^{-1} E[\mathbf{x}'y]$ である。モデルが誤っているケースを想定しているので，$E[u \mid \mathbf{x}]=0$ の仮定は必要とせず，$E[y \mid \mathbf{x}] \neq \mathbf{x}\beta$。$\beta^*$ はセンサスパラメータであり（DuMouchel and Duncan 1983），確率的な歪みをもつサンプルからというより，むしろ母集団全体を使ったときに得られる回帰係数の確率極限である。

　条件付き平均が非線形で標本に歪みがあるなら，OLSは β^* に収束しない。というのは，$N^{-1}\mathbf{x}'\mathbf{x}$ も $N^{-1}\mathbf{x}'\mathbf{y}$ も $E[\mathbf{x}'\mathbf{x}]$, $E[\mathbf{x}'y]$ には収束しないからである。しかし，加重線形推定量は β^* に一致推定する。その条件は，

$$N^{-1}\mathbf{x}'W\mathbf{x} \xrightarrow{p} E[\mathbf{x}'\mathbf{x}], \quad N^{-1}\mathbf{x}'W\mathbf{y} \xrightarrow{p} E[\mathbf{x}'y] \tag{7}$$

であり，このとき $\hat{\beta}_{wls}$ は β^* に収束する[8]（pp. 819-820）。

　データセットの性格からみると，構造的な因果推定を目標とするパネル調査であれ，記述目的のセンサス的調査であれ，互いに汎化能力や構造推定的視点を標本設計上完全に無視できるわけではない。そのためどちらのデータに対しても，ミクロ計量の目標は構造モデリングのアプローチをとりながらも多くの

---

8)　OLSもWLSも層 s ごとに推定したパラメータ β_s による加重平均推定量（層構成比をウェイト）に無条件には収束しない。

場合推定結果に記述的解釈を充てる程度にとどめざるを得ない。もちろん操作変数法やパネル解析法などの適用により，推定値に因果的解釈を付与することは可能であるが，それには正しくモデルが特定されていることが条件である。モデルが正しく特定されていれば，抽出ウェイトによる加重推定もウェイトを使わない単純推定も，両者は一致推定量であるから同じ確率極限値を有する。したがって2つの推定量の差についてハウスマン検定など特定化のテストが用意されていること（Hausman 1978）を考慮すると，層化が外生的な場合の抽出ウェイトの取り扱いに関する方法論理はかなりの程度確定しているといってよい。

3-3　内生的層化標本と OLS

　いま検討対象では層内の抽出は等確率抽出であるが，一部の階層ではオーバーサンプリングされている状況を想定している。層ごとにパラメータが異なるモデルを想定するとき，層横断的なパラメータの推定は記述的なアプローチにより加重推定量を使えばよい。それに対して，ミクロ計量経済学的な構造モデルによる接近ではパラメータは層間で共通し不変と仮定する場合が多いので，それが正しいならばウェイトを使わない単純な回帰推定を行えばよい。いずれも外生的の層化標本を想定している。しかし問題は，モデルの目的変数の値を使って層化が計画されている，あるいは逆に層化変数を従属変数として使わざるを得ない場合であり，内生的層化抽出標本における回帰推定の問題である。

　層化が内生的なデータでは，外生的なケースに比べ，考慮すべき問題は大きい。分析のターゲットである変数によって一部の階層がオーバーサンプリングされている場合には，通常の OLS による回帰分析では一致推定は困難である。基準変数となる y の分布が歪められているせいである[9]。一致性をもつ推定量はいくつか考えられるが，どの階層からも標本抽出が行われている（抽出率 0

9）　層化変数が説明変数に含まれ，それが間接的に目的変数に影響するようなケースでは問題は生じない。

120　第Ⅱ部　公的統計の2次利用と社会研究

の層がない）場合にもっとも単純な方法は WLS 推定量である。

　しかし一般には，トランケートされたタイプの回帰モデル[10]の背景には，目的変数 y の値によって抽出の可否が指定される（切断される）標本設計が対応している。また移動や観光データでの交通手段の選択モデル分析において，利用者が少ない移動手段はオーバーサンプルされ，ケースコントロール研究では分析のターゲットである結果変数による抽出デザインが採用される。厳密には内生的層化標本とはいえないが，データに内生性が発生していると考えられる。このとき標本データのこの種の内生性に対応するモデル化が必要であり，これには OLS アプローチではなく，一般に尤度モデルによる推定が不可欠といえる。そこで改めて尤度推定を次節で取り上げよう。ただし，抽出ウェイトの利用を前提とするため，標本と母集団階層の確率は既知であることを前提とする。内生的な層化デザインのケースではいくつかの一致推定量が提起されているが，本章の課題を考慮するとき，このような前提（標本と母集団，両者の層別確率が既知）の下でのもっとも単純な解法として，尤度ベースの加重推定量が利用できるからである。

4.　モデルパラメータと尤度推定

4-1　外生的層化データと最尤推定

（1）モデル特性と尤度

*i.i.d.*データへの最尤推定に関しては，モデルが正しい場合には OLS と同じ特徴が成立し，ウェイトを使わず最尤推定すればよい。尤度原理からその論理を整理しておこう。なお，以下では推定すべきパラメータは，β を含めて θ に統一する。

　Fisher（1922）によれば，尤度原理とは実際の標本を観察する尤度を最大化する θ の値を真のパラメータベクトル θ_0 の推定量に選ぶことである。同時確率密度（あるいは質量）関数 $g(y, \mathbf{x} \mid \theta)$ をサイズ N のデータ $(y, \mathbf{x})$ が与えられた

10）　切断回帰モデル，多項ロジスティック回帰，サンプルセレクションモデルなど。

ときの θ の関数とみるとき，これを尤度関数 $L_N(\theta)$，その対数（ln）を対数尤度関数 $l(\theta) = \ln L_N(\theta)$ という。したがって尤度原理の下では，パラメータ推定は尤度関数の最大化，したがって対数尤度関数の最大化をねらえばよい。これを最尤推定量（MLE：Maximum Likelihood Estimator）と呼ぶ。

いま同時分布が $g(y, \mathbf{x} \mid \theta) = f(y \mid \mathbf{x}, \theta) h(\mathbf{x} \mid \theta)$ より，同時尤度関数は $\mathbf{x}$ を条件とする y の条件付尤度と $\mathbf{x}$ の周辺尤度との積であり[11]，その設定には両者の特定化が必要となる。しかし回帰分析は $\mathbf{x}$ が与えられたときの y のふるまいをモデル化することであるから，条件付き尤度関数 $f(y \mid \mathbf{x}, \theta)$ を基礎に推定する。$f(y \mid \mathbf{x})$ と $h(\mathbf{x})$ とが依存するパラメータ集合が相互に排他的であると考えられるならば，このような特定化は不要であり，条件付き尤度関数が回帰モデルの推定に自然に使われている。

例えば $\{(y_i, \mathbf{x}_i)\}$ が独立であれば，パラメータ推定には次の平均対数尤度関数

$$Q_N(\theta) = N^{-1} l(\theta) = \frac{1}{N} \sum_{i=1}^{N} \ln f(y_i \mid \mathbf{x}_i, \theta)$$

を最大化すればよい。

最尤推定量は通常，対数尤度関数の1階の条件式

$$\frac{1}{N} \frac{\partial l(\theta)}{\partial(\theta)} = \frac{1}{N} \sum_{i=1}^{N} \frac{\partial \ln f(y_i \mid \mathbf{x}_i, \theta)}{\partial \theta} = \mathbf{0}$$

の解として得られる。$\frac{\partial l(\theta)}{\partial(\theta)}$ がスコアベクトル，θ_0 で評価されたものがエフィシエントスコアである。モデルが正しく特定され，y の範囲が θ に依存しないモデルであれば，スコアベクトルの期待値はゼロ $\left(E \left[\frac{\ln f(y \mid \mathbf{x}, \theta)}{\partial \theta} \right] = \mathbf{0} \right)$，情報量行列（フィッシャー情報量）$I$ はスコアベクトルの外積の期待値で定義され，推定量の分散を与える $\left(I = E \left[\frac{\partial l(\theta)}{\partial \theta} \frac{\partial l(\theta)}{\partial \theta'} \right] = -E \left[\frac{\partial^2 l(\theta)}{\partial \theta \partial \theta'} \right] \right)$。一般に，$N$ が大きく，モデルが正しく特定されているならば，最尤推定量は漸近不偏性（一致性），漸近有効性，漸近正規性など望ましい性質を有することが知られてい

---

11) 以下の尤度関数の議論に関しては，同時密度関数を $g(\cdot)$，条件付密度関数を $f(\cdot)$，周辺密度関数を $h(\cdot)$ で表している。

122　第Ⅱ部　公的統計の2次利用と社会研究

る[12]。

　$f(y \mid \mathbf{x}, \boldsymbol{\theta})$ におけるパラメータ $\boldsymbol{\theta}$ の一致推定の条件について改めて触れておこう。一般に最尤推定量はデータ $(y, \mathbf{x})$ の同時分布から導かれる尤度に基づかねばならない。しかし実際には，既に触れたように，$\mathbf{x}$ が与えられたときの y の条件付き分布による条件付き尤度を計算することで十分な場合がよくある。とくに $\mathbf{x}$ が y に関して外生的であると仮定できれば，条件付き尤度による推定は一致推定量に導く。実際，外生的であるから同時分布は，

$$g(y, \mathbf{x} \mid \boldsymbol{\theta}) = f(y \mid \mathbf{x}, \boldsymbol{\theta}) \times h(\mathbf{x}) \tag{8}$$

と要因分解される。$\mathbf{x}$ の周辺分布のパラメータは $\boldsymbol{\theta}$ と無関係であるから伏せている。このとき $g(y, \mathbf{x} \mid \boldsymbol{\theta})$ による $\boldsymbol{\theta}$ の最尤推定量は $f(y \mid \mathbf{x}, \boldsymbol{\theta})$ の最尤推定量として得られる。

　しかし一般的には，(8)式ではなく，

$$g(y, \mathbf{x} \mid \boldsymbol{\theta}) = f(y \mid \mathbf{x}, \boldsymbol{\theta}) \times h(\mathbf{x} \mid \boldsymbol{\theta}) \tag{9}$$

と表現される。$\mathbf{x}$ の少なくとも1つの変数は y に関して内生的であると想定されるかもしれない[13]。このとき MLE は同時密度による対数尤度

---

12)　Cameron and Trivedi（2005, p. 142）ではその条件を4点にまとめている。
　(1)　データ生成過程は条件付き密度関数 $f(y_i \mid \mathbf{x}_i, \boldsymbol{\theta}_0)$ であり，これが尤度関数の定義に用いられる。
　(2)　密度関数 $f(\cdot)$ は，$\boldsymbol{\theta}^{(1)} = \boldsymbol{\theta}^{(2)}$ のときに限り，$f(y, \boldsymbol{\theta}^{(1)}) = f(y, \boldsymbol{\theta}^{(2)})$ を満足する。
　(3)　次の行列が存在し，有限でかつ非特異である。
$$\mathbf{A}_0 = \mathrm{plim}\, \frac{1}{N} \frac{\partial^2 l(\theta)}{\partial \theta \partial \theta'} \Big|_{\theta_0}$$
　(4)　対数尤度関数に関して微分・積分の順序が交換できる。
　　　このとき最尤推定量 $\hat{\theta}_{ML}$ は，1階の条件式 $\frac{1}{N} \frac{\partial l(\theta)}{\partial(\theta)} = 0$ の解で定義され，θ_0 の一致推定量であり，$\sqrt{N}(\hat{\theta}_{ML} - \theta_0) \xrightarrow{d} N[\mathbf{0}, -\mathbf{A}_0^{-1}]$。
13)　y は $\mathbf{x}$ に依存し，逆に $h(\mathbf{x} \mid \boldsymbol{\theta})$ の θ を経由して $\mathbf{x}$ は y に依存する。古典的な線形同時方程式体系はこの1例である。

$$\sum_i \ln g\,(\,y_i, \mathbf{x}_i \mid \boldsymbol{\theta}\,) = \sum_i \ln f\,(\,y_i \mid \mathbf{x}_i, \boldsymbol{\theta}\,) + \sum_i \ln h\,(\,\mathbf{x}_i \mid \boldsymbol{\theta}\,)$$

に基づいて推定される必要がある。このときスコアベクトルの期待値が

$$E\left[\frac{\partial \ln g\,(\,y, \mathbf{x} \mid \boldsymbol{\theta}\,)}{\partial \boldsymbol{\theta}}\right] = E\left[\frac{\partial \ln f\,(\,y \mid \mathbf{x}, \boldsymbol{\theta}\,)}{\partial \boldsymbol{\theta}}\right] + E\left[\frac{\partial \ln h\,(\,\mathbf{x} \mid \boldsymbol{\theta}\,)}{\partial \boldsymbol{\theta}}\right] = \mathbf{0} \tag{10}$$

を満足すれば，θ の一致推定量が得られる。$g\,(\,y, \mathbf{x} \mid \boldsymbol{\theta}\,)$ が正しく特定され，データ範囲が θ に依存しないことがその条件となる。

これに対して，条件付き MLE は条件付き尤度 $\sum_i \ln f\,(\,y_i \mid \mathbf{x}_i, \theta\,)$ を最大化して求められる。$E\,[\,\partial \ln f\,(\,y \mid \mathbf{x}, \boldsymbol{\theta}\,)/\partial \boldsymbol{\theta}\,] = \mathbf{0}$ であるとき条件付き MLE が一致推定量となる必要条件は，$\mathbf{x}$ が外生的であることである。このとき $\partial \ln h\,(\,\mathbf{x} \mid \boldsymbol{\theta}\,)/\partial \boldsymbol{\theta} = \mathbf{0}$ より(10)式は単純化される。しかし，$\mathbf{x}$ が内生的ならば(10)式右辺の第2項は消えないので，このようには単純化できない。したがって条件付き MLE は $\mathbf{x}$ が内生的ならば一致性をもたない (pp. 823-824)。

(2) 外生的層化標本による最尤法：モデルが正しいとき

前項ではモデルが正しく想定され，そのときのモデル特性（$\mathbf{x}$ が構造的に外生的であるか，内生的であるか）によって条件付き尤度による推定量にどのような違いが生じるかを整理した。本論に戻り，層化抽出や同種の標本設計においては，たとえ母集団同時密度が(8)式を満たし，層間で共通の同一分布に従うとしても，モデルに抽出スキームを明示した一般的な標本データ（$y, \mathbf{x}$）に対する同時密度関数(11)が必要となる。

$$g^s\,(\,y, \mathbf{x} \mid \boldsymbol{\theta}\,) = f^s\,(\,y \mid \mathbf{x}, \boldsymbol{\theta}\,) \times h^s\,(\,\mathbf{x} \mid \boldsymbol{\theta}\,) \tag{11}$$

ここで，上付き s は，当該密度関数が特定の標本抽出図式に依存していることを表している。条件付き MLE は，標本が SRS であれば一致推定量であっても，特定の抽出スキームの下では一致推定量ではないかもしれない。

純粋に外生的なサンプリングであれば，標本の分布と母集団分布との唯一の差異は，$\mathbf{x}$ の周辺分布に関して生じる。母集団で(8)式が成立すると仮定すると，標本では

$$g^s(y, \mathbf{x} \mid \boldsymbol{\theta}) = f(y \mid \mathbf{x}, \boldsymbol{\theta}) \times h^s(\mathbf{x}) \tag{12}$$

が成立する。条件付き密度は $f(y \mid \mathbf{x}, \boldsymbol{\theta})$ のままであり，θ は周辺分布 $h^s(\mathbf{x})$ に現れないので，条件付き MLE は一致推定量である。

なお内生的なサンプリングの下では，母集団分布では(8)式が成立しても標本ではより一般的な(11)式が適切といえる。$\mathbf{x}$ が与えられたときの y の条件付き分布は母集団と標本とでは異なり（$f^s(y \mid \mathbf{x}, \boldsymbol{\theta}) \neq f(y \mid \mathbf{x}, \boldsymbol{\theta})$），$h^s(\mathbf{x} \mid \boldsymbol{\theta})$ は $\boldsymbol{\theta}$ に依存しているかもしれない（pp. 823-824）。

(3) モデルの誤りと尤度推定

モデルが正しいという想定での最尤推定の特性は前項の通りとして，それではモデルが間違っている場合はどうであろう。誤ったモデルによる最尤推定量を準尤度（Quasi-Maximun Likelihood）推定量とよび，$\hat{\boldsymbol{\theta}}_{QML}$ と表すことにする。モデルの特定化を誤った場合，最尤推定量は原理的には一致推定量とはならない。すなわち $\hat{\boldsymbol{\theta}}_{QML}$ の確率極限を θ^*（擬似真値）とおくと，通常 $\theta^* \neq \theta_0$ であり，一致推定量とはならない[14]。したがって準最尤推定量は構造分析的な意味合いは有していない。しかし，準最尤推定量は想定されたモデルの下で真の分布との距離を予測的視点から最小化する推定量である[15]。したがって間違ったモデルによる OLS 推定量の場合と同様に，想定したモデルの下での予測的な連関は教えてくれる。それには真の母集団分布に関する想定されたモデルによ

---

14) 分布形が真の分布とは異なっていても，想定された分布形が線形指数族（例えば分散既知の正規分布，ベルヌーイ，指数，ポアソンなど一般化線形モデル）であれば，$\mathbf{x}$ が与えられたときの y の条件付き平均が正しく特定されているときに限り，準最尤推定量は一致性をもつ（Cameron and Trivedi 2005, pp. 147-148）。

15) 分布間の距離は次の KL 情報量（Kullback-Leibler information criterion）で測定される。

$$\text{KL 情報量} = E\left[\ln\left(\frac{f^*(y)}{f(y \mid \boldsymbol{\theta})}\right)\right]$$

ここで，想定されたモデル $f(y \mid \boldsymbol{\theta})$ に対して $f^*(y)$ は真の分布を表し，期待値は真の分布に関して定義される（Cameron and Trivedi 2005, p. 147）。したがって，推定量は標本データの加重平均となる。

る平均（準）対数尤度を求めなければならず，それは標本データからの対数尤度の加重推定を要求する。センサスパラメータの推定のために導入された擬似尤度推定量は，そのような推定量の候補の1つである（p. 146）。

4-2　内生的層化データと最尤推定

　純粋に内生的な標本抽出では，標本におけるyの周辺分布$h^s(y)$と母集団における分布$h(y)$とは異なる。すなわち，$h^s(y) \neq h(y)$。また，yと$\mathbf{x}$の同時標本分布はyよりむしろ$\mathbf{x}$に関する条件付き分布を導入することで表現が容易となる。つまり，純粋に内生的サンプリングの下ではyが与えられたときの$\mathbf{x}$の条件付き分布は影響を受けないので，単純化して$f^s(\mathbf{x}|y)=f(\mathbf{x}|y)$と書ける。したがって，標本における同時分布は，

$$g^s(y, \mathbf{x}) = f(\mathbf{x}|y)h^s(y) \tag{13}$$

ここで，$f(y|\mathbf{x})$によって$f(\mathbf{x}|y)$を再表現すると，

$$f(\mathbf{x}|y) = \frac{g(y, \mathbf{x})}{h(y)} = \frac{f(y|\mathbf{x})h(\mathbf{x})}{h(y)}$$

であり，これを（13）式に代入して整理すると次式を得る。

$$g^s(y, x|\boldsymbol{\theta}) = f(y|\mathbf{x}, \boldsymbol{\theta}) \times \frac{h^s(y)}{h(y|\boldsymbol{\theta})} \times h(\mathbf{x}) \tag{14}$$

ただし，$h(y|\theta) = \int g(y, \mathbf{x}|\theta)d\mathbf{x} = \int f(y|\mathbf{x}, \boldsymbol{\theta})h(\mathbf{x})d\mathbf{x}$。

　$f(y|\mathbf{x}, \boldsymbol{\theta})$だけを使った条件付きMLEは，上式で$h(y|\boldsymbol{\theta})$の項を無視しているから，一致推定量とはならない。一致推定量を得るには，追加的に$h(y|\boldsymbol{\theta})$を含む同時尤度を最大化する必要がある。

　さて層化標本抽出を改めて考えよう。母集団同時密度は$g(y, \mathbf{x}|\boldsymbol{\theta}) = f(y, \mathbf{x}|\boldsymbol{\theta})h(\mathbf{x})$に対して，S個の層があり，$s$番目の層はY×Xからなる部分集合$C_s$とする。ランダムに抽出されたある観察値が$C_s$に含まれる母集団確率$Q_s(\boldsymbol{\theta})$は，

126　第Ⅱ部　公的統計の2次利用と社会研究

$$Q_s(\theta) = \int_{C_s} f(y \mid \mathbf{x}, \boldsymbol{\theta}) \, h(\mathbf{x}) \, dy d\mathbf{x} \tag{15}$$

であり，その確率は既知の場合も未知の場合もある。これに対して，C_sからの実際の抽出確率H_sを区別すべきであり，H_sはサンプリングデザインによって決まる（通常既知）。もし$H_s > Q_s$であれば，当該層はオーバーサンプリングされているといえる。

層指標 s を含む$(y, \mathbf{x})$の母集団同時分布と標本同時分布は次のように表せる。

　　同時母集団分布　$g(s, y, \mathbf{x} \mid \boldsymbol{\theta}) = Q_s(\boldsymbol{\theta}) g(y, \mathbf{x} \mid s, \boldsymbol{\theta})$

　　同時標本分布

$$g^s(s, y, \mathbf{x} \mid \boldsymbol{\theta}) = H_s g(y, \mathbf{x} \mid s, \boldsymbol{\theta}) = H_s \frac{f(y \mid \mathbf{x}, \boldsymbol{\theta}) h(\mathbf{x})}{Q_s(\boldsymbol{\theta})} = \frac{H_s}{Q_s(\boldsymbol{\theta})} f(y \mid \mathbf{x}, \boldsymbol{\theta}) h(\mathbf{x})$$
$$\tag{16}$$

　母集団の条件付き分布，すなわちモデル$f(y \mid \mathbf{x}, \boldsymbol{\theta})$による条件付き MLE は，$\boldsymbol{\theta}$に依存するはずの$Q_s(\boldsymbol{\theta})$の項を無視しているため，$\boldsymbol{\theta}$に関して一致推定量とはならない。一致推定量としては多様な候補が提案されているが，ここでは抽出ウェイトの利用という観点から層の抽出確率H_sと母集団確率$Q_s(\theta)$の両者が既知であれば実行可能な加重推定量を取り上げている[16]（以上，p. 826）。

4-3　尤度と加重推定

層の抽出確率H_sと母集団確率$Q_s(\theta)$の両者が既知であれば，完全に有効とは

---

16)　加重推定量の計算は比較的容易であるが，それ以外にも最尤推定量や GMM 推定量などのアプローチがある。まず最尤推定量については，$Q_s(\boldsymbol{\theta})$の分布が$h(\mathbf{x})$に依存しているため，同時標本分布$g^s(s, y, \mathbf{x} \mid \boldsymbol{\theta})$に基づく MLE は複雑である（Chambers, Steel, Wang and Welsh（2012）参照）。1 つの考えられる解法は$h(\mathbf{x})$の特定であるが，説明変数の分布は関心事項ではないため，通常そのための特定化プロセスを想定することは困難である。それに代わり，パラメトリックな特定化をせずに密度$h(\mathbf{x})$に対してセミパラメトリックなアプローチが提案されている（Cosslett 1981；Imbens 1992；Imbens and Lancaster 1996）。

いえないけれども，内生的層化標本は比較的容易に処理できる。前節で触れた尤度による加重推定量を取り上げ，その拡張としてより一般的な推定量を示しておこう。

（1）加重尤度推定

Manski and Lerman（1977）は加重最尤（Weighted Maximum Likelihood：WML）推定量を提案した[17]。

$$Q_{WML}(\boldsymbol{\theta}) = \sum_i \frac{Q_i}{H_i} \ln f(y_i | \mathbf{x}_i, \boldsymbol{\theta}) \tag{17}$$

ただし，i 番目の観察値が層 s に含まれていれば，$H_i = H_s$，$Q_i = Q_s$である。

これは厳密には，外生的加重標本（Weighted Exogenous Sampling Maximum Likelihood：WESML）推定量とよばれる。というのは，（17）は通常の外生的抽出標本の下での条件付き対数尤度の項 $\ln f(y_i | \mathbf{x}_i, \boldsymbol{\theta})$ にウェイト Q_i / H_i を乗じたものであるからである。しかし，通常の外生的推定量を適切に重みづけすることで，内生的標本に対しても一致推定が得られることがわかっている。

$\mathbf{x}$ と s が与えられたときの y の条件付き標本分布は $f^s(y | \mathbf{x}, \boldsymbol{\theta}) = f(y | \mathbf{x}, \boldsymbol{\theta})^{Q_s/H_s}$ で与えられるわけではないから，関数 $Q_{WML}(\boldsymbol{\theta})$ は形式的には尤度ではない。しかし，それを最大化する WML 推定量は，1 階の条件式（18）の解で与えられる。

$$\sum_i \frac{Q_i}{H_i} \frac{\partial \ln f(y_i | \mathbf{x}_i, \boldsymbol{\theta})}{\partial \boldsymbol{\theta}} = \mathbf{0} \tag{18}$$

WML 推定量が一致推定量となるには，（16）式の標本同時密度関数 $g^s(s, y, \mathbf{x} | \boldsymbol{\theta})$ に関する（18）式の合計項の期待値が 0 とならなければならない。実際，母集団において密度関数が正しく特定化されていれば $E[(\partial \ln f(y | \mathbf{x}, \boldsymbol{\theta}))/\partial \theta] = 0$ を満足する（通常の正則条件）ので，WML 推定量は内生的層化標本の場合でも一致性をもつ。すなわち，

17）　欠測処理の視点から，高井・星野・野間（2016）においても同推定量が解説されている。

128　第Ⅱ部　公的統計の2次利用と社会研究

$$E_s\left[\frac{Q_s}{H_s}\frac{\partial ln f(y\mid \mathbf{x},\boldsymbol{\theta})}{\partial \boldsymbol{\theta}}\right]=\iint\frac{Q_s}{H_s}\frac{\partial ln f(y\mid \mathbf{x},\boldsymbol{\theta})}{\partial \boldsymbol{\theta}}\frac{H_s}{Q_s(\boldsymbol{\theta})}f(y\mid \mathbf{x},\boldsymbol{\theta})h(\mathbf{x})dyd\mathbf{x}$$

$$(19)$$

$$=\iint\frac{\partial ln f(y\mid \mathbf{x},\boldsymbol{\theta})}{\partial \boldsymbol{\theta}}f(y\mid \mathbf{x},\boldsymbol{\theta})h(\mathbf{x})dyd\mathbf{x}$$

$$=\int E\left[\frac{\partial ln f(y\mid \mathbf{x},\boldsymbol{\theta})}{\partial \boldsymbol{\theta}}\right]h(\mathbf{x})d\mathbf{x}=\mathbf{0}$$

また情報量行列の等価性は(17)の目標関数 $Q_{WML}(\boldsymbol{\theta})$ については成立しないので，推定量 $\hat{\boldsymbol{\theta}}_{WML}$ の漸近分散はサンドウィッチ推定量 $N^{-1}A^{-1}BA^{-1}$ を使って求められる。

$$\mathbf{A}(\theta_0)=plim\frac{1}{N}\sum_{i=1}^{N}\frac{Q_i}{H_i}\frac{\partial^2 ln f(y_i\mid \mathbf{x}_i,\boldsymbol{\theta})}{\partial \boldsymbol{\theta}\partial \boldsymbol{\theta}'}|_{\theta_0}\tag{20}$$

$$\mathbf{B}(\theta_0)=plim\frac{1}{N}\sum_{i=1}^{N}\left(\frac{Q_i}{H_i}\right)^2\frac{\partial ln f(y_i\mid \mathbf{x}_i,\boldsymbol{\theta})}{\partial \boldsymbol{\theta}}\frac{\partial ln f(y_i\mid \mathbf{x}_i,\boldsymbol{\theta})}{\partial \boldsymbol{\theta}'}|_{\theta_0}\tag{21}$$

この推定量は Cosslett（1981）や Imbens（1992）の ML 推定量ほど効率的ではないが，実行が比較的簡単といえる。もちろん，層の確率が既知であることが前提である（p. 827）。

（2）加重 m 推定量

加重最尤推定量を一般化して，条件付き最尤推定量以外の推定量，例えば最小2乗回帰推定量に関しても同様の加重推定量を検討することができる（Hausman and Wise 1979）。

まず SRS を仮定して，$\sum_i q(y_i\mid \mathbf{x}_i,\boldsymbol{\theta})$ を最小化することを考える。このとき1階の条件は $\sum_i \partial q(y_i\mid \mathbf{x}_i,\boldsymbol{\theta})/\partial \boldsymbol{\theta}=\mathbf{0}$ であり，一致性のための必要条件は母集団において

$$E[(\partial q(y\mid \mathbf{x},\boldsymbol{\theta}))/\partial \boldsymbol{\theta}]=\mathbf{0}$$

が想定できるとする。このとき標本デザインが内生的に層化されており，標本と母集団の層の確率 H_s と Q_s が既知であれば，$\boldsymbol{\theta}$ は次式を最小化する加重 m 推定量 $\hat{\boldsymbol{\theta}}_W$ によって一致推定できる。

$$Q_W(\boldsymbol{\theta}) = \sum_i \frac{Q_i}{H_i} q(y_i \mid \mathbf{x}_i, \boldsymbol{\theta}) \tag{22}$$

一致性の証明は WML に関する(18)，(19)にしたがい，分散行列は $N^{-1}A^{-1}$ BA^{-1} の形であり，A と B は(20)，(21)で与えられ，単純に $\partial \ln f(y_i \mid \mathbf{x}_i, \boldsymbol{\theta})/\partial \boldsymbol{\theta}$ を $\partial q(y_i \mid \mathbf{x}_i, \boldsymbol{\theta})/\partial \boldsymbol{\theta}$ に置き換えるだけでよい[18]。

母集団積率条件 $E[\mathrm{h}(y, \mathbf{x}, \boldsymbol{\theta})] = 0$ に基づく推定に関しても同様に，内生的層化標本に対して，次式の解である重み付き推定方程式を使えばよい[19]。

$$\sum_i \frac{Q_i}{H_i} \mathrm{h}(y_i, \mathbf{x}_i, \boldsymbol{\theta}) = 0$$

ウェイト Q_i / H_i は，単純な外生的層化標本抽出におけるセンサスパラメータの推定に対して提案されたそれらと同等のものである。しかしながら，状況は全く異なる。先出のケースではモデルが誤って特定されていたが，ここでは条件付きモデル（積率）が正しく特定されていると仮定されており，その結果，外生的層化抽出標本であればウェイトをつけずに一致性をもち有効推定量が得られることになる。しかしもし層化が内生的であるなら，上記のように抽出ウェイトの利用は必須である（p. 828）。

5. おわりに

不等確率の層化標本抽出は変数間の連関を歪めるので，標本ウェイトの利用はデザインベースの分析では重要であり，ウェイトによる調整を必要とする。最小2乗法では加重推定によるセンサスパラメータの推定，2項ロジットなどのセンサスパラメータについては擬似尤度を用いる。母集団における（全数データによって定義される）センサスパラメータを標本データからウェイトを用いて推定するという考え方である。パラメータについてモデル的解釈は問わない。

---

18) 証明などは Wooldridge（2001）に詳しい。

19) 加重 MLE の結果は，$\mathrm{h}(y_i, \mathbf{x}_i, \boldsymbol{\theta})$ を $\partial \ln f(y_i \mid \mathbf{x}_i, \boldsymbol{\theta})/\partial \boldsymbol{\theta}$ で置き換えたときの応用例である。

130 第Ⅱ部 公的統計の2次利用と社会研究

これに対して本来の回帰モデルは，処理と反応との連関の歪みを除去する方法として他の変数をコントロールして交絡因子などの調整を行うので，原則，モデルベースの回帰分析では抽出ウェイトは不要である。あるいは，ウェイトを無視することで，関係する変数の一部の分布が実際の母集団とは異なる母集団にも回帰モデルがフィットする。モデルベースの回帰は，さまざまな母集団で全体として安定的にふるまう連関を見つけ出すために使われるわけであるから，抽出ウェイトを使わなくともこれらの連関を推定できるはずである[20]。ウェイトを使わなくてよければ，どのソフトウェアでも対応できる。ウェイトがあってもなくても妥当であるとすると，加重推定値は精度を低下させるだけである。

このように一見すると，ユーザが通常用いる構造分析・因果把握のツールとしての回帰モデルは標本デザインから自由であるように思われがちであり，実際のミクロデータ分析でもウェイトを無視したモデル分析例が散見される。しかしその妥当性には留保条件が必要であるということが本研究の結論である。1つは，モデルが正しいという前提であり，1つは外生的と内生的層化標本の区別である。モデルが正しく，層化変数がモデルにとって外生的であればウェイトの導入は不要である。このとき $E[y|\mathbf{x}]$ により $\mathbf{x}$ の変化が引き起こす因果的効果（モデルパラメータ）を解析できる。それに対して，モデルが誤っている場合には予測量として $\mathbf{x}$ の変化に対応する y の変化を記述・測定する（センサス・パラメータ）機能を維持するために，あるいはモデルが正しくとも層化変数が内生的である場合には一致性を維持するために，最小2乗法であれ，尤度ベースであれ，ウェイトを用いた推定は避けて通れない。

モデルビルディングの主体である分析者の立ち位置を考えれば，モデルが誤っているケースを想定した対応は考えにくいであろう。しかし，実際のデータ解析の場におけるモデルの正しさはデータと理論との相対関係の表現といえ

---

20) 以上の考察において，層化標本において独立抽出の仮定は維持されている。クラスター抽出ではこの条件が成立しないが，それはまた別の課題である。

第6章　パラメータ推定と抽出ウェイトの利用　131

表 6-2　層化標本と加重推定量

	外生的標本	内生的標本
モデルが正しいとき		
OLS，MLE	有効推定（線形モデル）	一致推定ではない
WLS, WMLE	一致推定（有効ではない）	一致推定
	＝母集団的法則の発見，構造的解釈	
モデルが誤っているとき		
OLS，MLE	解釈困難	解釈困難
WLS, WMLE	最良線形予測（規則性）	予測的連関把握
	＝センサスパラメータ的解釈	

（出所）筆者作成。

る。本書の主たる対象とする公的統計の調査票情報，とくに統計法上の基幹統
計に位置づけられるような調査個票データ――統計目的に調査収集された標本
統計やミクロセンサスなどの個票データや匿名化ミクロデータ――に限れば，
それは本来記述的なセンサスパラメータの獲得のために標本抽出デザインが定
められ，社会的重要関心事項に照らして調査項目や調査変数が定められてい
る。換言すれば，因果律把握のためのモデル分析を想定した実験的な調査設計
とはなっていない。その限りで，説明変数の利用可能性を含めて，公的統計が
構造的モデル分析に耐え得るデータセットを提供できるか否かはむしろ偶然的
個別的事柄である。そのため公的統計が与えてくれる個票情報セットに対し
て，程度の差はあれ，想定した回帰モデルが相対的に誤っているリスクを考慮
すべきである。そしてそのとき一致推定量でもなく，構造的意味が曖昧だとし
ても，パラメータ推定値は想定したモデルの下で少なくとも母集団の対応する
変数間の予測的な対応や連関を維持することが望ましい。そこから，構造的な
推論を可能とする経験的な手掛かりが得られるはずだからである。そのために
は，公的統計の調査票情報の2次利用に関して，抽出ウェイトによる加重推定
は研究戦略の必須項目の1つにリストアップしておくべきではないであろう
か。

参 考 文 献

Cameron, A. C. and P. K. Trivedi（2005）, *Microeconometrics : Methods and Applications*, Cambridge University Press.

Chambers, R. L. and Skinner, C. J.（eds.）（2003）, *Analysis of Survey Data*. New York: Wiley.

Chambers, R. L., Steel, D. G., Wang, S. and Welsh, A. H.（2012）, *Maximum Likelihood Estimation for Sample Surveys*. Taylor and Francis CRC.

Cochran, W. G.（1977）, *Sampling Techniques*, Third edition, New York: Wiley.

Cosslett, S. R.（1981）, "Maximum Likelihood Estimator for Choice-Based Samples," Econometrica, 49, pp. 1289-1316.

DuMouchel, William H. and Duncan, Greg J.（1983）, "Using sample survey weights in multiple regression analyses of stratified samples", Journal of the American Statistical Association, 78（383）pp. 535-543.

Fisher, R. A.（1922）, "On the Mathematical Foundations of Theoretical Statistics," Philosophical Transactions of the Royal Society of London A, 222, pp. 309-368.

Hausman, J. A.（1978）, "Specification Tests in Econometrics," Econometrica, 46, pp. 1251-1271.

Hausman, J. A. and D. A. Wise（1979）, "Attrition Bias in Experimental and Panel Data: The Gary Income Maintenance Experiment," Econometrica, 47, pp. 455-474.

Imbens, G. W.（1992）, "An Efficient Method of Moments Estimator for Discrete Choice Models with Choice-Based Sampling," Econometrica, 60, pp. 1187-1214.

Imbens, G. W. and T. Lancaster（1996）, "Efficient Estimation and Stratified Sampling," Journal of Econometrics, 74, pp. 289-318.

Klein, L. R. and Morgan, James N.（1951）, "Results of Alternative Statistical Treatments of Sample Survey Data", Journal of American Statistical Association, 46, pp. 442-460.

Manski, C. F. and S. R. Lerman（1977）, "The Estimation of Choice Probabilities from Choice-Based Samples," Econometrica, 45, 1977-1988.

Skinner, C. J., Holt, D. and Smith, T. M. F.（1989）, Analysis of Complex Survey, Wiley.

StataCorp（2003）, Stata Survey Data Reference Manual: Release8, Stata Press.

Wooldridge, J. M.（2001）, "Asymptotic Properties of Weighted M-Estimators for Standard Stratified Samples," Econometric Theory, 17, pp. 451-470.

Wooldridge, J. M.（2002）, Econometric Analysis of Cross Section and Panel Data, Cambridge, MA, MIT Press.

岩崎俊夫（2018）『社会統計学の伝統と継承：論点と関連論文（1955-90)』お茶の水書房。

大屋祐雪（1964）「標本調査の論理」（『統計学』第 12 号）15-26 ページ。

木村和範（1976）「推計学批判」（『統計学』第 30 号）101-120 ページ。

栗原由紀子・坂田幸繁（2014）「ミクロデータ分析における調査ウェイトの補正効果―社会生活基本調査・匿名データの利用に向けて―」（『弘前大学人文学部人文社会論叢（社会科学編）』（弘前大学人文学部）第 31 号）93-113 ページ。

坂田幸繁（2006）「個票データと統計利用」（『統計学』第 90 号）31-42 ページ。

坂元慶行（1976）「標本調査」（『統計学』第 30 号）84-93 ページ。
高井啓二・星野崇宏・野間久史（2016）『欠測データの統計科学—医学と社会科学への応用』岩波書店。
土屋隆裕（2009）『概説標本調査法』朝倉書店。

第 7 章

Web 調査による公的統計の拡張可能性
——生活時間調査を素材に——

栗 原　由 紀 子

1.　は じ め に

　ワーク・ライフ・バランスの状況を捕捉可能とする代表的な基幹統計に社会生活基本調査がある。それは国際的にも他に類をみない約 20 万人を調査対象とする大規模標本調査であり，5 年周期で実施されている。しかしながら，特定の時空間を想定するとき，生活スタイルや生活時間は季節変化と地理的要素，あるいはそれらの相互作用に大きく影響を受けるはずであるにもかかわらず，社会生活基本調査は 10 月を唯一の調査時期としているため[1]，生活スタイルの季節的・地理的異質性，または各地域における季節変化にともなう生活時間のダイナミズムを捉えるには限界がある。さらに，生活スタイルは消費行動とも相互に影響を及ぼし合うにもかかわらず，社会生活基本調査には消費支出に関する調査項目が設定されていないため，生活時間と相互に密接に作用する消費行動にかかわる変数を分析モデルに導入することができない。

　本研究では，社会生活基本調査の実施時期に合わせて併行的に Web 調査を

---

1)　EU の統合型生活時間調査ガイドラインである Eurostat（2009），p. 5 では，1 月から 12 月までのすべての季節を捉える調査方式が推奨されている。

136 第Ⅱ部 公的統計の2次利用と社会研究

実施することにより、生活時間の季節性・地域性を捉え、同時に生活時間と消費行動との関係を効率よく捉えるための方法的可能性を検討している。とくにWeb調査は、比較的安価かつ迅速な調査が可能である反面、Web調査特有のサンプルセレクションバイアスの問題がつきまとう[2]。しかしながら、調査方式がWeb調査であるということ以外の方法的要素をできるだけ社会生活基本調査に合わせ、理論的には同一の推定対象母集団に対してほぼ同時期に同様の調査票を適用するよう設計することで、社会生活基本調査・調査票情報（あるいはその匿名化ミクロデータ）とWeb調査データの融合利用によるサンプルセレクションバイアスの補正が可能になると考えられる。

このような問題意識から、本章では、実際に平成28年社会生活基本調査と同時期にWeb調査を実施し、回収したWeb調査データについて社会生活基本調査の調査票情報を用いて補正した分析事例を通して、このようなアプローチの有用性や意義、ならびに問題点を検討している。そして、Web調査との融合利用による公的統計の拡張可能性の具体例として、ここでは、生活時間配分の基本的枠組みを規定する希望就業時間に関する分析に焦点を当てている[3]。

以下、2節では公的統計を活用したWeb調査の概要や、Web調査データの分析方法などを整理する。3節において、Web調査データの分析事例として、希望就業時間を目標変数とした順序ロジスティック回帰分析などの結果を示す。4節では、これらの結果を踏まえて、Web調査による公的統計調査の情報拡張の可能性について考察を述べる。

---

2) その他にも、登録ユーザやモニターによる回答内容の信頼性（真実性）なども Web調査の問題の1つに挙げられる。調査母体である NTT コムリサーチは、回収データの信頼性を高めるために各種取組みを行っており、詳細は章末の資料1を参照のこと。

3) 本研究では、公的統計の情報拡張に関する方法や問題点の整理に留めている。家事時間などの生活時間の地域差や季節性に関する分析結果は別稿に示している。

2. 分析の枠組み

2-1 Web 調査の概要

本研究では，NTT コムリサーチを通して Web 調査を実施した。NTT コムリサーチの登録モニター数は調査実施時点で全国計約 6.8 万人であったが，地域によってはモニターが不足する可能性があったため，提携している GMO リサーチ（一般社団法人日本マーケティングリサーチ協会）会員の約 14.2 万人も調査対象としている[4]。

また，登録母体から，事前登録属性が 25〜49 歳のモニターを抽出して調査を依頼し，まずはスクリーニング調査により [性別，地域，就業属性，既婚者，子ども有りの世帯] について必要な割当てグループの標本サイズが確保できるよう調整し，本調査を実施した。回答者が不足する場合は，未回答者へ再配信メールを送付するか，提携の GMO リサーチモニターの動員を行った。

さらに，調査実施期間と調査人数は下記の通りである。平成 28 年社会生活基本調査が 2016 年 10 月に実施されていることから，1 回目調査を 2016 年 11 月に実施することで，調査時期に大幅なズレがでないようにした。併せて，冬季と夏季の季節的な生活時間特性を調べるために，2017 年 1 月および 7 月にも同様の調査を実施した。

【基準】平成 28 年社会生活基本調査　2016 年 10 月
　　　　15 日（土）〜23 日（日）
　　　　全国の 10 歳以上の世帯員約 20 万人（連続する 2 日間に回答）
・第 1 回 11 月 Web 調査（パイロット調査）2016 年 11 月
　　　　14 日（月），16 日（水），18 日（金）
　　　　東北，東京，九州在住の 810 人（270 人/日×3 日）
・第 2 回 1 月 Web 調査（本調査 1 回目）2017 年 1 月

---

4)　詳細は章末の資料 1 を参照。

138　第Ⅱ部　公的統計の2次利用と社会研究

　　16日（月），18日（水），20日（金），23日（月）

　　東北，東京，九州在住の1,080人（270人/日×4日）

・第3回7月Web調査（本調査2回目）2017年7月

　　24日（月），26日（水），28日（金），31日（月）

　　東北，東京，九州在住の1,080人（270人/日×4日）

　既に述べたように理論的には社会生活基本調査と同一調査票が望ましいが，Web調査の調査環境や回収率などを考慮して，以下のように調査項目を設定した。まず生活時間に関する調査項目は，前日の生活行動を回答するよう設計しており，日曜日，火曜日，木曜日の行動の捕捉を目標とした。調査項目は，可能な限り社会生活基本調査と同じ項目やカテゴリー区分を使用しているが，回答負担を考慮して時間帯区分を30分間隔とし，また，家計消費に関する調査項目（食費や教育費）を新たに追加している（調査票については章末の資料3を参照）。なお，東北地域は雪の多い地域として，北海道，青森，秋田の3地域を対象とし，また九州地域は，沖縄を除く九州7県を対象としている。

　11月，1月，7月の各調査月内で重複モニターはいないが，異なる調査月で重複して調査対象となっているモニターは含まれている。表7-1には，割当てグループ別の度数と重複回答比率を示している。いずれの割当てグループについても，11月調査で重複回答比率が高く，とくに有業男性の比率が高い。これは1回目の調査に回答したモニターが，2回目または3回目の調査に回答していることを意味している。

　Web調査におけるデータの質を確認するために，表7-2には割当てグループ別の回答時間の基本統計量を示している。第Ⅰ四分位数で5分から6分程度，中央値では男性で6分程度，女性で7分程度の回答時間であり，また，男女ともに東北地域の回答時間のばらつきが大きい傾向がみられる。最小値が2分前後のモニターがおり分析対象とすべきか判断が難しいケースがあるが，本研究では特別な処理をせずに分析対象に含めている。

第 7 章　Web 調査による公的統計の拡張可能性　139

表 7-1　割当てグループ別，度数分布と重複回答比率

	第 1 回 11 月調査	第 2 回 1 月調査	第 3 回 7 月調査
【無業女性】			
東北	49　(38.8)	70　(35.7)	65　(33.8)
東京	45　(37.8)	68　(26.5)	60　(23.3)
九州	51　(66.7)	69　(50.7)	65　(30.8)
【有業女性】			
東北	152　(55.9)	213　(41.8)	217　(23.5)
東京	150　(46.0)	221　(30.3)	211　(28.9)
九州	150　(41.3)	216　(31.9)	207　(18.4)
【有業男性】			
東北	78　(67.9)	113　(45.1)	111　(33.3)
東京	78　(55.1)	111　(43.2)	106　(41.5)
九州	79　(46.8)	116　(34.5)	106　(39.6)

（注）カッコ内は，他の調査月で重複して回答しているサンプルの比率（％）を示す。

表 7-2　割当てグループ別，回答時間（分），全調査回

	最小値	第 I 四分位	中央値	第 III 四分位	最大値	四分位範囲	サイズ
【無業女性】							
東北	3.42	5.51	7.69	10.75	103.30	5.24	184
東京	2.55	4.85	6.58	9.02	77.03	4.17	173
九州	2.75	5.68	7.47	9.62	320.83	3.93	185
【有業女性】							
東北	1.92	6.05	7.88	11.04	114.50	4.99	582
東京	2.63	5.14	6.60	9.38	295.17	4.24	582
九州	2.47	6.00	7.78	10.45	126.28	4.45	573
【有業男性】							
東北	2.12	4.68	6.07	7.98	687.00	3.30	302
東京	2.55	4.35	5.43	6.93	114.15	2.58	295
九州	2.50	4.92	6.40	8.08	202.68	3.17	301

2-2　Web 調査データによる分析内容

　分析対象は，0〜7 歳までの子どもまたは就学中の子どものいる 25〜49 歳の既婚男女に限定し，無業女性（配偶者は有業），有業女性（配偶者は有業），有業男性の 3 区分で分析を行う。分析に使用したすべての変数において不明やミッシングを含むケース，子ども全員が別居しているケース，および無業女性で希望就業時間が 49 時間以上のケースは若干名のため分析対象から除外している。

　このような分析対象に対して，以下では希望就業時間を目標変数として，いくつかの分析手法を適用することで，Web 調査データの補正方法や，補正の

140　第Ⅱ部　公的統計の2次利用と社会研究

有無による結果の相違などについて検討を加えていく。

　まず，基本統計量に関して，社会生活基本調査と，社会生活基本調査の調査票情報により補正したWeb調査の基本統計量とを比較し，Web調査結果の特徴を確認する。次に，希望就業時間に関して地域性との関連を捕捉するためのRao-Scottの二次修正によるクロス集計表の検定や，希望就業時間の規定要因を特定するための順序ロジスティック回帰分析を行い（説明変数は下記を参照），社会生活基本調査の調査票情報を補正に用いた場合の結果について検討を行う[5]。

■回帰モデルの変数
【無業女性】
　目的変数：希望就業時間（1：無業，2：34時間以下，3：35〜48時間）
　説明変数：季節，地域，世帯年収，末子の年齢，世帯員数，配偶者の就業時
　　　　　　　間，食費比率，教育費比率，家事関連時間，家事育児のサポート
【有業女性・有業男性】
　目的変数：希望就業時間（1：減少希望，2：不変希望，3：増加希望）
　説明変数：季節，地域，世帯年収，末子の年齢，世帯員数，配偶者の就業時
　　　　　　　間，食費比率，教育費比率，家事関連時間，家事育児のサポート

　なお，希望就業時間は，無業女性に関しては希望する就業時間として「無業（0時間）」，「34時間以下」，「35-48時間」の3区分とした。また，有業女性および有業男性に関しては1週間の就業時間と希望する就業時間とをクロスし，1週間の就業時間に対して希望就業時間が長い場合には「増加希望」，短い場合には「減少希望」，変わりない場合には「不変希望」として符号化している。説明変数に含まれる家事関連時間とは，家事時間，育児時間，買い物時間を合計した値である。食費比率と教育費比率は，階級別に調査を行った消費支出，

---

5)　調査票と使用した変数の詳細は章末の資料3を参照のこと。

第7章 Web調査による公的統計の拡張可能性　141

食費，教育費に関して，各階級の級中値（階級値）を使用金額として数値化し，消費支出に占める食費（エンゲル係数の類似指数），および消費支出に占める教育費を算出している[6]。

2-3　Web調査データの処理方法

社会生活基本調査では連続2日間にわたり15分ずつ行動種類を回答する形式となっているが，Web調査では調査回答者の負担を勘案して，朝5時から深夜24時までの19時間について30分間隔の各時間帯における行動種類を最大3項目まで選択可能としている。表7-3から時間帯別行動種類の選択項目数の分布を確認すると，女性では8割以上が，また男性では9割以上が1項のみを選択している。本研究では，時間帯によって複数回答があった場合，各時間帯に各行動種類がほぼ同時に生起していたものと想定して，行動種類別の時間数を算出している。

また，Web調査で多く議論されるサンプルセレクションバイアスの補正のために，社会生活基本調査の調査票情報を用いてキャリブレーション推定を行う。キャリブレーションウェイトの作成の際に必要となる共変量の選定には，条件付き独立性 CIA（Conditional Independence Assamption）の成立の可否を判断するための CID（Conditional Independence and Dependence Index）を用いた（栗原 2015）。CID の推定には，割当て変数を d（Web調査のとき $d=1$，社会生活基本調査のとき $d=0$），目標変数を Y，共変量の組合せを X とするとき（Y と X はそれぞれ Web 調査と社会生活基本調査のデータを合わせたもの），Y の共変量 X への回帰（線形回帰モデル），および d の共変量 X への回帰（ロジスティックモデル）を行い，それらの残差である ε_Y と ε_d の相関係数 $Cor\,(\varepsilon_Y,\ \varepsilon_d)$ を計測した。

本研究では，目標変数を希望就業時間としていることから，希望就業時間に対して CID を計測し，ゼロに近い数値を示した共変量の組合せとして，第1候補の組合せから第3候補の組合せまでの3セットを用意した。3セットの共

---

6)　詳細は資料3を参照。

142　第Ⅱ部　公的統計の2次利用と社会研究

表7-3　時間帯別行動種類の各選択項目数の比率（%）

	1項選択	2項選択	3項選択
【無業女性】			
東北	84.4	13.2	2.4
東京	81.2	16.1	2.6
九州	83.1	13.5	3.4
【有業女性】			
東北	87.2	10.5	2.4
東京	85.7	11.7	2.5
九州	84.2	12.1	3.6
【有業男性】			
東北	93.5	5.6	1.0
東京	93.8	5.5	0.8
九州	92.4	6.4	1.2

表7-4　共変量の基本統計量

		【無業女性】		【有業女性】		【有業男性】	
		JTUS + w	Web	JTUS + w	Web	JTUS + w	Web
地域	東北	0.341	0.340	0.292	0.324	0.323	0.333
	東京	0.099	0.323	0.139	0.343	0.134	0.323
	九州	0.560	0.338	0.568	0.332	0.543	0.344
世帯員数	3人以下	0.320	0.416	0.287	0.388	0.292	0.317
	4人	0.414	0.398	0.388	0.411	0.419	0.463
	5人以上	0.267	0.186	0.325	0.201	0.288	0.220
末子の年齢	0-3歳	0.513	0.398	0.309	0.327	0.412	0.231
	4-6歳	0.168	0.140	0.201	0.184	0.195	0.199
	7-12歳	0.203	0.266	0.269	0.270	0.236	0.310
	13歳以上	0.116	0.195	0.221	0.218	0.157	0.260
世帯年収	-399万円	0.249	0.224	0.145	0.167	0.167	0.115
	400-599万円	0.332	0.368	0.363	0.263	0.372	0.310
	600-799万円	0.263	0.235	0.256	0.272	0.250	0.269
	800万円-	0.156	0.173	0.236	0.297	0.211	0.306
学歴	高卒まで	0.391	0.287	0.425	0.300	0.468	0.224
	大学・大学院卒	0.208	0.323	0.154	0.341	0.336	0.614
	その他	0.401	0.391	0.421	0.359	0.196	0.163
就業時間	-34時間(その他)			0.536	0.556	0.053	0.071
	35-48時間			0.388	0.396	0.404	0.556
	49時間-			0.077	0.049	0.543	0.372
	標本サイズ	1,418	527	4,101	1,625	4,679	841
	母集団サイズ	3,434,827		7,808,918		10,303,028	

（注）「JTUS + w」は集計用乗率を用いた平成28年社会生活基本調査の結果，また，「Web」は
　　　Webによる生活時間調査の結果を示している。

変量の組合せから，それぞれキャリブレーションウェイトを3種類作成するこ
とができるため，第1候補の共変量組合せに基づくキャリブレーションウェイ
トによる分析結果を「R1」と標記し，同様に第2候補と第3候補の共変量の
組合せに基づく結果をそれぞれ「R2」，「R3」と示すことにする[7]。表7-4に

表 7-5　CID により選択された共変量の組合せ（第 1 候補から第 3 候補）

	第 1 候補（R1）	第 2 候補（R2）	第 3 候補（R3）
無業女性	世帯員数, 末子の年齢, 世帯年収 （0.0033）	学歴, 世帯員数 （-0.0063）	世帯員数, 末子の年齢 （-0.0065）
有業女性	地域, 世帯年収 （-0.0049）	地域, 学歴, 世帯年収 （-0.0082）	末子の年齢 （-0.0093）
有業男性	末子の年齢, 世帯年収 （-0.0016）	世帯員数, 末子の年齢 （-0.0020）	学歴, 末子の年齢, 世帯年収 （-0.0022）

(注)　カッコ内は CID の推定値を示す。また, 無業女性の第 2 候補は「学歴, 世帯員数, 末子の年齢」であり, 有業女性の第 3 候補は「地域, 末子の年齢, 世帯年収」であったが社会生活基本調査のクロス度数でゼロとなるセルがあったため, それぞれ順位を繰り上げている。なお, 補正に用いた第 1 候補の母集団総計の推定値は章末資料 2 に掲載している。

は本分析で用いた共変量の変数の基本統計量として, 平成 28 年社会生活基本調査の乗率付き結果を「JTUS ＋ w」（JTUS：Japanese Time Use Survey）, 補正なしの Web 調査結果を「Web」として示している。また, 表 7-5 には CID に基づいて選択された第 3 候補までの共変量の組合せが整理されている。

3. 分 析 結 果

3-1　基本統計量

表 7-6 には基本統計量に関して, CID の推定値の絶対値が最小となる共変量組合せを用いて補正した Web 調査結果（R1）と, 社会生活基本調査の乗率付き結果（JTUS ＋ w）に対する R1 結果の増減率（R1 増減率と呼称）, および「JTUS ＋ w」結果に対する補正なし Web 調査結果の増減率（Web 増減率と呼称）をそれぞれ示している。なお, 補正に使用した共変量に関しては, 当然のことながら R1 増減率はゼロである。

---

7)　キャリブレーションウェイトの作成には, 統計ソフト R の survey packages の関数 calibrate（calfun には linear を指定）を利用している。キャリブレーションウェイト計算時にはウェイトの値の範囲（R コマンド上の bounds）を設けていないが, 実際の計算結果としてマイナスの値になったり, 極端に大きな値や小さな値になる事例がないことは確認済みである。

144　第Ⅱ部　公的統計の２次利用と社会研究

表 7-6　基本統計量

		【無業女性】			【有業女性】			【有業男性】		
		R1	R1 増減率	web 増減率	R1	R1 増減率	web 増減率	R1	R1 増減率	web 増減率
季節	秋	0.237			0.250			0.248		
	冬	0.406			0.380			0.393		
	夏	0.357			0.370			0.358		
地域	東北	0.346	1.68	-0.28	0.292	0.00	10.94	0.338	4.49	3.02
	東京	0.309	211.97	225.89	0.139	0.00	146.69	0.296	121.38	141.52
	九州	0.345	-38.46	-39.73	0.568	0.00	-41.54	0.366	-32.62	-36.70
世帯年収	-399 万円	0.249	0.00	-9.90	0.145	0.00	15.06	0.167	0.00	-30.89
	400-599 万円	0.332	0.00	10.81	0.363	0.00	-27.42	0.372	0.00	-16.55
	600-799 万円	0.263	0.00	-10.59	0.256	0.00	6.40	0.250	0.00	7.51
	800 万円-	0.156	0.00	10.61	0.236	0.00	25.94	0.211	0.00	44.65
末子の年齢	0-3 歳	0.513	0.00	-22.29	0.337	9.05	6.03	0.412	0.00	-44.00
	4-6 歳	0.168	0.00	-16.26	0.191	-5.24	-8.59	0.195	0.00	1.75
	7-12 歳	0.203	0.00	30.78	0.259	-3.78	0.42	0.236	0.00	31.78
	13 歳以上	0.116	0.00	67.86	0.214	-3.27	-1.12	0.157	0.00	65.44
配偶者の	無業	-			-			0.416		
就業時間	-34 時間(その他)	0.106			0.108			0.318		
	35-48 時間	0.341			0.419			0.220		
	49 時間-	0.553			0.474			0.046		
家事育児の	サポートなし	0.499	-37.73	-31.61	0.385	-46.58	-41.41	0.457	-36.50	-30.37
サポート*	無償サポートあり	0.501	152.65	127.89	0.582	109.78	95.84	0.520	87.02	71.57
	有償サポートあり				0.033	1562.27	1635.89	0.024	652.05	616.56
世帯員数	数量	4.039	-1.00	-6.24	3.958	-6.30	-7.43	3.972	-4.73	-3.99
家事関連時間	数量	621.935	23.38	16.48	408.784	41.18	39.16	118.006	149.27	102.69
食費比率	数量	0.314			0.312			0.323		
教育費比率	数量	0.151			0.176			0.147		
希望就業時間**	減少希望	0.253	-48.06	-48.15	0.369	27.61	24.37	0.516	-9.08	-7.04
	不変希望	0.698	55.25	56.17	0.412	-30.16	-29.09	0.389	-0.11	-0.27
	増加希望	0.049	-22.67	-28.56	0.219	81.23	83.78	0.094	123.30	97.36
標本サイズ		527			1625			841		
母集団サイズ		3,434,827	(1418)		7,808,918	(4101)		10,303,028	(4679)	

（注）　数量変数の結果は平均値，それ以外は構成比（％）を示す。また，「-」は分析対象から除外
したカテゴリーであり，数値に下線があるカテゴリーは，補正の共変量として利用しているこ
とを意味する。さらに，無業女性に関しては，家事育児のサポートを２区分の「サポートな
し」と「サポートあり」とし（* の表記），また，希望就業時間の区分は「無業」「34 時間以
下」「35-48 時間」としている（** の表記）。なお，母集団サイズのカッコ内の数値は，社会生
活基本調査のサンプルサイズを示している。配偶者の就業時間は，社会生活基本調査の調査票
項目に含まれていないことから算出していない。

　まず，無業女性，有業女性，有業男性のいずれについても，共変量で補正し
ていない変数に関しては，「JTUS ＋ w」結果と R1 結果との間に差がみられ，
地域や家事育児のサポートに関しては 100％ポイント以上の差が出ている。補
正を行ったとしても，補正に用いた共変量以外の変数については，やはり社会
生活基本調査の基本属性に関する構成比（または平均値）と Web 調査結果の構

第7章　Web調査による公的統計の拡張可能性　145

成比とで大なり小なり相違があることには注意が必要である。

3-2　クロス表分析

表 7-7 には，希望就業時間と地域の Rao-Scott の二次修正による独立性の検定結果，およびそれら 2 変数のクロス集計結果（列％表示）を示している。まず，無業女性については，希望就業時間と地域の独立性の検定は有意ではない。次に，有業女性に関する独立性の検定は有意であり，また，列％集計結果では東北の女性は就業時間の増加を希望しており，九州の女性は減少を希望している。有業男性に関する独立性の検定も有意であり，東京の男性は減少希望，九州の男性は増加希望がやや多い[8]。

なお，参考数値として共変量による補正を行わない結果（Web）も示してお

表 7-7　希望就業時間と地域とのクロス分析結果

	Rao-Scott のクロス検定				クロス集計 (R1)				クロス集計 (Web)		
	R1	R2	R3	Web	希望就業	東北	東京	九州	東北	東京	九州
【無業女性】											
F	0.927	1.669	1.178	1.255	無業	28.7	26.6	20.7	30.2	23.5	21.9
ndf	4.0	4.0	4.0	4.0	34 時間以下	66.3	67.6	75.3	65.4	70.6	74.7
ddf	2091.4	2087.1	2093.8	2104.0	35-48 時間	5.0	5.9	4.1	4.5	5.9	3.4
p-value	0.447	0.155	0.318	0.286	N	1,189,570	1,060,691	1,184,566	179	170	178
【有業女性】											
F	3.521	4.182	3.182	3.293	減少希望	32.1	34.5	39.9	31.1	37.1	39.4
ndf	3.5	3.8	4.0	4.0	不変希望	41.4	44.7	40.3	42.1	43.0	40.4
ddf	5763.7	6149.0	6495.9	6496.0	増加希望	26.5	20.8	19.8	26.8	19.9	20.2
p-value	0.010	0.003	0.013	0.011	N	2,282,705	1,086,998	4,439,215	527	558	540
【有業男性】											
F	4.431	3.554	4.998	2.987	減少希望	50.8	54.3	50.2	51.8	53.7	52.9
ndf	3.9	3.9	3.5	4.0	不変希望	40.2	42.3	35.1	40.0	41.9	34.9
ddf	3242.0	3288.2	2914.3	3360.0	増加希望	9.0	3.3	14.7	8.2	4.4	12.1
p-value	0.002	0.007	0.001	0.018	N	3,479,516	3,054,371	3,769,142	280	272	289

（注）クロス集計は列（％）表示である。

8）表 7-7 において有業女性の九州地域の母集団サイズが，有業男性よりも大きく算出されているが，これは有業女性のみ R1 の補正用共変量として地域が選択されていることが原因である。本分析では，割当てグループ別に分析を行っており，有業女性に限定した場合の地域別構成比は母集団総計の推定値と一致していることから，割当てグループの合計に関する母集団総計の調整は行っていない。

146 第Ⅱ部 公的統計の2次利用と社会研究

り，2変数のクロス表の分布としては共変量調整した結果と比較して大きな差はみられないが，集計対象などによっては補正の有無により結果に相違がみられる可能性があり，補正結果の提示は不可欠と考えられる。

3-3 モデル分析

表7-8から表7-10には，希望就業時間に関する順序ロジスティック回帰結果を示している。無業女性の希望就業時間（表7-8）についてみると，R1からR3までのすべてのp値に基づいて，世帯年収と配偶者の就業時間が5％水準で有意と判断できる。世帯年収800万円以上の無業女性の希望就業時間は短

表7-8 希望就業時間に関する順序ロジスティック回帰結果（無業女性）

説明変数		R1_coef	R1_se	R1_p	R2_p	R3_p	Web_p
季節	秋	-					
	冬	-0.417	0.325	0.100	0.218	0.127	0.081
	夏	-0.131	0.355	0.356	0.390	0.346	0.230
地域	東北	-					
	東京	0.442	0.388	0.127	0.081	0.093	0.034
	九州	0.320	0.316	0.156	0.082	0.092	0.077
世帯年収	-399万円	-					
	400-599万円	-0.423	0.332	0.101	0.130	0.096	0.092
	600-799万円	-0.351	0.369	0.171	0.259	0.255	0.168
	800万円-	-1.194	0.448	0.004	0.015	0.007	0.014
末子の年齢	0-3歳	-					
	4-6歳	-0.754	0.442	0.044	0.201	0.167	0.259
	7-12歳	-0.095	0.322	0.384	0.394	0.416	0.489
	13歳以上	-0.400	0.442	0.182	0.091	0.043	0.139
配偶者の	-34時間(その他)	-					
就業時間	35-48時間	1.122	0.467	0.008	0.002	0.010	0.000
	49時間-	1.055	0.439	0.008	0.000	0.003	0.000
家事育児の	サポートなし	-					
サポート	サポートあり	0.100	0.269	0.355	0.283	0.408	0.277
世帯員数	数量	0.033	0.136	0.404	0.236	0.294	0.240
家事関連時間	数量	0.000	0.000	0.405	0.351	0.441	0.247
食費比率	数量	0.653	0.575	0.128	0.237	0.438	0.347
教育費比率	数量	-0.079	0.575	0.446	0.472	0.447	0.215
1 | 2		-0.350	0.752	0.321	0.160	0.069	0.197
2 | 3		3.951	0.918	0.000	0.000	0.000	0.000
AIC				521.4	512.1	523.3	777.7
N				3,434,827	3,434,827	3,434,827	527
CID					-0.0063	-0.0065	

(注) 希望就業時間の符号は「1：無業」，「2：35時間未満」，「3：35-48時間」としており，カテゴリカル変数の基準カテゴリーは「-」で示している。

第 7 章　Web 調査による公的統計の拡張可能性　147

表 7-9　希望就業時間に関する順序ロジスティック回帰結果（有業女性）

説明変数		R1_coef	R1_se	R1_p	R2_p	R3_p	Web_p
季節	秋	-					
	冬	-0.170	0.134	0.101	0.137	0.061	0.076
	夏	-0.256	0.136	0.029	0.098	0.012	0.009
地域	東北	-					
	東京	-0.001	0.124	0.498	0.029	0.469	0.466
	九州	-0.262	0.113	0.011	0.120	0.016	0.012
世帯年収	-399 万円	-					
	400-599 万円	-0.342	0.180	0.029	0.070	0.051	0.056
	600-799 万円	-0.622	0.176	0.000	0.000	0.000	0.000
	800 万円-	-1.016	0.190	0.000	0.000	0.000	0.000
末子の年齢	0-3 歳	-					
	4-6 歳	0.314	0.167	0.030	0.015	0.019	0.012
	7-12 歳	0.577	0.162	0.000	0.000	0.000	0.000
	13 歳以上	0.637	0.178	0.000	0.000	0.000	0.000
配偶者の	-34 時間(その他)	-					
就業時間	35-48 時間	0.037	0.189	0.422	0.425	0.187	0.197
	49 時間-	0.154	0.200	0.220	0.308	0.079	0.084
家事育児の	サポートなし	-					
サポート	無償サポートあり	-0.129	0.113	0.126	0.119	0.166	0.176
	有償サポートあり	-0.628	0.379	0.049	0.100	0.039	0.051
世帯員数	数量	0.050	0.060	0.200	0.140	0.160	0.145
家事関連時間	数量	0.000	0.000	0.239	0.336	0.103	0.116
食費比率	数量	0.296	0.222	0.091	0.332	0.139	0.133
教育費比率	数量	0.134	0.184	0.234	0.222	0.221	0.277
1 | 2		-0.674	0.375	0.036	0.088	0.037	0.043
2 | 3		1.226	0.381	0.001	0.001	0.001	0.001
AIC				1654.7	1653.9	1661.7	3413.6
N				7,808,918	7,808,918	7,808,918	1625
CID				-0.0049	-0.0082	-0.0093	

（注）　希望就業時間の符号は「1：減少希望」，「2：不変希望」，「3：増加希望」としており，カテ
ゴリカル変数の基準カテゴリーは「-」で示している。

く，また，配偶者の就業時間が 35 時間以上の無業女性の希望就業時間は長い
傾向にある。

　有業女性（表 7-9）については，5％水準では R1 から R3 までのすべての p
値に関して，世帯年収や末子の年齢で有意となっており，世帯年収が高いほど
就業時間の減少を，末子の年齢が高いほど就業時間の増加を希望する傾向がみ
られる。また，家事育児のサポートに関して 10％水準で有意となっており，
サポートを受けていない世帯に対して有償サポートを受けている場合に，就業
時間の減少を希望する傾向が表れている。季節要因についても 10％水準で有
意となっており，秋に比べて夏において有業女性は就業時間を減少させたいと

148　第Ⅱ部　公的統計の２次利用と社会研究

表 7-10　希望就業時間に関する順序ロジスティック回帰結果（有業男性）

説明変数		R1_coef	R1_se	R1_p	R2_p	R3_p	Web_p
季節	秋	-					
	冬	-0.092	0.219	0.338	0.214	0.136	0.147
	夏	-0.016	0.204	0.468	0.416	0.369	0.344
地域	東北	-					
	東京	-0.122	0.195	0.266	0.346	0.295	0.395
	九州	0.096	0.232	0.339	0.345	0.324	0.443
世帯年収	-399 万円	-					
	400-599 万円	-0.366	0.265	0.084	0.122	0.111	0.072
	600-799 万円	-0.632	0.289	0.014	0.038	0.074	0.003
	800 万円-	-0.664	0.269	0.007	0.014	0.023	0.001
末子の年齢	0-3 歳	-					
	4-6 歳	-0.086	0.237	0.359	0.496	0.326	0.364
	7-12 歳	-0.164	0.211	0.219	0.418	0.086	0.309
	13 歳以上	0.085	0.233	0.358	0.268	0.232	0.246
配偶者の	無業	-					
就業時間	-34時間(その他)	-0.197	0.217	0.182	0.211	0.367	0.217
	35-48 時間	-0.364	0.216	0.046	0.067	0.429	0.174
	49 時間-	0.357	0.417	0.196	0.067	0.080	0.174
家事育児の	サポートなし						
サポート	無償サポートあり	-0.013	0.173	0.469	0.385	0.129	0.196
	有償サポートあり	0.429	0.380	0.129	0.192	0.229	0.271
世帯員数	数量	0.093	0.092	0.155	0.081	0.066	0.026
家事関連時間	数量	0.001	0.001	0.176	0.018	0.047	0.043
食費比率	数量	0.550	0.383	0.075	0.044	0.074	0.208
教育費比率	数量	0.159	0.397	0.345	0.387	0.346	0.297
1 | 2		0.056	0.494	0.455	0.277	0.480	0.260
2 | 3		2.312	0.508	0.000	0.000	0.000	0.000
AIC				1922.3	1899.2	1939.3	1546.1
N				10,303,028	10,303,028	10,303,028	841
CID				-0.0016	-0.0020	-0.0022	

（注）　希望就業時間の符号は「1：減少希望」，「2：不変希望」，「3：増加希望」としており，カテ
ゴリカル変数の基準カテゴリーは「-」で示している。

希望する傾向にあることが読みとれる。子どもの夏休み時期の調査であるこ
と，また暑い時期の就労（生活）が厳しいと感じるケースがあることなどが，
このような結果が得られた理由と考えられる。

　さらに，有業男性（表 7-10）では，5％水準で世帯年収が，10％水準で食費
比率が有意となっている。食費比率（エンゲル係数の代替値）の係数はプラスで
あり，この比率が高いほど有業男性は就業時間の増加を希望する傾向にあると
考えられる。

　補正の有無により有意性の判断が逆になる結果について確認すると，例え

ば，無業女性の地域について，補正した場合は有意ではないが補正しない場合には有意と判断される。また，有業男性の食費比率では補正しない場合は有意ではなく，世帯員数や家事関連時間は補正しない場合に有意と判断される。これらは分析結果にともなう結論が補正の有無によって大きく左右される例であり，社会生活基本調査の調査票情報を用いた補正の重要性を示している。

4．おわりに

本研究は，社会生活基本調査と同時期にWeb調査を実施することで，社会生活基本調査と同種の調査項目に加えて新規の調査項目を追加・捕捉し，より詳細な生活時間分析を行うための方法を提示したものである。とくに，Web調査で起こり得るサンプルセレクションバイアスの補正には，社会生活基本調査とWeb調査データの融合利用が極めて有効となる。

分析結果としては，まず，社会生活基本調査では捕捉できなかった季節要因による希望就業時間の違い，ならびに食費比率の増加にともなう希望就業時間の増加などが明らかとなった。大規模標本調査では得られない追加的な変数項目については，大規模標本調査との融合利用を想定したWeb調査により新たなファインディングズが得られることが示された。また，順序ロジスティック回帰結果については，補正なしの結果と補正した結果のp値で異なる水準を示している場合があり，サンプルセレクションバイアスの補正は不可欠であることが示された。

ただし，補正に使用する共変量の組合せの選択には，各共変量の組合せにおける条件付き独立性（CIA）の成立を確認する必要がある。これは，公的統計の調査設計を踏まえたうえで，CIA成立の確認が可能となるように，Web調査の調査設計を適切に行うことで，ある程度，対処可能である。とくに近年，匿名化ミクロデータの利用が普及しており，Web調査データとの融合利用による分析のための予備的な検討が容易になりつつある。

このような公的統計を活用したWeb調査の問題点として，調査実施時期の相違が挙げられる。CIDによって適切な共変量の組合せを選択するには，基本

属性のみならず目標変数も公的統計を利用する必要がある。本研究では，調査実施時期が4半期単位で相違があったとしても，（母数としての）目標変数と共変量との関係は変化しないことを前提として CID を算出し，共変量の組合せを選択した。しかしながら，調査実施時期に数カ月単位でラグがある場合，目標変数と共変量との関係も変化している可能性があり，その場合には CID による共変量の選択が困難となる。加えて，条件付き独立性の成立を確認する指標として CID を用いる際，共変量の組合せに関する候補が複数あった場合の選択基準など，共変量選択に関する理論的・技術的検討は不可欠といえる。これらの論点は稿を改めて論じることにしたい。

　　謝辞　本研究は JSPS 科研費（課題番号 16K20894）の助成を受けたものです。また，本分析には，統計法第 33 条により提供を受けた平成 28 年社会生活基本調査の調査票情報を用いました。本分析結果は，総務省が公表する統計とは関係ありません。

参 考 文 献

Eurostat（2009），"Harmonized European time use surveys : 2008 guidelines, " *Eurostat methodologies and working papers*（参照日 2019 年 3 月 https://ec.europa.eu/eurostat/ramon/statmanuals/files/KS-RA-08-014-EN.pdf）．

栗原由紀子（2010）「社会生活基本調査ミクロデータにおける平日平均統計量と標本誤差の計測」（『統計学』（経済統計学会）第 99 号）20-35 ページ。

栗原由紀子（2015）「統計的マッチングにおける推定精度とキー変数選択の効果―法人企業統計調査ミクロデータを対象として―」（『統計学』（経済統計学会）第 108 号）1-15 ページ。

栗原由紀子・坂田幸繁（2014）「ミクロデータ分析における調査ウェイトの補正効果―社会生活基本調査・匿名データの利用に向けて―」（『弘前大学人文学部人文社会論叢（社会科学編）』（弘前大学人文学部）第 31 号）93-113 ページ。

土屋隆裕（2009）『概説　標本調査法』朝倉書店。

星野崇宏（2010）『調査観察データの統計科学』岩波書店。

【資料1】 Web調査の詳細

NTTコムリサーチでは，登録モニターに対して調査回答依頼を行い，モニター数が不足する場合には，提携母体としてGMOリサーチ（一般社団法人日本マーケティングリサーチ協会）のモニターを用いている（両母体に登録されている場合には，重複モニターを除外）。以下では，本調査で利用したこれら2種類のモニター母体について，整理しておく。

NTTコムリサーチでアンケートに参加するためには，以下の条件を満たしたうえで，モニター登録を行う必要がある（登録モニター数，約6.8万人）。

【NTTコムリサーチモニターの登録条件】

- ・13歳以上
- ・NTTコムリサーチへのモニター登録が未登録
- ・登録者専用のメールアドレスを持っている
- ・インターネット調査サービスを提供している企業，マスコミ，出版，広告代理店，コンサルティング会社に，本人または家族が勤めていない

上記登録条件は，調査の信頼性を高めるために設定されている。まず，本人属性の詐称や重複登録については，謝礼を郵送することで，メールアドレス，住所，氏名が実在しているものであることを確認できる仕組みにしている。次に，世帯複数登録者に対しては，1世帯で1人にしか同一のアンケートを依頼できない仕組みを導入している。また，不正回答に対するブラックリストの運用を徹底し，モニターの品質を担保している。

NTTコムリサーチモニターの属性情報は下記のとおりである。アンケート依頼のメール配信時には，回答前にモニター本人の登録属性の更新を促進するようにしている。

【NTTコムリサーチモニターの属性情報】

住所，年代，性別，婚姻，同居家族，世帯構成，住居形態，世帯年収，同居子ども人数，同居子ども学齢，職種，業種，従業員数，資本金，年間売上高，担当業務，自社内ITシステム導入権限，職位

GMOリサーチ登録モニター（約14.2万人）に関しては，NTTコムリサーチと同様に，メールアドレス，性別，登録住所，生年月日で成りすましを防止している。また，四半期に1度，品質検証調査（トラップ設問など）を実施し，モニター品質を担保している。さらに，毎年4月に，モニターへ登録属性の更新を促すことで，モニター情報の最新化を図っている。

【GMOリサーチモニターの属性情報】

性別，生年月日登録，都道府県

なお，NTTコムリサーチではWeb調査の信頼性を維持するために，多角的に対処している。まず，目標回収数の10%割り増しでアンケートを回収し，その回答データから，要望に応じて，回答所要時間の短い5%の回答を無効として削除して

152　第Ⅱ部　公的統計の2次利用と社会研究

いる。また，調査母体担当者の目視でのデータクリーニングにより，
「1.2.1.2.1.2...」といった規則的な不正回答や，自由記述の内容と選択肢項目の
内容の論理矛盾などをチェックしている。これらの，回答所要時間，回答内容のチェックを通して，不良会員はアンケートモニターから排除している。さらに，パソコンの不具合や文字化けデータなどの欠損データはシステムチェックを行っている。

【資料2】　第1候補の共変量の母集団総計推定値

(a) 無業女性（計 3,434,827）

末子の 年齢	世帯年収	世帯員数 3人以下	世帯員数 4人	世帯員数 5人以上
0-3 歳	-399 万円	241,087	215,928	101,570
0-3 歳	400-599 万円	183,872	294,254	172,400
0-3 歳	600-799 万円	123,834	171,716	80,401
0-3 歳	800 万円-	54,062	56,973	65,115
4-6 歳	-399 万円	31,396	21,796	42,182
4-6 歳	400-599 万円	28,579	91,187	17,050
4-6 歳	600-799 万円	93,590	78,611	74,455
4-6 歳	800 万円-	9,340	34,131	53,620
7-12 歳	-399 万円	38,391	35,285	33,452
7-12 歳	400-599 万円	110,171	112,816	42,473
7-12 歳	600-799 万円	83,377	61,893	61,893
7-12 歳	800 万円-	27,404	36,837	53,751
13 歳以上	-399 万円	22,594	5,618	64,276
13 歳以上	400-599 万円	11,969	71,311	5,007
13 歳以上	600-799 万円	30,237	29,017	14,909
13 歳以上	800 万円-	8,576	102,936	33,484

(b) 有業女性（計 7,808,918）

世帯年収	地域	度数
399 万円	東北	318,033
400-599 万円	東北	878,833
600-799 万円	東北	657,059
800 万円-	東北	428,781
399 万円	東京	55,194
400-599 万円	東京	305,222
600-799 万円	東京	342,047
800 万円-	東京	384,536
399 万円	九州	762,800
400-599 万円	九州	1,649,593
600-799 万円	九州	997,139
800 万円-	九州	1,029,683

(c) 有業男性（計 10,303,028）

末子の 年齢	世帯年収	度数
0-3 歳	-399 万円	907,770
0-3 歳	400-599 万円	1,679,539
0-3 歳	600-799 万円	969,135
0-3 歳	800 万円-	687,834
4-6 歳	-399 万円	332,006
4-6 歳	400-599 万円	705,937
4-6 歳	600-799 万円	537,121
4-6 歳	800 万円-	435,561
7-12 歳	-399 万円	286,786
7-12 歳	400-599 万円	922,037
7-12 歳	600-799 万円	609,588
7-12 歳	800 万円-	608,013
13 歳以上	-399 万円	192,932
13 歳以上	400-599 万円	524,149
13 歳以上	600-799 万円	459,450
13 歳以上	800 万円-	445,171

第 7 章　Web 調査による公的統計の拡張可能性　153

【資料 3】　Web 調査票

【スクリーニング調査】
　【アンケートについて】
　　本アンケートは，プレ調査・本調査が連結しております。
　　プレ調査の回答結果をもとに，対象となった方のみ，引き続き本調査にご回答いただきます。
　【参加条件について】
　　このアンケートは，事前登録属性において
　　　・25～49 歳
　　　・既婚者
　　　・お子様がいる
　　　・東京都／北海道・青森県・秋田県／九州全域（沖縄除く）に在住
　　と登録いただいている方を対象としております。
　　それ以外の方はご回答いただけません（ポイントも付与いたしません）ので予めご了承ください。
　【設問数について】
　　プレ調査　（最大）7 問
　　本調査　　（最大）24 問
　【ポイントについて】
　　プレ調査のみ回答頂いた方　　　3 ポイント
　　本調査まですべて回答頂いた方　33 ポイント

　【留意点】
　　・【参加条件】に合致しない方はポイントの付与はございませんのでご了承くださいますようお願いいたします。
　　・本調査の対象となるために，虚偽の回答をしたと判断された場合は，今後アンケートの依頼を中止させていただきますので，正確にご回答いただきますようお願いいたします。

設問番号	設問	選択肢番号	選択肢	JTUS 項目との対応	分析用区分
SQ1	あなたの性別を教えてください。	選択肢 1 選択肢 2	男性 女性	男性 女性	男性 女性
SQ2	あなたの年齢を教えてください。	選択肢 1～10	～19 歳，20-24 歳，…，55-59 歳，60 歳以上の全 10 項目	各歳	25～49 歳
SQ3	あなたのお住まいはどちらですか。		全 47 都道府県	全 47 都道府県	東京，北海道，青森，秋田，九州（沖縄除く）
SQ4	ご自身の婚姻状況について当てはまるものをお選びください。	選択肢 1 選択肢 2 選択肢 3	独身 既婚 離婚・死別	未婚 配偶者あり 死別・離別	非対象 対象 非対象
SQ5	あなたには，0 歳から 7 歳までのお子さま，または就学中（小学校～大学院）のお子さまはいらっしゃいますか。	選択肢 1 選択肢 2	いない いる	※「10 歳未満の子がいる世帯」または「10 歳以上の人がいる世帯かつ　その人が在学中　かつ　24 歳以下」から識別	非対象 対象
SQ6	現在，仕事をしていますか。※仕事とは，収入を伴う仕事のことをいい，自家営業の手伝いや内職・アルバイトも含めます。ただし，調査会社への回答は仕事には含みません。育児休業や介護休業などのため仕事を一時的に休業している場合は，休業前の状態を回答してください。	選択肢 1 選択肢 2 選択肢 3 選択肢 4 選択肢 5 選択肢 6	おもに仕事 家事などのかたわらに仕事 通学のかたわらに仕事 家事 通学 その他	おもに仕事 家事などのかたわらに仕事 通学のかたわらに仕事 家事 通学 その他	不使用

154　第Ⅱ部　公的統計の2次利用と社会研究

設問番号	設問	選択肢番号	選択肢	JTUS項目との対応	分析用区分
SQ7	就業形態について回答してください。※育児休業や介護休業などのため仕事を一時的に休業している場合は，休業前の状態を回答してください。	選択肢1	就業していない	対象外	不使用
		選択肢2	正規の職員・従業員	正規の職員・従業員	
		選択肢3	パート	パート	
		選択肢4	アルバイト	アルバイト	
		選択肢5	契約社員	契約社員	
		選択肢6	嘱託	嘱託	
		選択肢7	労働者派遣事業所の派遣社員	派遣	
		選択肢8	会社などの役員	会社などの役員	
		選択肢9	個人で事業を経営している（自由業，農業などを含む）	雇人のある業主・雇人のない業主	
		選択肢10	自家営業の手伝い	自家営業の手伝い（家族従業者）	
		選択肢11	家庭内の賃仕事（内職）	家庭内の賃仕事（内職）	
		選択肢12	その他	その他	
			NA	不詳	

【本調査】

　本調査は，科学研究費補助金（文部科学省）の交付を受けて実施する学術的な調査です。

　総務省統計局が実施している『社会生活基本調査』の調査票を参考にしていますが，総務省統計局の調査とは関係ありません。

　本アンケートでは機微（センシティブ）情報（例：最終学歴，世帯年収など）についてお伺いします。

　お答えいただいた情報は個人を特定しない形で統計的に処理します。また本アンケートの結果は集計分析以外の目的での利用は一切ありません。ご理解いただいた上でアンケートへのご協力をお願いいたします。

設問番号	設問	選択肢番号	選択肢	JTUS項目との対応	分析用区分
Q1	お住まいの郵便番号をご記入ください。※ハイフンを除いてご記入ください。例）123-9876 → 1239876		数値情報	NA	不使用
Q2	ご自分の最終卒業学校（中途退学をした人はその前の学校）について回答してください。※在学中の人は，在学している学校を回答してください。	選択肢1	小学・中学	小学, 中学	高卒まで
		選択肢2	高校・旧制中	高校・旧制中	高卒まで
		選択肢3	高専	短大・高専	その他
		選択肢4	各種専門学校	専門学校	その他
		選択肢5	短大	短大・高専	その他
		選択肢6	大学	大学	大学・大学院卒
		選択肢7	大学院	大学院	大学・大学院卒
		選択肢8	その他	対応なし「不詳」あり	その他
Q3	ご自分も含めて同居人数は何人ですか。※親族以外の人が同居している場合も含めてください。		数値情報	世帯員数の数値情報※別居者も含む	Q3とQ6の値を合計し，世帯員数の代替変数とする。※カテゴリカル変数としては，3人以下，4人，5人以上と区分。
Q4	同居中の子どもの人数は何人ですか。※同居しているお子さまがいない場合は0と記入してください。		数値情報	数値情報	不使用

第7章 Web調査による公的統計の拡張可能性 155

設問番号	設問	選択肢番号	選択肢	JTUS項目との対応	分析用区分
【お子さまと同居されている方に伺います。】 ※ Q5～Q7					
Q5	同居中の最年少の子どもの年齢は何歳ですか。		数値情報	最年少の世帯員の年齢 ※別居者も含む	カテゴリカル変数として，0-3歳，4-6歳，7-12歳，13歳以上と区分。
Q6	別居中で仕送りをしている子どもの人数は何人ですか。※いない場合は0と記入してください。		数値情報	NA	Q3を参照。
Q7	同居・別居を問わず，ふだんご自身の家庭の家事や子どもの世話をサポートしてくれる人はいますか。※配偶者やご自身のお子さんがサポートしてくれる場合は除いてお答えください。	選択肢1	サポートしてくれる人はいない	※10歳未満の世帯員に対する調査項目であるため，以下のように処理。一人でも「その他」を選択している場合には「有償サポートあり」，次に一人でも「親族から」または「近隣の知人・友人などから」を選択している場合には「無償サポートあり」，そのほかはすべて「サポートなし」とする。	サポートなし
		選択肢2	主に親族がサポートしてくれる		無償サポートあり
		選択肢3	主に友人・知人がサポートしてくれる		無償サポートあり
		選択肢4	主に家政婦や，学童保育またはベビーシッターなどの有料サービスを利用している		有償サポートあり
		選択肢5	主に無償サービスを利用している		無償サポートあり
		選択肢6	その他		無償サポートあり
Q8	勤め先などの企業全体の従業員数を回答してください。※本社・本店・支店・出張所・工場なども含めた企業全体の従業員数について記入してください。国営・公営の事業所に雇用されている人は「官公など」に記入してください。自営業や家族従業員がいる場合には，その合計人数を回答してください。	選択肢1	就業していない	対象外	不使用
		選択肢2	1人以上30人未満	1～4人，5～9人，10～29人	
		選択肢3	30人以上100人未満	30～99人	
		選択肢4	100人以上300人未満	100～299人	
		選択肢5	300人以上1000人未満	300～999人	
		選択肢6	1000人以上	1000～4999人，5000人以上	
		選択肢7	官公など	官公など	
		選択肢8	その他	NA	
		選択肢9	わからない	不詳	
Q9	ふだんの1週間の就業時間を回答してください。※ふだん残業や副業をしている場合はそれも含めた1週間の合計について記入してください。	選択肢1	就業していない	対象外	無業
		選択肢2	15時間未満	15時間未満	-34時間（その他）
		選択肢3	15～29時間	15～29時間	-34時間（その他）
		選択肢4	30～34時間	30～34時間	-34時間（その他）
		選択肢5	35～39時間	35～39時間	35-48時間
		選択肢6	40～48時間	40～48時間	35-48時間
		選択肢7	49～59時間	49～59時間	49時間以上
		選択肢8	60時間以上	60時間以上	49時間以上
		選択肢9	きまっていない	きまっていない NA	-34時間（その他） 不詳
Q10	希望する時間だけ働けるとすれば，1週間に何時間くらい働きたいですか。	選択肢1	就業を希望しない	その他（就業を希望しないなど）	無業
		選択肢2	15時間未満	15時間未満	-34時間（その他）
		選択肢3	15～29時間	15～29時間	-34時間（その他）
		選択肢4	30～34時間	30～34時間	-34時間（その他）
		選択肢5	35～39時間	35～39時間	35-48時間
		選択肢6	40～48時間	40～48時間	35-48時間
		選択肢7	49～59時間	49～59時間	49時間以上
		選択肢8	60時間以上	60時間以上	49時間以上
		選択肢9	その他 NA	NA 不詳	-34時間（その他）

156　第Ⅱ部　公的統計の2次利用と社会研究

設問番号	設問	選択肢番号	選択肢	JTUS 項目との対応	分析用区分
Q11	配偶者の1週間の仕事時間を回答してください。※ふだん残業や副業をしている場合はそれも含めた1週間の合計について記入してください。	選択肢1	配偶者は就業していない	NA	無業
		選択肢2	15 時間未満		-34 時間(その他)
		選択肢3	15〜29 時間		-34 時間(その他)
		選択肢4	30〜34 時間		-34 時間(その他)
		選択肢5	35〜39 時間		35-48 時間
		選択肢6	40〜48 時間		35-48 時間
		選択肢7	49〜59 時間		49 時間以上
		選択肢8	60 時間以上		49 時間以上
		選択肢9	きまっていないNA		-34 時間(その他)
Q12	仕事にともなう，この1年間の**世帯全体の収入**（税込み）について回答してください。※自家営業の場合は売上高から必要経費を差し引いた営業利益について記入してください。ふだん副業をしている場合はそれも含めた1年間の合計について記入してください。仕事に就いて1年未満の人は1年間の見積額を記入してください。	選択肢1	収入なし	NA	
		選択肢2	50 万円未満	100 万円未満	399 万円以下
		選択肢3	50〜99 万円	100 万円未満	399 万円以下
		選択肢4	100〜149 万円	100〜199 万円	399 万円以下
		選択肢5	150〜199 万円	100〜199 万円	399 万円以下
		選択肢6	200〜249 万円	200〜299 万円	399 万円以下
		選択肢7	250〜299 万円	200〜299 万円	399 万円以下
		選択肢8	300〜399 万円	300〜399 万円	399 万円以下
		選択肢9	400〜499 万円	400〜499 万円	400-599 万円
		選択肢10	500〜599 万円	500〜599 万円	400-599 万円
		選択肢11	600〜699 万円	600〜699 万円	600-799 万円
		選択肢12	700〜799 万円	700〜799 万円	600-799 万円
		選択肢13	800〜899 万円	800〜899 万円	800 万円以上
		選択肢14	900〜999 万円	900〜999 万円	800 万円以上
		選択肢15	1000〜1499 万円	1000〜1499 万円	800 万円以上
		選択肢16	1500 万円以上NA	1500 万円以上不詳	800 万円以上

設問番号	設問	選択肢番号	選択肢	JTUS 項目との対応	分析用区分

ここからは平均的な1か月あたりの支出（消費税含む）について，世帯員の合計金額を回答してください。Q13〜Q17。

設問番号	設問	選択肢番号	選択肢	JTUS 項目との対応	分析用区分
Q13	消費支出（別居・同居世帯員の消費支出の合計，1か月あたりの金額）※税金・社会保険料・年金・生命保険・有価証券購入，および土地や家屋などの不動産の購入やローン返済，預貯金・繰越金は除いてください。	選択肢1	10 万円未満	NA	5 万円
		選択肢2	10 万円以上〜15 万円未満		12.5 万円
		選択肢3	15 万円以上〜20 万円未満		17.5 万円
		選択肢4	20 万円以上〜25 万円未満		22.5 万円
		選択肢5	25 万円以上〜30 万円未満		27.5 万円
		選択肢6	30 万円以上〜35 万円未満		32.5 万円
		選択肢7	35 万円以上〜40 万円未満		37.5 万円
		選択肢8	40 万円以上		50 万円
Q14	食費（同居世帯員の合計，1か月あたりの金額）※外食費やテイクアウト食品の購入費も含めてください。贈り物のための食品購入費は除いてください。	選択肢1	3 万円未満	NA	1.5 万円
		選択肢2	3 万円以上〜4 万円未満		3.5 万円
		選択肢3	4 万円以上〜5 万円未満		4.5 万円
		選択肢4	5 万円以上〜6 万円未満		5.5 万円
		選択肢5	6 万円以上〜7 万円未満		6.5 万円
		選択肢6	7 万円以上〜8 万円未満		7.5 万円
		選択肢7	8 万円以上〜9 万円未満		8.5 万円
		選択肢8	9 万円以上〜10 万円未満		9.5 万円
		選択肢9	10 万円以上〜11 万円未満		10.5 万円
		選択肢10	11 万円以上〜12 万円未満		11.5 万円
		選択肢11	12 万円以上		13 万円

第 7 章　Web 調査による公的統計の拡張可能性　157

設問番号	設問	選択肢番号	選択肢	JTUS 項目との対応	分析用区分
Q15	教育費（同居世帯員の合計，1 か月あたりの金額）※学校の授業料，教科書・学習参考教材・学習塾や，通信添削・予備校費用などの合計金額を回答してください。ただし，ピアノ教室，英会話教室，スポーツ関連，その他のお稽古ごとの費用は除きます。	選択肢 1	支出なし	NA	0 円
		選択肢 2	5 千円未満		0.25 万円
		選択肢 3	5 千円以上～1 万円未満		0.75 万円
		選択肢 4	1 万円以上～2 万円未満		1.5 万円
		選択肢 5	2 万円以上～3 万円未満		2.5 万円
		選択肢 6	3 万円以上～4 万円未満		3.5 万円
		選択肢 7	4 万円以上～5 万円未満		4.5 万円
		選択肢 8	5 万円以上～10 万円未満		7.5 万円
		選択肢 9	10 万円以上～20 万円未満		15 万円
		選択肢 10	20 万円以上～30 万円未満		25 万円
		選択肢 11	30 万円以上～40 万円未満		35 万円
		選択肢 12	40 万円以上～50 万円未満		45 万円
		選択肢 13	50 万円以上～60 万円未満		55 万円
		選択肢 14	60 万円以上		70 万円
Q16	教養娯楽費（同居世帯員の合計，1 か月あたりの金額）※ピアノ教室，英会話教室，スポーツ関連，その他のお稽古ごとの費用の合計金額を回答してください。	選択肢 1	支出なし	NA	不使用
		選択肢 2	1 万円未満		
		選択肢 3	1 万円以上～2 万円未満		
		選択肢 4	2 万円以上～3 万円未満		
		選択肢 5	3 万円以上～4 万円未満		
		選択肢 6	4 万円以上～5 万円未満		
		選択肢 7	5 万円以上～6 万円未満		
		選択肢 8	6 万円以上～7 万円未満		
		選択肢 9	7 万円以上～8 万円未満		
		選択肢 10	8 万円以上～9 万円未満		
		選択肢 11	9 万円以上～10 万円未満		
		選択肢 12	10 万円以上		
Q17	こづかい（同居世帯員の合計，1 か月あたりの金額）※各世帯員が自由に使えるお金の合計金額を回答してください。ただし，別居している家族への仕送りは除いてください。	選択肢 1	支出なし	NA	不使用
		選択肢 2	5 千円未満		
		選択肢 3	5 千円以上～1 万円未満		
		選択肢 4	1 万円以上～2 万円未満		
		選択肢 5	2 万円以上～3 万円未満		
		選択肢 6	3 万円以上～4 万円未満		
		選択肢 7	4 万円以上～5 万円未満		
		選択肢 8	5 万円以上～10 万円未満		
		選択肢 9	10 万円以上～20 万円未満		
		選択肢 10	20 万円以上～30 万円未満		
		選択肢 11	30 万円以上～40 万円未満		
		選択肢 12	40 万円以上～50 万円未満		
		選択肢 13	50 万円以上～60 万円未満		
		選択肢 14	60 万円以上		
Q18-1	昨日は何曜日でしたか。		月曜日～日曜日	月曜日～日曜日	不使用
Q18-2	あなたがお住まいになっている地域の昨日の天気はどうでしたか。	選択肢 1	1 日中，雨または雪が降っていた	1 日中雨が降っていた	不使用
		選択肢 2	一時，雨または雪が降っていた	一時雨が降っていた	
		選択肢 3	雨も雪も降らなかった	雨は降らなかった	
			NA	不詳	

158　第Ⅱ部　公的統計の２次利用と社会研究

設問番号	設問	選択肢番号	選択肢	JTUS項目との対応	分析用区分
Q19	昨日は，いずれの日でしたか。	選択肢1	ふだんの日（有業者はふだんどおりの仕事の日）	NA	仕事の日（※無業女性はすべて仕事以外の日とする）
		選択肢2	出張・研修など	出張・研修など	仕事の日
		選択肢3	在宅勤務	在宅勤務	仕事の日
		選択肢4	育児休業・子の看護休業	育児休業・子の看護休暇	仕事以外の日
		選択肢5	介護休業・介護休暇	介護休業・介護休暇	仕事以外の日
		選択肢6	療養	療養	仕事以外の日
		選択肢7	休みの日（有業者は仕事休みの日）	休みの日	仕事以外の日
		選択肢8	旅行・行楽	旅行・行楽	仕事以外の日
		選択肢9	行事または冠婚葬祭	行事または冠婚葬祭	仕事以外の日
		選択肢10	その他	その他	仕事以外の日
Q20-1〜Q20-4	昨日の朝5時〜深夜0時までの各時間帯に，主に行っていた生活行動にチェックを入れてください（それぞれ3つまで）。※30分間隔の時間帯別に調査。	選択肢1	睡眠	睡眠	
		選択肢2	ご自身の身の回りの用事（入浴・身支度など）	身の回りの用事	
		選択肢3	食事	食事	
		選択肢4	通勤・通学・移動	通勤・通学	
		選択肢5	仕事	仕事	
		選択肢6	家事	家事	家事関連時間
		選択肢7	買い物（移動時間は除く）	買い物	家事関連時間
		選択肢8	育児（食事・入浴補助・教育など）	育児	家事関連時間
		選択肢9	雪かき・除雪	NA	
		選択肢10	休養・くつろぎ(テレビ・ラジオ・新聞を含む)	テレビ・ラジオ・新聞・雑誌，休養・くつろぎ	
		選択肢11	学習・自己啓発	学習・自己啓発	
		選択肢12	趣味・娯楽（ゲーム・パチンコなど)	趣味・娯楽	
		選択肢13	スポーツ	スポーツ	
		選択肢14	交際・つきあい	交際・つきあい	
		選択肢15	スマホ・携帯・PC等の操作（仕事以外)	NA	
		選択肢16	その他	学業，移動，介護，ボランティア活動・社会参加活動，受診・療養，その他	

第 8 章

観光地域経済調査からみた観光関連事業所の 季節変動分析

大 井 達 雄

1. は じ め に

2018 年の訪日旅行者数は 3100 万人を超え，6 年連続で過去最高を記録した。2018 年は，大雪，地震，豪雨や台風などの自然災害が発生したにもかかわらず，過去最高の結果を達成したことは，2020 年の訪日旅行者数 4000 万人という目標の達成に大きく前進した一年であったといえる。このように訪日外国人旅行者数の増加は，政府が目指す観光立国への道が着実に進んでいることを意味している。

一方で，日本の観光産業が抱える構造的な課題は未解決のままである。例えば，観光産業の人材育成の問題がある。観光業界では労働環境が厳しく，離職率の高い業種であることが長年指摘されている。そのため，最近では人手不足の影響もあり，人材確保も困難な状況にある。また観光産業は，多数の小規模零細業者で構成されていることから，資金繰りなどの面で経営が安定しない傾向にある。このように観光産業には構造的問題が存在している。その問題の背景の 1 つに季節変動（Seasonality）が挙げられる。今後，観光産業が日本のリーディング産業となるためには，季節変動の平準化を実現し，経営の安定化が求められることはいうまでもない。かつて大型連休の分散化が政府内で議論され

たが，結局実現には至らなかったことは記憶に新しい。

　観光経営の平準化を実現するためには，季節変動に関する分析を行う必要があるが，日本においては質量とも不足している状況にある。そこで，本章では観光庁が2012年に実施した観光地域経済調査のミクロデータを通じて，観光関連事業所の月別の売上高や利用者数からジニ係数を計算することで，観光産業の季節変動の実態を明らかにすることを目的としている。本章を通じ，観光需要の季節変動の平準化に対し，政策的な含意を得ることが望まれる。次節で観光学研究における，世界，または日本の研究の到達状況に触れ，第3節では観光地域経済調査やジニ係数の内容を紹介する。第4節で分析結果を説明し，最後にまとめを行うことにする。

2．観光学研究における季節変動に関する実証研究の現状

　観光市場の季節変動に関する研究は，海外の研究者においても大きな研究テーマである。これは観光行動が季節性に依存するためである。例えば，春になれば，花見を楽しみ，夏になれば，海水浴を楽しみ，秋になれば，紅葉を楽しみ，冬になれば，スキーを楽しむというように，観光行動は季節によって，その内容が変わるものである。季節によって行楽が変化するため，1年を通じて観光産業の月次の売上高や利用者数は変動することが一般的である。すなわち，繁忙期（Peak Season）と閑散期（Low Season）の存在である。しかしながら，2018年のように，繁忙期（7月から9月まで）において，週末に天候がすぐれない状況となると，当初計画していた売上を得ることができない。このように観光産業は一企業の経営努力では解決できない困難に遭遇することもある。

　このような季節変動に対し，どのような平準化政策を実施すれば良いのかというのは，実務だけでなく，学術研究でも大きなテーマである。しかしながら，今なお効果的な方策を解明するに至っていない。同時に季節変動の実証分析についても，世界的にみて多くの研究蓄積が存在している。実証分析研究の視点からいえば，さまざまな指標や分析方法が検討されてきた。ここでは紙幅の関係上，そのすべてを紹介することはできない。しかし，観光学研究では季

第8章　観光地域経済調査からみた観光関連事業所の季節変動分析　161

節変動を評価する指標の1つとして，ジニ係数が確立されている。2018年以降に公表された論文のなかで，ジニ係数を使用した先行研究の内容を紹介する。まず，Martín, et al.（2018）はジニ係数を使用して，スペインのバレアレス諸島で民泊経営が地域全体の季節変動に及ぼす影響を実証分析している。その結果，民泊経営の存在は，観光地での季節変動を悪化させる傾向にあることがわかった。具体的には，繁忙期での低価格の宿泊施設の供給は，さらなる観光客を呼び込むことにつながるためである。

　Martín, et al.（2018）の業績はジニ係数を記述的手法として使用しているだけであるが，最近では要因分解手法を使用した研究も多くみられる。例えば，Cisneros-Martínez, et al.（2018）は，ジニ係数とその要因分解手法を使用して，スペインでの高齢者向けソーシャルツーリズムプログラムの導入が季節変動の平準化にどのように貢献したのを明らかにした。結果として，閑散期において収入の増加など一定の成果がみられたものの，繁忙期においては平準化に貢献しないことが明らかになった。また，Fernández-Morales and Cisneros-Martínez（2019）では，南ヨーロッパ地方のクルーズ観光の季節変動について，同様にジニ係数と要因分解手法を使用して分析している。地中海に位置する港の季節変動の特徴を把握するために機械学習によるクラスター分析を実施し，その共通性について整理している。

　Šegotaa and Mihaličb（2018）では，スロベニアの海岸沿いの観光地の季節変動を観光市場の類型（国内と外国人）と宿泊施設の種類（ホテルやキャンプ場など）の2つの視点からジニ係数と要因分解手法を使用して分析した。その結果，国内市場や近隣諸国（イタリアやオーストリア）の観光客の増加は季節変動を縮小する傾向にある一方，ドイツやロシアからの観光客の増加は特定の時期に集中する傾向にあったことが判明した。ジニ係数の要因分解手法として，最近では Lerman and Yitzhaki（1985）の研究が積極的に活用されている。

　上記以外においても，ジニ係数を応用した新指標の開発や高度なモデル分析による実証研究など，ジニ係数を使用した研究は，観光学研究における季節変動の実態把握に大いに貢献しているのが世界的な趨勢である。しかしながら，

162　第Ⅱ部　公的統計の2次利用と社会研究

日本における観光市場の季節変動の分析は，海外の研究と比較して質量とも十分ではない。そのなかでも，大井（2012）は観光市場の季節変動の実態を明らかにするため，宿泊旅行統計調査における都道府県の月別の延べ宿泊者数のデータを対象に，季節変動指標，ジニ係数，タイル指標を使用して，日本の宿泊需要の季節変動分析を行った。その結果，概ね景気後退局面になれば，季節変動が大きくなり，逆に景気が回復すれば，季節変動が小さくなることを明らかにした。

　また，大井（2013）では，同じく宿泊旅行統計調査のデータを使用し，宿泊需要の地域格差の状況について明らかにした。その際にジニ係数の要因分解（地域内・地域間）を利用するためにDagum（1997）の手法を採用している。主として，延べ宿泊者数全体，観光目的が50％以上，または50％未満の宿泊施設の延べ宿泊者数，外国人延べ宿泊者数を対象としたジニ係数とその要因分解手法（全体，地域内，地域間）を用いて，2007年から2012年の6年間において，ジニ係数は一定水準で推移し，地域格差が縮小していないことがわかった。つまり観光客が総数として増加しても，やはり都市部や人気のある観光地に集中し，地方では必ずしもその恩恵を受けていないことが明らかになった。

　大井（2016）では，観光地域経済調査における87観光地域を対象に，月別の主な事業の利用者数などや売上高についてジニ係数を計算した。その結果，それぞれ地域の総数に関するジニ係数は，概ね小さい結果となった。それゆえ，海外の観光地と比較すると，日本の観光地の平準化政策は効果的であることがわかった。業種別にみた場合には，「小売業」や「宿泊事業，飲食サービス事業」ではジニ係数が小さく，「旅客運送事業，駐車場事業，物品賃貸事業」や「生活関連サービス，娯楽事業，社会教育事業，政治・経済・文化団体，宗教団体の活動」についてはジニ係数が大きい傾向にあった。Lerman and Yitzhaki（1985）の要因分解手法を使用して，主な事業の売上高に対して相対的限界効果（RME）を計算したところ，多くの観光地域で「小売業」の売上増加が観光需要の季節変動の縮小に貢献した。これは，小売業が観光客だけでなく，地域住民も顧客の対象であることを背景としている。そのため必ずしも観

図 8-1　都道府県別の延べ宿泊数の月次データによるジニ係数の結果

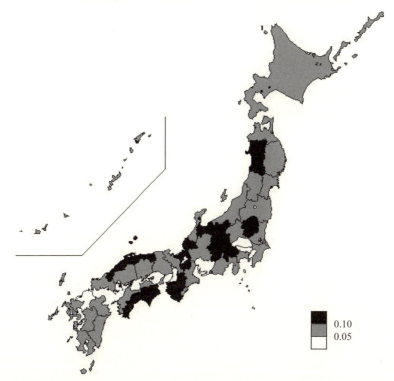

（出所）観光庁『宿泊旅行統計調査　平成 30 年版（速報値）』より筆者作成。

光客に限定される内容ではない。

　現在までの観光需要の季節変動の分析結果の状況は上記で整理した通りである。上記でも述べたが，日本では海外と比較して，ジニ係数の値は 0.1 程度と計算され，季節変動が小さい傾向が明らかになった。つまり日本の観光産業は需要の平準化に成功していることを意味する。海外では，宿泊統計を使用した推計でも，地域単位でジニ係数が 0.3 を超えることが一般的である。

　図 8-1 は宿泊旅行統計調査の延べ宿泊者数の都道府県の月次データを使用して，ジニ係数を計算した結果を図示したものである。全国の延べ宿泊者数の月次データを使用した場合，ジニ係数は 0.057 と計算された。宿泊旅行統計調査が現在の調査手法となってからの時系列的な変化では 2013 年の 0.072 から減

少傾向にある。この理由として，近年の外国人宿泊客の増加が平準化に貢献しているためである。

47 都道府県の平均値は 0.082 と計算され，全国のデータを使用した場合よりも大きな数値を示す。県別にみると，ジニ係数の小さい，つまり季節変動の小さい県として，福岡県（0.035），東京都（0.038），大阪府（0.039），埼玉県（0.044）が，逆にジニ係数の大きい，つまり季節変動の大きい県として，山梨県（0.139），長野県（0.136），秋田県（0.131），福井県（0.124）がそれぞれ挙げられる。図 8-1 からもわかるように，原則として，都市部は季節変動が小さく，地方は季節変動が大きいことが大井（2012）でも指摘されている。その背景として，ビジネス需要が影響している。宿泊施設においては，行楽利用だけでなく，ビジネス利用も存在し，後者の割合が大きいほど，平日の宿泊客が増加することにより平準化することが考えられる。

上記の結果は，あくまでも県別の結果である。また，観光地域経済調査においても観光地域単位の結果である。個々の観光関連事業所の多くは零細中小企業であるにもかかわらず，ジニ係数が 0.1 程度の状況で経営の平準化が実現できているとは考えにくい。そのような実態とかけ離れた理由として，47 都道府県の平均値が全国のデータよりも大きくなったように，地域単位で集計することで，データそのものが平準化したことが想定される。そのため，観光関連事業所の企業活動の実態を把握するためには，個々の事業所のデータを入手する必要がある。

しかしながら，日本では，大井（2014）が宿泊旅行統計調査のミクロデータを使用し，和歌山県の各宿泊施設の延べ宿泊者数の月次データを使用して，ジニ係数を計算した研究が存在するのみである。海外においても，個々の事業所を対象にミクロデータを使用した研究は管見の限り，存在しない。今回，観光地域経済調査のミクロデータを使用する機会を得て，個別事業所の観光経営の季節変動の実態を分析できることは，当該研究分野において一定の貢献をもたらすものである。また観光地域経済調査は業種別のデータも存在している。このような観光関連事業所の詳細なデータを使用して，個別の季節変動を把握す

ることは，これまであまり研究対象とならなかった観光経営の詳細な経営状況，特に経営の不安定性を把握することができる有意義な研究であると考えている。

3. データと分析手法の紹介

3-1 データの紹介

まず，今回ミクロデータを使用した観光地域経済調査の説明を行う。観光地域経済調査とは，観光産業の実態や観光が地域経済に及ぼす効果などを明らかにし，観光産業振興施策などの基礎資料を得ることを目的として，2012年に実施されたものである。調査対象は全国の観光地域にある約9万の観光産業事業所（飲食，宿泊，小売など）である。観光地域とは，1950（昭和25）年の合併前の市町村（約11,000地域）のうち，観光地点が存在する5,861地域が該当し，観光産業事業所とは，世界観光機関（UNWTO）が「観光統計に関する国際勧告2008（IRTS 2008）」において観光客に対して直接商品の販売またはサービスを提供する産業と規定し，主に宿泊サービス，飲食サービス，旅客輸送サービス，輸送設備レンタルサービス，旅行代理店その他の予約サービス，文化サービス，スポーツ・娯楽サービス，ならびに小売と定義している。

調査方法として，調査票の郵送配布・郵送回収による調査が実施された。調査項目は大きく3つに分類される。まず，事業所の基本属性であり，主たる業種，経営組織，従業者数や資本金額などが挙げられる。次に決算項目であり，売上金額，費用，売上に占める観光割合，年間営業費用の支払先地域別割合などである。とくに売上に占める観光割合とは，観光産業事業所の主な事業の売上（収入）金額のうち，観光客向けの金額を対象としたものである。最後に，サービスの提供状況，マーケティングの実施状況などのその他の項目が存在する。本章では，事業所の基本属性と売上に占める観光割合などの情報に加えて，ジニ係数を計算するために主な事業の月別売上金額や月別利用者数のデータを活用している。

世界的にみて，観光統計の多くが，主に観光客，すなわち需要サイドに注目

166　第Ⅱ部　公的統計の2次利用と社会研究

して調査が実施されている。これは宿泊業を除いて，多くの観光産業が必ずし
も観光客のみを顧客としていないためである。観光地域経済調査のような供給
サイドである観光関連事業所を対象とした統計調査は世界的にも少なく，先駆
的な統計調査であるといえる。しかしながら，調査の実施には多くの困難があ
ったことが考えられ，今後，同調査を実施する場合には多くの改善が必要とな
る。

3-2　ジ ニ 係 数

　分析手法としてはジニ係数を使用する。ジニ係数は，所得や資産の不平等あ
るいは格差を測るための著名な尺度の1つである。1990年代以降，所得格差
の問題が経済学を中心に議論されたが，その手法としてジニ係数が積極的に使
用された。ジニ係数にはさまざまな計算式が存在しているが，本章では平均差
による公式で計算する。

　今，1年間の月別データ $X = (x_1, x_2, \cdots, x_{12})$ が存在している。x_1 が1月のデー
タ，x_2 が2月のデータ，最終的に x_{12} が12月のデータをそれぞれ示す。また月
次データの平均値は $\bar{x} = (x_1 + x_2 + \cdots + x_{12}) / 12$ と表現される。この場合，ジニ
係数 G は以下の公式に基づき，計算することが可能である。

$$G = \frac{\sum_{i=1}^{12} \sum_{j=1}^{12} |x_i - x_j|}{2n^2 \bar{x}}$$

　理論的にジニ係数 G は0から1までの値をとる。しかしながら今回のよう
な月次データの場合，最大値は0.917と計算される。$G = 0$ ならば，1月から
12月までのデータがすべて等しいことを意味し，季節変動は存在しない。逆
に0.917に近づけば近づくほど，季節変動が大きいことを意味する。例えば，
特定の時期（8月）にのみ観光客が訪れ，それ以外の11カ月においては全く観
光客が存在しない場合が該当することになる。

4. 分 析 結 果

4-1　全体の結果

　以下では，観光地域経済調査のミクロデータを使用して計算したジニ係数の分析結果を説明する。まず，今回提供を受けた観光地域経済調査のミクロデータとして，35,349 件の事業所のデータが存在していた。そのうち，ジニ係数が計算できたレコードは，売上金額が 31,833 件，利用者数が 30,675 件であった。これらのデータについては，月次の売上金額，ならびに利用者数が記入されていたことを意味する。加えて，売上金額と利用者数の両方のジニ係数の計算ができたのは 30,624 件に達する。

　3 万件を超える事業所のジニ係数を計算し，平均値を計算した結果，売上金額のジニ係数では，平均値 0.138，標準偏差 0.142，利用者数のジニ係数では，平均値 0.123，標準偏差 0.142 となった。最小値，最大値はいずれも同じで，0 と 0.917 と計算された。ジニ係数が 0 であった事業所は，売上金額で 851 (2.7%)，利用者数で 2,799 (9.1%)，ジニ係数が 0.917 であった事業所は，売上金額で 24 (0.1%)，利用者数で 22 (0.1%)，それぞれ存在する。平均値の大きさから，売上金額の方が利用者数よりも季節変動が大きいことがわかる。この理由として，閑散期において価格を下げることによって利用者数が増加するといった調整が可能であることが考えられる。

　公表されている観光地域経済調査の全国集計表のデータ（「表 10-2　月（12 区分），主な事業（9 区分）別主な事業の売上（収入）金額」と「表 10-3　月（12 区分），主な事業（9 区分）別主な事業の利用者数」）を使用して，月別のデータからジニ係数を計算した結果，売上金額と利用者数は，0.037 と 0.025 とそれぞれ計算される。売上金額のジニ係数の方が利用者数のそれよりも大きいことは同じであるが，個別の事業所のジニ係数の平均値は，全国集計値と比較すると 4〜5 倍程度になることがわかった。やはり，個別企業単位ではなく，地域単位でジニ係数を計算すると，集計の段階でジニ係数が過少推計されることがわかった。

　さらに個別事業所のジニ係数をみた場合，標準偏差，すなわちばらつきの大

168　第Ⅱ部　公的統計の2次利用と社会研究

図8-2　ジニ係数（利用者数）とジニ係数（売上金額）の散布図

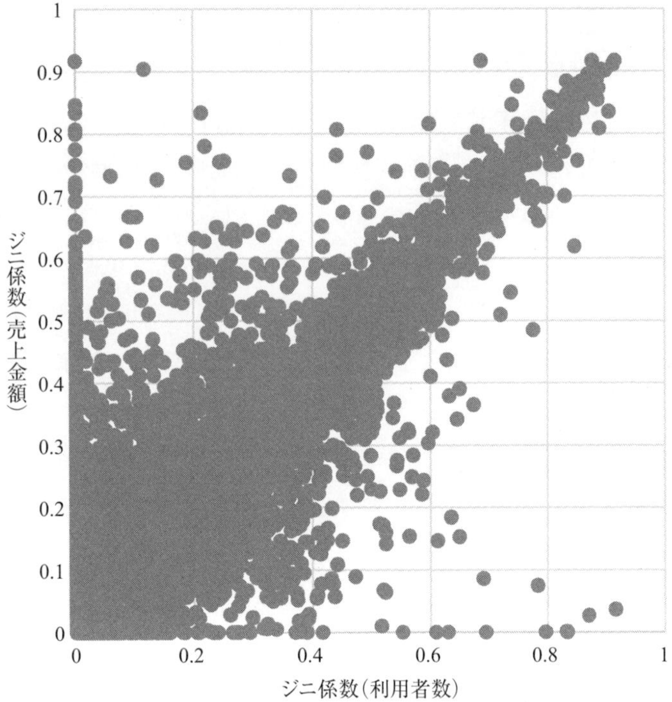

（出所）「観光地域経済調査」のミクロデータより筆者が作成。

きさが顕著であることもわかる。変動係数を計算すると，売上高では102.3％，利用者数では115.8％といずれも100％を超えている。つまり，上記でも述べたように，地域単位での利用者数や売上高は合計値となることで平準化するものの，個別の事業所では，季節変動のばらつきが大きいことが理解できた。以下の分析結果についても，標準偏差の数値が概ね大きい傾向にあり，個別企業のばらつきの大きさを今回のミクロデータの分析を通じて理解できたことは意義深い。以下での計算結果について，標準偏差や変動係数についての記述は少ないが，ばらつきが大きいため，結果を解釈するうえで注意する必要がある。

　図8-2では，売上金額や利用者数の月次データのジニ係数が計算可能な30,624件を対象として散布図を作成したものである。相関係数を計算したとこ

ろ，r = 0.888 となった。相関係数の値が 0.8 に達しているので，基本的には2つのジニ係数には高い相関関係があるといえる。一方で膨大なデータ数であるため，傾向しか読み取ることができないが，概ねジニ係数の値が大きくなればなるほど，高い相関関係が認められる。つまり売上金額も利用者数も同じような数値を示している。一方でジニ係数の値が小さいと，無相関の関係に近い。主な事業の売上金額と利用者数などのジニ係数はそれぞれ異なった数値を示すことになる。この原因として，観光地域経済調査には，小売，運輸サービスや飲食サービスのように観光客だけが顧客ではない業種も存在することが想定される。

4-2　経営組織・規模別の結果

次に基本属性などのデータとクロス分析を行った結果を説明する。具体的には経営組織・規模別のジニ係数について分析する。観光地域経済調査では，経営組織に関する調査項目として，「株式会社（有限会社を含む），相互会社」，「合名会社，合資会社」，「合同会社」，「会社以外の法人」，「個人経営」，「外国の会社」，「法人でない団体」の7区分存在する。観光産業においては，中小零細企業が多数存在することから，経営組織別の主な事業の売上金額と利用者数などのジニ係数の平均値を整理することにした。その結果は図8-3のようにまとめることができる。

図8-3から経営組織別でみた場合，ジニ係数が大きい組織として，法人ではない団体と会社以外の法人が挙げられる。法人ではない団体の場合，売上金額のジニ係数の平均値が 0.254，利用者数のジニ係数の平均値が 0.240 となり，同じく会社以外の法人の場合，売上金額のジニ係数の平均値が 0.207，利用者数のジニ係数の平均値が 0.191 と，いずれも高い数値を示している。しかしながら，法人ではない団体と会社以外の法人のミクロデータ全体に占める割合は，合計しても5%にも満たない。大きな割合を占めるのが，株式会社（有限会社を含む），相互会社と個人経営であり，合計すると9割を超える。株式会社（有限会社を含む），相互会社の場合，売上金額のジニ係数の平均値は 0.124，利

170　第Ⅱ部　公的統計の2次利用と社会研究

図8-3　経営組織別のジニ係数の比較

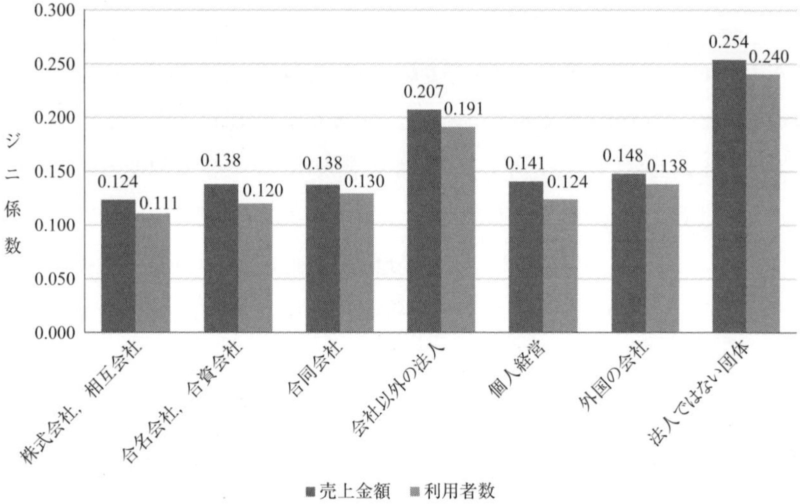

ジニ係数

| 0.300 |
| 0.250 |
| 0.200 |
| 0.150 |
| 0.100 |
| 0.050 |
| 0.000 |

株式会社，相互会社　0.124　0.111
合名会社，合資会社　0.138　0.120
合同会社　0.138　0.130
会社以外の法人　0.207　0.191
個人経営　0.141　0.124
外国の会社　0.148　0.138
法人ではない団体　0.254　0.240

■売上金額　■利用者数

（出所）「観光地域経済調査」のミクロデータより筆者が作成。

用者数のジニ係数の平均値は 0.111，個人経営の場合，売上金額のジニ係数の平均値は 0.141，利用者数のジニ係数の平均値は 0.124 となり，いずれの数値においても株式会社（有限会社を含む），相互会社よりも，個人経営の方が高く，季節変動が大きいことがわかる。このことから個人事業主の方が経営の不安定性を読み取ることができる。

　次に資本金区分で分析する。観光地域経済調査のミクロデータでは，集計項目として 10 区分（「300 万円未満」，「300〜500 万円未満」，「500〜1000 万円未満」，「1000〜3000 万円未満」，「3000〜5000 万円未満」，「5000 万円〜1 億円未満」，「1〜3 億円未満」，「3〜10 億円未満」，「10〜50 億円未満」，「50 億円以上」）で整理している。そこで資本金 10 区分で売上金額と利用者のジニ係数の平均値をまとめたのが図8-4 である。

　図 8-4 から，必ずしも資本金額が少ない事業所ほどジニ係数が大きい，つまり季節変動が大きいことを意味しないことがわかる。ジニ係数の大きい階級として，資本金が 5000 万円〜1 億円未満（売上金額 0.182，利用者数 0.176）と 1〜3 億円未満（売上金額 0.188，利用者数 0.184）の事業所が挙げられる。加えて

第8章 観光地域経済調査からみた観光関連事業所の季節変動分析　171

図8-4　資本金別のジニ係数の比較

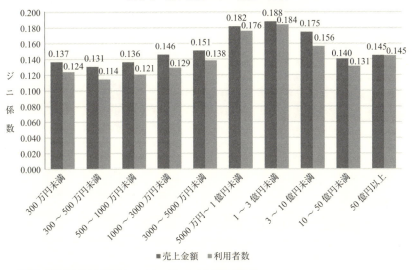

(出所)「観光地域経済調査」のミクロデータより筆者が作成。

　資本金額が3億円以上になると，ジニ係数は小さくなる傾向にある。ただし，変動係数の結果については資本金の少ない階級の方が高く，100％程度の値を示した。

　図8-4のような結果になった理由として，観光産業にはさまざまな業種の事業所が含まれていることが考えられる。業種によって資本金の分布が大きく異なることが考えられる。例えば，資本金額が1000万円未満の事業所の割合については，飲食サービス (77.3％)，小売 (67.8％)，および宿泊サービス (49.8％) が多数を占める一方で，旅行代理店その他の予約サービス (22.9％) とスポーツ・娯楽サービス (32.8％) が少数であった (いずれの数値も不詳を除く)。ただし，いずれの業種も資本金額が「不詳」である比率が5割を超えている。そのため，結果の解釈には注意が必要である。

　資本金額と同様，事業所の規模を示す指標として，従業者数も存在する。観光地域経済調査によれば，従業者とは当該事業所に所属して働いているすべての人を意味する。なお，個人経営の事業所の家族従業者は賃金・給与を支給されていなくても従業者としている。従業者数を6区分 (「5人以下」,「6〜20人」,

172　第Ⅱ部　公的統計の2次利用と社会研究

図8-5　従業者数別のジニ係数の比較

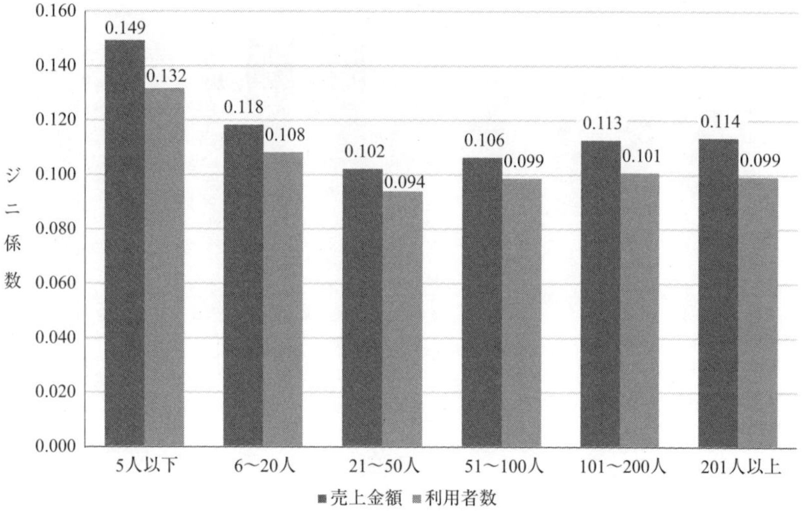

（出所）「観光地域経済調査」のミクロデータより筆者が作成。

「21〜50人」,「51人〜100人」,「101〜200人」,「201人以上」)に分類し, 売上金額
と利用者のジニ係数の平均値をまとめたのが図8-5である。図8-5からわかる
ように, 従業者数5人以下の事業所のジニ係数がもっとも高いことがわかる
（売上金額0.149, 利用者数0.132)。従業者数が5人以下の事業所の占める割合は
約7割であることから, 観光関連産業の多くが小規模零細事業であり, 同時に
季節変動の大きさ, つまり経営の不安定性を理解することができる。一方で,
図8-5から, 従業者数5人以外を除けば, 従業者数が増加しても, ジニ係数は
ほぼ同一水準であることがわかる。この点は, 資本金額と同様, 業種の影響が
大きいと考えられる。

4-3　売上金額・観光割合別の結果

　続いて, 経営規模を示す売上金額や観光割合別について分析する。まず売上
金額を区分し, ジニ係数を計算する。主な事業の売上（収入）金額を対象と
し, 売上金額を,「500万円以下」,「500〜1000万円以下」,「1000〜3000万円

図 8-6 売上金額別のジニ係数の比較

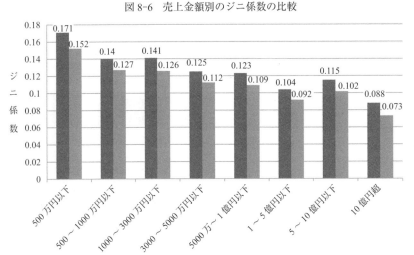

(出所)「観光地域経済調査」のミクロデータより筆者が作成。

以下」,「3000〜5000万円以下」,「5000万円〜1億円以下」,「1〜5億円以下」,「5〜10億円以下」,「10億円超」の8つに分類した。8区分別のジニ係数の結果を示したのが図 8-6 である。

図 8-6 から,売上金額のもっとも低い階級である 500 万円以下(売上金額 0.171,利用者数 0.152)で季節変動が大きく,逆にもっとも高い階層である 10 億円超(売上金額 0.088,利用者数 0.073)で季節変動が小さいことがわかる。売上金額が 10 億円以上と 500 万円以下を比較した場合,数値に 2 倍の差が存在している。また金額が大きくなればなるほど,ジニ係数が小さくなる傾向にある。すなわち,売上金額の大きさが平準化に結びつくことを意味している。ただし,売上金額 8 区分において,もっとも高いシェアを示しているのが,「500 万円以下」であり,23.7% を占める。その後,「1000〜3000 万円以下」(22.8%)と「500〜1000 万円以下」(16.9%)が続く。このことから,従業者数でも指摘したように,観光関連事業所の多くが小規模零細業者であるといえる。そのため,売上金額を増やすことは容易なことではない。

174　第Ⅱ部　公的統計の2次利用と社会研究

図8-7　観光割合別のジニ係数の比較

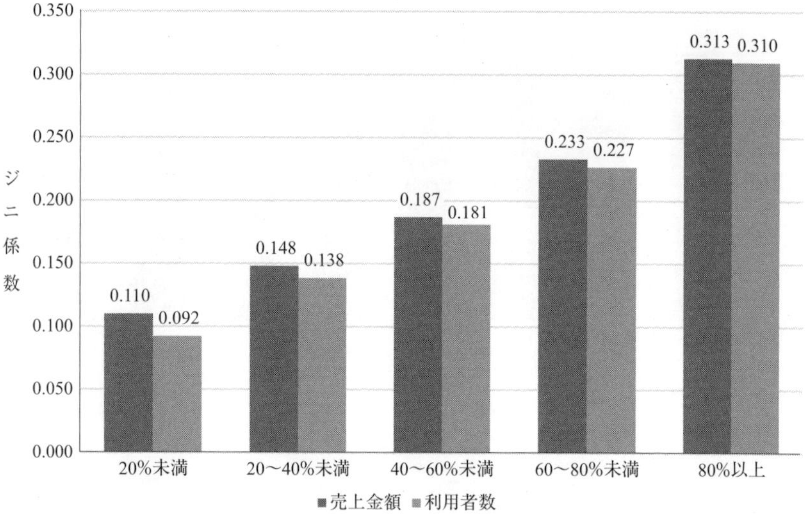

（出所）「観光地域経済調査」のミクロデータより筆者が作成。

　次に観光割合で区分してジニ係数を計算する。上述のように観光割合とは主
な事業の売上（収入）金額のうち，観光客向けの割合を意味する。宿泊者名簿
などの企業が有する顧客情報から推定する場合もあれば，情報がない場合は利
用客調査票を用いて算定する。その結果，顧客のなかに観光客が存在しない場
合は，観光割合が0％となり，逆に顧客のすべてが観光客である場合は，観光
割合が100％となる。0〜100％の観光割合を5区分（「0〜20％未満」，「20〜40％
未満」，「40〜60％未満」，「60〜80％未満」，「80％以上」）で整理し，ジニ係数を計算
した結果は図8-7のように整理することができる。

　図8-7からもわかるように，観光割合の比率が高くなればなるほど，ジニ係
数の値も大きくなることがわかる。当然のことではあるが，観光客への依存度
が高くなれば，ある程度の季節変動が発生し，月次の売上金額や利用者数は安
定しない。観光割合の80％以上については，売上金額の平均値が0.313，利用
者数の平均値が0.310とそれぞれ計算され，20％未満（売上金額0.110，利用者
数0.092）と比較すると，約3倍の格差が存在している。この結果から観光経

第 8 章　観光地域経済調査からみた観光関連事業所の季節変動分析　175

営の不安定性が明らかになったといえる。

　しかしながら，今回の観光地域経済調査において，観光割合が 80％以上の事業所の割合は 9.9％（3,189 件）である。逆に観光割合が 20％に満たない事業所が圧倒的に多い（78.2％）。観光地域経済調査では，全国の観光地域から観光地点が調査対象として抽出されているので，基本的には観光振興に積極的な地域に位置する事業所が調査票に回答しているはずである。しかしながら，その実態は観光客よりも地域住民が顧客の中心となっていることがわかる。ただし，そもそも顧客が観光客なのかどうかが不確かであること，調査項目が東日本大震災の発生年である 2011 年を対象としたので多くの国民が観光行動を控えたこと，加えて事業所の多くが飲食店や小売業であることなども影響している可能性もある。

　最後に，事業所の営業日数について注目する。観光産業の場合，季節変動をみる場合，営業日数も重要な指標である。営業日数を 5 区分（「年中無休」，「300 日以上 365 日未満」，「250 日以上 300 日未満」，「100 日以上 250 日未満」，「100 日未満」）の 4 つに分類したところ，年中無休の事業所が 24.4％，営業日数が 300 日以上 365 日未満，概ね週 1 日の休業日のある事業所が 47.5％，営業日数が 250 日以上 300 日未満，概ね週 2 日の休業日のある事業所が 17.5％，営業日数が 100 日以上 250 日未満の事業所が 9.1％，営業日数が 100 日未満の事業所が 1.5％の割合をそれぞれ占めた。年中無休の事業所が約 4 分の 1 を占めていることは観光産業の労働環境の厳しさを示しているといえる。

　上記の分析と同様，図 8-8 では営業日数別の売上金額と利用者数のジニ係数の平均値を計算した。当然のことではあるが，営業日数が少なくなるほど，ジニ係数が高くなることがわかる。営業日数が 365 日，または 366 日である年中無休の場合，売上金額のジニ係数の平均値が 0.109，利用者数のジニ係数の平均値が 0.096 であるのに対し，営業日数が 100 日未満の場合，売上金額のジニ係数の平均値が 0.571，利用者数のジニ係数の平均値が 0.562 と，その差は 5 倍を超えている。また営業日数が 100 日未満とそれ以外の階層との格差もかなり大きいことがわかる。このように，一部の観光関連事業所では，期間を限定

図 8-8　営業日数別のジニ係数の比較

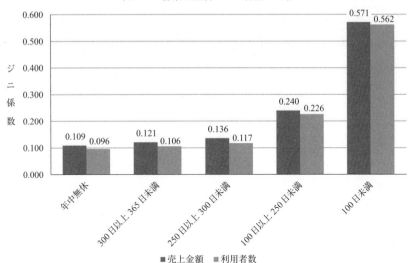

(出所)「観光地域経済調査」のミクロデータより筆者が作成。

した経営を行っているため，その特定の時期に自然災害が発生すると，倒産や廃業のリスクが高まることを意味する。

4-4　業種別の結果

上記で，経営組織や売上金額などの基本属性に分類して，それぞれジニ係数を計算し，その特徴についてみてきた。その結果，経営組織，資本金別や従業者数については，必ずしも規模が大きくなればジニ係数が逓減する傾向はみられなかったが，売上金額については，金額が大きくなればジニ係数が逓減し，観光割合や営業日数については，観光依存度が高まれば，ジニ係数が逓増する傾向にあった。概ね，予想した結果を導くことができたといえる。

しかしながら，何度も指摘しているように，観光産業といっても多様な業種が存在している。そのため主たる業種が異なれば，季節変動の影響も大きく異なることが予想される。そこで，業種別についてジニ係数を計算し，その特徴を把握する。観光地域経済調査では，UNWTOのTSA（Tourism Satellite Account：

第8章 観光地域経済調査からみた観光関連事業所の季節変動分析 177

図 8-9 業種別のジニ係数の比較

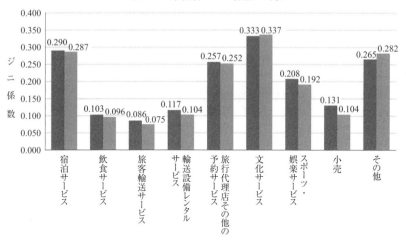

(出所)「観光地域経済調査」のミクロデータより筆者が作成。

観光サテライト勘定）産業分類や経済センサス基礎調査の産業小分類を参考にしながら，9つの産業（「1：宿泊サービス」，「2：飲食サービス」，「3：旅客輸送サービス」，「4：輸送設備レンタルサービス」，「5：旅行代理店その他の予約サービス」，「6：文化サービス」，「7：スポーツ・娯楽サービス」，「8：小売」，「9：その他」）に分類している。まず，TSA産業分類別の売上金額と利用者数の月次データを使用して，ジニ係数を計算した結果は図8-9のようにまとめることができる。

業種別にみた場合，文化サービスのジニ係数（売上金額0.333，利用者数0.337）の数値が高く，さらに宿泊サービス（売上金額0.290，利用者数0.287）と旅行代理店その他の予約サービス（売上金額0.257，利用者数0.252）が続く。文化サービスは興行場，興行団，博物館，美術館，動物園，植物園，水族館，および宗教系の施設であり，広範囲にわたる。宿泊サービスには，旅館，ホテル，簡易宿所，会社・団体の宿泊所などが含まれる。旅行代理店その他の予約サービスとは旅行業を意味する。これら3つの産業は概ね観光依存度の高い業種であり，季節変動が大きいことがわかる。一方で，飲食サービス（売上金額

178 第Ⅱ部 公的統計の2次利用と社会研究

表 8-1 業種別の月次の売上金額と利用者数に関するジニ係数の比較

TSA 産業分類	ミクロデータからの計算結果		全国集計表からの結果	
	売上金額	利用者数	売上金額	利用者数
宿泊サービス	0.290	0.287	0.098	0.083
飲食サービス	0.103	0.096	0.036	0.027
小売	0.131	0.104	0.033	0.025

(出所)「観光地域経済調査」の全国集計表やミクロデータより筆者が作成。

0.103, 利用者数 0.096), 旅客輸送サービス (売上金額 0.086, 利用者数 0.075), 小売 (売上金額 0.131, 利用者数 0.104) についてはジニ係数が低い数値を示した。つまり月次データが比較的安定していることを意味する。この理由として, これらの業種は必ずしも観光客だけが顧客の中心ではなく, 地域住民も多数利用している。そのため観光客への依存度が低く, 季節変動も小さいことが想定される。

観光地域経済調査の全国集計表のデータを使用して, ミクロデータのジニ係数を計算した結果と比較したものが, 表 8-1 となる。観光地域経済調査のミクロデータと全国集計値の結果では, 表記が異なるので, すべての業種を比較することができない。そのため宿泊サービス, 飲食サービスと小売のみを取り上げた。図 8-9 でも示したように, ミクロデータからの計算結果については, 月次の売上金額と利用者数のデータを使用してジニ係数を計算したものを, 業種別に整理したものである。一方で全国集計表の場合は, 上記と同様,「表 10-2 月 (12 区分), 主な事業 (9 区分) 別主な事業の売上 (収入) 金額」と「表 10-3 月 (12 区分), 主な事業 (9 区分) 別主な事業の利用者数」を使用して, 計算したものである。表 8-1 からもわかるように, いずれの結果もミクロデータの方が全国集計値よりも大きく, 少なくとも 3 倍近い格差が存在していることがわかる。とくに小売において顕著な差がみられる (売上金額 3.94 倍, 利用者数 4.16 倍)。やはり, 季節変動の分析を行う場合には, 集計データを使用するだけでなく, 個々の事業所のデータに基づく分析の方が望ましいといえる。

4-5 宿泊サービス，飲食サービス，小売を対象とした詳細な結果

上記で，業種別による月次の売上金額と利用者数を対象とした分析を行った。その結果，業種によって季節変動に差が存在することがわかった。ここでは，表8-1でも取り上げた宿泊サービス，飲食サービスと小売を対象とした観光割合の関係性をみていく。それぞれの業種と観光割合でクロス集計した結果は図8-10，図8-11，および図8-12で示している。

図8-10では宿泊サービスの事業所を対象に観光割合別にジニ係数の平均値を計算している。観光割合が20％未満の場合，売上金額と利用者数のジニ係数は，それぞれ0.217と0.211と計算される。一方で観光割合が80％以上の場合，0.358と0.356となっている。観光割合が80％以上のジニ係数について，飲食サービスや小売と比較すると，もっとも高い数値を示し，宿泊サービスの事業所の経営の不安定性を読み取ることができる。

図8-10からもわかるように，観光割合が増加するにしたがって，ジニ係数の数値も上昇する傾向にある。しかしながら，観光割合の20％未満と80％以

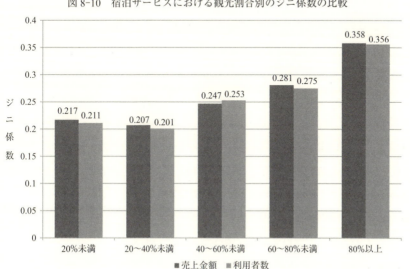

図8-10　宿泊サービスにおける観光割合別のジニ係数の比較

（出所）「観光地域経済調査」のミクロデータより筆者が作成。

180　第Ⅱ部　公的統計の２次利用と社会研究

図 8-11　飲食サービスにおける観光割合別のジニ係数の比較

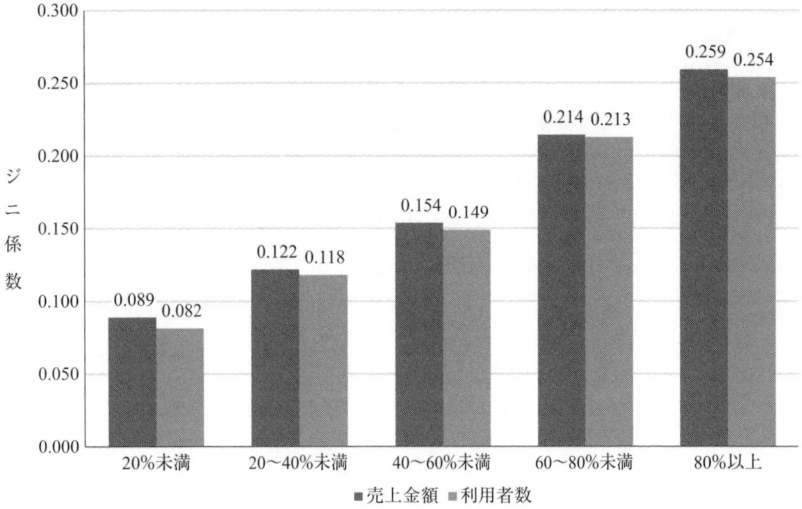

（出所）「観光地域経済調査」のミクロデータより筆者が作成。

上を比較すると，売上金額と利用者数とも，概ね２倍を下回る程度である。この理由として，宿泊サービスは観光依存度の高い業種であり，観光割合が20％未満であっても季節変動の影響をある程度受けていることが考えられる。

　図 8-11 では飲食サービスの結果を示している。飲食サービスも宿泊サービスと同様，観光割合が高くなればなるほど，ジニ係数の数値も上昇することがわかる。一方で，観光割合が 20％未満（売上金額 0.089，利用者数 0.082）と80％以上（売上金額 0.259，利用者数 0.254）を比較すると，３倍程度の格差がみられる。これは宿泊サービスや小売よりも大きな数値である。飲食サービスについては，観光地で観光客を主たるターゲットにしている場合，そうでない事業所と比較して，季節変動が大きく，収入が不安定になることがわかった。しかしながら，観光割合が 80％を超える事業所の割合は全体の 4.1％しか存在せず，一方で全体の８割以上が観光割合 20％未満である。

　図 8-12 では小売の事業所を対象に観光割合別にジニ係数の平均値を計算している。小売においても，宿泊サービスや飲食サービスと同様，観光割合が高

第 8 章　観光地域経済調査からみた観光関連事業所の季節変動分析　181

図 8-12　小売における観光割合別のジニ係数の比較

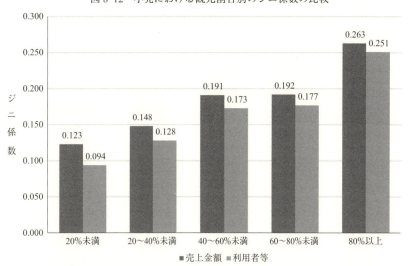

（出所）「観光地域経済調査」のミクロデータより筆者が作成。

くなるほど，ジニ係数の数値が高くなる傾向にあった。観光割合が 20% 未満の場合，売上金額と利用者数のジニ係数は，それぞれ 0.123 と 0.094 と計算される。一方で観光割合が 80% 以上の場合，0.263 と 0.251 となっている。観光割合が 20% 未満と 80% 以上のジニ係数を比較した場合の格差は 2 倍を超え，宿泊サービスと飲食サービスの中間に位置する。

ただし，小売において，観光割合が 80% 以上の事業所の割合は 3.6% で，20% 未満の事業所（88.3%）と比較すると，圧倒的に少数である。特に，観光割合が 80% 以上で，かつ年間の売上高が 1000 万円以下の事業所では，ジニ係数が 0.3 を超える水準となる。いわゆる観光地にある個人経営のお土産店の場合，季節変動が大きく，経営が安定しないといえる。このことは，宿泊サービスや飲食サービスでも当てはまり，観光依存度が高く，かつ売上規模の小さい事業所は，やはり季節変動の影響で構造的なリスクを有していることが理解できた。

182　第Ⅱ部　公的統計の2次利用と社会研究

5.　お わ り に

　以上で，観光地域経済調査のミクロデータを使用して，個々の観光関連事業所の季節変動の実態を把握するために，月次の売上金額や利用者数のデータからジニ係数を計算し，その結果について説明した。内容を要約すると，報告書に記載されている全国集計値を通じて計算した数値は，合算することによってデータそのものが平準化する傾向にあり，事業所の結果と比較して過小となることが明らかになった。やはり，個々の観光関連事業所の季節変動の実態を把握するためには，ミクロデータを使用することが重要である。加えて，経営組織や売上金額などの基本属性に着目して，それぞれジニ係数を計算し，その特徴についてみてきた。概ね売上や経営規模が大きくなれば，ジニ係数が減少し，季節変動が平準化することを，逆に観光依存度が高まれば，ジニ係数が上昇し，季節変動が拡大することが予想通り理解できた。もちろん，観光産業には多様な業種が存在することから，業種の影響も大きく，文化サービスや宿泊サービスなどでは季節変動が大きいこともわかった。一方で飲食サービスや小売については，観光地でも観光客ではなく，地域住民が顧客の中心である事業所も多く，そのような事業所では季節変動は小さい。しかし，観光依存度の高い業種で，しかも小規模な事業所については，ジニ係数が高く，経営の不安定性が確認できた。

　このような結果は観光地域経済調査の報告書の結果では把握することができない。やはりミクロデータを通じた分析を行う必要がある。ミクロデータを使用した分析結果といえば，高度なモデル分析を使用したものと考えるかもしれないが，必ずしもそうではない。ジニ係数といった記述的な分析を使用するだけでも新たな知見を生み出すことができる。今回の研究成果はその典型的な事例であったと考えている。また，今回の分析結果からわかることとして，観光関連事業所，とくに小規模零細経営者はやはり観光経営ならではの不安定性を有している。2018年のように自然災害が多発すると，当然のことながら倒産や廃業のリスクが高まることになる。観光立国を目指すためには，このような

リスクに対するバックアップ体制を制度として確立することが求められている。

謝辞　今回の研究分析において，観光庁より「平成24年観光地域経済調査」のミクロデータの提供を受けた。提供していただいた観光庁，ならびに提供にご尽力していただいた伊藤伸介中央大学経済学部教授に感謝を申し上げたい。

参 考 文 献

Cisneros-Martínez, J. D., S. McCabe and A. Fernández-Morales (2018), "The Contribution of Social Tourism to Sustainable Tourism: A Case Study of Seasonally Adjusted Programmes in Spain", *Journal of Sustainable Tourism*, Vol. 26 No. 1, pp. 85-107.

Dagum, C. (1997), "A New Approach to the Decomposition of the Gini Income Inequality Ratio", *Empirical Economics*, Vol. 22 No. 4, pp. 515-531.

Fernández-Morales, A. and J. D. Cisneros-Martínez (2019), "Seasonal Concentration Decomposition of Cruise Tourism Demand in Southern Europe", *Journal of Travel Research*, forthcoming issue, pp. 1-19.

Lerman, R. I. and S. Yitzhaki (1985), "Income Inequality Effects in Income Source: A New Approach and Applications to the United States", *The Review of Economics and Statistics*, Vol. 67 No. 1, pp. 151-156.

Martín, J. M. M., A. J. R. Martín, K. A. Z. Mejía and J. A. S. Fernández (2018), "Effects of Vacation Rental Websites on the Concentration of Tourists-Potential Environmental Impacts. An Application to the Balearic Islands in Spain", *International Journal of Environmental Research and Public Health*, Vol. 15 No. 2, 347, pp. 1-14.

Šegotaa, T. and T. Mihaličb (2018), "Elicitation of Tourist Accommodation Demand for Counter-Seasonal Responses: Evidence from the Slovenian Coast", *Journal of Destination Marketing & Management*, Vol. 9, pp. 258-266.

Yitzhaki, S. and E. Schechtman (2013), *The Gini methodology*, New York; Heidelberg: Springer.

観光庁『観光地域経済調査』（http://www.mlit.go.jp/kankocho/siryou/toukei/kouzou.html）。

観光庁『観光地域経済調査（地域集計表)』（www.mlit.go.jp/kankocho/page02_000082.html）。

大井達雄（2012),「宿泊旅行統計調査による季節変動に関する一考察」（第3回『観光統計を活用した実証分析に関する論文』，http://www.mlit.go.jp/common/000193010.pdf）1-12ページ。

大井達雄（2013)「宿泊旅行統計調査による地域格差の分析：Dagumのジニ係数の要因分解手法を用いて」（『日本統計研究所報』No. 42）29-48ページ。

大井達雄（2014)「統計分析から見た和歌山県の宿泊市場」（『観光学』第10号）1-9ページ。

184 第Ⅱ部 公的統計の2次利用と社会研究

大井達雄（2016）「観光地域における観光需要の季節変動の要因分析：ジニ係数および要因分解手法に基づく実証研究」（『日本政策金融公庫論集』No. 33）39-59 ページ。

第 9 章

既集計の公的統計データを用いた貧困量推計と
「社会的排除」分析に関する検討

宮 寺 良 光

1. はじめに

本章の目的は，公表されている既集計の公的統計データ（以下，統計データ）を用いて貧困量の推計方法について検討するとともに，その推計結果を用いて「社会的排除」に関する分析方法について検討することにある。

「貧困研究」は一般的に，「貧困線」（貧困の基準）の引き方とその基準に基づいて測定される貧困量の把握が研究の主流にあるといえる。それは，「貧困線」の設定方法が，公的扶助（日本では生活保護）制度の受給権を付与するかどうかの認定基準にかかわる研究であり，政策・制度論と密接なかかわりをもってきたからだといえる。しかし，「貧困線」をどう設定するかによって貧困量は容易に変動が生じてしまうため，「貧困研究≒貧困線研究」が公私を問わず，広く取り組まれてきたものといえよう。また，貧困という状態は，単に経済的に困窮しているというだけではなく，その状態が引き金となってさまざまな弊害を引き起こすことが懸念されてきた。さらに，その貧困が起こる要因など，貧困をめぐる問題（以下，「貧困問題」）は多岐にわたり，多様な研究アプローチがなされてきた。そのため，「貧困問題」研究の構造について整理し，本章の研究課題を明確にすることを第1の課題とする。

186　第Ⅱ部　公的統計の2次利用と社会研究

「貧困問題」を分析するにあたっては，当然のことながら「貧困線」の設定とこれに基づく貧困量の推計が必要になるものと考える。本章で用いる統計データは，公表されている既集計の統計データを使用するため，一定の制約がともなうことから，必ずしも精緻性を充足するものとはいえない。しかし，誰もが入手可能な統計データを用いてどこまで実態に近接できるかも視野に入れながら，貧困量の推計を行うことを第2の課題とする。

「貧困はあってはならないもの」といわれるが，「貧困＝解消しなければならない課題」という認識を広げるためには，このことによる弊害について明確にしていく必要がある。この点が「自己責任」だけで捉えられてしまうと，貧困当事者（以下，貧困者）の尊厳が損なわれるだけでなく，社会の不健全さをより深化させることにつながりかねない。しかし，貧困の弊害に関する研究は，貧困者への差別や偏見につながることからタブー視されてきた面もある[1]。そのため，貧困者が問題行動を行う存在である，あるいは，心身に何らかの問題があるから貧困者になる，といった認識を助長する可能性は否定できない。したがって，このデリケートな課題には留意しつつも，今日の社会で生じている「貧困問題」について，本章では，「社会的排除」の問題について統計データを用いて分析を試みることを第3の課題とする。

2.「貧困問題」に関する研究課題の整理

2-1　「貧困問題」の定義と研究構造

はじめに，本研究において主眼をおく「貧困問題」とその研究の構造について定義（分析上の操作的定義）をしておきたい。

筆者は，図9-1のように，「貧困の原因」，「貧困の状態」，「貧困の結果」と

---

1)　庄司（1997, 87ページ）は，「母子家族の貧困を強調し，母子福祉の力点をそこにおくことによって，かえって母子家族に対する差別的まなざしを補強しかねないという点があげられる。そのことは，母子家族の問題に限られたことではなく，むしろ社会一般の中にある貧困観や社会福祉観，あるいは社会福祉の水準そのものに由来する，社会福祉の対象者一般にあてはまるものである」と述べている。

図 9-1 「貧困問題」研究の構造

いう 3 つの枠組みに領域を区分し，それぞれの領域内および各領域間において生じる問題を「貧困問題」として捉えている。いずれも「貧困の状態」，つまり，「貧困線」を下回る生活状態にある人がどの程度存在するか，その把握が起点となる。この「貧困の状態」がなぜ起こるのかが「貧困の原因」研究（図 10-1 の A）であり，また，「貧困の状態」におかれる人びとがどのような弊害に苛まれるかが「貧困の結果」研究（図 9-1 の B）であると考える。さらに，「貧困の結果」が時間的な経過とともに「貧困の原因」になっていく可能性についての「貧困のサイクル」に関する研究（図 9-1 の C）なども行われており，現象としての「貧困」を捉えるだけでなく，そこから派生する「貧困問題」が広く認識されてきたといえる。

以下では，それぞれの定義と公的統計を用いた先行研究について若干整理しておくこととする。

2-2 「貧困の原因」に関する研究

(1)「社会階層」研究

「社会階層（social stratification）」の捉え方については，職業とこれに付随する所得・安定性，社会関係（社会的地位，社会的威厳），生活文化等を加味した概念であることから，その定義は多様なものになっているといえる。この「社会階層」の考え方を「貧困問題」研究に取り入れた端緒が，チャールズ・ブース（C. Booth）によるロンドン調査であるといえる。ブースによる貧困調査は，「調査スタッフは，学齢児童のいる家庭と定期的な関係をもち，それらの家族の生活実態およびその地域の事情に精通していた学校委員会の巡視官である

『学校委員会の家庭訪問員』に面接し，調査対象に関して必要な情報を蒐集し」，「これが＜中略＞センサスのデータと結びつけられたのである」（阿部1980，50ページ）。

　ブースの「社会階層」による貧困層の分類とその量的把握を参考にし，「社会階層」研究を日本で発展させたのが江口英一である。「『社会階層』による貧困分析の方法は，1952年，氏原正治郎と江口が富山市調査分析に際して，チャールズ・ブースのロンドン調査を参考に，採用した方法である」（江口・川上2009，33ページ）。この点について江口（1980，349ページ）は，「必要なことは，貧困を示す要因としての『低所得』『低消費』『不規則就業』……『未組織』『孤立』『従属』といった諸概念をもっと一般化し，類型化して，『所得』『消費』『就業』あるいは『職業』『組織』……『社会的地位』『資本に対する位置』などに還元し，これらの一般的要因における質的量的差異を社会の諸階層の中に見分け，社会を広い意味の"生活"という観点から，構造的に把握することである。社会を『社会階層』的に見るということである」と述べている。ここに「貧困の原因」という視点をみることができるが，単に所得が低いということだけでなく，生活の質が異なり，それを改善できるかどうかなど，量的な把握のみならず，「貧困の状態」から抜け出せるかどうかの因果関係を意図した概念であることが理解できる。

　さらに，江口（1980，434-544ページ）は，総務省「国勢調査」を用いて拡大させ，貧困層の量的推計を行っている。その結果は，39.2％（1955年），33.2％（1970年），29.7％（1995年），29.3％（2000年）となっている（江口・川上2009，47-48ページ）。

　(2)「生活構造」研究

　「生活構造」の捉え方については，新しい環境の下で過去の生活の構造がそのまま残存しようとする傾向にあり，この現象が起こる理由を「抵抗」という概念で捉えたのが篭山京である。篭山（1966，312ページ）は，「この抵抗は，生活している者の生活構造から来るものであり，生活にはそれぞれに構造的枠が存在している」と説明している。この具体的な現象として，「家計が低所得

に陥った時に現れて来るエンゲル線の変曲」と「家計の支出構造は一定の社会経済期には一定の配分をとる」とする2点を挙げている（篭山 1982, 163ページ）。これをさらに「履歴現象」として発展させたのが中鉢正美である。中鉢（1956, 5ページ）は，「このような現象のおこりくるメカニズムは，労働力再生産の物質代謝の過程に対して，そのような物質循環を可能ならしめる一定の構造的枠組が存在することに由来する。即ち前者が生活環境の変化に一応無条件に適応せざるをえないものであるのに対して，後者は一定の慣習的態度とも結合することによってこれに対抗し，この環境変化と構造的枠組との相対的関係に従って典型的な履歴の型が形成されるのである」と述べている。

これに対して江口（1972, 136-137ページ）は，「『履歴現象』という形で表れる『生活のワク組み』ないし『生活構造』に着目するとき，一定の社会階層は，すでにのべたように一定の支出構造ないし支出のパターンをもち，したがって，上記の『生活のワク組み』とそれにもとづく『履歴現象』をもつ。それは先述の『階層移動』を通じて，他の社会階層の生活現象，支出の構造に影響を与える」と論じ，「生活構造」概念が「社会階層」研究に包摂されることを説明している。

このように「貧困の原因」に関する研究は，社会要因と個別要因の相互が複雑に絡み合っていて，今なおその議論は一般論として成立しているわけではない。しかし，社会・経済環境にともなって生じる表面上の生活様式の変化によって見過ごされがちであるが，これらの研究成果は，「貧困の原因」を探求しようとする普遍的な理論であると考えられる。やや飛躍があるかもしれないが，ピーター・タウンゼント（P. Townsend）が提起した「相対的剥奪」（relative deprivation）という捉え方にも類似する面があるものと考える。タウンゼント（1977, 19ページ）はその定義を「個人，家庭，諸集団は，その所属で慣習とされている，あるいは少なくとも広く奨励または是認されている種類の食事をとったり，社会的諸活動に参加したり，あるいは生活の必要諸条件や快適さをもったりするために必要な社会資源を欠いている時」としており，「剥奪指標」を用いた研究が他の研究者によっても広く行われてきた。こうした捉え方も，

190　第Ⅱ部　公的統計の2次利用と社会研究

「社会階層」や「生活構造」と共通する部分があるように窺える。つまり，階層移動（落層化）などによって所得の低減が起こった場合，ある一定水準まではそれ以前の「生活構造」を維持しようと「抵抗」（履歴現象）し，家計支出を一定期間までは継続しようとし，エンゲル線の変曲が生じる。しかし，その維持が困難な状態になったときに「剥奪された状態」となる。さらに筆者は，この「剥奪された状態」の先に「貧困の結果」としてのさまざまな弊害が生じるものと解釈している。

　なお，統計データを用いた生活構造論に関連する研究成果が，総務省「家計調査」による分析などから「貧困の原因」が示されている。篭山（1959，28-29ページ）は，1951〜1959年の動向を踏まえて，「家庭的な享楽であったはずの修養・娯楽費，交際費，保健衛生費が圧迫されている」ことを示している。また，金澤（1998，242ページ）は，1995年の家計支出構造から「低所得層の家計は，消費支出における『生活の標準化』について行こうとして，一方で貯金を取り崩し，他方で借金への依存が見られる」ことを示している。

2-3　「貧困の状態」に関する研究

（1）「貧困線」をめぐる研究

　「貧困線」をめぐる研究については，以下の分析においても基軸になるため，生活保護基準のあり方を中心に整理していくこととする。

　生活保護基準のうち，生活扶助の算定基準については，マーケット・バスケット方式（1948年〜）が端緒となり，その後は，エンゲル方式（1961年〜），格差縮小方式（1965年〜）を経て，水準均衡方式（1984年〜）と変遷してきた。このうち，マーケット・バスケット方式とエンゲル方式については，「絶対的貧困」の観点から用いられた方式と解釈されているのに対して，格差縮小方式と水準均衡方式は「相対的貧困」の観点から用いられた方式として解釈されてきた。この生活扶助基準に，住宅，教育，医療，介護，出産，生業，葬祭の扶助（概ね実費）を加えて，「最低生活費」が算定される。この「最低生活費」こそが「貧困線」となり，この基準を下回る世帯が「生活困窮」と認定され，生

第9章　貧困量推計と「社会的排除」分析に関する検討　191

活保護の対象となる。よって，「貧困線」を論じるにあたっては，この生活保護基準が1つの指標となる。

　しかし，水準均衡方式に基づく「最低生活費」にはいくつかの課題がある。この方式は，「当該年度に想定される一般国民の消費動向を踏まえると同時に，前年度までの一般国民の消費実態との調整を図るという方式」というのが概要であるが，具体的には，「生活扶助基準の改定方式については，昭和40年から一般国民の消費水準との格差是正を図る格差縮小方式を採用していたが，昭和58年に『変曲点』[2)]という概念を用いて，当時の生活扶助基準が一般国民の消費実態との均衡上，ほぼ妥当な水準に達したことを確認し，昭和59年から現行の水準均衡方式へ転換した」（第24回社会保障審議会生活保護基準部会[3)]資料：2016年7月15日）と説明され，さらに，「水準均衡方式については，生活保護において保障すべき最低生活の水準を，一般国民の生活水準との関連において相対的にとらえるものとして，全国消費実態調査における第1・十分位と設定し，当該分位の消費水準を生活扶助基準の指標としてきた。平成24年検証においても，以下の理由により第1・十分位を採用したが，低所得層の収入が下がっている場合は，第1・十分位に着目することの妥当性について留意が必要とされた」とし，その理由を「第1・十分位の平均消費水準が中位所得階層の約6割だった」，「国民の過半数が必要と考えている耐久消費財の普及状況が中

---

　2)　「消費支出は所得の減少に伴い緩やかに減少するが，ある所得以下になると急激に下方に変曲する点。当時は，夫婦子1人世帯における消費支出を例にして，年間収入第3・五十分位，第4・五十分位，第5・五十分位付近それぞれに変曲点が存在すると仮定して検証した」（第24回社会保障審議会生活保護基準部会資料）と説明されている。

　3)　社会保障審議会生活保護基準部会「社会保障審議会生活保護基準部会報告書の概要」（2013年1月18日）によると，「生活扶助基準に関する検討会（平成19年）に引き続き，平成23年に常設部会として生活保護基準部会を設置し，国民の消費動向，特に低所得世帯の生活実態を勘案しながら検証を実施」する部会として規定され，「生活扶助基準は，生活保護制度の在り方に関する専門委員会報告書（平成16年）において，一般低所得世帯の消費実態と均衡が図られているか5年に一度検証を行う必要があるとされた」ことをうけ，2013年度に続き，2018年度の生活保護基準改定に従事している。

位所得階層と概ね遜色がなかった」,「全所得階層の構成割合からみても, 特に第1・十分位が減少しているわけではなかった」,「OECDの国際的基準でみても, 第1・十分位の大部分が相対的貧困線以下であった」,「第1・十分位と第2・十分位の間に消費の変化が大きくみられた」としている。「第1・十分位に着目することの妥当性について留意が必要」という文言はあるものの, 第1・十分位の消費水準が下がれば生活扶助基準もこれに比例して下げることになり, 低所得の一般世帯と相対化させることによって生活の質が蔑ろにされてしまう可能性がある。近年の生活保護基準改定を概観すると, 2013年度以降, 生活保護基準は徐々に引き下げられ,「貧困線」が統計上あらわれてくる消費動向に応じた機械的な基準決定になっているといえる。

このように「貧困線」が下がれば, その周辺の水準で生活している, いわゆる「ボーダーライン層」が生活保護から遠ざけられ, 所得水準に変動がない状態であれば, 生活保護基準に基づく貧困量は減少することにつながる。つまり,「生活困窮」とは認定されていなくても, 相対的に生活水準が低い層が出現する可能性があるということである。このような課題があることに留意しなければならない。

(2) 貧困者・世帯の量的把握

既述の通り, 生活保護基準を「貧困線」として設定し, その「貧困線」を下回る生活水準にある世帯を生活困窮 (要保護) の状態と認定する方式に従うと, 生活保護を受給する世帯 (被保護世帯) あるいは受給する者 (被保護者) の数が貧困量という形になる。この数値を示した統計が, 厚生労働省「被保護者調査」[4]であり, 被保護世帯および被保護者の数については月ごとに公表され,

---

4) 2012年度より「被保護者全国一斉調査」と「福祉行政報告例」のうち生活保護関係とが統合され, 現在の名称に変更されたが, 双方ともに調査方法等に大きな変更はない。同調査は, 生活保護を受給しているすべての世帯を対象とする統計調査で, 受給世帯数や受給者数など基本的な数値を毎月調査 (旧・福祉行政報告例) し, 受給している世帯の状況 (世帯類型, 世帯の人数, 世帯主の年齢, 住居の状況, 生活保護の受給状況等) や世帯員の状況 (性別, 年齢, 就労状況, 傷病の状況, 年金の受給状況等) など詳細な調査 (旧・被保護者全国一斉調査) を毎年7月末に実施し

表 9-1　被保護世帯数，被保護者数と保護率の推移（年度平均）

	1980	1985	1990	1995	2000	2005	2010	2015	2017
被保護世帯数 （万世帯）	74.6	78.1	62.4	60.2	75.1	104.2	141.0	163.0	164.1
被保護者数 （万人）	142.6	143.1	101.4	88.2	107.2	147.5	195.2	216.4	212.5
保護率 （％）	1.2	1.2	0.8	0.7	0.8	1.2	1.5	1.7	1.7

　（注）保護率（％）は，「被保護者数÷総人口×100」で算出している。
（出所）厚生労働省「被保護者調査」。

表 9-2　相対的貧困率の年次推移

年	1985	1988	1991	1994	1997	2000	2003	2006	2009	2012	2015
	％	％	％	％	％	％	％	％	％	％	％
相対的貧困率	12.0	13.2	13.5	13.7	14.6	15.3	14.9	15.7	16.0	16.1	15.6
子どもの貧困率	10.9	12.9	12.8	12.1	13.4	14.5	13.7	14.2	15.7	16.3	13.9
子どもがいる現役世帯	10.3	11.9	11.7	11.2	12.2	13.1	12.5	12.2	14.6	15.1	12.9
大人が一人	54.5	51.4	50.1	53.2	63.1	58.2	58.7	54.3	50.8	54.6	50.8
大人が二人以上	9.6	11.1	10.8	10.2	10.8	11.5	10.5	10.2	12.7	12.4	10.7
	万円	万円	万円	万円	万円	万円	万円	万円	万円	万円	万円
中央値（a）	216	227	270	289	297	274	260	254	250	244	245
貧困線（a/2）	108	114	135	144	149	137	130	127	125	122	122

　（注）1. 1994 年の数値は，兵庫県を除いたものである。
　　　　2. 2015 年の数値は，熊本県を除いたものである。
　　　　3. 貧困率は，OECD の作成基準に基づいて算出している。
　　　　4. 大人とは 18 歳以上の者，子どもとは 17 歳以下の者をいい，現役世帯とは世帯主が 18
　　　　　歳以上 65 歳未満の世帯をいう。
　　　　5. 等価可処分所得金額不詳の世帯員は除く。
（出所）厚生労働省「国民生活基礎調査」。

年度別の平均等も示されている。表 9-1 は，被保護世帯数，被保護者数と保護率の推移（年度平均）について示したものである。1990 年代以降，増加・上昇傾向を示しているが，比較のために 2015 年の保護率をみると 1.7％となっており，人口約 59 人当たり 1 人程度の被保護者数となる状況には違和感を覚えざるを得ない。それは，例えば「相対的貧困率」と比較してみると，算出方法は異なるが，歴然とした差異が生じているからである。

　表 9-2 は，厚生労働省「国民生活基礎調査」から算出された相対的貧困率の年次推移について示したものである。2015 年の「相対的貧困率」は 15.6％と

ている。

なっており，6.4人に1人が貧困状態にあることが示されている。つまり，被保護者の概ね10倍程度の貧困者が存在していることが示唆される。「貧困線」をみても，122万円となっており，1人世帯の生活保護基準に近い水準になっていることから考えても，捕捉率が低水準になっていることを窺わせるものといえる。

これまでにも，既集計の厚生労働省「国民生活基礎調査」を用いた貧困率の推計がなされているが，金持伸子の推計によると，1985年が15.3％となっており，杉村宏が同様の方法で行った推計では，1992年が17.6％となっている（杉村 1997，76-80ページ；橘木・浦川 2006，125ページ）。

2-4 「貧困の結果」に関する研究

「貧困の結果」については，貧困者が生じたことにともなって派生するさまざまな問題と定義するが，「社会的排除」や「ケイパビリティ（潜在能力）の欠如」といった捉え方が挙げられる。

（1）「社会的排除」

「貧困の結果」については，主要な問題として取り組まれてきたのが「社会的排除（Social Exclusion）」であるといえる。この定義については一般的なものがないため，本章では，親族や友人，地域におけるコミュニティのほか，企業への帰属，社会保障・社会福祉などによる社会サービスを通じた他者との関わり（社会関係）が遮断されていく状態に置かれることによって，問題行動へと発展してしまうことを想定している。

以下の分析にあたっては，杉村（2004，66ページ）が示した「日本における社会的排除の重層構造」を参考にしながら分析のモデルを構成することになる。とくに，第三次排除となる公的扶助や社会的支援からの排除の先に起こり得る，ホームレス化や餓死，非行，犯罪，自殺のうち，犯罪と自殺を変数に用いて分析を行うこととする。

（2）ケイパビリティ（潜在能力）の欠如

「ケイパビリティ（潜在能力）」（capabilities）とは，アマルティア・セン（A.

Sen）が提起したもので，「財を用いて何かを成し遂げる能力」を意味し，この能力がどのようにしてどれほど引き出されるかという程度を「機能」の集合としている。この「機能」という評価の指標は，個人的特性（年齢や性別，健康状態等）と社会的特性（生活環境を規定する社会性や社会制度）との結びつきが前提条件となるが，この条件下での選択の自由度の高さが潜在能力を向上させるものと論じている。いいかえれば，「機会の平等」を可視化するための指標と捉えることができる（セン 1988；1999；2000）。こうした観点から，セン（1999, 99 ページ）は「貧困とは受け入れ可能な最低限の水準に達するに必要な基本的な潜在能力が剥奪された状態として見るべきである」と述べている。

仮に，「潜在能力」を「自己実現を達成する力」とこれに付随する「経済的に生活を営むことができる力」と置き換えて考えてみた場合，私的であれ公的であれ，この能力を育む環境（財）が充足されていれば，個人的特性に多少の差異があっても希望をもって能動的に生活を営むことができるようになると解釈できる。逆に，この能力を育む環境（財）が充足されていなければ，個人的特性に帰属する弊害は助長され，希望を失い，生活力が乏しくなるなかで受動的な生活態度になってしまうものと解釈できる。このことが，ひとたび公的扶助等の支援を受けてしまうとそこから抜け出せなくなる「貧困の罠」に陥るといった課題や，貧困世帯に生まれた子どもが貧困から抜け出せなくなる「貧困の再生産」といった課題として議論されてきたといえよう。

2-5 「貧困問題」研究の構造と研究課題

以上のように，「貧困問題」の起点には「貧困線」があり，その「貧困線」は単に「生命の維持」ができるかどうかという程度ではなく，人間としての尊厳が守られるかどうかという「生活の維持」を可能にさせる程度に設定すべきであることが共通の理解となってきた。しかしながら，近年の生活保護基準の変更にみられる相対化の考え方には，消費水準のみに目を向け，生活の質を考慮した基準の設定になっていないように見受けられる。その結果，「貧困線」が引き下げられたことで生じる「ボーダーライン層」の存在をより潜在化さ

せ，生活保護基準は上回っているものの著しく貧困状態にある貧困層（相対的貧困層）の存在がくすぶっている可能性がある。また，生活保護基準を下回っているものの公租公料等を滞納したり他の支出を限界まで切り詰めたりして生活し，生活保護などの公的支援から漏れる貧困層（漏給者）の存在も懸念される。これらの存在も「貧困の結果」として「社会的排除」の状態に陥っているものと考える。

しかしながら，「社会的排除」に関する研究は，独自の調査を実施するなどしてオリジナル・データを入手して分析を行っている場合が少なくない。また，貧困量の推計に関しては，調査票情報の借用等による詳細な分析ができたとしても，「社会的排除」を質的に捉えることを目的とした統計調査や実態調査は実施されておらず，量的分析を行うことが難しい状況にある。

以上の問題意識を踏まえて，以下では，統計データを用いて貧困量の推計を行うとともに，その推計結果を基に「社会的排除」に関する分析を試みることを研究課題とする。

3. 貧困量の推計

3-1 貧困量の把握について

まず，貧困量の把握に用いる統計データは，総務省「就業構造基本調査」および厚生労働省「被保護者調査」とする。それは，生活保護を必要とするレベルにあると考えられる要保護世帯数について，世帯類型別に所得の把握ができる「就業構造基本調査」を用いて推計し，実際に生活保護を受けている被保護世帯数とのギャップ（捕捉率）を推計することが可能であると考えるからである。また，同時に，社会保障・社会福祉の充実度，裏返すと，社会制度からの排除（社会的排除の一例）の程度を推定する指標になる可能性があるからである。

3-2 「貧困線」の設定方法

表9-3は，2012年度における生活保護基準を用いた「貧困線」の算定方法

について示したものである。以下の分析には一定のサンプルが必要であることから，都道府県のデータをサンプルとするため，都道府県別に「貧困線」を設定している。

まず，級地[5]は，各都道府県の市町村のなかでもっとも高い級地から2段階下げて設定している（例：1級地の1の場合は2級地の1）。算定費目は，生活扶助費（第1類費は20〜40歳を採用，第2類費は世帯人数ごと）と住宅扶助費を用いることとし，世帯の人数ごとに加算し，これに1.4を乗じて[6]基準となる年額を設定した。さらに，総務省「就業構造基本調査」の所得は階級別になっているため，所得階級を「貧困線」に設定した。その際，貧困世帯数の推計が過大にならないように，1万円台を四捨五入して10万円台が90万円未満になった場合には下位の所得階級に「貧困線」を設定し，90万円以上になった場合には上位の所得階級に「貧困線」を設定することとした。

なお，表には示していないが，同様の方法で，総務省「就業構造基本調査」が実施された2002年度，2007年度，2017年度[7]それぞれの「貧困線」を設定している。

---

5) 級地とは，生活保護を実施している地方自治体ごとに生活保護基準を定める仕組みで，1級地の1〜3級地の2までの6段階に区分されている。その理由は，生活保護法第8条第2項に基づき，地域における生活様式や物価差による生活水準の差がみられる実態を踏まえ，最低生活保障の観点から生活保護基準に地域差を設けているからである。

6) 先行研究などを参考にしているが，生活保護基準が可処分所得を前提としている以上，被保護世帯以外の世帯については，諸税や社会保険料，医療や介護等の利用者負担，就業にともなって生じる諸経費などを加味する必要がある。また，生活保護の扶助には生活扶助に各種加算が設けられており，他の扶助にも要件が該当するほか，勤労世帯への所得控除なども加味すると，1.4倍とするのが妥当であると考える。

7) 2017年度の生活保護基準のうち，生活扶助の第1類費については，世帯人数に応じて逓減率が設けられており，1人世帯の場合には1.0000，2人世帯の場合には0.8850，3人世帯の場合には0.8350，4人世帯の場合には0.7675となっている。この結果，多人数世帯の「貧困線」がそれ以前よりも低くなる傾向がみられる。

198　第Ⅱ部　公的統計の2次利用と社会研究

表9-3　生活保護基準を用いた「貧困線」の算定方法（2012年度）

| | 最高級地 | 設定級地 | 生活扶助第1類 (20~40歳) | 生活扶助第2類 | | | | 住宅扶助特別基準 (都道府県基準) | | 1人世帯 | 2人世帯 | 3人世帯 | 4人世帯 |
				1人	2人	3人	4人	1人	2人以上				
北海道	1級地の2	2級地の2	34,830	37,570	41,580	46,100	47,710	29,000	37,000	1,703,520	2,490,432	3,151,512	3,763,704
青森県	2級地の1	3級地の1	33,020	35,610	39,420	43,700	45,230	23,100	31,000	1,541,064	2,292,528	2,919,168	3,499,608
岩手県	2級地の1	3級地の1	33,020	35,610	39,420	43,700	45,230	25,000	33,000	1,572,984	2,326,128	2,952,768	3,533,208
宮城県	1級地の2	2級地の2	34,830	37,570	41,580	46,100	47,710	35,000	45,100	1,804,320	2,626,512	3,287,592	3,899,784
秋田県	2級地の1	3級地の1	33,020	35,610	39,420	43,700	45,230	28,000	37,000	1,623,384	2,393,328	3,019,968	3,600,408
山形県	2級地の1	3級地の1	33,020	35,610	39,420	43,700	45,230	28,000	37,000	1,623,384	2,393,328	3,019,968	3,600,408
福島県	2級地の1	3級地の1	33,020	35,610	39,420	43,700	45,230	29,000	38,000	1,640,184	2,410,128	3,036,768	3,617,208
茨城県	2級地の1	3級地の1	33,020	35,610	39,420	43,700	45,230	35,400	46,000	1,747,704	2,544,528	3,171,168	3,751,608
栃木県	2級地の1	3級地の1	33,020	35,610	39,420	43,700	45,230	32,200	41,800	1,693,944	2,473,968	3,100,608	3,681,048
群馬県	2級地の1	3級地の1	33,020	35,610	39,420	43,700	45,230	30,700	39,900	1,668,744	2,442,048	3,068,688	3,649,128
埼玉県	1級地の1	2級地の1	36,650	39,520	43,740	48,490	50,200	47,700	62,000	2,081,016	3,007,872	3,703,392	4,347,840
千葉県	1級地の2	2級地の2	34,830	37,570	41,580	46,100	47,710	46,000	59,800	1,989,120	2,873,472	3,534,552	4,146,744
東京都	1級地の1	2級地の1	36,650	39,520	43,740	48,490	50,200	53,700	69,800	2,181,816	3,138,912	3,834,432	4,478,880
神奈川県	1級地の1	2級地の1	36,650	39,520	43,740	48,490	50,200	46,000	59,800	2,052,456	2,970,912	3,666,432	4,310,880
新潟県	2級地の1	3級地の1	33,020	35,610	39,420	43,700	45,230	28,000	36,400	1,623,384	2,383,248	3,009,888	3,590,328
富山県	2級地の1	3級地の1	33,020	35,610	39,420	43,700	45,230	21,300	27,700	1,510,824	2,237,088	2,863,728	3,444,168
石川県	2級地の1	3級地の1	33,020	35,610	39,420	43,700	45,230	31,000	40,100	1,673,784	2,445,408	3,072,048	3,652,488
福井県	2級地の1	3級地の1	33,020	35,610	39,420	43,700	45,230	24,600	32,000	1,566,264	2,309,328	2,935,968	3,516,408
山梨県	2級地の1	3級地の1	33,020	35,610	39,420	43,700	45,230	28,400	36,900	1,630,104	2,391,648	3,018,288	3,598,728
長野県	2級地の1	3級地の1	33,020	35,610	39,420	43,700	45,230	31,800	41,300	1,687,224	2,465,568	3,092,208	3,672,648
岐阜県	2級地の1	3級地の1	33,020	35,610	39,420	43,700	45,230	29,000	37,700	1,640,184	2,405,088	3,031,728	3,612,168
静岡県	2級地の1	3級地の1	33,020	35,610	39,420	43,700	45,230	37,200	48,300	1,777,944	2,583,168	3,209,808	3,790,248
愛知県	1級地の1	2級地の1	36,650	39,520	43,740	48,490	50,200	37,000	48,100	1,901,256	2,774,352	3,469,872	4,114,320
三重県	2級地の1	3級地の1	33,020	35,610	39,420	43,700	45,230	33,400	43,400	1,714,104	2,500,848	3,127,488	3,707,928
滋賀県	1級地の2	2級地の2	34,830	37,570	41,580	46,100	47,710	41,000	53,000	1,905,120	2,759,232	3,420,312	4,032,504
京都府	1級地の1	2級地の1	36,650	39,520	43,740	48,490	50,200	41,000	53,000	1,968,456	2,856,672	3,552,192	4,196,640
大阪府	1級地の1	2級地の1	36,650	39,520	43,740	48,490	50,200	42,000	55,000	1,985,256	2,890,272	3,585,792	4,230,240
兵庫県	1級地の1	2級地の1	36,650	39,520	43,740	48,490	50,200	42,500	55,300	1,993,656	2,895,312	3,590,832	4,235,280
奈良県	2級地の1	3級地の1	33,020	35,610	39,420	43,700	45,230	35,700	46,000	1,752,744	2,544,528	3,171,168	3,751,608
和歌山県	2級地の1	3級地の1	33,020	35,610	39,420	43,700	45,230	29,800	38,800	1,653,624	2,423,568	3,050,208	3,630,648
鳥取県	2級地の1	3級地の1	33,020	35,610	39,420	43,700	45,230	34,000	44,000	1,724,184	2,510,928	3,137,568	3,718,008
島根県	2級地の1	3級地の1	33,020	35,610	39,420	43,700	45,230	28,200	37,000	1,626,744	2,393,328	3,019,968	3,600,408
岡山県	1級地の2	2級地の2	34,830	37,570	41,580	46,100	47,710	34,800	45,000	1,800,960	2,624,832	3,285,912	3,898,104
広島県	1級地の2	2級地の2	34,830	37,570	41,580	46,100	47,710	35,000	46,000	1,804,320	2,641,632	3,302,712	3,914,904
山口県	2級地の1	3級地の1	33,020	35,610	39,420	43,700	45,230	28,200	37,000	1,626,744	2,393,328	3,019,968	3,600,408
徳島県	2級地の1	3級地の1	33,020	35,610	39,420	43,700	45,230	28,000	36,000	1,623,384	2,376,528	3,003,168	3,583,608
香川県	2級地の1	3級地の1	33,020	35,610	39,420	43,700	45,230	33,000	43,000	1,707,384	2,494,128	3,120,768	3,701,208
愛媛県	2級地の1	3級地の1	33,020	35,610	39,420	43,700	45,230	27,000	35,000	1,606,584	2,359,728	2,986,368	3,566,808
高知県	2級地の1	3級地の1	33,020	35,610	39,420	43,700	45,230	26,000	34,000	1,589,784	2,342,928	2,969,568	3,550,008
福岡県	1級地の2	2級地の2	34,830	37,570	41,580	46,100	47,710	32,000	41,100	1,753,920	2,559,312	3,220,392	3,832,584
佐賀県	2級地の1	3級地の1	33,020	35,610	39,420	43,700	45,230	28,200	37,000	1,626,744	2,393,328	3,019,968	3,600,408
長崎県	2級地の1	3級地の1	33,020	35,610	39,420	43,700	45,230	28,000	36,400	1,623,384	2,383,248	3,009,888	3,590,328
熊本県	2級地の1	3級地の1	33,020	35,610	39,420	43,700	45,230	26,200	34,100	1,593,144	2,344,608	2,971,248	3,551,688
大分県	2級地の1	3級地の1	33,020	35,610	39,420	43,700	45,230	26,600	34,600	1,599,864	2,353,008	2,979,648	3,560,088
宮崎県	2級地の1	3級地の1	33,020	35,610	39,420	43,700	45,230	23,000	29,700	1,539,384	2,270,688	2,897,328	3,477,768
鹿児島県	2級地の1	3級地の1	33,020	35,610	39,420	43,700	45,230	24,200	31,500	1,559,544	2,300,928	2,927,568	3,508,008
沖縄県	2級地の1	3級地の1	33,020	35,610	39,420	43,700	45,230	32,000	41,000	1,690,584	2,460,528	3,087,168	3,667,608

（出所）筆者作成。

3-3 貧困世帯数の推計方法および推計結果

表9-4は，貧困世帯数の推計方法（2012年）について，全国といくつかの都道府県（概ね各地方の1カ所）のデータを例示したものである。表9-3で示した「貧困線」に従って貧困世帯数を推計している（灰色の網掛けの合計）。この方法をすべての都道府県においても行い，全国についてはその合計を算出し，貧困世帯数の推計を行った。その推計結果については，表9-5に示した通りである。

貧困世帯数および世帯貧困率については，「全国」でみると，景気動向に左

表9-4 貧困世帯数の推計方法（2012年）

地域	世帯類型	世帯人数	貧困線	貧困世帯数	貧困率	総数	100万円未満	100~199万円	200~299万円	300~399万円
全国	総数	ー	ー	9,639,400	17.9	53,998,000	5,169,500	6,493,300	7,941,100	7,175,100
	夫婦のみの世帯	2人	ー	1,959,000	17.5	11,200,700	344,900	1,111,200	2,294,800	2,241,500
	夫婦と親から成る世帯	3人	ー	135,100	14.1	960,200	9,100	34,400	91,400	137,100
	夫婦と子供から成る世帯	3人	ー	1,267,100	8.9	14,272,700	105,800	271,800	889,500	1,573,900
	夫婦，子供と親から成る世帯	4人	ー	118,400	5.6	2,114,200	5,200	15,400	54,500	122,100
	単身世帯	1人	ー	6,159,800	33.0	18,644,700	4,223,600	4,128,200	3,507,700	2,125,300
北海道	総数	ー	ー	405,400	15.8	2,559,800	288,700	429,000	457,000	375,500
	夫婦のみの世帯	2人	200万円未満	89,300	14.3	625,300	20,000	69,300	156,600	133,000
	夫婦と親から成る世帯	3人	300万円未満	7,300	21.6	33,800	100	2,000	5,200	5,100
	夫婦と子供から成る世帯	3人	300万円未満	68,800	11.8	582,000	2,900	12,700	53,200	91,300
	夫婦，子供と親から成る世帯	4人	300万円未満	2,300	4.8	48,000	200	300	1,800	3,700
	単身世帯	1人	100万円未満	237,700	24.2	981,700	237,700	288,600	186,800	96,900
東京都	総数	ー	ー	1,283,700	19.8	6,499,400	553,000	630,100	845,500	821,300
	夫婦のみの世帯	2人	300万円未満	257,800	22.3	1,157,300	28,800	76,400	152,600	180,000
	夫婦と親から成る世帯	3人	300万円未満	6,100	12.1	50,400	1,200	1,600	3,300	7,700
	夫婦と子供から成る世帯	3人	300万円未満	76,500	5.3	1,451,600	8,000	18,700	49,800	98,400
	夫婦，子供と親から成る世帯	4人	400万円未満	8,600	9.5	90,900	300	1,000	2,100	5,200
	単身世帯	1人	200万円未満	934,700	30.8	3,032,400	473,600	461,100	543,300	437,800
大阪府	総数	ー	ー	935,400	23.7	3,945,700	390,300	581,300	642,900	533,500
	夫婦のみの世帯	2人	200万円未満	117,600	14.5	812,100	28,000	89,600	184,600	157,900
	夫婦と親から成る世帯	3人	300万円未満	4,200	12.7	33,000		1,100	3,100	4,600
	夫婦と子供から成る世帯	3人	300万円未満	107,900	10.1	1,065,400	13,800	24,600	69,500	129,900
	夫婦，子供と親から成る世帯	4人	400万円未満	13,400	19.6	68,500	500	1,400	4,100	7,400
	単身世帯	1人	200万円未満	692,300	46.4	1,490,600	303,200	389,100	301,100	160,900
沖縄県	総数	ー	ー	145,500	26.1	558,200	93,600	108,000	97,200	73,500
	夫婦のみの世帯	2人	300万円未満	30,400	33.3	91,300	9,300	21,100	19,800	14,300
	夫婦と親から成る世帯	3人	300万円未満	1,500	33.3	4,500	100	600	800	1,200
	夫婦と子供から成る世帯	3人	300万円未満	48,800	29.0	168,400	4,900	14,900	29,000	29,000
	夫婦，子供と親から成る世帯	4人	300万円未満	1,700	15.5	11,000	100	600	1,000	2,400
	単身世帯	1人	100万円未満	63,100	36.0	175,200	63,100	44,000	24,600	11,800

（出所）総務省「就業構造基本調査」より筆者作成。

200 第Ⅱ部 公的統計の2次利用と社会研究

表9-5 貧困世帯数・世帯貧困率・世帯捕捉率（2002〜2017）の推計結果

（単位：万人，％）

	世帯総数				貧困世帯数				被保護世帯数				世帯貧困率				世帯捕捉率			
	2002	2007	2012	2017	2002	2007	2012	2017	2002	2007	2012	2017	2002	2007	2012	2017	2002	2007	2012	2017
全国	4960.5	5225.3	5399.8	5612.8	804.7	833.9	963.9	953.1	87.1	110.5	155.9	164.1	16.2	16.0	17.9	17.0	10.8	18.1	21.8	17.2
北海道	244.9	253.4	256.0	260.5	30.8	37.8	40.5	34.6	7.7	9.4	12.0	12.4	12.6	14.9	15.8	13.3	25.0	24.8	29.7	35.8
青森県	53.5	53.8	54.0	54.8	8.7	10.0	11.3	9.9	1.5	1.8	2.3	2.4	16.2	18.7	21.0	18.0	16.7	18.4	20.4	24.4
岩手県	51.1	50.6	51.0	51.9	7.8	8.2	9.3	7.9	0.6	0.8	1.1	1.0	15.2	16.1	18.2	15.2	7.8	9.8	11.3	13.2
宮城県	87.4	89.3	92.9	97.8	10.0	11.7	14.3	18.8	1.0	1.4	1.9	2.1	11.4	13.1	15.4	19.3	10.2	12.0	13.2	11.4
秋田県	41.9	42.1	41.5	41.5	6.2	7.2	7.5	10.4	0.8	0.9	1.2	1.2	14.9	17.0	18.1	25.0	12.4	13.0	15.4	11.1
山形県	39.9	40.9	40.5	42.0	4.6	5.7	6.3	8.9	0.4	0.4	0.6	0.6	11.5	13.9	15.4	21.1	7.7	7.3	9.0	7.1
福島県	72.1	75.1	74.7	76.3	9.4	10.3	11.2	16.5	0.9	1.1	1.3	1.4	13.0	13.7	15.0	21.7	9.5	10.8	11.8	8.2
茨城県	103.2	108.9	112.2	116.8	10.8	12.1	14.1	21.6	0.9	1.2	1.9	2.2	10.5	11.2	12.6	18.5	8.6	10.1	13.5	10.0
栃木県	69.9	74.8	76.5	79.7	7.1	8.2	9.9	9.6	0.7	1.0	1.5	1.7	10.1	10.9	12.9	12.0	10.2	12.3	15.7	17.5
群馬県	73.3	76.5	78.6	82.1	8.3	9.0	10.1	9.5	0.6	0.7	1.1	1.2	11.3	11.8	12.8	11.5	7.0	7.6	10.6	13.0
埼玉県	259.9	279.7	296.1	312.7	44.8	47.8	58.9	47.2	2.6	3.8	6.5	7.4	17.2	17.1	19.9	15.1	5.9	7.9	11.1	15.7
千葉県	229.1	244.3	258.2	271.0	37.0	45.0	51.8	39.3	2.4	3.6	5.7	6.6	16.2	18.4	20.1	14.5	6.4	7.9	11.0	16.9
東京都	569.0	612.0	649.9	697.4	105.4	106.5	128.4	117.7	12.1	15.2	21.9	23.3	18.5	17.4	19.8	16.9	11.5	14.3	17.1	19.8
神奈川県	348.6	375.0	397.0	417.3	54.3	58.0	73.3	73.5	5.8	7.7	11.1	11.9	15.6	15.5	18.5	17.6	10.6	13.2	15.1	16.2
新潟県	83.9	86.4	87.4	90.5	10.2	10.5	11.3	11.1	0.5	0.6	1.1	1.6	12.1	12.1	12.9	12.3	4.9	9.8	13.2	14.6
富山県	38.3	40.1	40.7	41.5	3.8	3.7	4.5	3.7	0.2	0.2	0.3	0.6	10.0	9.2	11.2	8.8	4.9	5.9	6.7	8.4
石川県	43.6	46.1	47.0	48.1	4.7	5.7	6.2	6.3	0.4	0.4	0.6	0.6	10.8	12.3	13.1	13.2	7.7	7.8	9.8	10.0
福井県	27.6	28.5	28.8	29.6	3.1	3.5	3.1	3.5	0.2	0.2	0.3	0.3	11.1	12.3	10.8	11.7	5.4	5.3	9.5	9.8
山梨県	32.6	34.2	34.2	35.1	4.4	5.3	6.2	5.3	0.2	0.3	0.5	0.6	13.6	15.4	18.1	15.1	5.2	5.5	7.7	10.7
長野県	79.4	81.9	82.8	84.4	8.3	9.3	10.9	9.3	0.5	0.6	0.9	0.9	10.4	11.4	13.2	11.1	5.7	6.2	8.0	9.6
岐阜県	71.4	75.3	75.9	78.3	7.9	7.4	9.8	8.0	0.4	0.5	0.9	1.0	11.1	9.8	12.9	10.3	5.5	7.4	9.4	12.1
静岡県	134.4	143.6	146.0	150.5	12.4	11.6	16.3	24.8	1.0	1.3	2.2	2.7	9.2	8.1	11.1	16.5	7.9	11.3	13.5	10.0
愛知県	264.7	289.2	301.9	319.7	38.2	40.0	53.0	50.4	2.5	3.3	5.9	6.1	14.4	13.8	17.5	15.8	6.6	8.3	11.1	12.2
三重県	66.0	71.0	73.7	75.3	6.8	8.1	9.7	13.4	0.8	1.0	1.3	1.3	10.2	11.4	13.1	17.8	12.0	11.9	13.5	9.5
滋賀県	46.3	51.0	55.8	55.8	6.7	8.1	8.6	8.6	0.4	0.5	0.8	0.8	14.6	15.8	16.0	15.3	6.6	6.7	8.9	9.7
京都府	107.9	113.0	115.5	118.6	30.2	24.8	25.4	25.7	2.8	3.4	4.2	4.3	28.0	21.9	22.0	21.7	9.3	13.7	16.7	16.8
大阪府	362.3	381.0	394.6	408.9	94.2	83.9	93.5	86.4	11.8	16.0	22.1	22.4	26.0	22.0	23.7	21.1	12.5	19.1	23.6	25.9
兵庫県	215.4	225.2	235.1	240.9	48.9	42.8	48.1	45.4	4.5	5.6	7.5	7.9	22.7	19.0	20.5	18.8	9.2	13.0	15.7	17.5
奈良県	51.3	53.0	54.3	55.8	6.3	5.9	7.9	7.0	0.9	1.1	1.4	1.5	12.3	11.2	14.6	12.6	14.5	18.4	17.9	21.5
和歌山県	39.8	40.3	41.1	41.2	6.6	7.2	7.7	6.8	0.7	0.9	1.2	1.3	16.7	17.8	18.8	16.6	10.7	12.8	15.1	18.6
鳥取県	21.8	22.4	22.4	23.1	2.7	3.2	3.6	5.2	0.3	0.4	0.5	0.6	12.6	14.1	16.0	22.3	10.6	11.5	14.4	10.8
島根県	27.9	28.1	27.8	28.2	4.1	4.1	4.2	3.8	0.3	0.3	0.5	0.5	14.6	14.5	15.3	13.5	6.5	8.3	10.7	12.2
岡山県	73.9	77.6	79.2	81.4	9.0	9.4	12.9	16.5	1.1	1.3	1.9	1.9	12.2	12.1	16.3	20.3	12.6	14.3	14.4	11.6
広島県	116.7	120.4	123.8	127.4	13.3	12.9	14.4	23.9	1.9	2.4	3.4	3.3	11.4	10.7	11.6	18.8	14.0	18.6	23.7	13.7
山口県	62.6	63.3	63.0	63.1	7.8	9.6	9.4	7.9	1.0	1.1	1.3	1.2	12.4	15.1	15.0	12.4	13.2	11.6	13.7	15.6
徳島県	31.3	31.8	32.2	32.9	5.7	6.3	7.0	6.3	0.7	0.9	1.1	1.1	18.2	19.8	21.7	19.1	12.5	13.8	15.7	17.1
香川県	38.7	40.5	40.8	42.2	5.5	5.6	6.2	4.9	0.6	0.7	0.8	0.8	14.2	13.8	15.1	11.7	10.6	11.7	13.5	16.7
愛媛県	60.5	62.4	61.3	62.4	10.1	11.0	10.3	9.7	1.0	1.2	1.7	1.8	16.6	17.6	16.8	15.5	10.4	11.4	16.5	18.1
高知県	34.8	35.1	34.7	34.2	6.4	7.4	7.3	6.4	1.1	1.3	1.6	1.5	18.4	21.2	21.0	18.7	16.5	16.9	21.5	23.8
福岡県	204.5	214.9	223.5	234.7	28.9	31.1	36.1	57.0	5.7	6.6	9.4	9.6	14.1	14.5	16.2	24.3	19.7	21.2	25.9	16.9
佐賀県	29.7	30.9	32.0	32.3	4.2	5.2	4.8	4.3	0.6	0.9	1.2	1.2	14.2	16.9	14.9	13.4	9.5	8.9	12.7	14.9
長崎県	58.3	59.1	59.2	59.6	8.9	10.8	11.6	9.3	1.8	2.0	2.2	2.2	15.2	18.3	19.6	15.6	14.7	15.3	18.6	23.5
熊本県	70.3	72.2	73.9	75.8	13.2	13.0	14.1	12.2	1.1	1.2	1.8	2.0	18.7	18.1	19.1	16.0	8.5	9.6	13.1	16.1
大分県	48.6	50.8	51.3	52.1	8.5	8.7	10.3	8.2	1.0	1.2	1.8	1.6	17.6	17.2	20.0	15.7	12.0	13.8	15.3	19.7
宮崎県	46.8	48.8	49.3	49.7	9.0	9.8	10.4	8.1	0.9	1.0	1.5	1.4	19.3	20.0	21.1	16.3	9.4	9.9	12.7	17.7
鹿児島県	77.2	77.9	78.3	77.5	17.4	17.2	17.9	15.3	1.6	1.9	2.4	2.4	22.5	22.1	22.9	19.7	9.0	10.9	13.2	15.7
沖縄県	48.6	53.2	55.8	60.2	12.4	13.6	14.6	13.2	1.2	1.6	2.3	2.8	25.5	25.5	26.1	21.9	9.8	11.6	15.9	21.4

（出所）総務省「就業構造基本調査」，厚生労働省「被保護者調査」より作成。

右されていることが窺える。2002年はバブル経済崩壊の影響が色濃くあらわれた時期であり，完全失業率が調査開始以降最高になった時期である。2002年から2007年にかけては改善しているが，2012年に世帯数・率ともに悪化している。これは2008年に発生した「リーマン・ショック」などの影響があらわれた時期である。その後，2017年にはやや改善傾向がみられる。また，これに被保護世帯数および世帯捕捉率を関連させてみると，貧困世帯数が減少したにもかかわらず，被保護世帯数は増加しているが，捕捉率は低下している。

しかしながら，地域別にみてみると，世帯貧困率にも世帯捕捉率にも差異があることがわかる。この差異には，推計に資産が加味されていないことが要因の1つと考えられるが，産業構造や生活様式など，都市部と地方部との地域間格差の様相を表す結果であると考えられる。つまり，「貧困問題」が地域的な特徴となってあらわれてくる可能性があり，この点に着目することの必要性が示唆されるものと考えられる。

4.「社会的排除」に関する分析

4-1 「社会的排除」分析に用いるデータと分析方法

分析に用いる統計データは，既出の厚生労働省「被保護者調査」に加えて，内閣府自殺対策推進室・警察庁生活安全局生活安全企画課「平成22年・27年中における自殺の状況」および警察庁「犯罪統計」（各年）である（表9-6，9-7）。「自殺死亡者数」および「重要窃盗検挙者数」は，いずれも「社会的排除」としての変数として用いるものであり，逆に「被保護者数」は「社会的包摂」の変数として用いることによって，その相互関係を分析しようとするものである。これら都道府県別の統計データを用いてコレスポンデンス分析[8]を行

---

8) コレスポンデンス分析とは，クロス集計結果を散布図で表現する解析手法で，表側，表頭に用いられた項目のカテゴリーが図にプロットされるため，本章の場合であれば，用いる3項目の変数（自殺者数・重要窃盗犯検挙者数・被保護者数）の相互関係が地域によってどのような位置になるかを示すため，3項目の中間に位置する場合にはいずれの項目も平均的となり，3項目のどれかの近くに位置している場合は相対的にその数値が高いことを示す特徴がある。

202 第Ⅱ部　公的統計の2次利用と社会研究

表 9-6　自殺死亡率・重要窃盗検挙者率・保護率（2010）

地域 (2010)	人員（人）				比率（10万人比）		
	人口	被保護者数 （月平均）	自殺者数	重要窃盗犯 検挙者数	被保護者率	自殺死亡率	重要窃盗犯 検挙者率
全国	128,057,352	1,952,063	31,334	14,717	1,524.4	24.5	11.5
北海道	5,506,419	159,542	1,498	577	2,897.4	27.2	10.5
青森県	1,373,339	28,510	436	177	2,076.0	31.7	12.9
岩手県	1,330,147	14,499	439	124	1,090.0	33.0	9.3
宮城県	2,348,165	26,928	579	249	1,146.8	24.7	10.6
秋田県	1,085,997	14,879	362	92	1,370.1	33.3	8.5
山形県	1,168,924	6,485	324	73	554.8	27.7	6.2
福島県	2,029,064	18,635	536	163	918.4	26.4	8.0
茨城県	2,969,770	22,608	728	216	761.3	24.5	7.3
栃木県	2,007,683	18,555	532	162	924.2	26.5	8.1
群馬県	2,008,068	12,217	543	303	608.4	27.0	15.1
埼玉県	7,194,556	78,179	1,721	672	1,086.6	23.9	9.3
千葉県	6,216,289	66,879	1,409	516	1,075.9	22.7	8.3
東京都	13,159,388	256,838	2,949	1,505	1,951.7	22.4	11.4
神奈川県	9,048,331	138,225	1,897	578	1,527.6	21.0	6.4
新潟県	2,374,450	17,823	727	260	750.6	30.6	10.9
富山県	1,093,247	3,282	283	87	300.2	25.9	8.0
石川県	1,169,788	6,524	286	92	557.7	24.4	7.9
福井県	806,314	3,268	177	108	405.3	22.0	13.4
山梨県	863,075	4,881	243	74	565.6	28.2	8.6
長野県	2,152,449	10,477	526	140	486.7	24.4	6.5
岐阜県	2,080,773	10,521	476	162	505.6	22.9	7.8
静岡県	3,765,007	25,238	892	292	670.3	23.7	7.8
愛知県	7,410,719	69,374	1,604	698	936.1	21.6	9.4
三重県	1,854,724	16,923	341	192	912.4	18.4	10.4
滋賀県	1,410,777	10,491	325	160	743.7	23.0	11.3
京都府	2,636,092	58,438	617	309	2,216.8	23.4	11.7
大阪府	8,865,245	283,987	2,140	2,234	3,203.4	24.1	25.2
兵庫県	5,588,133	97,119	1,318	697	1,737.9	23.6	12.5
奈良県	1,400,728	19,138	278	112	1,366.3	19.8	8.0
和歌山県	1,002,198	13,829	279	231	1,379.8	27.8	23.0
鳥取県	588,667	6,593	160	65	1,120.0	27.2	11.0
島根県	717,397	5,470	201	61	762.5	28.0	8.5
岡山県	1,945,276	23,882	421	184	1,227.7	21.6	9.5
広島県	2,860,750	44,743	665	317	1,564.0	23.2	11.1
山口県	1,451,338	16,851	353	240	1,161.1	24.3	16.5
徳島県	785,491	14,216	165	80	1,809.8	21.0	10.2
香川県	995,842	11,095	233	113	1,114.1	23.4	11.3
愛媛県	1,431,493	19,883	333	324	1,389.0	23.3	22.6
高知県	764,456	19,943	209	154	2,608.8	27.3	20.1
福岡県	5,071,968	122,124	1,252	721	2,407.8	24.7	14.2
佐賀県	849,788	7,426	231	80	873.9	27.2	9.4
長崎県	1,426,779	28,513	387	121	1,998.4	27.1	8.5
熊本県	1,817,426	21,893	456	255	1,204.6	25.1	14.0
大分県	1,196,529	19,381	282	122	1,619.8	23.6	10.2
宮崎県	1,135,233	16,054	312	114	1,414.2	27.5	10.0
鹿児島県	1,706,242	30,677	462	222	1,797.9	27.1	13.0
沖縄県	1,392,818	29,028	352	289	2,084.1	25.3	20.7
不明	－	－	395	－	－	－	－

（注）　本表の自殺死亡率は，「国勢調査」の人口で除しているため，警察庁が公表している数値と若干差異が生じている。

（出所）　総務省「国勢調査」，厚生労働省「被保護者調査（旧福祉行政報告例）」，警察庁「平成22年中における自殺の状況」，警察庁「犯罪統計」より作成。

第 9 章　貧困量推計と「社会的排除」分析に関する検討　203

表 9-7　自殺死亡率・重要窃盗検挙者率・保護率（2015）

地域 （2015）	人員（人）				比率（10 万人比）		
	人口	被保護者数 （月平均）	自殺者数	重要窃盗犯 検挙者数	被保護者率	自殺死亡率	重要窃盗犯 検挙者率
全国	127,094,745	2,163,685	24,025	10,328	1,702.4	18.9	8.1
北海道	5,381,733	169,166	1,147	440	3,143.3	21.3	8.2
青森県	1,308,265	30,330	287	138	2,318.3	21.9	10.5
岩手県	1,279,594	13,971	313	87	1,091.8	24.5	6.8
宮城県	2,333,899	28,169	455	199	1,207.0	19.5	8.5
秋田県	1,023,119	15,336	278	63	1,498.9	27.2	6.2
山形県	1,123,891	7,565	244	58	673.1	21.7	5.2
福島県	1,914,039	16,782	436	113	876.8	22.8	5.9
茨城県	2,916,976	26,493	550	220	908.2	18.9	7.5
栃木県	1,974,255	21,605	413	94	1,094.3	20.9	4.8
群馬県	1,973,115	14,893	461	202	754.8	23.4	10.2
埼玉県	7,266,534	97,077	1,303	532	1,336.0	17.9	7.3
千葉県	6,222,666	83,089	1,179	342	1,335.3	18.9	5.5
東京都	13,515,271	295,176	2,483	1,215	2,184.0	18.4	9.0
神奈川県	9,126,214	158,124	1,382	481	1,732.6	15.1	5.3
新潟県	2,304,264	21,218	576	128	920.8	25.0	5.6
富山県	1,066,328	3,516	235	59	329.7	22.0	5.5
石川県	1,154,008	7,671	233	132	664.7	20.2	11.4
福井県	786,740	4,149	122	90	527.4	15.5	11.4
山梨県	834,930	6,892	205	49	825.4	24.6	5.9
長野県	2,098,804	11,465	415	101	546.3	19.8	4.8
岐阜県	2,031,903	12,041	433	133	592.6	21.3	6.5
静岡県	3,700,305	30,700	735	172	829.7	19.9	4.6
愛知県	7,483,128	79,663	1,301	509	1,064.6	17.4	6.8
三重県	1,815,865	17,308	359	130	953.2	19.8	7.2
滋賀県	1,412,916	11,674	276	147	826.2	19.5	10.4
京都府	2,610,353	61,506	424	221	2,356.2	16.2	8.5
大阪府	8,839,469	298,704	1,295	928	3,379.2	14.7	10.5
兵庫県	5,534,800	107,854	1,037	538	1,948.7	18.7	9.7
奈良県	1,364,316	20,910	240	97	1,532.6	17.6	7.1
和歌山県	963,579	15,359	205	186	1,593.9	21.3	19.3
鳥取県	573,441	7,686	105	46	1,340.4	18.3	8.0
島根県	694,352	6,139	175	46	884.2	25.2	6.6
岡山県	1,921,525	26,258	391	161	1,366.5	20.3	8.4
広島県	2,843,990	46,841	524	195	1,647.0	18.4	6.9
山口県	1,404,729	16,410	287	171	1,168.2	20.4	12.2
徳島県	755,733	14,336	130	50	1,896.9	17.2	6.6
香川県	976,263	11,103	162	96	1,137.3	16.6	9.8
愛媛県	1,385,262	22,193	289	300	1,602.1	20.9	21.7
高知県	728,276	20,539	115	87	2,820.2	15.8	11.9
福岡県	5,101,556	131,362	939	496	2,574.9	18.4	9.7
佐賀県	832,832	8,030	157	59	964.1	18.9	7.1
長崎県	1,377,187	30,601	262	59	2,222.0	19.0	4.3
熊本県	1,786,170	27,056	375	180	1,514.8	21.0	10.1
大分県	1,166,338	20,447	203	117	1,753.1	17.4	10.0
宮崎県	1,104,069	18,375	273	78	1,664.3	24.7	7.1
鹿児島県	1,648,177	32,096	335	129	1,947.4	20.3	7.8
沖縄県	1,433,566	35,813	281	254	2,498.2	19.6	17.7

（注）　本表の自殺死亡率は，「国勢調査」の人口で除しているため，内閣府・警察庁が公表してい
る数値と若干差異が生じている。

（出所）　総務省「国勢調査」，厚生労働省「被保護者調査」，内閣府・警察庁「平成 27 年中における
自殺の状況」，警察庁「犯罪統計」より作成。

い，その相互関係が図示されることにより，地域的な分布をみることができるものと判断した。また，その図示された分布状況と推計した世帯捕捉率とを照合させて，貧困と「社会的排除」との因果関係の分析を試みることにした。

4-2 分析結果

貧困状態に置かれた人びとが選択せざるを得ない方法として，①生活保護の利用（「被保護者数」），②窃盗などの犯罪（「重要窃盗検挙者数」），③自殺（「自殺死亡者数」），のいずれかに至るという仮説の下に分析を行った。その分析結果を示したものが，図9-2（2010年）および図9-3（2015年）である。2010年および2015年の両年で，生活保護の捕捉率が低い地域（楕円で囲んだ地域）ほど相対的に窃盗や自殺の発生率が高まっていることが窺える。このことから，生活保護などの社会保障・社会福祉の制度的機能，いいかえると，「制度利用のしやすさ（アクセシビリティ）」が「社会的排除」の程度を左右させる可能性が窺える結果となった。

地域別にみると，2010年時点の分析と2015年時点の分析とでは，やや地域

図9-2 自殺死亡・重要窃盗検挙・保護率(2010)のコレスポンデンス分析結果と捕捉率

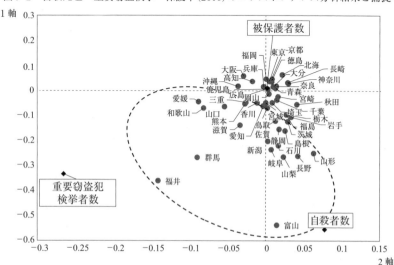

図 9-3 自殺死亡・重要窃盗検挙・保護率(2015)のコレスポンデンス分析結果と捕捉率

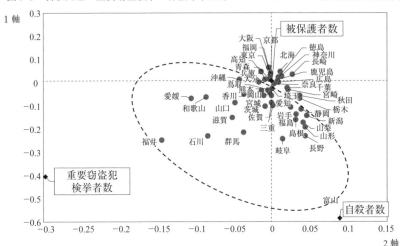

的な特徴に変化がみられたが，特定の地方に固定的な構造となってあらわれているようにみうけられる。

5. おわりに

貧困量の推計については，推計に用いる総務省「就業構造基本調査」の調査方法が関係するが，年間所得が1000万円に至るまでが100万円単位の階級になっているため，最小限の範囲で「貧困線」の設定を行ったうえで貧困量の推計をおこなった。とりわけ「貧困問題」研究を行うにあたっては，年間100万円の違いが単純計算で月額にして8万円余となるため，過大な貧困量の表出につながらないように考慮した。しかし，この最小限の範囲で設定した「貧困線」であっても，世帯貧困率が全世帯の10～20％の範囲内で推移しており，世帯捕捉率についても社会保障・社会福祉制度が十全に機能しているとはいいきれない。また，「貧困線」の1つ上位の所得階級の世帯についても「相対的貧困層」にあたる可能性が否めないため，何らかの弊害に直面している可能性がある。

「社会的排除」の分析については，目的の異なる統計データに一定の操作的

定義を加えることによって，貧困と「社会的排除」の因果関係を一定程度示すことができたのではないかと考える。経済的な困難を理由とするさまざまな事件などが日々起こっているが，世論の趨勢は依然として「貧困＝自己責任」という印象が強い。貧困が起こる要因には個別要因がかかわっていることは否定しないが，社会要因によって個別要因が引き起こされるとする捉え方が弱くなっているようにみうけられる。これには，「社会階層」を基軸においた研究が影を潜めていることも要因の１つではないかと考える。そのため，ミクロの領域で起こっている質的な現象をマクロの視点から捉える研究は，今日でもなお有意義なものであると考える。このような手法の研究方法をさらに発展させていく必要があるものと考える。

　統計法の改正やインターネットの普及などにより，統計データが入手しやすくなったとはいえ，公表されている集計済みのデータでの分析には限界がある。現状の公的統計では，「貧困問題」研究に寄与するものが限られているため，中央政府が主導的な役割を担い，とくに地域単位での課題把握が可能な公的な貧困調査の実施が望まれる。生活保護制度をはじめとする社会保障・社会福祉制度の多くが地方自治体単位で実施されているにもかかわらず，現在の統計データでは地域的な特徴を把握することが難しい状況にある。以上の課題を克服すべく，今後もでき得る限りの方法を駆使して，統計データを有効に活用した「貧困問題」研究に取り組んでいくことを課題としたい。

参 考 文 献

阿部實（1980）『チャールズ・ブース研究―貧困の科学的解明と公的扶助制度―』中央法規出版。

江口英一（1972）「貧困層と生活構造」篭山京教授還暦記念論文集刊行会（江口英一・中鉢正美編）『社会福祉と生活構造』光生館。

江口英一（1979）『現代の「低所得層」―「貧困」研究の方法―上』未来社。

江口英一（1980）『現代の「低所得層」―「貧困」研究の方法―下』未来社。

江口英一・川上昌子（2009）『日本における貧困世帯の量的把握』法律文化社。

篭山京（1959）「生活不安の今日の問題」丸山博ほか編『講座 社会保障Ⅰ 現代日本の貧困』至誠堂。

篭山京（1966）「『緊急家計調査（都市）』とエンゲル線の変曲」大河内一男先生還

暦記念論文集刊行委員会『大河内一男先生還暦記念論文集 第Ⅰ集 社会政策学の基本問題』有斐閣（原著：篭山京（1950）「最低生活費と最低再生産費」中央労働学園『労働問題研究』第42号）。

篭山京（1982）『篭山京著作集 第二巻 最低生活費研究』ドメス出版。

金澤誠一（1998）「低所得層の生活実態」江口英一編著『社会福祉選書第12巻 改訂新版生活分析から福祉へ―社会福祉の生活理論―』光生館。

庄司洋子（1997）「ひとり親家族の貧困（5章）」庄司洋子・杉村宏・藤村正之〔編〕『貧困・不平等と社会福祉』有斐閣。

杉村宏（1997）「わが国における低所得・貧困問題（4章）」庄司洋子・杉村宏・藤村正之〔編〕『貧困・不平等と社会福祉』有斐閣。

杉村宏（2004）「日本における貧困と社会的排除」（北海道大学大学院教育学研究科・教育福祉論分野『教育福祉研究』第10号）。

セン，アマルティア〔鈴木興太郎訳〕（1988）『福祉の経済学―財と潜在能力―』岩波書店。

セン，アマルティア〔池本幸生・野上裕生・佐藤仁訳〕（1999）『不平等の再検討』岩波書店。

セン，アマルティア〔石塚雅彦訳〕（2000）『自由と経済開発』日本経済新聞社。

タウンゼント，ピーター（1977）「相対的収奪としての貧困―生活資源と生活様式―」D．ウェッダーバーン編著〔高山武志訳〕『イギリスにおける貧困の論理』光生館。

橘木俊詔・浦川邦夫（2006）『日本の貧困研究』東京大学出版会。

中鉢正美（1956）『生活構造論』好学社。

第 **10** 章

ドイツの SOEP の意義と利用可能性

松　丸　和　夫

1. はじめに

　ドイツ社会政策史上初の法定最低賃金制度が 2015 年 1 月に実施された。その根拠となる法律は,「最低賃金法」(Mindestlohngesetz, 正確には, Gesetz zur Regelung eines allgemeinen Mindestlohns, 11.08.2014, 以下 MiLoG と略記) である。2015 年 1 月の全国一律最低賃金は, 時間額 8. 50 ユーロとされ, 2017 年 1 月から 8. 84 ユーロ, 2019 年 1 月 9. 19 ユーロとなり, 2020 年 1 月 9. 35 ユーロと段階的に引き上げられる[1]。

　法律による最低賃金制度の導入をめぐっては, 労使関係当事者, 研究者を巻き込んだ長く激しい論争が続いてきたが, その論点は, 次の 2 つに集約される。第 1 に, 低賃金セクターに法律の強制力をともなう最低賃金制度を実施すると, 低賃金によって成り立つ産業や企業が市場から撤退することで, 雇用が喪失されるのではないか。第 2 に, 長年にわたり労使の団体交渉を通じて労働者の労働条件を決定してきた「協約自治」(Tarifautonomie) が弱体化されるのではないか。これらの論点は, ドイツに固有のものというより, 資本主義経済における最低賃金規制そのものをめぐる極めて理論的実践的争点となってき

---

1)　松丸 (2019), 273 ページ。

た[2]。

　法定最低賃金制度の導入から4年半を経過したドイツでは，論争はいったん下火になっているかにみえるが，同制度の労働市場に対する影響に関して，客観的・実証的研究が既に始まっている[3]。

　本章では，第1に，MiLoG に基づいて新たに設置された「最低賃金委員会」からの委託調査報告の内容を概観する。第2に，ドイツ政府の支援を受けながら，既に35年以上にわたって実施されてきた社会・経済パネル調査，SOEP（Das Sozio-oekonomische Panel，以下 SOEP と表記）の特徴やその調査票の性格を論じる。第3に，以上をふまえて，パネルデータとしての SOEP の利活用の可能性に及ぶ。最後に補論として，ドイツの法定最低賃金制度の概要と，あわせて SOEP を用いた研究の一端を紹介する。

2. 最低賃金委員会委託研究による MiLoG の影響評価

　ドイツの全国一律最低賃金を改定する権限を与えられた7人の委員[4]から構成される最低賃金委員会（Mindestlohnkommission）は，MiLoG の規定を根拠に，民間・準民間研究機関の9つのプロジェクトに，法定最低賃金の施行の影響に関する調査研究を委託した。2018年中に，すべての最終報告が委員会宛に提

---

2)　例えば MiLOG がドイツ連邦議会でまだ議論されていたときに，法定最低賃金制度は，「所得分配政策上の万能薬ではない」と同制度に対する過大な期待に対して冷水をかける論考が発表されていた。Karl und Müllel（2013），S.3.「ドイツの全国一律最低賃金の導入は，慎重に進められるべき実証実験（Feldexperiment）となろう。科学的見地からは，初期の段階で，その水準の高すぎる設定は回避すべきであるし，最低賃金の影響については入念に観察されなければならないだろう。」と副作用や弊害の可能性についても考慮すべきとの論調であった。

3)　MiLoG に基づく「最低賃金委員会」の付託に基づく公式の調査研究報告として，2018年中に既に9本のレポートが公表されている。詳しくは，同委員会のサイト（https://www.mindestlohn-kommission.de/DE/Forschung/Projekte/Abgeschlossen_node.html）を参照。

4)　同委員会は，議長1名，被用者側委員3名，使用者側委員3名で構成され，議決権をもたない学識経験者委員が2名任命されている（https://www.mindestlohn-kommission.de/DE/Kommission/Mitglieder/mitglieder_node.html）。

第 10 章　ドイツの SOEP の意義と利用可能性　211

表 10-1　最低賃金委員会委託調査最終報告一覧

番号	研究機関	提出年月日	報告書タイトル（邦訳）
1	RWI – Leibniz-Institut für Wirtschaftsforschung, Institut für Angewandte Wirtschaftsforschung e. V. an der Universität Tübingen（IAW）	2018 年 1 月 15 日	労働市場における移行分析のためのデータソース比較
2	IAB	2018 年 3 月 15 日	法定最低賃金の貧困リスクおよび就業している失業保険金 II 受給者の状態に対する影響
3	IZA – Institute of Labor Economics, SOEP am DIW Berlin	2018 年 1 月 31 日	法定最低賃金の雇用・労働時間・失業への影響
4	IAB	2018 年 1 月 29 日	法定最低賃金の事業所および企業への影響
5	IMK	2017 年 12 月 20 日	法定最低賃金のマクロ経済への影響――ケインズ経済学の視座から
6	Deutsches Institut für Wirtschaftsforschung Berlin e. V.	2018 年 1 月 31 日	法定最低賃金の賃金構造への影響
7	RWI – Leibniz-Institut für Wirtschaftsforschung	2017 年 12 月 15 日	法定最低賃金のマクロ経済的諸帰結――新古典派の視座から
8	Bundesanstalt für Arbeitsschutz und Arbeitsmedizin（BAuA）	2018 年 1 月 16 日	季節労働分野における最低賃金の影響
9	Institut für Angewandte Wirtschaftsforschung（IAW） e. V., IZA – Forschungsinstitut zur Zukunft der Arbeit	2018 年 1 月 31 日	法定最低賃金導入における事業所と被雇用者の行動モデル

（出所）Mindestlohnkommission

出され，全文が公表されている[5]。各々の研究機関名，報告書のタイトルは次の表 10-1 の通りである。

　表中の番号 1（以下番号のみ）は，最低賃金導入による労働市場変化を分析するために用いられるデータソースの比較をして，最も適切なデータセットとその利用方法を明らかにしようとしている[6]。比較検討の対象は，①IEB（統合就労履歴）とその補完としてのミクロセンサス，②PASS（労働市場と社会保障パネル），③SOEP，④NEPS（国民教育パネル）の 4 つの既存データである。それぞれのデータセットの比較検討をした上で，それぞれの長所と欠点を評価して

---

5)　Mindestlohnkommission, https://www.mindestlohnkommission.de/DE/Forschung/Projekte/Abgeschlossen_node.html.

6)　RWI― Leibniz-Institut für Wirtschaftsforschung, Institut für Angewandte Wirtschaftsforschung e.V. an der Universität Tübingen（IAW）(2018), S. 25ff.

212　第Ⅱ部　公的統計の２次利用と社会研究

いる[7]。

　２と４は，ニュールンベルクの労働市場・雇用研究所（IAB）の調査研究報告である。２で使用されたデータセットは，PASS と SOEP および AA（職業安定所）の業務統計である。世帯類型，就業形態，所得のデータセットを活用して，貧困リスクへの影響，失業保険金Ⅱの受給への影響等を明らかにしている[8]。４は，IAB が定期的に独自に実施している事業所パネル（IAB- betriebspanel）と特別調査のデータを基に，とくに労働市場の需要要因に直接影響を与える求人側の動向を分析している[9]。

　３は，法定最低賃金が労働者の雇用・労働時間・失業のリスクに与えた影響を分析している。主に使用されたデータセットは SOEP であり，他の統計データを用いながら差分の差分法を用いた回帰分析を行っている[10]。

　５は，IMK（マクロ経済と景気動向研究所）は，ケインズ経済学の視座から，法定最低賃金のマクロ経済への影響を分析している。

　７は，新古典派の視座から法定最低賃金のマクロ経済への影響を分析している[11]。法定最低賃金の影響は，新古典派モデルによっても短期的に実証できるものではなく，長期的な方向づけにこそその方法的意義があるとしている[12]。

　８〜９については，最低賃金と密接な関係をもつ季節労働分野と求人・求職者両サイドの行動モデルを分析している。

　６は，本章ともっとも関連する調査研究である。SOEP を所管する DIW ならではの課題設定とパネルデータの醍醐味を示した研究である。この「法定最低賃金の賃金構造への影響」の結論は，以下の通りである。

　①　2014 年から 2016 年に，分析対象となった第 10 十分位すなわちもっと

---

7)　４つのデータセットの詳しい紹介と評価の概要は，Ebenda, S. 61f. を参照。

8)　IAB（2018b), S. 135f.参照。

9)　IAB（2018a), S. 6f.参照

10)　IZA & DIW（2018), S. 7.f.参照

11)　Bundesanstalt für Arbeitsschutz und Arbeitsmedizin（BAuA)（2017）参照。

12)　Ebenda, S. 34f.参照。

も賃金の低い10％の労働者の平均時間当たり賃金は，法定最低賃金導入の影響で15％上昇した。導入以前の1998年と2014年の最下の10％の労働者の時間当たり平均賃金は，2年ごとに平均1％の上昇に留まっていたことと比べて明白な賃金引き上げ効果が確認できる[13]。

② 2015年から2016年にかけて，低賃金セグメントの法定最低賃金導入後の賃金引き上げ効果は，とりわけ僅少雇用の賃金上昇をもたらした。2014年には時給8.50ユーロ以下の最低賃金適用対象の雇用者が10.8％いたが，2016年には約7％に低下している[14]。

③ 最低賃金制度による賃金引き上げ効果は，2つの点で相対的に評価しなければならない。第1に，この効果は，2014年において最低賃金8.50ユーロ以下の賃金を得ていたすべての雇用者に法定最低賃金を超える賃金を得ることを可能にするには十分でないこと，第2に，時給8.50ユーロ未満で働く雇用者の労働時間が最低賃金実施後短縮されたこと，を考慮すべきである。それゆえ，2014年から2016年にかけて月額総賃金の有意な引き上げ効果はなんら確認できなかった[15]。

④ われわれは，時給8.50ユーロ未満の雇用者集団に対する法定最低賃金の直接的効力と並んで，時給8.50ユーロを超える賃金を得ている集団に対して，法定最低賃金の導入が作用したかどうかも研究した。いわゆるスピルオーバー効果の有無については，2016年までは確認できなかった[16]。

最低賃金委員会は，これらの研究機関による調査結果を踏まえて，2度にわたる学術ワークショップを開催するなど研究成果のフォローアップを行っている。

以上みてきたように，SOEPは，法定最低賃金制度がドイツの賃金構造，賃金水準にどのように影響したかをミクロ的に考察するにはもっとも重要なデー

13） IZA & DIW（2018），SS. IX-X.

14） Ebenda.

15） Ebenda.

16） Ebenda.

214 第Ⅱ部 公的統計の2次利用と社会研究

タセットといえる。そこで，そもそも SOEP とは何か，その沿革と調査内容，データの特徴について説明しよう。

3. SOEP とは何か

3-1 SOEP の概要

SOEP は，世界で現在行われている最大規模かつ最長の期間にわたるパネル調査の1つといわれている。1984年に現在の SOEP につながる最初のパネル調査が行われて以来 35 年を数え，1984～2017 年の調査データが公表され，現在第 36 次調査が進行している[17]。SOEP データに基づく研究は，ドイツ社会の変動，とりわけ社会の諸資源がどのように分配されているかについての問題を跡づけている。

調査は，年1回，同一の個人・世帯を調査することによって，長期的な社会全体の動向だけでなく，さまざまな住民集団の生活履歴を収集している。データの内容は，所得，就業，教育，健康および生活満足度に関する情報を含んでいる[18]。SOEP の調査実施は，インフラテスト社会調査（Infratest Sozialforschung）という市場調査企業が受託し，約 600 人の調査員が，調査対象者に質問票を用いた調査をしている。現在 15,000 弱の対象世帯，およそ 30,000 人が被調査者となっている。SOEP の関係者の間では，この研究は，「ドイツの生活」という名称で知られている。ドイツ内外の 500 人を超える研究者がSOEP のデータをその研究のために利用している。今日まで SOEP のデータに基づく 6,000 点以上の研究成果が公表されている。

SOEP は，ドイツの研究基盤構造の一部をなし，連邦教育研究省（BMBF）のLeibniz 連合（WGL）と連邦諸州からの支援を受けており，ベルリンのドイツ

---

17) 提供されているデータ形式は，SPSS, STATA, SAS およびそれらと互換性のあるデータである。

18) SOEP の調査対象は，満 17 歳以上の世帯員であるが，近年では調査票のバリエーションが拡大し，以下に述べるように乳幼児も含まれ，さらには死亡者も追加されている。

経済研究所（DIW Berlin）[19]にその拠点をおいている。DIW の SOEP 部門は，4つの事業領域から成り立っている。第 1 は，SOEP に関する知識の移転（Wissenstransfer），第 2 は，SOEP の調査手法と調査のマネジメント（Survey-methodik und-management），第 3 は，データ操作と研究データセンター FDZ（Daten-operation und Forschungsdatenzentrum），第 4 は，応用パネル分析（Angewandte Panel-analysen）の 4 部門構成となっている[20]。

SOEP 部門に所属する研究者・研究員は，大学教授，ポストドクターなど 90人を超えている[21]。

3-2　SOEP のサンプリングの沿革

1984 年に SOEP の調査が開始された際の対象は，ドイツ国内に居住する全人口を母集団とし，ドイツ国籍の世帯主のいる世帯（サンプル A　4,528 世帯）とギリシャ，イタリア，スペイン，トルコ，ユーゴスラビア国籍の世帯主のいる世帯（サンプル B　1,393 世帯）の合計 5,921 世帯のサンプリングで始まった[22]。

その 6 年後，1990 年の東西ドイツの統一を機に，旧東ドイツの世帯（サンプル C　2,179 世帯）が追加された。1992 年のソ連崩壊に続いて 1994 年には，大量のドイツ系民族のドイツ国内に環流した世帯（サンプル D　531 世帯）と中東欧から移民した EU 市民の世帯（サンプル M1　2,732 世帯）を 2013 年に，そして 2015 年には追加して移民世帯（サンプル M2　1,096 世帯）が SOEP のサンプルとされた。さらに最近の中東（とくにシリア）からの難民として移住した世帯（サンプル M3/4　3,554 世帯　2016 年，サンプル M5　1,555 世帯 2017 年）が追加

---

19)　DIW Berlin は，1925 年に発足し，94 年の歴史を有するドイツ屈指の経済研究所である。その歴史については，DIW（2015）を参照。

20)　4 部門については，DIW の https://www.diw.de/de/diw_01.c.600489.de /ueber_uns.html を参照。SOEP の沿革と歴史については，https://www.diw.de /de /diw_01.c.603717.de /die_institutionelle_ geschichte_ des_soep.html/ を参照。

21)　https://www.diw.de/de/diw_01.c.600489.de/ueber_uns.html/ 参照。

22)　Goebel, et al.（2019），pp. 347-349 参照。

216 第Ⅱ部 公的統計の2次利用と社会研究

された[23]。このように，SOEP のサンプリングの追加が数次にわたって実施されてきたが，それはパネルサンプルの自然減・損耗に対してサンプルの代表性と合理的なサンプルサイズを維持するためである[24]。

3-3 SOEP の調査票とインタビュー法

ここでは公開されている調査票のうち 2016 年の調査票の内容について紹介する。

Ⅰ．基本調査票として，個人用と世帯用の 2 種類，Ⅱ．生活歴調査票として，若者用，生活歴用，個人用短縮版の 3 種類，Ⅲ．母子用調査票として，母と子（新生）用，母と子（2～3 歳）用，母と子（5～6 歳）用，両親と子（7～8 歳）用，母と子（9～10 歳）用の 5 種類，Ⅳ．学校生徒と年少者調査票として，学童（11～12 歳）用と年少者（13～14 歳）用の 2 種類，Ⅴ．付加的調査票として，死亡人と握力検査用の 2 種類，Ⅵ．目標グループ（移民・難民）に特化した調査票によるパネル調査が IAB（労働市場職業研究所）との協力により実施されている。

次項で述べるように，SOEP の質問票は，項目・ページ数とも通常の質問票と比べて極めて大きい。その調査開始の時期より一貫して「対面聞き取り法」（face-to-face interview）がデフォルトとされている[25]。

3-4 調査票の構造

既に述べたように SOEP の基本調査票は基本調査票が個人用と世帯用の 2 種類用いられている。

個人調査票（2016 年）は，表紙（世帯番号，回答者のファーストネーム，回答者の世帯員番号，生年月日，性別）を除いて全部で 38 ページあり，1998 年以前に生まれた人全員が対象となる[26]。2015 年の状態を調査しているので，対象年

---

23) Ebenda, S. 347.

24) Ebenda.

25) Ebenda, S. 350.

齢は 18 歳以上となる。個人調査票は以下の構成になっている。（　）内の数字
は，各区分の質問の通し番号である。

 Ⅰ 現在のあなたの生活状態（1〜16）

 Ⅱ 前年のあなたの学業・訓練・就業の状態（17〜39）

 Ⅲ 現在のあなたの就業状態（40〜104）

 Ⅳ 健康状態，疾病（105〜142）

 Ⅴ 政治に対する態度，意見（143〜153）

 Ⅵ 家族の状態と由来（154〜179）

 Ⅶ インタビュー実施状況（調査員用 A〜H）

 世帯調査票は，表紙（世帯番号，回答者の名，回答者の世帯員番号）を除いて 15
ページあり，調査員のインタビューに対する口頭での回答か，自ら調査票に記
入するか選択できるようになっている。基本的には全世帯共通の質問項目とな
っており，一部，住居に関して借家・借間に当てはまる世帯のみに関する質問
が配置されている。回答者は，世帯員のうちの一人が予定され，全世帯員に関
する情報を回答することになっている。

3-5　SOEP 個人調査票

 個人調査票のうちⅡ（質問項目 17〜39）の部分は，前年の学業・職業訓練・
就業の状態について，前年以前の状態も含めて質問項目を配置している。

 個人調査票のうちⅢ（質問項目 40〜104）の部分は，調査時点現在の就業状態
について詳しい質問項目を配置している。

 以下では，調査票の質問項目番号順に日本語訳を示し，若干の補足説明を脚
注に記す。

Ⅱ 前年のあなたの学業・訓練・就業の状態（17〜39）

 17. あなたは 2014 年 12 月 31 日以後に学校，職業基礎訓練あるいは大学を

---

26) SOEP（2016）．2016 年個人調査票はドイツ語と英語でオリジナルコピーとして収録
 されている。

218　第Ⅱ部　公的統計の2次利用と社会研究

　終えましたか？[27]

18.　あなたは，この職業基礎訓練あるいは大学の全課程を修了しましたか？

19.　あなたが終えた職業基礎訓練または大学は，ドイツ国内にありました

　　か，あるいはドイツ以外の国にありましたか？[28]

20.　ドイツ以外の場合は，ドイツ国内で認定されましたか？

21.　どんな種類の卒業ですか？[29]

22.　あなたは，2015年中に何らかの職業継続訓練に参加しましたか？[30]

　　⇒職業継続訓練に参加した場合

23.　あなたは2015年中にいくつの職業継続訓練施策に参加しましたか？

　　⇒回数を数字で記入

24.　あなたはこの職業継続訓練施策に合計で何日参加しましたか？

　　⇒日数で回答

24a. 職業継続訓練の費用は，誰が負担しましたか？

　　次の選択肢から選択（複数選択可）

　　① 自己負担　② 雇い主　③ 雇用エージェント／ジョブセンター

　　④ 年金保険　⑤ 同業組合　⑥ その他の費用負担者

　　⑦ 職業継続訓練の費用発生なし

25.　あなたは，2014年12月31日以後，職業活動あるいは以前所属してい

　　た職場から離れましたか？[31]

---

27)　ドイツの学制は職業基礎訓練とリンクしている。ギムナジウム終了の場合は，さ
　　らに職業基礎訓練（Ausbildung）を終了しないと労働協約等の格付け等級に入れない
　　し，大学卒業の場合はこの基礎訓練は省略される。
28)　当然ドイツ以外で学業を終えたり，基礎訓練を終えた場合は，ドイツの基準に照
　　らしてその資格が読み替えられる。
29)　この項目は，卒業した教育機関の程度（義務教育〜大学教育まで）を選択肢から
　　選び，なおかつ職業資格の種類や職業基礎訓練の方法についても選択肢が与えられ
　　ている。
30)　ここで「職業継続訓練」とは，「職業基礎訓練」修了者などがさらに高位の職能資
　　格を取得するためにうける職業訓練のことである。
31)　この質問は，離職経験の有無を尋ねている。

J/N（Yes or No）で回答 J を選んだ場合は次の質問へ，N を選んだ場合は，31 の質問へ

26. あなたはいつ直前の職場で働くことをやめましたか？[32]

　⇒2015 年の何月あるいは 2014 年の何月を選択記入

27. あなたは直前の職場で合計どれだけの期間働きましたか？

　⇒何年何カ月の数字を記入

28. 直前の職場を辞めた理由は次のどれですか？[33]

　⇒択一（事業所の休止・解散，自己都合，解雇，雇用契約の解約・同意離職，有
　　　　期雇用あるいは有期訓練の終了，定年到達・年金等，休暇・母性保護・
　　　　育児休暇，独立自営業になるため）

29. あなたは辞めた事業所から退職金を受け取りましたか？

　⇒J の場合，その額は合計何ユーロでしたか？

　　⇒数字を記入

30. あなたは，直前の職場を辞めたとき，すでに再就職先が決まっていましたか？

　⇒4 択（① 見込み　② 新しい雇用契約　③ 両方なし　④ 転職先を探さなかった）

31. あなたは現在就業活動をしていますか？[34]

　以下のどれが当てはまりますか？

　　（① フルタイム就業　② パートタイム就業　③ 事業所での職業基礎訓練，講
　　座，能力向上訓練中　④ 僅少雇用または不規則就業[35]　⑤ ゼロ時間高齢者パ
　　ート就業　⑥ 任意の徴兵延長措置　⑦ 任意の社会奉仕，環境整備活動　⑧ 徴
　　兵代替措置　⑨ 連邦任意サービス（ボランティア）⑨ 非就業）

32）　この質問は，離職経験者が離職直前職から離れた時期を確認するものである。

33）　この質問は，離職理由を具体的に尋ねている。

34）　質問 31 以降では就業状態，就業希望の有無，就業の切迫度，希望する就業形態，
希望する賃金水準等核心的部分に質問項目が進んでいく。

35）　僅少雇用については脚注 57）を参照。

⇒ 32 へ

32. あなたは将来（再び）何らかの就職をするつもりですか？

⇒就業意図がない場合　⇒質問 91 へ，多少ともある場合　⇒質問 33 へ

33. いつから働き始めたいですか？

⇒ 4 択（① 可能な限り早く　② 1 年以内に　③ 2～5 年以内に　④ 5 年以降に）

34. あなたは就業形態について，フルタイムとパートタイムのいずれか，あるいは両方に興味がありますか？

⇒ 4 択（① フルタイム　② パートタイム　③ どちらでも　④ まだわからない）

35. あなたが今仕事を探すとして，自分にふさわしい仕事を見つけることはあなたにとって，① 容易ですか，② 困難ですか，③ 現実的には不可能ですか？

36. あなたが求人に応じるとしたら手取りでいくら必要ですか？

⇒非回答の場合は 38 へ

37. あなたはこの手取り額を稼ぐには週当たり何時間働く必要があると考えますか？

⇒時間数を記入

38. もし誰かがあなたに今ふさわしい求人を提供したら 2 週間以内に働き始めることは可能ですか？

J/N の 2 択

39. あなたは過去 4 週間の間に積極的に求職活動をしましたか？

J/N の 2 択

Ⅲ　あなたの現在の就業状態に関係する質問（40～104）

40. あなたは 2014 年 12 月 31 日以後転職あるいは新たに仕事を始めましたか？

J/N の 2 択

J の場合 ⇒ 41 へ　　　N の場合 ⇒ 53 へ

41. あなたは 2014 年 12 月 31 日以後，何回，転職あるいは新たに仕事を始

めましたか？

　　1回，2回以上の2択

　　2回以上の場合は，その回数を回答

42. あなたはいつ，いまの職場に就きましたか？

　　2015年XX月　または2016年XX月

43. 上記の転職あるいは就職の様子を下記から1つ選んで下さい（複数回答可）。転職した場合は直近のものでお答え下さい。[36]

　・初めての職

　・一定期間の中断の後，もとの使用者のところに復帰した　⇒45へ

　・新たな使用者のもとで職に就いた（派遣労働の場合は派遣先事業所の変化を含む）

　・同じ事業所に継続して勤めている（その事業所に，以前，職業訓練/雇用創出施策/あるいはフリーの協力者として働いていた）

　・同一企業内での配置転換があった

　・自営業者として新たに仕事を始めた

44. 子供のために就業を中断しましたか？

　　（例：母性保護または育児休暇）

　　J/Nの2択

　　はい　⇒45へ　　いいえ　⇒46へ

45. 就業の中断期間は何カ月でしたか？

　　XXカ月

46. あなたは，現在の職に就く前に積極的に求職活動をしましたか？　それとも結果として現在の状態に至りましたか？（2択）　J/N

47. あなたは現在の職場をどのように知りましたか？（1つだけ選択）[37]

---

36)　質問項目43は，職歴を詳しく尋ねているが，選択肢から1つ選ぶこと，そしてどれが直近のものに当てはまるか，回答者の記憶の正確さと同時に，調査員のスキルが問われる難しい内容である。

37)　質問項目47も，回答者は複数を選択したり，行政用語の意味が理解できない場合

222　第Ⅱ部　公的統計の2次利用と社会研究

- ・職業安定所を経由して

- ・ジョブセンター/ ARGE（ギムナジウム保護者会）/福祉事務所を経由して

- ・人材派遣企業（PSA）を経由して

- ・私的職業紹介を通じて（証明書なしで）

- ・私的職業紹介を通じて（証明書を使って）

- ・新聞の求人広告を通じて

- ・インターネットの求人広告を通じて

- ・SNS を通じて

- ・知人・友人を通じて

- ・家族を通じて

- ・同僚を通じて

- ・以前の使用者のところに戻った

- ・その他ないし非該当

48. あなたは現在どのような仕事をしていますか？[38]

　次の例のように仕事の特徴を詳しく具体的に回答してください。

　　「ビジネスマン」ではなく「流通倉庫業の営業」,「労働者」ではなく「機械工」のように職業分類の表記で回答してください。もしあなたが公務員の場合は,「警察官の階級のひとつ Polizeimeister」「ギムナジウム教諭」のように職名で答えてください。もしあなたが職業訓練生の場合は, 訓練職種名で答えてください。

| |
| |

49. 現在の仕事は, あなたの修得した職業（資格）にふさわしいですか？

　はい, いいえ, まだ訓練中である, 修得した資格はない

50. 現在の仕事には通常どのような職業基礎訓練（Ausbildung）の修了が必要

　など調査員の知識とスキルが問われるだろう。

38)　質問項目 48 は, 現在の就業状態のもっとも核心的な項目であり, 回答の「具体性」が決定的に重要である。

ですか？　１つ選んでください。

・何ら職業基礎訓練の修了は必要でない

・職業基礎訓練の修了が必要である

・単科大学（Fachhochschulstudium）の卒業資格が必要である

・大学卒業資格（Universitäts- Hochschulstudium）が必要である

51. 現在の仕事に習熟するにためには，通常どのような経験が必要ですか？

・ごく短期間の職場での指示に基づく経験

・事業所における比較的長期間の経験

・特別の教育課程・コースの受講が必要

52. あなたが働く企業または機関の主な産業部門・業種・サービス領域は何ですか？[39]

「工業」ではなく「電気機械産業」，「商業」ではなく「小売業」，「公共サービス」ではなく「病院」のように具体的に答えてください。

53. あなたはいつから現在の使用者の下で雇用されていますか？

もしあなたが自営業者の場合は，いつから現在の活動をしているかでお答えください。

XX 月 YY 年から

54. あなたは現在どのような従業上の地位（beruflichen Stellung）で働いていますか？[40]

① 自営業者（家族従業者を含む）

---

39)　前の質問項目同様，勤め先企業の業種・部門を具体的に回答してもらうことが重要である。

40)　質問項目 54「従業上の地位」は，職種・業種とならんで，被調査者の社会階層を区分する上で重要な指標となる。とりわけ，ドイツの職能資格制度と関連して，被用者を労働者と職員および公務員および訓練生に区分した範疇がここに生きている。また，産業別労働協約においても賃金等級グループへの格付けに際して重要な意味をもつ。

224　第Ⅱ部　公的統計の2次利用と社会研究

次から1つ選ぶ

自営農民，自由業・自営の大卒資格者，その他の自営業者，家族従業者

雇い人なし　⇒63へ

雇い人あり　1〜9人および雇い人10人以上，家族従業者　⇒61へ

② 労働者（農業労働者を含む）当てはまるものを1つ選んでください。

不熟練労働者（Ungelernte Arbeiter）

職業訓練を受けた労働者（Angelernte Arbeiter）

熟練・専門工（Gelernte und Facharbeiter）

職長・工長（Vorarbeiter），グループ長（Kolonnenführer）

マイスター・現場監督（Polier）

③ 職員（Angestellte）当てはまるものを1つ選んでください。

職員としての工業・工場マイスター

単純職員職

　　職業基礎訓練未修了

　　職業基礎訓練修了

職能資格を有する職員

（例：エキスパート（Sachbearbeiter），会計係（Buchhalter），技術設計者（technischer Zeichner））

高度の職能資格あるいは遂行能力を有する職員

（例：科学研究職員，技師，課長）

包括的管理課題をもつ職員

（例：部長，支配人，比較的大規模な事業所や団体の役員（Vorstand））

④ 公務員（裁判官，職業軍人を含む）

単純業務

中級業務

上級業務

⑤ 訓練生・実務研修生

工業的または技術的職業訓練生

商業的職業訓練生

見習い・実習生および類似のもの

55. あなたが働いている事業所は，公共サービス（öffentlichen Dienst）に属していますか？

⇒　J/N

56. 派遣労働関係がありますか？

⇒　J/N

57. あなたは無期労働契約それとも有期労働契約を結んでいますか？

・無期労働契約

・有期労働関係

・非該当/労働契約なし[41]

58. 職業安定所またはジョブセンターの施策（1ユーロジョブも）を受けていますか？

J/Nの2択

59. 通常一定の方法で行われるあなたの仕事は，上司によって査定されますか？

J　⇒60へ　　　N　⇒61へ

60. この査定は次の事項に影響がありますか？

はい・いいえ・わからない

総賃金月額

年間の追加手当あるいはボーナス

後の賃金の引き上げ

昇給への影響[42]

41）　質問項目56と57は，派遣労働と有期・無期契約という雇用関係にかかわる質問である。就業の規則性，雇用の安定性を測定する指標としてSOEPを利用する場合にクロスセクションの基軸的項目である。

42）　質問59と60は，企業の査定・人事考課に関するもので，明確なルールが明示的

226 第Ⅱ部　公的統計の2次利用と社会研究

61. あなたの事業所には，事業所委員（Betriebsrat）あるいは職場委員
（Personalrat）はいますか？[43]

　　　J/Nの2択

62. あなたが働く企業全体の従業員数は次のどれに該当しますか？

　　　5人未満，5人以上10人以下，11人以上20人未満，20人以上100人未
満，100人以上200人未満，200人以上2,000人未満，2,000人以上

63. 今日おびただしい種類の労働時間ルールがあります。以下の可能性のう
ちあなたの仕事にもっとも当てはまるのはどれですか？[44]

　・毎日の労働時間は，決まった時刻に始まり決まった時刻に終わる

　・事業所により定められているが，1日当たり労働時間は部分的に変動す
る

　・正式な労働時間の規則はなく，労働時間は自分で決める

　・労働時間口座（Arbeitszeitkonto）によるフレックスタイム制（Gleitzeit）と
その枠内での日々の労働時間に関する一定の自己決定

64. あなたの労働時間ルールに，待機業務（Bereitschaftsdienst），当直
（Rufbereitschaft），呼び出し勤務（Arbeit auf Abruf）のような特別のものはあ
りますか？

　・はい，待機業務（Bereitschaftsdienst）があります

　・はい，当直（Rufbereitschaft）があります

　・はい，呼び出し勤務（Arbeit auf Abruf）があります

　・いいえ，ありません

に運用されていなければ回答を得ることが難しい貴重な質問である。

43）　事業所委員，職場委員は法令に基づく従業員代表である。特に事業所委員は，事
業所組織法に基づき，常時働く労働者が5人以上いる事業所では義務的に選挙で選
ばれる。労使共同決定の伝統をもつドイツの労使関係において，労働組合と並ぶ労
働者利益代表である。

44）　ドイツでは，労働時間の短縮と並んで労働時間の弾力化が進められてきた。63と
64質問項目は，複雑で多岐にわたる労働時間制度の認知度もあわせて確かめること
につながる。

第10章　ドイツの SOEP の意義と利用可能性　227

65. あなたの事業所所在地の郵便番号は何番ですか？

   XXXXX　5桁で回答．

   あるいは，下記から1つ選んで回答してください。

   ・最初の2桁のみわかる

   ・最初の1桁しかわからない

   ・さまざまな地域の変転する労働場所
   ・私の事業所の所在地は国外にある

66. 以下の項目陳述はあなたの仕事，職場，あなたが働いている事業所に関してありうる状況を記述しています。どの程度あなたの場合に当てはまるか4段階の選択肢から1つ選んでください。[45]

   ・全く当てはまらない，どちらかといえば当てはまらない，どちらかといえば当てはまる，完全に当てはまる
   ・仕事に際して時間の圧力（Zeitdruck）は軽い（4段階から1つ選択，以下同じ）。
   ・起床時にすでに仕事の諸問題を考えることがしばしばある。
   ・帰宅するとき仕事からの切り替え（解放感）は極めて少ない。
   ・直属の部下によれば，私は過度に自己犠牲的である。
   ・仕事からまれにしか解放されない，その結果晩になっても頭に仕事のことがこびりついて離れない。
   ・本来今日中にやらなければならなかったことを先送りした場合，夜に眠

---

[45] 質問項目66は，労働科学・労働医学的に興味深い設問である。メンタル不調や不全の原因となるストレス度チェックに相当する質問に対して，該当度合を4段階で尋ねている。

228 第Ⅱ部　公的統計の2次利用と社会研究

ることができない。

・重い労働負担のためにしばしば大きな時間の圧力を感じている。

・仕事中，私はしばしば中断や妨害を受ける。

・過去2年の間に私の仕事は多くなっている。

・私の事業所では昇進の機会は少ない。

・仕事の状態の悪化を体験あるいは予測している。

・私自身の職場は（その存続が）危険にされされている。

・私は上司から妥当な承認をもらっている。

・私は自分の果たした成果と努力について妥当な承認を得ていると感じている。

・私は自分の果たした成果と努力について職業上の前進の個人的機会が適切だと感じている。

・私は自分の果たした成果に対して，妥当な賃金を得ていると思う。

67. もしあなたがあなたの労働時間の長さを自ら選択できるとして，その際，あなたの稼ぎが労働時間に応じて変更されるとしたら，週あたり何時間あなたは働くのがもっとも好ましいですか？

　　週当たり XX．X 時間

68. あなたは通常，週当たり何日働いていますか？

　　X 日/ 週　または　当てはまらない（日数が決まっていない，週によって日数が変化)[46]

69. あなたの協定上の週労働時間は，超過勤務時間を除いて何時間ですか

　　XX．X 時間/ 週

70. あなたの実際の週労働時間は，場合によっては超過勤務がある場合はそれを含めて週平均何時間になりますか？

　　XX．X 時間/ 週

---

46)　67 と 68 の質問項目は，労働時間に関する最善の希望と現実のギャップを析出可能とするドイツらしい設問である。

第 10 章　ドイツの SOEP の意義と利用可能性　229

30 時間未満の場合　⇒ 71 へ　　　30 時間以上の場合　⇒ 73 へ

71. それは，450〜850 ユーロ・ルール（ミニジョブ・ミディジョブ）に基づく
　　僅少雇用ですか？[47]

　　　はい，ミニジョブです（450 ユーロ以下）

　　　はい，ミディジョブ（450.01 ユーロ〜850 ユーロ以下）です

　　　いいえ

72. それは，連邦育児手当・育児休暇法（Bundeselterngeld-und Elternzeitgesetz,
　　BEEG）による短時間雇用ですか？

　　　J/N の 2 択

73. あなたは，有給の休暇請求権をお持ちですか？

　　　J/N の 2 択　はい　⇒ 74 へ　　　いいえ　⇒ 76 へ

74. あなたは一労働日当たり何分の有給の休暇がありますか？

　　　はい　　　XX 分

75. あなたは通常そのうち何分休暇請求権を行使しますか？

　　　XX 分　　　　　　または　　　　私は有給の休暇を行使しない

76. あなたは時間外労働をすることがありますか

　　　はい　⇒ 77 へ　　　いいえ・自営業のため該当し合い　⇒ 81 へ

77. この時間外労働は，いわゆる労働時間口座に貯めることができますか？
　　この口座に貯められた時間外労働は，1 年以内あるいはそれ以上の期間を
　　通じて自由時間（休暇 Freizeit）と交換できるものですか？

　　　⇒択一　（年内に調整・短期間で調整・長期間での調整）

78. あなたは先月時間外労働をしましたか？　それは，何時間でしたか？

　　　はい　⇒ XX 時間

　　　いいえ

79. あなたは先月振り替え休暇（Abfeiern）をとりましたか？　それは何時間

47）　週 30 時間未満の労働時間と僅少雇用のクロスセクションをとるには最適の質問が
　　71 である。

230　第Ⅱ部　公的統計の2次利用と社会研究

でしたか？

はい　⇒ XX 時間

いいえ

80. 先月あなたに時間外労働の手当は支払われましたか？　その場合何時間分でしたか？[48]

はい　⇒ XX 時間

いいえ

81. 先月のあなたの労働報酬（Arbeitsverdienst）はいくらでしたか？

労働報酬額　　　税・社会保険料込み（brutto）　　　　　ユーロ

税・社会保険料控除後（netto）　　　　ユーロ

※先月休暇手当等の特別の支給額は含まず，時間外労働手当は含めてください。

※自営業の方は，月当たりの税引き前と税引き後の利益を見積もって答えてください。

82. この労働報酬の基礎には労働協約の拘束力が作用していますか？[49]

1　はい，企業内協約（Haustarif）による賃金です

2　はい，労働協約に準拠して（angegliedert）よって決められた賃金です

3　はい，労働協約によって決められた賃金です

4　いいえ，協約の拘束力を持つ一事業所内の協約適用外の賃金です

5　いいえ，なんら協約の拘束力のない賃金です

6　私にはわかりません

1〜3　⇒ 83 へ

83. この労働協約には，最低賃金が定められていますか？

---

48) 76 から 80 は，弾力化が進んでも賃金と労働時間の強いリンクが試される設問である。また，残業や休日出勤は振替休日で補償されるべき規範が強く反映した設問となっている。

49) 82 と 83 は，適用される労働協約の有無ならびに協約上の最低賃金の水準を確定するのに必須の項目である。

はい　⇒時間当たり XX. YY ユーロ

いいえ

私にはわかりません

84. あなたは，先月，以下のような臨時の支払いまたは追加支払いを受け取りましたか？　当てはまるものすべてに印をつけてください。

・交代勤務手当，遅番勤務手当，週末勤務手当

・時間外勤務手当

・困難勤務手当

・職務手当（Funktionszulage）または属人的手当（persönlichen Zuschlage）

・チップ（Trinkgeld）

・その他の臨時手当　⇒具体的に

・何も受け取らなかった

85. あなたは，使用者から俸給としてさらに他の追加給付を受け取っていますか？　当てはまるものすべてに印をつけてください。

・事業所社員食堂での割引あるいは食事手当

・私用のための社用車の供与　⇒86へ

・私用のための携帯電話供与または通信費用の会社支払い

・純粋な費用弁償を超える諸費用の会社負担

・コンピュータ・ラップトップコンピュータの私用許可

・その他の形態での特別支払い　⇒具体的に

・何も受けていない

86. 社用車を私用することで得られる便益を貨幣価値に換算すると月平均総額でいくらになりますか？　給与として換算されない場合は，あなたの見積もりで答えてください。

　月額　XX ユーロ

87. 昨年すなわち 2015 年にあなたは就業していましたか？

はい　⇒88へ　　　　いいえ　⇒91へ

88. 次の設問は労働強度（Arbeitsintensität）に関するものです。労働強度は，

232　第Ⅱ部　公的統計の2次利用と社会研究

売上高や仕事の質という実例のように，出来高基準あるいは目標設定によって決定されます。しかし，決定基準がなくとも，あなたが通常の一労働日にどれだけ成果を上げたかを測定することは可能です。次のスケールを用いて回答してください。

　昨年と比べてあなたの労働強度はどのように変化しましたか？　低下，不変，上昇をスケール上の□にチェックを入れてお答えください。

低下した　　　　　　　　　　変わらない　　　　　　　　上昇した
□　－□　－□　－□　－□　－□　－□　－□　－□　－□　－□　－□
75%未満　75-79　　80-84　　85-89　　90-94　　95-99　　100%　101-105　106-110　111-115　116-120　121-125　125%超

89. 職場の設備は変えることができます。例えば新技術，新機具，新しい労働生産過程が導入されます。あなたの職場では，2015年中にそのような設備等の革新がなされましたか？

　　はい　⇒90へ　　いいえ　⇒91へ

90. これらの革新は今後2年間のあなたの仕事にどのような影響を与えると考えますか？　以下の項目ごとに次の三択でお答えください。

　　（3択：低下・不変・上昇）

・あなたの健康上のリスク

・あなたの労働生産性

・職能資格への要請

・労働能率への要請

・あなたが職部を失うリスク

　　〈ここから再びすべての人がお答えください。〉

91. あなたの2015年の課税等級はどれでしたか？

　　・Ⅰ　・Ⅱ　・Ⅲ　・Ⅳ　・Ⅴ　・わからない　・課税等級を持っていない

92. あなたは2015年に課税等級Ⅵに移行しましたか？

　　はい，　　いいえ

第 10 章　ドイツの SOEP の意義と利用可能性　233

93.　副業，家事，職業訓練あるいは年金生活者として就業以外の活動をする
　　ことができます。あなたは次の諸活動の１つあるいは複数の活動を行って
　　いますか？　既にお答えいただいた就業活動以外の活動についてお答えく
　　ださい。

　　・自己の事業所での家族員としての手伝い

　　・規則的に支払いを受ける副業

　　・報酬を得て時々仕事をする

　　・いいえ　⇒ 99 へ

94.　報酬を得る仕事は具体的にどんな内容ですか？

95.　平均して月当たり何日副業に従事しますか？

　　月　XX 日

96.　週当たりこの副業に何時間従事しますか？

　　週　XX 時間

97.　先月のこの副業で得た総所得はいくらでしたか？

　　XX ユーロ

98.　現在あなたは本業以外の副業をいくつ行っていますか？　本業は含めな
　　い。

　　X の活動

99.　以下に掲げられた収入のうちどれをあなた自身は先月に得ましたか？
　　当てはまるものすべてを選び先月に得た金額をお答えください。

　　・個人会社からの収入　　あり　⇒税／社会保険料込みの金額

　　　　　　　　　　　　　　　　　　　　　　　　XX　ユーロ

　　・自分の年金　　　　　　あり　⇒税／社会保険料込みの金額

　　　　　　　　　　　　　　　　　　　　　　　　XX　ユーロ

234　第Ⅱ部　公的統計の２次利用と社会研究

・寡婦年金・孤児年金　　　あり　⇒税／社会保険料込みの金額

XX　ユーロ

・失業保険金等　　　　　　あり　⇒税／社会保険料込みの金額

XX　ユーロ

・失業保険金Ⅱ等　　　　　あり　⇒税／社会保険料込みの金額

XX　ユーロ

・育児手当・母性手当　　　あり　⇒税／社会保険料込みの金額

XX　ユーロ

・職業訓練手当等　　　　　あり　⇒税／社会保険料込みの金額

XX　ユーロ

・元配偶者からの扶養等　　あり　⇒税／社会保険料込みの金額

XX　ユーロ

・扶養金庫からの養育費　　あり　⇒税／社会保険料込みの金額

XX　ユーロ

・同一生計外の個人から　　あり　⇒税／社会保険料込みの金額

XX　ユーロ

・いいえ，これらの収入はありませんでした

100. 以下に挙げた収入のうちあなたは 2015 年の暦年でどれを得ましたか？
当てはまるものすべてを選び，2015 年に得た月数と平均の月額をお答え
ください。

　　収入を得たか否か　⇒月数　　⇒税／社会保険料込みの月額

　　⇒付加質問（必要な場合）

　　被用者としての賃金（職業訓練手当等を含む）

　　　　　はい　⇒月数　　⇒月額　　⇒付加質問 101-102 へ

　　自営業者，フリーランサーとしての収入

　　　　　はい　⇒月数　　⇒月額

　　副業，副収入

　　　　　はい　⇒月数　　⇒月額

個人会社からの収入

　　　　はい　⇒月数　　⇒月額

自己の年金

　　　　はい　⇒月数　　⇒ 103 へ

寡婦年金・個人年金

　　　　はい　⇒月数　　⇒ 103 へ

失業保険金等

　　　　はい　⇒月数　　⇒月額

失業保険金 II 等

　　　　はい　⇒月数　　⇒世帯員調査票へ

育児手当・母性手当

　　　　はい　⇒月数　　⇒月額

職業訓練手当等

　　　　はい　⇒月数　　⇒月額

元配偶者からの扶養等

　　　　はい　⇒月数　　⇒月額

扶養金庫からの養育費

　　　　はい　⇒月数　　⇒月額

同一生計外の個人から　あり

　　　　はい　⇒月数　　⇒月額

いいえ，2015 年の暦年にこれらの収入はありません。

〈被用者だけに限定した質問〉

101. 2015 年にあなたは使用者から以下のような特別の手当を受け取りましたか？　当てはまるものすべてに印をつけ，その金額を税・社会保険料込みでお答えください。

　　　13 カ月目の給与　　　　　はい　　　　　XX ユーロ

　　　14 カ月目の給与　　　　　はい　　　　　XX ユーロ

236 第Ⅱ部　公的統計の2次利用と社会研究

追加的クリスマス手当　　はい　　　XXユーロ

休暇手当　　　　　　　　はい　　　XXユーロ

利益配当，賞与等　　　　はい　　　XXユーロ

その他の手当　　　　　　はい　　　XXユーロ

何もなかった

102.　あなたは2015年に自動車通勤手当あるいは公共近距離交通補助金等を受け取りましたか？

はい　⇒XXユーロ　　　いいえ

103.　2015年の年金支払者はどれですか？　月平均の税／社会保険料控除前の年金支給額はいくらですか？　複数の年金を受けている場合は，該当するものすべてに印をつけてください。

・ドイツ年金保険　　　　　　自分の年金　XXユーロ

　　　　寡婦年金等　　YYユーロ

・公務員年金　　　　　　　　自分の年金　XXユーロ

　　　　寡婦年金等　　YYユーロ

・公共サービスの付加年金　　自分の年金　XXユーロ

　　　　寡婦年金等　　YYユーロ

・事業所年金　　　　　　　　自分の年金　XXユーロ

　　　　寡婦年金等　　YYユーロ

・リースター年金　　　　　　自分の年金　XXユーロ

　　　　寡婦年金等　　YYユーロ

・私的保険会社の年金　　　　自分の年金　XXユーロ

　　　　寡婦年金等　　YYユーロ

・災害保険年金　　　　　　　自分の年金　XXユーロ

　　　　寡婦年金等　　YYユーロ

・戦争犠牲者援護金　　　　　自分の年金　XXユーロ

　　　　寡婦年金等　　YYユーロ

・その他　　　　　　　　　　自分の年金　XXユーロ

第 10 章　ドイツの SOEP の意義と利用可能性　237

寡婦年金等　　　YY ユーロ

104. 2015 年の各月ごとのあなたの状態について該当するものに印をつけて
　　ください。

状態	2015 年											
	1 月	2 月	3 月	4 月	5 月	6 月	7 月	8 月	9 月	10 月	11 月	12 月
フルタイムで働いていた												
パートタイムで働いていた												
450 ユーロまでのミニジョブ												
事業所での最初の職業訓練												
向上訓練，再訓練，継続訓練												
失業												
年金または早期退職												
母性保護・育児休暇												
学校等通学												
自由意志の軍役												
自由意志の社会環境活動												
連邦自由意志活動												
主婦・主夫												
その他（　　　　　　　）												

　以上 SOEP の質問票（個人用）の一部の邦訳をみたが，対面インタビューに
よる聞き取り調査とはいえ，回答者と調査員にとって膨大な時間と労力を求め
るものであることは容易に想像がつく。さらに，世帯用調査票，年齢別調査
票，移民等を対象にした調査票，一定間隔で実施される特別調査票のバリエー
ションを加えると，SOEP 調査票の全貌を把握すること自体が困難なように思
えるかもしれない。

　しかし，Jan Goebel.et.al（2019）が詳しく紹介しているように，SOEP は，利
用者の利便への配慮をしながら，長期にわたるパネルデータとしての有用性の
維持と利便性の向上のために改善努力を粘り強く継続している。

4. おわりに──SOEP 利活用の可能性

　以上みてきたように，SOEP の特長は，大量統計調査としては異例といえる
その調査対象と調査事項の多さ，サブクエスチョンによる場合分けの広さ，そ
して質的調査の調査票にも匹敵する調査員と被調査者の知識や経験レベルの高

さが求められる。そして，この調査が 35 年以上にわたって継続され，その内容が豊富化されている。

SOEP のデータは，学術研究のみを目的とする研究者が，一定の手続きを経て誓約書を提出すれば，国内外を問わずアクセスが認められている。オンサイトでのデータアクセスも，一部の制限（地域別データ）以外は許されている。

SOEP は，ドイツにおける労働市場，賃金構造，貧困問題，教育と職業訓練，家族・世帯構造，移民問題，社会保障，社会福祉，労働時間等々広範囲のテーマ群に関わる実証研究にとって大いなる利活用の可能性を提供している。

補論——ドイツの法定最低賃金制度の概要と SOEP を用いた研究の始まり

MiLoG は，一見して独立した法律であるが，実は，「協約自治強化法」（Gesetz zur Stärkung der Tarifautonomie vom 11. August 2014）の第 1 部として位置づけられている。同法には，最低賃金以外に，第 2 部で労働裁判所法の改正，第 3 部でヤミ労働撲滅法の改正，第 4 部で所得統計法（Verdienststatistikgesetz）の改正，第 5 部で労働協約法（Tarifvertragsgesetz）の改正，第 6 部で労働者送出法（Arbeitnehmer-Entsendungsgesetz）の改正，第 7 部で労働者派遣法（Arbeitnehmer-überlassungsgesetz）の改正，第 8 部で社会法典第三部の改正，第 9 部で社会法典第四部の改正，第 10 部で社会法典第十部の改正，第 11 部で営業条例（Gewerbeordnung）の改正等々が含まれている。

ドイツの伝統的な協約自治（部門別労使自治）を補完しかつ強化するという建前の法改正の一部として成立した MiLoG は，第 1 条で，「最低賃金」を以下のように定義している。

「第 1 条　最低賃金」

「(1) すべての女性被用者（Arbeitnehmer）と男性被用者は，少なくとも最低賃金額での労働対価（Arbeitsentgelt）の使用者による支払いを請求する権利をもつ。」

「(2) 最低賃金の額は，2015 年 1 月 1 日以降，1 時間につき 8.50 ユーロ（税込

み）とする。最低賃金の額は，常設の労使当事者団体の委員会，すなわち最低賃金委員会（Mindestlohnkommission）の提案に基づき，連邦政府の法令を通じて変更が可能である。」

「(3) 労働者送出法（Arbeitnehmer-Entsendegesetz）及び労働者派遣法（Arbeitnehmerüberlassungsgesetz）並びにそれらを基礎に告示された法令の諸規定は，それらの基礎の上に制定された部門（Branchen）別最低賃金額がこの法律の定める最低賃金額を下回らない限りで，この法律の諸規定に優先する。」

　要点は，MiLoG 第 1 条 ① すべての被用者が適用対象 ② 法定最低賃金の時間額 8.50€ 以上 ③ 最低賃金を超える部門別賃金の優先適用，の 3 点である。しかし，最低賃金法に基づく最低賃金が適用される労働者の範囲は，第 1 条第 1 項の「被用者」一般という原則論にもかかわらず，実際には以下の範疇に関しては適用の限定あるいは除外がなされている。

(1) 満 18 歳以下の男女の被用者適用除外

(2) 1 年以上の長期失業者が雇用される場合の最初の 6 カ月間は適用除外

(3) 職業訓練法に基づく訓練生（Auszubildende）は適用除外

(4) 名誉職として活動する個人は適用除外

(5) ボランティア活動に従事する個人は適用除外

(6) 雇用促進施策（Maßnahmen der Arbeitsförderung）の女性および男性の参加者は適用除外

(7) 家内労働法（Heimarbeitsgesetz）に基づく女性および男性の家内労働者は適用除外

(8) 自営業者（Selbstständige）は適用除外[50]

　他方で，個別に適用対象とされるのは，年金生活者，18 歳以上の生徒，ドイツで働く外国人労働者，国境を越えてドイツに通勤する労働者，障害者の一定要件を満たした人，季節労働者，職業実務訓練生（Praktikanten）（ただし三カ月未満の自由意志の訓練生は除く）等々と例示されている[51]。

---

50)　松丸（2019），275-276 ページ参照。

240 第Ⅱ部 公的統計の2次利用と社会研究

　MiLoG 第3条は，「最低賃金の不可侵性」として，「最低賃金に対する請求権を下回るか，その実行を制限または排除する取り決めは，その限りで無効である。第1条第1項により成立する請求権が女性被用者と男性被用者に断念させうるのは，裁判による調停が成立する場合に限られる。それ以外には，断念させてはならない。請求権の喪失は許されない」と規定している[52]。

　このような MiLoG 導入の影響に関して，以下詳しく考察する SOEP を所管するドイツ経済研究所（DIW Berlin，以下 DIW と表記）は，SOEP のデータを用いて，2015年1月に導入された法定最低賃金のドイツの賃金水準への影響を次のように特徴づけている[53]。

　第1に，「2015年1月の最低賃金の導入以後，低賃金の賃金引き上げ請求権を持つ雇用者の賃金増加が加速されている」。つまり，2015年当初の最低賃金額8.50ユーロを下回る労働者の数は，2015年にはおよそ210万人だったのが，2016年上半期には180万人に減少した。しかし，最低賃金が導入される直前には，280万人弱が8.50ユーロ未満だったから，1年半で100万人が減少したことになる。しかし，最低賃金への引き上げ請求権をもたない自営業者の場合，2016年になってもなお8.50ユーロ未満しか稼げない人が440万人いた，という[54]。

　第2に，同じく SOEP のパネルデータを用いて，法定最低賃金の導入効果を分析した WSI（Wirtschfts- und Sozialwissenshafliches Institut）の Putsch, Toralf（2017）によれば，「最低賃金導入後の3年間で低賃金セクターの賃金は再び上昇した。それにもかかわらずドイツでは最低賃金の恩恵を受けない多数の人々がなお存在する」。WSI の労働市場分析部長でもある筆者の Putsch は，最低賃金と不当に低い賃金の雇用の問題は，フルタイムで働く労働者においても女性だと指摘している。ドイツ語でワーキング・プアを意味する Erwerbsarmut（就業貧困）

51）　BMAS（2019a）参照。
52）　松丸（2019），276-277ページ参照。
53）　Burauel, Caliendo, Fedorets, Grabka, Schröder, Schupp, Wittbrodt（2017）, S. 1109f.
54）　Ebenda.

という用語を用いながら，最低賃金以下の低賃金就業の量的偏在実態を分析している。とくに，個人世帯向けサービス，宿泊業，小売業等で最低賃金以下の労働者の割合が高いとしている[55]。

第3に，最低賃金とワーキング・プアとの関係を取り扱った Helmrich, Christian（2015）は，ドイツにおいてなぜ低賃金セクターが拡大してきたのか，そしてなぜ克服されなければならないのか，と問題を提起し，「社会問題としての低賃金セクター」を理論的に解明している[56]。同書は，最低賃金額の設定水準，雇用の安定・不安定が労働者の「生存保障（Existenzsicherung）」にとって重要な問題であることを法社会科学的に明らかにしている．

2015年1月に導入された法定最低賃金は，大きな期待と結びつけられ，他方で大きな懐疑と批判を呼び起こしたが，これはドイツの労働市場における1つの通過点であった。SOEP のデータを用いた試算によれば，2014年と2016年の最低賃金の請求権をもつ雇用者の平均実態時間賃金（tatsächlicher Stundenlohn）は，16.28ユーロから17.16ユーロに上昇した．しかし，男女別では男が18.93ユーロ，女が15.33ユーロ，雇用形態別，企業規模，地域などによるばらつきも窺える。

労働協約上の労働時間に合致しない短時間雇用者や僅少雇用（geringfügige Beschäftigung）にとっては，法定最低賃金は，その賃金引き上げ効果を十分に発揮していない[57]。

雇用とは一定の質をともなう経済量である．MiLoG の実施によって，低賃金セクターは減少するか，しかも雇用量全体を減らさないか。この問いかけに対する最終的な結論はまだ保留しなければならない。2018年7月のドイツ登録失業者数は232万人，失業率は5.1％であった。社会保険加入義務のある雇

---

55)　Putsch and Schulten（2017），S. 472.
56)　Helmrich, Christian（2015）.
57)　僅少雇用とは，ドイツの社会保険適用義務が免除される雇用を意味し，月額賃金が450ユーロ以下の雇用のことである。ただし，一定額以上の賃金が支払われる雇用の場合は，使用者に社会保険料の支払い義務が生じる。BMAS（2019b），S. 10ff.

242 第Ⅱ部 公的統計の2次利用と社会研究

用も増加している．こうしたドイツ労働市場の「好調」は，ドイツ経済自身の
好調の成果なのか，あるいは一連の労働市場改革の成果なのか，あるいは，
2015年のMiLoG実施によって促進されたのか，SOEPを用いた研究が今後も
継続されるだろう。

参 考 文 献

BMAS（2019a），"Der Mindestlohn, Fragen & Antworten".

BMAS（2019b），GERINGFÜGIGE BESCHÄFTIGUNG UND BESCHÄFTIGUNG IM
ÜBERGANGSBEREICH.

Brenke, Karl und Kai-Uwe Müllel（2013），"Gesetzlicher Mindestlohn ― Kein
verteilungspolitisches Allheilmittel" *DIW Wochenbericht Nr. 39.*

Bundesanstalt für Arbeitsschutz und Arbeitsmedizin（BAuA）（2017），Makroökonomische
Folgen des gesetzlichen Mindestlohns aus neoklassisch ge-prägter Perspektive.

Burauel, Patrick, Marco Caliendo, Alexandra Fedorets, Markus M. Grabka, Carsten
Schröder, Jürgen Schupp, Linda Wittbrodt（2017），"Mindestlohn noch längst nicht für
alle ― Zur Entlohnung anspruchsberechtigter Erwerbstätiger vor und nach der
Mindestlohnreform aus der Perspektive Beschäftigter" *DIW Wochenbericht Nr. 49.*

DIW（2015），"Deutsches Institut für Wirtschaftsforschung, Geschichte 1925-2015".

Goebel, Jan et al.（2019），"The German Socio-Economic Panel（SOEP）", *Journal of
Economics and Statistics;239.*

Helmrich, Christian（2015），Mindestlohn zur Existenzsicherung? Rechts- und sozialwissen-
schaftliche Perspektiven, Baden-Baden, Nomos.

IAB（2018a），Auswirkungen des gesetzlichen Mindestlohns auf Betriebe und
Unternehmen.

IAB（2018b），Auswirkung des gesetzlichen Mindestlohns auf die Armutsgefährdung und
die Lage von erwerbstätigen Arbeitslosengeld II-Bezieherinnen und ― Beziehern.

IZA & DIW（2018），Auswirkungen des gesetzlichen Mindestlohns auf Beschäftigung,
Arbeitszeit und Arbeitslosigkeit.

Putsch, Toralf and Thorsten Schulten（2017），"Mindestlöhne in Deutschland ―
Erfahrungen and Analysen", WSI Mitteilungen 7/ 2017.

RWI - Leibniz-Institut für Wirtschaftsforschung, Institut für Angewandte Wirtschafts-
forschung e. V. an der Universität Tübingen（IAW）（2018），"Vergleich von
Datenquellen für eine Analyse von Übergängen am Arbeitsmarkt".

SOEP（2016），SOEP Survey Papers, 345.

江口英一（1980）「全社会階級構成の中での「低所得階層」」『現代の「低所得層」』
（下），未来社，第九章。

松丸和夫（2019）「ドイツの法定最低賃金制度（MiLoG 2015）とその賃金・雇用に
対する影響に関する若干の考察」（『経済学論纂』第59巻第5・6合併号）。

第 11 章

アドルフ・ケトレーの統計論

上　藤　一　郎

1.　は じ め に

　本章の目的は，アドルフ・ケトレー（1796-1874）の出世作となった『人間について』[1]を，「統計（statistique）」，「確率（probabilité）」，「社会の体系（systéme du sociale）」の 3 つの視点から評価し，それらを通じて統計学史の通説を再検討することである。

　19 世紀前半，社会物理学（physique sociale）構想を打ち立て，データに基づく社会研究の先駆者となったケトレーは，「近代統計学」の定礎者として統計学史上高く評価されている。このような評価が与えられる理由としてしばしば挙げられるのは，『人間について』で展開されたケトレーの試みが統計学と確率論を初めて結びつけ，それが統計的推測論を主内容とする現代統計学の嚆矢となったという点である。

---

1)　Quetelet, A. (1835). なおこの文献については，次の英訳，独訳，邦訳がある。English translation by Franklin, B. (1842), *A Treatise on Man and the Development of his Faculties*, Edinburg. Deutsche übersetzung von Riecke, V. A. (1838), *Ueber den Menschen Entwicklung seiner Fähigkeiten, oder Versuch einer Physik der Gesellschaft*, Stuttgart. 平貞蔵・山村喬訳（1939-1940）『人間に就いて』（上・下巻）岩波書店。

244　第Ⅱ部　公的統計の2次利用と社会研究

こうした評価が生まれる背景には，統計学史の通説の影響がある。統計学の歴史は，17世紀に生まれたイギリス政治算術，ドイツ国状学および古典確率論を濫觴とし，19世紀にケトレーがこれらを統合して近代統計学を確立したとするのが通説とされてきた。しかしこの通説にはいくつか問題もある。1つは，ケトレーが政治算術と古典確率論だけではなく，国状学をも包摂して独自の統計理論を打ち立てたとする評価である。定性的な国状記述の国別比較を目的とする国状学から，具体的にケトレーが何を自己の統計学に反映させているのか，この点を解明した研究は皆無に等しい。このような疑問を解明するには，ケトレーにとって，社会物理学と統計学は明確に区別されるべき研究対象であったという視点で立論する必要があると筆者は考えている。例えば，ケトレーの社会物理学を統計学とは切り離し，1つの独立した科学として評価する科学史研究も現れているのである[2]。

いずれにせよ，この通説の枠組みに留まる限り，上述の疑問に対する答えを見出すことは難しい。そもそも，この通説それ自体に，どのような統計学史の研究過程を経て通説となったのか不明な点が多く，ケトレー統計学の再評価に際しては，通説が形成された研究史の検討も必要になろう。

このような問題を解決する最初の試みとして，本章では，前述で指摘した通説の形成過程を検討した後，『人間について』をめぐる統計学史上の再評価を行う。改めていうまでもないことではあるが，この著作の表題は『人間とその諸能力の発達について，もしくは社会物理学の試論』となっており，「統計学」という名称が全く含まれていない。このこと自体，ケトレーが社会物理学と統計学を区別していた傍証になり得ると筆者は考えるが，『人間について』の精査を通じてこの点を確認し課題の究明を試みる。

2.　統計学史の通説をめぐる検討

戦前期，ドイツ社会統計学を昇華させ，独自の統計理論を提示した蜷川虎三

---

2)　Donnelly（2015）.

は，ケトレーの統計学について「獨逸派にせよ英米派にせよ，現代の統計學から遡っていくと，ケトレーの輝かしい業績に達する。ケトレー以前に在っては，專ら國状の記述を目的とせる獨逸大學派統計學（deutsche Universitätstatistik）と，社會現象の数量的記載並に其の分析を目的とせる政治算術（Political arithmetic）とが全く別個に存在し，發展して來たのである。然るに，ケトレーに於いて，よく此の二つの流れに於ける本質的な問題が把握され，政治算術に於ける社會現象の数量的研究を更に發展し，之を一個の社會科學として主張すると共に，統計學こそ其の學問であるとした。」[3]と述べている。

蜷川の師であった財部静治も「ケトレーカ政治算術ト大學派統計ノ統一を圖レルト共ニ大學派統計ノ衰頽スタチスチークノ意義ニ關スルノ紛争ノ後ヲ受ケ，一八三五年ノ大著ニヨリ由来政治算術ト呼ハレシモノニ名稱スタチスチークヲ冠スルノ本流ヲ開ケルニアリ」[4]と述べ，蜷川と同様の評価を示している。蜷川や財部の評価は，いわば戦前期の日本における社会統計学派の標準的なケトレー評価であるとみなされるが，重要な点は，両者とも，統計学にはケトレー以前に政治算術と国状学という2つの知的伝統があったとしながら，ケトレーが政治算術学派の知的伝統を更に発展させる方向で統計学の新たなフロンティアを切り開いたとしている点である。つまり，実質的には，ケトレーの統計学を国状学ではなく，政治算術の発展型としてみていることをこれらの評価は示しているのである。

この点をよりはっきりと表明しているのが高野岩三郎である。日本におけるドイツ社会統計学の定礎者であった高野岩三郎は，ケトレーを「最近統計學の開祖」[5]と評価する一方で，「數字材料に基づく社會現象の観察及び研究」[6]とい

---

3) 蜷川（1934），315-316 ページ。
4) 財部（1911），96 ページ。なお同書は，著者本人も認めているように，ケトレーに関する次の著作を底本として，それに若干の著者の考えを加えたものである。ただし，引用部分は底本にはないのでこれは財部自身の評価であるとみなし得る。Hankins（1908）.
5) 高野岩三郎「校閲者としての辭」，平・山村訳（1939）（上巻），3 ページ。
6) 高野（1942），236 ページ。

う点から，政治算術学派の延長線上にケトレーの統計学を位置づけている。

このように，戦前期の日本の統計学では，ケトレーの統計学を「政治算術の発展型としての近代統計学」とみなし，以ってケトレーを「近代統計学の定礎者」として評価するのが一般的であった。このような評価は，戦後においてもそれほど大きな変化がみられない。例えば，北川敏男は「統計学がGraunt-Süssmilch の線において引いた方向こそ，ふたたび見失ってはならない方向性である。この延長に，近代統計学の定礎者 Lambert Adolphe Jacques Quetelet（1796-1874）の偉大な存在を見る」[7]と述べ，高野と同様の考え方を示している。また最近でも，島村史郎は「ケトレーの統計学を学史的に見ると，17 世紀から各国でそれぞれに発展してきたイギリスの政治算術学派，フランスの確率論及びドイツの国状論学派を総合統括し，これに確率論的視点を加えて社会物理学を構想したものと言える。ケトレーの出現以降，「政治算術」，「国状論」という学派は存在しなくなった」[8]と述べて，前述の蜷川や財部とほぼ同様の考え方を示している。一方，竹内啓は，既述の通説に対してやや距離をおきながらも，ケトレーの『人間について』によって，現在の意味での「統計学」が確立されたという通説を指摘し，「ケトレーによって「統計学」というものの 1 つの形が作られたといってよい」[9]ことを認めている。

以上みたように，本章で検討している統計学の通説は，少なくとも日本の統計学においては，現在でも一般に認知された定説として流布されているのである。筆者の調べでは，こうした通説の源流を辿っていくと，統計学の歴史に関する 3 つの著作，すなわち，V. ヨーンの『統計学史』[10]，K. クニースの『独立の学問としての統計学』[11]，H. ウェスターゴードの『統計学史の寄与』[12]に行き着く。別けてもヨーンの『統計学史』は，明治期の早い段階でその所説が

---

7)　北川（1948），35 ページ。
8)　島村（2013），38 ページ。
9)　竹内（2018），195 ページ。
10)　John（1884），足利訳（1956）。
11)　Knies（1850），高野訳（1942）。
12)　Westergaad（1932），森谷訳（1943）。

日本に紹介され，統計学の歴史を知るための標準的な文献とされたこともあって，通説の固定化に与えた影響は大きいとみなし得る。

　ヨーンの『統計学史』は，その副題に「第1部　統計学の起源からケトレーの1835年まで」とあるように，元々は2部構成の著作となる予定であったが，著者の急逝によりそれが達せられなかったという経緯がある。著者の計画では，ケトレーを原点として，それ以前の統計学が第1部，それ以降の統計学の発展を第2部で叙述する予定であったが，結局のところ第1部のみが上梓されるに留まった。しかしながら，ヨーンの統計学の歴史に対する思想は，この第1部でもある程度把握することはできる。

　第1部は，序論で「統計学の起源」を「統計」の語源から検討した後，第1編の「ドイツ大学派統計学の歴史的発展—その起源からケトレーの最初の主著が現われた1835年まで—」でドイツ国状学の歴史を精緻に描き出している。続いてヨーンは，第2編を「今日の意味の統計学の歴史的発展—その起源からケトレーに至るまで　1660年から1835年まで—」という表題とし，主にイギリスを中心とした政治算術とその周辺について詳述している。ここで着目すべきは，政治算術がドイツ国状学とほぼ同じ時期の起源（1660年）をもちながら，それを「今日の意味の統計学」の起源としていることである。

　「今日の意味の統計学」がケトレー以降の統計学を指していることは，1835年に公刊されたケトレーの『人間について』を第2編の終着点にしていることからも明らかであるが，同時に，それは，ケトレーの統計学がドイツ国状学の知的伝統とは全く異なるものであることをヨーンが表明していることをも意味する。事実，ヨーンは第2編の末尾に，「この画期的な著作（ケトレーの『人間について』）がますます広い範囲にわたって読まれるようになったとき，このことによって「統計学」という名称もまた，ケトレーによって原理的に，政治算術と同一になっただけではなく，新しく成立した社会科学の現実主義的方向という意味においても多面的に拡大された。……アッヘンヴァルの「国家顕著事項」とその記述は，これとともに実質的にも形式的にも統計学の領域から追放された」[13]と述べて第1部を擱筆している。つまりヨーンは，ケトレーの統計

248 第Ⅱ部 公的統計の2次利用と社会研究

学を専ら政治算術の新しい一形態であるとし，そこには国状学の影響など微塵
も存在していないとみているのである。こうした評価は，19世紀末のドイツ
社会統計学でしばしばみられるが，その原点はクニースの論断にある。

クニースは，『独立の学問としての統計学』で，政治算術・ケトレー統計学
の流れを汲む現代の統計学こそが統計学の名に値する学問であり，ドイツ国状
学は文字通り「現在国状学（Staatenkunde der Gegenwart）」もしくは国家状態学
（Staatszustandkunde）」[14]と呼んで，統計学とは区別すべきであると論断している。
クニースの評価によれば，アッヘンヴァル以来のドイツ国状学とは，現在の国
家の状態を記述する学問であり，それは歴史学と同じ視点と記述法を共有する
ものである。アッヘンヴァルの後継者であったA. L. シュレーツァーが，「歴
史とは進行する統計であり，統計とは静止する歴史である」[15]と喝破したよう
に，国状学と歴史学の相違は，既述の対象が現在か過去かだけにすぎず，国状
学は，数字に基づき社会を考究する政治算術とその系譜に連なる現代の統計学
と全く異なった学問であるというのがクニースの主張である。

クニースが下したこの評価は，当時の錯綜した統計学の現状に基づき，今後
の統計学が歩むべき指針を明示したという点では，1つの意義を有していたと
いってよい。元々この著作は，国状学と政治算術・ケトレー統計学との融合を
試みようとしたJ. ファラティの『統計学入門』[16]に対する批判を目的として
書かれたもので，少なくとも，ケトレー流の統計学を志向する論者にとって
は，強い説得力をもって受容されたことも事実である。

しかしながら，クニースのこの評価は，統計学の歴史評価という点では，国
状学に対する批判に終始し，なぜこのような性格の異なる2つの統計学が並立
したのか，それについての根源的な検討を試みておらず，さまざまな点で問題

---

13) John（1884），S. 369-370, 足利訳（1956），374ページ。
14) Knies（1850），S. 168, 高野訳（1942），318ページ。
15) Schlözer（1804），S. 86.
16) Fallati（1843）. なお，ファラティの統計学については次の文献も参照のこと。足利
（1966），243-264ページ。

のある評価だといわざるを得ない。確かに同書では「歴史」と題する一章を設け歴史的考察も加えてはいる。しかしそこで展開されているのは，ドイツ国状学の歴史を辿りながら，それが現代の統計学とは全く性格が異なるという主張の繰り返しである。それゆえ，基本的にはクニースと同じ見方に立つヨーンにあっても，同書をして「統計学の歴史的発展は，その主要な課題ではなく，まったく徹底した論争的な意図を示す手段であり素材であった」[17]といわざるを得なかった。

　筆者がクニースの論断のもっとも大きな問題だと考えるのは，「統計(Statistik)」という名称を初めて使用し，「統計学」という学問を創造したのはドイツ国状学であり，その国状学がイギリスやフランスなどのヨーロッパ各国に輸出され，少なくとも 1790 年頃までは国状記述の意味で「統計」概念が一般に理解されていたという動かし難い事実があること，それにもかかわらず，1800 年代に入りケトレーの統計学が出現すると，従来とは全く異なった意味として「統計」および「統計学」の概念が理解されており，またされるべきであると主張している点である[18]。「統計」および「統計学」をめぐり，いかなる歴史的過程を経て，国状学的概念が政治算術的概念に変化していったのか，この点に関する分析がクニースの著作には全く欠けているのである。これでは筋の通った統計学の歴史記述を展開することは難しい。

　この疑問に対して筆者は，1780 年代前後に生じた「統計表」概念の変容がドイツ国状学とイギリス政治算術の接点になったのではないかという仮説を立て，その検証を試みたことがある[19]。この検証から筆者は，1780 年代にイギリスやフランスに国状学としての統計学が輸入されるようになると，国状学的要素の強い数量記述に欠けた国状記述の「統計」と，政治算術的要素の強い数

---

17)　John (1884), S. Ⅷ, 足利訳 (1956), 2 ページ。
18)　「統計」と「統計学」の起源については次の拙稿を参照のこと。上藤 (2009), 197-220 ページ。
19)　上藤一郎 (2015), 73-95 ページ。なお同様の視点から実際統計（数字としての統計）の変容過程を検討した次の研究も参照のこと。Berg, Török und Twellmann (2015).

250　第Ⅱ部　公的統計の2次利用と社会研究

量記述による人口表としての「表」が折衷された形で「統計表」の概念が形成され，そのような意味での表が，18世紀末から19世紀初頭に「統計表」として広く一般に受け止められていたことを明らかにした。

この結論から直ちに明らかになるのは，ケトレーが『人間について』で国状学と政治算術が融合した概念としての統計表をデータとして使用していたということである。つまりケトレーが国状学と政治算術を統合したのではなく，既に統合された概念をケトレーが前提にしていたということである。したがって，筆者の評価では，クニースの論断から演繹される評価，つまり政治算術の発展型であるケトレー統計学に国状学の影響が全く存在しないという評価は問題であること，次に，しかしながらケトレーが国状学と政治算術を統合したのではなく，それ以前に両者は「統計表」という名の下に統合された概念が存在していたということ，そしてケトレーはそれを前提として『人間について』を書き上げた，ということになる。では，政治算術学派の統計学を発展させたとされるケトレーが『人間について』ではいかなる「統計学」を展開させたのか。引き続き検討していこう。

3.　ケトレーの『人間について』

クナップによれば，ケトレーが統計による社会研究の成果を初めて公表したのは1826年のことで，その内容は「季節による出生死亡に注意を向け，更に年齢による死亡に注意を向け」[20]たものであると指摘している。この研究が「ブリュッセル市における出生と死亡の法則に関する覚書」[21]を指していることは明らかで，このような社会研究にケトレーが関心を寄せたのは，恐らくその前年にフランスを訪れ，P. S. ラプラスやJ. B. J. フーリエに知己を得たことが1つの契機になっている。この点については，ヨーンも「ケトレーによる「政治算術」の発展は，それを確率論，および，そもそも統計のために数学を

---

20)　Knapp（1872），S. 91，権田訳（1943），247ページ。

21)　Quetelet（1826），pp. 493–512.

利用することについてのラプラスとフーリエの理念に結びつけて初めて理解することができる」[22]と指摘している。その何よりの証左となるのが、『人間について』の表紙に「政治科学と道徳科学において観測とその計算に基礎を置く方法を適用しよう。それは、自然科学で大いに役立った方法である」[23]という、ラプラスが『確率の哲学的試論』で述べた一節を掲げていることである。

このようにラプラスやフーリエに刺激を受けて始めたケトレーの社会研究ではあるが、初期の研究では、「統計」や「社会物理学」の概念が必ずしも明確ではない。例えば、筆者の精査では、前述の1826年の論文には「統計」という言葉も「社会物理学」という言葉も全く使用されていない。またJ. ロタンも指摘しているように、当初ケトレーは、ラプラスの『天体力学』の影響を受けて、「社会物理学」ではなく「社会力学（méchanique sociale)」という造語を使用していた[24]。その初出は、1831年に公刊された「異なる年齢の犯罪傾向に関する研究」[25]と題する論文であるが、データを意味する用語としては、ここでも「統計」という用語はほとんど用いられておらず、多くは「観測値 (observations)」という政治算術以来の伝統的な言葉を使用している。

そのことは、過去の研究結果をまとめた『人間について』も同様である。表11-1 は、『人間について』の各編章構成と各編の総頁数を示したものである。同書は、1835年に初版が2巻本として公刊されているが、この表から、第1編が全体の約40％を占め、もっとも多い頁数になっていることがわかる。各編の内容を要約すると、第1編が出生や死亡に影響を与える要因（季節、居住地、職業等）の分析、第2編が身長や体重等の人間に関する生物学的特徴の分析、第3編が犯罪に関する分析をそれぞれデータに基づいて試みており、最後

---

22) John (1884), 足利訳 (1956), 338ページ。

23) Laplace (1825), pp. 136-137. なおこの引用は、「確率計算の道徳科学への応用」と題する章に出てくるが、1814年に公刊された同書の初版本にはこの章が存在していない。それについては同書初版本を翻訳した次の邦訳を参照のこと。内井訳 (1997)。

24) Lottin (1912), p. 383.

25) Quetelet (1831), English translation by Sylvester (1984).

252　第Ⅱ部　公的統計の２次利用と社会研究

表 11-1　『人間について』の編・章構成と総頁数

巻	編	章		総頁数	構成比
	序論			28	4.8%
1	1　人間の肉体的諸性質の発達	1	出生一般と出生力について	229	39.2%
		2	出生数に関する自然的諸要因の影響		
		3	出生数に関する撹乱的諸要因の影響		
		4	死産		
		5	死亡に関する自然的諸要因の影響		
		6	死亡数に関する撹乱的諸要因の影響		
		7	（小見出しなし）		
2	2　身長，体重，筋力等の発達	1	身長の発達	96	16.4%
		2	体重の発達及びそれと身長の発達との関係		
		3	筋力の発達		
		4	呼吸，脈拍，速さ等		
	3　人間の道徳的及び知的諸性質の発達	1	知的諸性質の発達	153	26.2%
		2	道徳的諸性質の発達		
		3	犯罪傾向の発達		
	4　平均人の特質と社会の体系，及びこの研究の今後の進展	1	平均人の諸性質	78	13.4%
		2	人間の発達の法則に関する知識の今後の進展		

の第 4 編でケトレーの社会物理学における「平均人（homme moyen）」および「社会の体系」の基本的な考え方が示されている。いい換えると，第 1 編が政治算術の問題，第 2 編が人類学の問題，第 3 編が犯罪統計の問題，第 4 編が社会物理学の基本思想，という構成である。したがって，単純に頁数の多さから判断すると，『人間について』の中核をなす部分は，第 1 編の政治算術に関する問題であるといえよう。

　これら各編の構成をめぐり，ヨーンは，『人間について』が人類学と社会統計学という 2 つの方向に分裂していると批判した上で，第 1 編がケトレー以前から知られている人口統計の問題，第 2 編が統計学の領域外である自然科学もしくは医学に属する問題，第 3 編が今日の道徳統計の基礎でありもっとも重要な問題をそれぞれ取り扱っており，最後の第 4 編については学問的価値がないと評価している[26]。しかしながら，筆者は，ヨーンの評価とは異なり，社会物理学の視点から『人間について』を再評価すれば，「分裂」ではなくむしろ首尾一貫した体系がそこにはあるとみる。そこで以下では，この点を中心に

---

26)　John（1884），S. 339-340, 足利（1956），345-346 ページ。

第11章　アドルフ・ケトレーの統計論　253

「統計」,「確率」,「社会の体系」から『人間について』を検討していこう。

3-1　『人間について』における「統計」概念

　高野岩三郎が校閲し, 平貞蔵と山村喬が邦訳した『人間に就いて』では, その序文の冒頭を,「私が今公にするこの著作は, 云わば統計學に關する私の以前の全勞作の要約である」と訳出している。ケトレーのフランス語原文では, "L'ouvrage que je présente au public, est en quelque sorte le résumé de tous mes travaux antérieurs sur la statistique." となっているが, この邦訳で留意すべきは, 末尾の "sur la statistique" の部分である。

　平・山村訳は, 当該部分を「統計学に関する」としているが, これは,「統計学に関する」ではなく「統計に基づく」にすべきではないかと筆者は考えている。したがって, 前述後半部分を, 筆者なりに多少現代的な表現で意訳すると,「これまで私自身が成し得た, 統計データに基づくすべての社会研究の要約である」となる。その理由は, 次の筆者による2つの評価に基づいている。1つは, 同書でケトレーが述べている「これまでの研究 (travaux antérieurs)」が今日の言葉では「社会に関する統計的研究」を指しているということであり, もう1つは, ケトレーにとって, それら一連の研究が統計学ではなく, それとは区別された社会物理学の研究を指しているということである。この点に関連して, ケトレーの『人間について』を独訳した V. A. リーケは, 当該部分を「統計的研究 (statistichen Untersuchungen)」[27]としているが, リーケも筆者と同様の理解に基づいて『人間について』を評価していたのだと推察される。

　一方, フランクリンによる英訳には, ケトレーの原著序文は掲載されておらず, 代わりに英訳本に寄せたケトレーの長い序文が掲載されているが, その英訳序文では, 統計学 (statistics) という用語は全く使われていない。筆者の精査では, 関連する用語としてフランスの犯罪統計を指す「統計的記録 (statistical records)」[28]が1回, 事実資料という意味で「統計資料 (statistical documents)」[29]が

---

27)　Riecke (1838), S. V.

254　第Ⅱ部　公的統計の2次利用と社会研究

1回使用されているだけである。これに対して「出生や死亡に関するデータ」については「観測値」という用語が度々使用されており，同英訳書が公刊された1842年の時点においても，ケトレーは，社会に関するデータに「統計」より「観測値」という用語を多く充てていたことがわかる。

　人口を中心とした社会や国家に関する「観測値」は，18世紀末まで「統計」概念を知らなかったイギリスの政治算術学派の著作において，今日でいう「データ」に代わる用語としてしばしば用いられているが，ここで指摘しておきたいのは，『人間について』においては，学問としての「統計学」という用語だけではなく，データとしての「統計」という用語も全編を通じて使用例は少なく，それに代わって「観測」もしくは「観測値」が多用されていることである。例えば『人間について』の第1編では，データの出所を示す原典名を除き，「統計」という用語はほとんど使用されていない。筆者の調べでは，引用や出所を示したものを除くと，わずかに数箇所「統計」もしくは「統計資料（document statistique）」という用語が使用されているだけである[30]。また人口数を表すデータも「統計表」ではなく「人口表（table de popution）」と呼んでいる。

　以上の点と，政治算術に関連する第1編の記述が『人間について』の大部分を占めている点に鑑みると，この著作で示されたケトレーの社会研究は，旧来の政治算術をそのまま踏襲しただけで，そこには，新しい言葉である「統計」，もしくは「統計表」が修辞として多少含まれていただけにすぎないようにも受け止められよう。しかし，それは適切な評価ではない。

　18世紀末になると，数字データとしての「統計表」の概念が形成されていたことは既に指摘したが，この概念は19世紀に入ると一般にも普及していた。例えば，フランスでは1801年に統計局（Statistique Générale）[31]が設立されるが，

---

28)　Franklin（1842）, p. vi.

29)　*ibid.*, p. vii.

30)　いうまでもなくこれはケトレーの原典に基づいた結果である。平・山村訳では，例えば下巻115ページで精神疾患の患者数データに対して「統計表」という訳語を使用しているが，原文では"relevés（一覧表）"となっている。

31)　ナポレオン期のフランス統計局については次の文献を参照のこと。Bourguet

第 11 章　アドルフ・ケトレーの統計論　255

これは，数字データとしての「統計表」の概念を前提として初めて成り立つことである。そして，その延長線上に，「道徳統計（statistique morale）」や「衛生統計（statistique de hygiène）」が「統計表」として作成されるようになる。これらの統計は，従来の政治算術における観測値（人口データ）には含まれ得ない，新しいタイプのデータであるといえる。このような統計データの普及を受けて，例えば，ケトレー以前に A. M. ゲリーが『フランスの道徳統計』[32]を公刊し，犯罪統計の分析を試みていたことは周知の通りである。

　前述で筆者は，『人間について』序論にある冒頭の一節は，「統計に基づく研究の成果」として理解すべきであると指摘した。それは，こうした新しいタイプの統計データをケトレーが想定し，国状学的な意味の統計学でも政治算術的な意味での統計学でもない，新たな「科学」の創造を試みていたからだと考えるからである。それは，政治算術に関連する問題を扱った第 1 編についても妥当する。

　例えば，ケトレーは，出生や死亡の要因を主に自然的要因と攪乱的要因の 2 つに分けているが，このうち攪乱的要因の 1 つに「道徳性」を挙げ，表 6-2 のような統計表を掲げている。この統計表は，パリ市における嫡出子と非嫡出子の出生数を集計したデータであるが，ここからケトレーは，「嫡出子 28 人に対して非嫡出子 10 人が存在する」[33]という結論を導き出している。

　この分析に当たり，ケトレーは，J. L. カスパーの『医事統計と国家医薬学への寄与』[34]などを先行研究として参照しているが，当該文献を含め第 1 編で使用されている統計データの多くは，T. M. サドラーの『人口の法則』[35]，F. B. ホーキンズの『医事統計学の基本』[36]，『衛生年報』に掲載された L. R. ヴィレルメの諸論文からの転用で，総じて医事統計や衛生統計に関連するデータで

　　(1988).

32)　Guerry（1833），English translation by Witt and Reinking（2002）.

33)　Quetelet（1835），p. 114, 平・山村訳（1939）（上巻），112 ページ。

34)　Casper（1825）.

35)　Sadler（1830）.

36)　Hawkins（1829）.

256　第Ⅱ部　公的統計の2次利用と社会研究

表11-2　『人間について』第1編に掲げられたパリ市の出生数

年　次	嫡出子数	非嫡出子数	非嫡出子に対する嫡出子数	筆者検算
1823	27,070	9,806	2. 76	2. 76
1824	28,812	10,221	2. 82	2. 82
1825	29,253	10,039	2. 91	2. 91
1826	29,970	10,502	2. 85	2. 85
1827	29,806	10,392	2. 86	2. 87
1828	29,601	10,475	2. 81	2. 83
1829	28,721	9,953	2. 88	2. 89
1830	28,587	10,007	2. 85	2. 86
1831	29,530	10,378	2. 83	2. 85
1832	26,283	9,237	2. 84	2. 85
平　均	287,633	101,010	2. 84	2. 85

あることが1つの特徴になっている。これらの統計データは，今日でいう人口動態統計に相当するが，従来にはなかった統計データが，この時期に出現し始めていたことには留意すべきである。

　この点についてブルゲは，犯罪統計の例を挙げ，犯罪の種類別に罪人数を集計していたそれまでの統計表に対して，罪人の社会的環境（性別，出身階層，職業など）に関する「新しいタイプのデータ」がフランスで作成され始め，それが「観察と改革の意思のある人々をやがて社会統計へと誘うことになった」[37]と指摘している。もちろん，表11-2で示された嫡出・非嫡出別出生数のデータも「新しいタイプのデータ」に相当するが，このブルゲの指摘に鑑みると，ケトレーが再三引用したカスパーやヴィレルメ，そしてケトレー自身もまた社会統計に関心を寄せた研究者であったといえよう。

　いずれにせよ，『人間について』の第1編は，単なる政治算術の延長ではない。それは，新しいタイプのデータに基づく新しい政治算術であり，第2編と第3編の基礎をなす重要な部分である。その結果，『人間について』の約4割を占める紙幅をこの第1編が占めることになったのだと推察される。したがって，『人間について』で展開された第1編の試みは，政治算術を発展させた形での「社会物理学」の序論であって，新しい「統計学」を示すものではなかっ

---

37)　Bourguet（1987），p. 314, 近・木村・長屋・伊藤・杉森訳（1991），228ページ。

第 11 章　アドルフ・ケトレーの統計論　257

たといえよう。

3-2　確率と法則

　『人間について』の序論で，ケトレーは，大数観察の方法を論じた後，人間の死亡率を支配する法則を導き出すために述べたこの方法が，人間の肉体的諸能力（facultés physiques）や精神的諸能力（facultés morales）についても同様に適用できることを述べている[38]。ここで着目すべきは，ケトレーが「人間の死亡率を支配する素晴らしい法則」[39]を既知のものとしている点である。つまりこれは，政治算術の分野で成し遂げられた研究成果の継承を，ケトレーが自ら認めていたことを意味する。したがって，『人間について』における社会物理学の核心は，犯罪や人間の能力を論じた第 2 編以降にあるとみなさなければならない。実際，『人間について』で最初に取り上げられている統計表は，序論で掲げられたフランスの殺人に関する犯罪統計であるが，ケトレーは，死亡率などにみられる法則が犯罪についても同様に認められ得ることを示すためにこの表を用いている（表 11-3 参照）。同一の犯罪が，同一の秩序に従って反復され

表 11-3　『人間について』序論で掲げられたフランスの犯罪統計

犯罪の分類	犯罪件数						構成比（%）					
	1826	1827	1828	1829	1830	1831	1826	1827	1828	1829	1830	1831
殺人罪総数	241	234	227	231	207	266	100.0	100.0	100.0	100.0	100.0	100.0
銃砲及び拳銃	56	64	60	61	57	88	23.2	27.4	26.4	26.4	27.5	33.1
剣，短剣	15	7	8	7	12	30	6.2	3.0	3.5	3.0	5.8	11.3
ナイフ	39	40	34	46	44	34	16.2	17.1	15.0	19.9	21.3	12.8
棒，杖等	23	28	31	24	12	21	9.5	12.0	13.7	10.4	5.8	7.9
石	20	20	21	21	11	9	8.3	8.5	9.3	9.1	5.3	3.4
刺物，打物	35	40	42	45	46	49	14.5	17.1	18.5	19.5	22.2	18.4
絞殺	2	5	2	2	2	4	0.8	2.1	0.9	0.9	1.0	1.5
投殺，溺殺	6	16	6	1	4	3	2.5	6.8	2.6	0.4	1.9	1.1
毒殺，撲殺	28	12	21	23	17	26	11.6	5.1	9.3	10.0	8.2	9.8
焼殺	0	1	0	1	0	0	0.0	0.4	0.0	0.4	0.0	0.0
不明	17	1	2	0	2	2	7.1	0.4	0.9	0.0	1.0	0.8

　（注）1.　構成比は原著のデータに基づいて筆者が計算した。
　　　　2.　恐らく誤植であろうが，1830 年の「殺人罪総数」の数値は原著では 205 となっている。

---

38)　Quetelet（1835），tome 1, pp. 5-7, 平・山村訳（1939）（上巻），22-23 ページ。

39)　ibid., p. 6, 平・山村（1939）（上巻），23 ページ。

258　第Ⅱ部　公的統計の2次利用と社会研究

表 11-4　『人間について』第2編に掲げられた身長と体重

性別	身長（m）		身長の体重に対する割合	BMI 値
男性	最小	1.511	36.7	24.29
	最大	1.822	41.4	22.72
女性	最小	1.456	35.6	24.45
	最大	1.672	38.0	22.73

　　（注）「BMI 値」は「身長」と「身長の体重に対する割合」から筆者が計算した。

る事実を述べた「恐るべき規則正しさで支出される一つの予算がある。それは，監獄，徒刑場，断頭台の予算である」[40]という有名な一節は，この表 11-3 の説明として述べられたものである。そこで第2編と第3編で示される「法則」について具体的に検討していこう。

　第2編では人間の生物学的特徴に関する分析を展開している。第1編が出生や死亡という人間集団の観測値を扱う問題であるとするならば，身長や体重といった人間の「個体」としての観測値を扱うのがこの第2編である。例えば，体重と身長の関係について，ケトレーは，「身長と体重の間に存在する関係を知るために，成熟した正常の個体をお互いに比較するならば，異なる身長のもつこれらの個体の体重は，ほぼ身長の2乗に比例することが明らかとなろう」[41]と述べている。これは，所謂「BMI 指数」もしくは「ケトレー指数」を論じたもので，『人間について』で実証に使用した統計データが表 11-4 である。なお，ケトレーの引用にある「正常」な個体とは，平均人としての普通体型（BMI 値水準で 18.5 以上 25 未満）を指している。BMI 指数は，今日では肥満の度合いを測る尺度（方法）としてみなされているが，実は，正常な体重と身長の間に存在する平均人の規則性を語るものであったことは注意を要する。つまりケトレーが提示したのは，「方法」ではなく「法則」だったということである。

　第3編では，人間の知的能力，精神疾患，自殺，犯罪などについて論じてい

---

40)　*ibid.*, p. 9, 平・山村（1939）（上巻），25 ページ。

41)　Quetelet（1835），tome 2, pp. 52-53. 平・山村訳（1940）（下巻），56-57 ページ。

表 11-5 『人間について』第 2 編に掲げられた被告人数と犯罪傾向

年齢		16歳未満	16~20歳	21~24歳	25~29歳	30~34歳	35~39歳	40~44歳	45~49歳	50~54歳	55~59歳	60~64歳	65~69歳	70~79歳	80歳以上	全年齢
被告人	男性	438	3,901	3,762	4,260	3,254	2,105	1,831	1,357	896	555	445	230	163	18	23,270
	女性	82	726	845	1,017	782	621	468	363	203	113	97	45	38	1	5,416
男性 1000 に対する女性の数		187	186	225	239	240	295	256	267	227	204	218	196	233	56	233
犯罪傾向の度合い	一般	0.02	0.76	1.00	0.97	0.81	0.59	0.55	0.46	0.33	0.24	0.24	0.16	0.12	0.05	0.41
	男子	0.02	0.79	1.00	0.96	0.8	0.56	0.54	0.44	0.33	0.24	0.24	0.17	0.12	0.06	
	女子	0.02	0.64	0.98	1	0.83	0.75	0.6	0.51	0.33	0.22	0.23	0.14	0.12	0.01	
	計算値	0.02	0.66	1.00	0.92	0.81	0.71	0.6	0.51	0.42	0.34	0.27	0.21	0.12	0.04	

(注) オリジナルの統計表では年齢階級の表示が「以上」と「未満」の区別が明確にされておらず，例えば「16〜21歳」，「21〜25歳」という表記になっている。これは「16歳以上 21歳未満」，「21歳以上 25歳未満」を意味しているため，本章では年齢を離散値として「16歳以上 20歳以下」，「21歳以上 24歳以下」というように書き改めた。

るが，ここでは犯罪統計の事例を取り上げる。ケトレーは，まず犯罪の発生する確率を「犯罪傾向（penchant au crime）」[42]と定義し，それが季節，気候，性別，体力（体格）などによってどの程度の影響を受けるか検討している。ケトレーによると，このうち犯罪傾向にもっとも強く作用するのは年齢の要因で，それは，年齢が，人間の発達過程における体力と感情の強さに比例しているからだと述べている[43]。ケトレーのこの結論の是非は措くとして，ここでは，そのことを実証した 1 つの統計表を示しておこう。

表 11-5 は被告人数を男女別に区別し，それぞれについて犯罪傾向の数値を表したものである。なお，ここで示されている犯罪傾向は，10000 分率が用いられている。この表でとくに留意すべきは「計算値」である。これは男女合わせた「一般」の犯罪傾向の分布を以下の式に当てはめて求めたもので，ケトレーによると「極めて単純な経験式によって得られた計算結果」[44]であるとしている。ただし，y は犯罪傾向，x は年齢を表している。

$$y = (1 - \sin x)\frac{1}{1+m} \qquad ただし，\quad m = \frac{1}{2^{x-18}}$$

---

42) *ibid.*, p. 160. 平・山村訳（1940）（下巻），148 ページ。

43) *ibid.*, p. 242. 平・山村訳（1940）（下巻），217 ページ。

44) *ibid.*, p. 231. 平・山村訳（1940）（下巻），208 ページ。

260 第Ⅱ部　公的統計の2次利用と社会研究

　『人間について』は，統計学と確率論の融合が試みられた記念碑的著作として
みなされることも多いが，実は全編を通して確率を議論している部分は皆無
に等しく，数少ない例外の1つがこの論点である。なお付言すれば，これは確
率分布を経験値に基づいて導き出したものであり，ケトレーがいうように，表
6-5に示された「計算値」の分布と「一般」の分布はほぼ適合するが，筆者が
上式に年齢を代入して求めた数値の分布は「計算値」の分布と一致しない[45]。

　筆者は，ケトレーのこの試みについて，少なくとも次の2つが重要な論点で
あると考える。1つは，ケトレーが犯罪と年齢の関係を取り上げ，それを法則
として定式化していたという事実である。ここで年齢というのは，前述の通
り，年齢それ自身ではなく，年齢にともない発達する人間の「個体」としての
肉体的能力と知的能力を指している。したがって，これは，犯罪という社会現
象における法則を，第2編で取り上げた人間の生物学的な「個体」の視点から
導き出そうとする試みであると理解できる。ヨーンは，第2編が第1編と第3
編に比べて異質であり，ケトレーの議論が分裂しているとみていたが，筆者の
評価からすると，むしろ社会物理学としては筋の通った議論をケトレーは展開
していたことになる。

　もう1つの論点は，単純な関数の当てはめとはいえ，確率分布を導き出して
いる点である。これは，犯罪傾向の法則が確率分布という形で示されているこ
とを意味する。なお，ケトレーの統計学といえば，直ちに正規分布との関係が
想起されるが，『人間について』においては全く言及されていない。ケトレー
が，『人間について』を公刊した時点で，誤差分布としての正規分布を知って
いたかどうかはわからない。しかし，1828年に公刊されたケトレーの『確率
計算入門』[46]では，正規分布について触れておらず，また『人間について』で

---

45)　筆者の再計算では，計算結果がほとんどの年齢階級においてケトレーの「計算値」
　　と一致しない。筆者が行ったシミュレーションでは，yの左辺 $\dfrac{1}{1+m}$ の項の分子を1
　　ではなく1.7とし，変数xのラジアン変換の際に円周率を3にすると，ほぼ「計算
　　値」の分布と一致する。

46)　Quetelet, A.（1828），English translation by Beamish（1839）.

確率論の唯一の参照文献であった S. F. ラクロアの『確率計算初歩』[47]でもガウスの誤差分布は取り上げられていないことから，少なくともこの時点ではケトレーが正規分布のことを熟知していた可能性は低い。ただし，誤差の確率については，ケトレーも第4編で議論している。この第4編は，確率と誤差の問題について多少詳しく具体的な議論が出てくるという点で，他編にはみられない1つの特徴を持っている。

第4編第2章の冒頭で，自分が開拓しようとしている社会物理学の領域は広く，『人間について』で試みた研究はあくまで不完全な一スケッチにすぎないことをケトレーは述べている。その上で，『人間について』で使用した材料，すなわち統計データは，「あまりにも欠陥の多いものである」[48]ことを吐露している。そして，このように欠陥の多いデータに対しては，「いかなるときも，数字を用いて結果を導き出すときは，注意深く確率誤差（erreurs probables）を計算することが望ましい」[49]とケトレーは指摘している。さらに，そのために犯罪統計の事例に最小2乗法を適用し統計データの精度を評価している。なお，ケトレーがいっている確率誤差は，F. W. ベッセルが定義した確率誤差（Wahrscheinliche Fehler）とは異なる。ただし，ケトレーは『確率計算入門』で「誤差の確率は2分の1に留める。それによって誤差がこの限界内で無差別に起こりうるか，あるいはこの限界を超えるかのどちらかになる」[50]と述べ，ベッセルと同様，観測値として許容できる誤差の確率の範囲を50%においていることには留意すべきであろう。本章では，この点について詳細に立ち入ることは避けるが，恐らく，ガウスよりもむしろラプラスの誤差や確率に関する議論が影響していると思われる。

以上明らかにしたように，『人間について』で取り扱われた確率は，法則を示す意味での確率と，データの精度（誤差）を評価する意味での確率の，少な

---

47)　Lacroix（1816）.

48)　Quetelet（1835），2 tome, p. 294，平・山村訳（1940）（下巻），255 ページ。

49)　*ibid*., p. 295，平・山村訳（1940）（下巻），256 ページ。

50)　Quetelet（1828），p. 156.

くとも2つの意味で用いられていた。社会物理学としては，前者の意味での確率が重要な意義をもつことはいうまでもない。

3-3　社会の体系

第4編は，その見出しにもあるように，社会物理学の根幹をなす社会の体系と平均人の関係について論じられている。ケトレーのいう「社会の体系」とは，ラプラスが天体力学で展開した「宇宙の体系」を支配する法則を，社会について適用しようとするものである。周知のように，ラプラスは，『天体力学』[51]でニュートン力学を解析的に再構成し，それを以って，太陽系における天体間の関係を説明しようと試みた。その序文で，ラプラスは，「太陽系や空の無限のかなたに広がる似たような系を作っている固体や液体の釣り合いと運動に関する万有引力の結果のすべてを包みながら，天体の力学を形成している」[52]と述べ，万有引力の法則によって宇宙の体系で知られているすべての現象を正確に説明できることを表明している。つまり地球を含めた天体内の物質，その物質の集合としての天体，そしてその天体の集合である宇宙には，すべて同一の法則，すなわちニュートンの万有引力の法則が作用して「宇宙の体系」が形成されていると主張しているのである。このことを「宇宙」ではなく「社会」に置き換えて，社会を動かす力学的法則を見出そうとしたのがケトレーの社会物理学であったと筆者はみている。

第4編第1章で，ケトレーは，「文学・美術」，「自然科学・医学」，「哲学・道徳」，「政治」の各視点からみた平均人の意味を検討しているが，この論考の中で筆者が着目すべきであると考えるのは，ケトレーが「自然科学・医学」の視点からみた平均人の重要性を説いた後で，「平均人は自然科学者の目には単にある国民の型としか見えない」と述べていることである。つまり，これは，ケトレーが「個体」としての人間を，国家の構成要素である「一国民（une na-

---

51)　Laplace（1799-1825），竹下訳（2012-2013）。

52)　*ibid*., tome 1, p. 1, 竹下訳，iページ。

tion)」としてみており，その国民の類型として「平均人」を捉えていることが示唆されているのである。

ケトレーの考える人間をこのように理解し，天体力学で示されたラプラスの構想を「宇宙」ではなく「社会」に適用すれば，次のようなケトレーの「社会の体系」を導き出すことが可能となる。すなわち，人間の「個体」としての諸能力，その集合としての「国家」，その国家間の集合体である「社会体（corps social）」において，万有引力の法則に匹敵する「社会の自然法則」が作用している「社会の体系」である。

後年，ケトレーは『道徳科学及び政治科学に用いる確率論に関する書簡』で「諸国家を特徴づけているさまざまな特性を捨象し，専ら互いに諸国家を結びつけている一般的紐帯だけを見るならば，全人類を包み込むことができるだろう」[53]とし，全人類を包み込んだ社会体には，「個人と同じく，また国家と同じくその特有の生命と発達の様相を有する」[54]と述べている。このような叙述からも，ケトレーが個人・国家・社会体をラプラスの物質・天体・宇宙と類比して，これらの相互関係を社会の体系としてみなしていることが理解できる。また，同書とほぼ同じ頃公刊されたケトレーの『社会の体系』[55]は，その名が示すように，ラプラスの『宇宙の体系の解明』[56]を意識した著作であり，それはまた，いかにケトレーの社会力学がラプラスの天体力学に依拠していたかを傍証している。ラプラスの『宇宙の体系の解明』は，『天体力学』の基本的な考え方を一般向けに解りやすく解説した著作なのである。

確かに，この第4編は，全体を通してみると，価値がないとヨーンが指摘したように，平均人について冗長な説明を繰り返しており，論旨が解りにくい。しかし，前述のように，ケトレーの社会の体系をラプラスの宇宙の体系から読み解けば，ケトレーが，『人間について』の構成で示した目的がはっきりと明

---

53) Quetelet（1846），p. 262, 高野訳（1943）99 ページ。

54) *ibid*., p. 262, 高野訳，99 ページ。

55) Quetelet（1848），Deutsche übersetzung von Adler（1856）.

56) Laplace（1796），English translation by Harte（1830）.

らかになる。つまり，同書は，その表題が示す通り「社会物理学」の試論であって「新しい統計学」の試論ではないということである。

　ケトレーは，前述の『道徳科学及び政治科学に用いる確率論に関する書簡』で，統計学について「一定の時期における一つの国家の忠実な記述を与えることを目的とする」[57]とし，国状学的な統計学の定義を与えている。さらには，「統計学は一定の時期についてのみ一つの国家を扱う。それは国家の生活に関係のある諸要素のみを集め，これらの比較を可能にするよう努め，それらが示す全ての事実を認めるために最も都合のよいように結びつけるものである」[58]とも述べている。この指摘を文字通り受け取れば，佐藤博も指摘するように，ケトレーが「アッヘンヴァル流の定義を維持」[59]していたことを意味する。しかしながら，アッヘンヴァルの国状学とは，数量記述に欠けた国家記述の学問である。その一方，ケトレーが「国家の忠実な叙述」という場合，それは統計もしくは統計表による国家の数量記述を意味しており，厳密な意味ではアッヘンヴァル流の定義と異なる。因みに，ケトレーは，同書でアッヘンヴァルが統計学という名称を最初に与えたことを述べているが，これは恐らく『人間について』で再三参照したホーキンズの『医事統計学』から得た知見に基づいたもので，ケトレー自身はアッヘンヴァルの研究を熟知していなかったのではないかと思われる[60]。したがって，ケトレーがそれまでの統計学として理解していたのは，繰り返しになるが，国状学と政治算術が融合された形態としての，国家のさまざまな状態を示す数字データとしての「統計表」を前提とした統計学であり，それはまた，『人間について』の第1編に直結しているように，人口データの計算と分析を目的とする政治算術としての統計学であったといえよう。

---

57)　Quetelet（1846），p. 264, 高野訳（1943），101 ページ。

58)　*ibid*., pp. 268-269, 高野訳，107 ページ。

59)　佐藤博（1999），33 ページ。

60)　ホーキンズは『医事統計学』の序論で統計学の歴史に触れ，統計学という言葉を最初に用いたのがアッヘンヴァルであることを述べている。これについては次の文献を参照のこと。Hawkins（1829），p. 1.

したがって，「社会の体系」という視点から『人間について』を見直せば，ケトレーが目指したものは，あくまで社会物理学であって，統計学は，統計表に基づいて，人口データの計算とその結果を与える学問として，確率論は確率計算の基礎を与える学問として，いわば社会物理学の方法として，その一部に組み込まれたものであったと考えられる。いい換えれば，新しい近代統計学をケトレーが創造したのではなく，旧来の政治算術的な人口データの分析に加えて，新しいタイプのデータ，すなわち社会統計に確率論の方法を適用して統計学とは異なる1つの科学（社会物理学）を創造したのだということである。

4. おわりに

ケトレーは，その晩年に『人間について』の改訂版を上梓している。1869年に公刊されたこの第2版は，『社会物理学もしくは人間の諸能力の発達に関する試論』[61]という表題になっており，初版の表題と比べると，「社会物理学」と「人間の諸能力の発達」の部分が前後入れ代っている。

この時期になると，ケトレーの統計学が既に一定の評価を得て，ドイツをはじめとするヨーロッパの統計学界に大きな影響力を及ぼしていたにもかかわらず，ケトレーは，敢えてこの第2版にも「統計学」という表題を使わず，「社会物理学」を表看板として前面に打ち出していたのである。このことは，ケトレーが終生「社会物理学」という言葉に強い拘りをもち続けていたことを表しており，同時に，「社会物理学」と「統計学」をケトレーが意識的に区別していたことを傍証している。

したがって，社会物理学の構築を目指した試論『人間について』を，統計学史の視点から評価すれば，少なくとも，統計学の通説でいわれるような，国状学と政治算術を統合し，政治算術の発展型として近代統計学を確立させた著作としてみなすことは難しい。むしろ重要なのは，18世紀末から19世紀前半にかけて，従来の政治算術や国状学では想定できなかった新しいタイプのデー

---

61) Quetelet（1869），Deutsche übersetzung von Dorn（1914）.

266　第Ⅱ部　公的統計の2次利用と社会研究

タ，すなわち，社会統計が統計表という形で，政府統計の一環として出現し始めたという点であろう。このような統計データの出現により，それを用いたさまざまな社会研究の試みがなされるようになった。ケトレーの『人間について』も，そうした試みの1つとして相対的に評価されなければならない。そのことを本章では『人間について』の検討を通じて実証した。

　本章でも指摘したように，日本では「近代統計学の父」としてケトレーを評価する傾向が強く，それは現代においても同様である。しかしながら，欧米の統計学史上の評価では，必ずしもそのような評価が一般的であるとはいえない。例えば，S. M. スティグラーは，ケトレーを「19世紀に最も影響力のあった社会統計家の1人（傍点は筆者による）」[62]であるとした上で，「統計学の技術的貢献については，ほとんど見るべきものがない」[63]と評価している。スティグラーのいう「技術的貢献」とは「統計的方法」の数理に対する貢献を指していることは明らかであるが，これについては，近年の数理統計学史の研究からも傍証できる。その1つがP. ゴーローチャーンの近著『近代数理統計学史』[64]である。

　ゴーローチャーンによれば，数理統計学の近代はラプラスを起点としており，ラプラス以降現代に至る数理統計学の系譜を，「ラプラス革命」，「ゴールトンからフィッシャー」，「フィッシャー以降」の3つに区分している。ゴーローチャーンのこの研究は，筆者のいう「第一の視座に基づいた統計学史研究」[65]の典型例であるが，本章の論点であるケトレーの評価について限定すると，同著を通じてケトレーの名前が出てくるのは僅か3カ所で，そのうち2カ所はゴールトンの研究との関連について簡単に触れられているだけである。つまりゴーローチャーンは，ケトレーを統計学（数理統計学）の正統であるとは

---

62)　Stigler（1997），p. 64.

63)　*ibid.*, p. 64.

64)　Gorroochurn（2016）.

65)　筆者の考える「統計学史研究における二つの視座」については，例えば次の文献を参照のこと。上藤（2013），139-157ページ。

みておらず，その帰結としてケトレーに対して与えた評価というのが「社会科学に正規分布を応用した先駆者」[66]ということになる。これは，スティグラーの評価と大同小異である。

それに対して，統計学ではなく，社会物理学の視点からケトレーの社会研究を評価した K. ドネリーは，まず「ケトレーが近代統計学の父と称される意味」を問い直し，それが「近代的な（人間の活動に関する）数え上げ」にあることを指摘している[67]。「近代的な数え上げ」とは，ブルゲのいう「新しいタイプのデータ」と同じ意味であり，それがケトレーの社会物理学と結びついているのだという指摘である。このような指摘は，本章で試みた『人間について』の分析結果からも確認できる。

今日の意味での「統計」もしくは「統計表」は，筆者が指摘したように18世紀末にはその概念が確立されていたが，当然のことながら，そのなかには「近代的な数え上げ」の結果として得られる「新しいタイプのデータ」も含まれていた。そのような意味の「統計」もしくは「統計表」を駆使した社会研究の成果がケトレーの『人間について』であり，それは，ケトレーもアプリオリに前提していた当時の統計学，すなわち国状学とも政治算術とも異なる，1つの「科学」の試み，つまり社会物理学の試みであったとみなければならない。いい換えれば，ケトレーが国状学と政治算術を統計学として統合したのではなく，既に統合された「統計」概念を前提にして，ケトレーが社会物理学の試論を展開したということである。

もちろんこのような評価は，あくまで『人間について』というケトレーの初期の著作を通してなされた暫定的なものであり，その後のケトレーによる研究の軌跡を網羅的に検討した上で，最終的な評価が与えられなければならないことはいうまでもない。その際，とくに留意すべきことは，新しいタイプのデータである社会統計がどのような歴史的経緯と背景に基づいて出現するようにな

---

66)　Gorroochurn（2016），p. 189.

67)　Donnelly（2015），p. 113.

ったのかを解明することである。筆者の考えでは，それは，とくにフランス
で，この時期に，人間の集団としての市民社会が出現し，国民国家（nation）が
形成されたことと無関係ではなく，この点を中心にさらなる検討が必要となろ
う。

　以上，本章では，統計学史におけるケトレーの『人間について』の再評価を
試みた。暫定的とはいえ，そこで得られた結論としては，ケトレーの社会物理
学と統計学は，明確に分けて評価されなければならないということ，そして統
計学史の視点からすると，ケトレーの『人間について』は，「統計学」ではな
く，「統計」についての新たな応用を示した点にその意義を見出さなければな
らないということになろう。

　しかしながら，このことは，新たなタイプのデータの出現が，新たな領域の
科学や方法論を生み出す母胎になったことも意味しており，それはまた，現代
においても変わらざる歴史的事実であるといえよう。現代では，高度な情報処
理環境と相俟って，ケトレーの時代には想像もできなかったさまざまなタイプ
のデータが利用可能な状況にある。例えば，ミクロ統計データ，GIS 統計，ビ
ッグデータなどである。これらの活用は，新たな科学の創造，新たな方法論の
開発，新たなデータの応用について，潜在的な可能性を秘めているといってよ
い。ケトレーの『人間について』は，そのことをわれわれに示唆しているので
はないだろうか。

参 考 文 献

Berg, G., B. Z. Török und M. Twellmann（2015），hrsg., *Berechnen / Beschreiben, Praktiken statistischen（Nicht-）Wissens 1750-1850*, Buncker & Humblot.

Bourguet, M. N.（1987），"Décrire, Computer, Calculer: The Debate over Statistics during the Napoleonic Period", Krüger, L., Daston, L. J. and Heidelberger, M., eds., *The Probabilistic Revolution*, Vol. 1, The MIT Press, pp. 305-316（「記述，計数，計算—統計をめぐるナポレオン時代の論争—」，近昭夫・木村和範・長屋政勝・伊藤陽一・杉森滉一訳（1991）『確率革命 —社会認識と確率—』梓出版社，215-230 ページ）.

Bourguet, M. N.（1988），*Déchiffrer la France: La statistique départementale à l'époque napoléonienne*, éditions des archives contemporaines.

第 11 章　アドルフ・ケトレーの統計論　269

Casper, J. L. (1825), *Beiträge zur medicinischen Statistik und Staatsarzneikunde*, Berlin.

Donnelly, Kevin (2015), *Adolphe Quetelet, Social Physics and the Average Men of Science, 1796-1874*, Pickering & Chatto.

Fallati, J. (1843), *Einleitung in die Wissenschaft der Statistik*, Tübingen.

Gorroochurn, P. (2016), *Classic Topics on the History of Modern Mathematical Statistics: From Laplace to More Recent Times*, Wiley.

Guerry, A. M. (1833), *Essai sur la statistique morale de la France*, Paris. English translation by Witt, H. P. and Reinking, W. V. (2002), *A Translation of André-Michel Guerry's Essay on the Moral Statistics of France*, The Edwin Mellen. Press.

Hankins, F. H. (1908), *Adolphe Quetelet as Statistician*, New York.

Hawkins, F. B. (1829), *Elements of Medical Statistics*, London.

John, V. (1884), *Geschichte der Statistik. Erster Teil. Von dem Ursprung der Statistik bis auf Quetelet 1835*, Stuttgart（足利末男訳（1956）『統計学史』有斐閣）.

Knapp, G. (1872), "Quetelet als Theoretiker", *Jahrbücher für Nationalökonomie*, herg. von Hildebrand, Bd. 18, S. 89-124（権田保之助訳（1943）『理論家としてのケトレー』統計学古典選集第 5 巻，栗田書店）.

Knies, K. (1850), *Die Statistik als selbständige Wissenschaft*, Kassel（高野岩三郎訳（1942）『獨立の學問としての統計学』栗田書店）.

Lacroix (1816), *Traité élémentaire du calcul des probabilité*, Paris.

Laplace, P. S. (1796), *Exposition du systéme du monde*, Paris. English translation by Harte, H. H. (1830), *The System of the World*, 2vols., Dublin.

Laplace, P. S. (1799-1825), *Traité de mécanique celeste*, 5 toms, Paris（竹下貞雄訳（2012-2013）『天体力学論』大学教育出版，第 1〜5 巻）.

Laplace, P. S. (1825), *Essai philosophique sur les probabilités*, 5e ed., Paris（内井惣七訳（1997）『確率の哲学的試論』岩波文庫）.

Lottin, J. (1912), *Quetelet, statisticien et sociologque*, Paris.

Quetelet, A. (1826), "Mémoire sur les lois des naissance et de la mortalié à Bruxelles", *Nouveaux mémoires de L'Académie*, Vol. 3, pp. 493-512.

Quetelet, A. (1828), *Instructions populaires sur le calcul des probabilitiés*, Bruxelles. English translation by Beamish. R. (1839), *Popular Instructions on the Calculation of Probability*, London.

Quetelet, A. (1831), *Recherches sur le penchant au crime aux différents ages*, Bruxelles. English translation by Sylvester, S. F. (1984), *Adolphe Quetelet's Research on the Propensity for Crime at Different Ages*, Cincinnati.

Quetelet, A. (1835), *Sur l'homme et le développement de ses facultés, ou essai de physique sociale*, 2 tomes, Paris. English translation by Franklin, B. (1842), *A Treatise on Man and the Development of his Faculties*, Edinburg. Deutsche übersetzung von Riecke, V. A. (1838), *Ueber den Menschen Entwicklung seiner Fähigkeiten, oder Versuch einer Physik der Gesellschaft*, Stuttgart（平貞蔵・山村喬訳（1939-1940）『人間に就いて』（上・下巻）岩波書店）.

Quetelet, A. (1846), *Sur la théorie des probabilités appliqué aux sciences morales et*

270 第Ⅱ部 公的統計の2次利用と社会研究

politiques, Lettres au duc de Saxe-Cobourg et Gotha, Bruxelles（高野岩三郎抄訳 (1943)『道徳的及び政治的諸科學へ應用された確率理論に就いての書簡』統計学古典選集第5巻，栗田書店）.

Quetelet, A.（1848）, *Du systéme social et des lois qui le régissent*, Paris. Deutsche übersetzung von Adler, K.（1856）, *Zur Natureschichte der Gesellschaft*, Hamburg.

Quetelet, A.（1869）, *Physique sociale ou essai sur le développment des facultés de l'homme*, 2 tome, Bruxelles. Deutsche übersetzung von Dorn, V.（1914）, *Soziale Physik oder Abhandlung über die Entwicklung der Fähigkeiten des Menschen*, 2Bde., Jena.

Sadler, M. T.（1830）, *The Law of Population*, 2vols., London.

Schlözer, A. L.（1804）, *Theorie der Statistik, Nebst Ideen über das Studium der Politik überhaupt*, Göttingen, S. 86.

Stigler, S. M.（1997）, "Quetelet, Lambert Adolphe Jacques", Johnson, N. L. and Kotz, S.（1997）, *Leading Personalities in Statistical Sciences*, Wiley, pp. 64-66.

Westergaad, H.（1932）, *Contributions to the History of Statistics*, P. S. King & Son（森谷喜一郎訳 (1943)『統計学史』栗田書店）.

足利末男（1966）『社会統計学史』三一書房。

上藤一郎（2009）「統計学と国家科学—社会統計学の一原型をめぐって—」杉森・木村・金子・上藤編『社会の変化と統計情報』北海道大学出版会，197-220ページ。

上藤一郎（2013）「19世紀ドイツにおける観測誤差論の興隆—現代統計学のパラダイムから見た歴史評価とその問題—」（『経済研究』静岡大学，第17巻第4号）139-157ページ。

上藤一郎（2015）「統計表の概念史」（『経済学研究』立教大学，第69巻第2号）73-95ページ。

北川敏男（1948）『統計学の認識』白揚社。

財部静治（1911）『ケトレーノ研究』京都法學會。

佐藤博（1999）「ケトレーにおける『統計学』と『社会物理学』の構想」長屋・金子・上藤編『統計と統計理論の社会的形成』北海道大学図書刊行会，29-60ページ。

島村史郎（2013）『欧米統計史群像』日本統計協会。

高野岩三郎（1942）『社會統計學史研究（改訂増補版）』栗田書店。

竹内啓（2018）『歴史と統計学』日本経済新聞社。

蜷川虎三（1934）『統計學概論』岩波書店。

第Ⅲ部

地域分析とデータ統合

第 **12** 章

地域での事業所調査と経済センサスの活用

菊 地 進

1. は じ め に

　内閣府の下に「まち・ひと・しごと創生本部」が設けられたのは，2014 年 9
月であった。創生本部の名前に冠されているのは「まち・ひと・しごと」であ
る。地域において急速に人口減少が進むのは，人が外に出ていき，戻ってこな
いためである。その理由は地域に「しごと」がない，地域に魅力がないとみら
れているためである。

　こうして地方自治体は戦略の立て直しを迫られ，人口ビジョン，総合戦略の
策定が進められてきた。これで動き出している自治体もあるが，いまひとつピ
ンとこないケースもあるようである。それは総合戦略のなかに産業振興，中小
企業振興が位置づけ切れていないからである。あるいは，あってもその方針が
曖昧なためである。

　大企業や中堅企業の立地する自治体ではそれなりに雇用が確保され，「ひと」
の集まりが作られている。しかし，そうした地域は限られており，多くの場
合，中小企業が地域の産業を形成している。そうしたなかで頑張っている中小
企業がないわけでないが，そこには目が向かわず，地域には「仕事がない」と
して，都市部への連綿たる「ひと」の流れが形成されてきたのである。

274　第Ⅲ部　地域分析とデータ統合

　ここでは，域内の産業が主として中小企業によって担われている地域を念頭におき，中小企業振興がいかに進められるべきかを事業所調査との関連で考えてみたい。というのは，行政においては，EBPM（Evidence Based Policy Making）がどの部署においても求められ，地域の事業所・企業の現状を捉えずに産業振興を進めるということは考えられなくなっているからである。

　こうした点を，筆者が分析にかかわった愛媛県東温市の調査，福岡県田川市の調査を例に，中小企業振興の政策展開との関係で考えてみることにしたい。また，そうした地域の独自調査に対する公的統計（「経済センサス」）の果たすべき役割について考えてみることにしたい。

2.　中小企業振興基本条例の構成と支援主体の役割

　人口減少が現実化するなか，多くの自治体で，中小企業振興条例を制定ないし改訂し，地域産業振興に改めて取り掛かろうとしてきている[1]。その成否の鍵を握るのが，条例を基に設置される産業振興会議（地域の経営者，経営者団体，金融機関，教育機関などの委員より構成）であり，この会議がいかに地域経済ビジョンをもち，地域経済の現状を地域内の事業所の活力レベルに立ち入りながら把握できるかである。

　同会議がその使命を果たすためには，域内の産業動向を把握しなければならない。その大枠は経済センサスの小地域集計などで計数値として捉えることができるが，より詳しく知りたいのは地域の事業所・企業の経営実態である。そこで，通常，独自に事業所調査を実施することになる。こうして，中小企業振興は，そのための条例の制定と中小企業振興会議の設置，そして地域の事業所・企業調査が不可欠となる。いわゆる中小企業振興の3点セットである。これが，今日における地域の中小企業振興の出発点となっている[2]。

---

1)　各地における中小企業振興基本条例の制定状況を系統的に調査しているのは，中小企業家同友会・全国協議会である。中小企業庁もそこでの調査を通じて制定状況を把握している。瓜田靖（2015），55-77ページ。

2)　3点セットという考え方を提唱し，中小企業振興基本条例制定の必要性を説いてい

第12章　地域での事業所調査と経済センサスの活用　275

　問題はこの3点のつながりが形式的なものに終わるか，相乗効果を発揮するものになるかである。それは，独自調査がどのように設計され，集計されるかにかかっている。

　地方自治体における中小企業振興条例の制定は，1960年代に遡るが，2010年代にその見直しや新たな制定が進んだのは，2010年6月，『中小企業憲章』が閣議決定されたことを契機とする。同憲章の意義は，中小企業の歴史的な位置づけや，今日の中小企業の経済的・社会的役割などについて基本理念として示すとともに，中小企業政策に取り組むに当たっての基本原則，行動指針を示そうとしたところにある。もう1つは，少子高齢化，経済社会の停滞などにより，将来への不安が増しているなか，不安解消の鍵となる医療，福祉などの分野で，中小企業が力を発揮することでわが国の新しい将来像が描けるとして，中小企業に対する新しい見方を提示したところにある。すなわち中小企業観の転換を求めたのである。

　中小企業憲章はその基本理念で中小企業について次のように述べている。

　　「中小企業は，経済やくらしを支え，牽引する。創意工夫を凝らし，技
　術を磨き，雇用の大部分を支え，くらしに潤いを与える。意思決定の素早
　さや行動力，個性豊かな得意分野や多種多様な可能性を持つ。経営者は，
　企業家精神に溢れ，自らの才覚で事業を営みながら，家族のみならず従業
　員を守る責任を果たす。中小企業は，経営者と従業員が一体感を発揮し，
　一人ひとりの努力が目に見える形で成果に結びつき易い場である。」（同憲
　章の基本理念）

　しかし，すべての中小企業でそのような経営がなされているわけではない。憲章は続けて次のようにいう。

───────────

　るのは，植田浩史である。植田（2009），63-77ページ。

276 第Ⅲ部 地域分析とデータ統合

　「このように中小企業は，国家の財産ともいうべき存在である。一方で，中小企業の多くは，資金や人材などに制約があるため，外からの変化に弱く，不公平な取引を強いられるなど数多くの困難に晒されてきた。この中で，大企業に重きを置く風潮や価値観が形成されてきた。しかし，金融分野に端を発する国際的な市場経済の混乱は，却って大企業の弱さを露わにし，世界的にもこれまで以上に中小企業への期待が高まっている。国内では，少子高齢化，経済社会の停滞などにより，将来への不安が増している。不安解消の鍵となる医療，福祉，情報通信技術，地球温暖化問題を始めとする環境・エネルギーなどは，市場の成長が期待できる分野でもある。中小企業の力がこれらの分野で発揮され，豊かな経済，安心できる社会，そして人々の活力をもたらし，日本が世界に先駆けて未来を切り拓くモデルを示す。難局の克服への展開が求められるこのような時代にこそ，これまで以上に意欲を持って努力と創意工夫を重ねることに高い価値を置かなければならない。中小企業は，その大いなる担い手である。」（同憲章の基本理念）

　これは，わが国においては，中小企業観を変えていかなければ，未来を切り拓くことは難しいし，中小企業はそうした期待に応えることは可能であるし，またそうした努力をして欲しいということである。域内の主な企業が中小企業である場合，まちの存続にかかわってくる大きな課題となる。筆者がここ数年調査分析でかかわった宮城県南三陸町，愛媛県東温市，福岡県田川市などをみると，中小企業支援策を本格化させないと，人口減少がいずれ深刻な問題となってくることがわかる。大企業城下町とはかけ離れ，まちの主力産業が中小企業によって形成されているからである。

　そうした地方自治体では，産業振興条例ではなく明確に中小企業振興基本条例として制定されてきている。中小企業振興基本条例では，通常次のような，構成がとられる。

中小振興基本条例の構成

目的，基本理念，基本方針，行政の役割，大企業の役割，中小企業の役割，経済団体の役割，学校の役割，金融機関の役割，市民の理解と協力，中小企業振興会議の設置

このうちポイントとなるのが，行政の役割，中小企業の役割，中小企業振興会議の役割である。この点を東温市の「中小零細企業振興基本条例」に基づいてみておきたい[3]。

市の役割（抜粋）

第5条　市は，前条の基本方針を総合的かつ計画的に推進するため，必要な調査及び研究を行い，財政上の措置を講ずるものとする。

2　市は，振興施策を実施するに当たっては，国，愛媛県その他の地方公共団体，事業者，経済団体，学校，金融機関及び市民と協働し，効果的に実施するように努めるものとする。

事業者の役割（抜粋）

第6条　中小零細企業者は，地域社会と調和するよう十分配慮しながら，自主的な努力及び創意工夫により，経営基盤の強化，人材の育成，地域からの雇用の促進及び雇用環境の充実に努めるものとする。

2　中小零細企業者は，地域の将来を担う人材を育成するため，市内の学校と連携し，職業への理解の向上及び体験学習の充実に努めるものとする。

6　事業者は，経済団体に加入するよう努めるとともに，地域社会における責任を自覚し，振興施策及び経済団体が行う中小零細企業振興のための事業に，積極的に協力するものとする。

東温市中小零細企業振興円卓会議（抜粋）

第11条　本条例に掲げる目的の達成に向けて，事業者，経済団体，学識経験者，金融機関，消費者その他の多様な構成員により，東温市中小零細企業振興円卓会議（以下「円卓会議」という。）を設置する。

2　円卓会議は，次に掲げる事項に取り組むものとする。

(1) 振興施策について審議し，必要に応じて，調査及び研究を行うこと。

(2) 効果的かつ実効性のある振興施策については，市長に提案するとともに，検証を行うこと。

---

3)　東温市「中小零細企業振興基本条例」（2013年3月制定）。

278 第Ⅲ部 地域分析とデータ統合

ここに示されているのは，行政の役割として，必要な調査研究を踏まえ，効果的な振興施策を講じること，事業主の役割として，自主的な努力および創意工夫により，経営基盤を強化するとともに地域からの雇用を促すこと，そして，円卓会議の役割として，必要な調査研究を行い，効果的かつ実効性のある施策を市長に提案することが求められるという点である。この三者の関係がしっかりかみ合うことが，中小企業振興の基本となる。

3. 全事業所調査としての東温市中小零細企業現状把握調査

愛媛県東温市は，2011 年に市内全事業所を対象とする調査を実施し，その結果を踏まえ，2013 年 3 月に『東温市中小零細企業振興基本条例』（以下，東温市条例）を制定した[4]。そして，事業者，商工会，経営者団体，金融機関，教育機関，NPO などの委員より構成される「円卓会議」を立ち上げ，継続的な審議を行いながら，毎年の中小零細企業振興支援事業を実施してきた。

東温市の条例には「零細」という言葉が盛り込まれている。あえてそうしたのは，2011 年の「東温市中小零細企業現状把握調査」の結果をみて，市内事業所の小規模性に驚いたからである。役員，家族を含む正社員規模別にみると，2 人以下が 52.1%，3～4 人が 16.0% と，5 人未満で全体の 68.1% を占めていた。しかも，事業所の 5 年後の成長・縮小見通しについて聞き，役員，家族を含む正社員規模別に成長見通し DI（「大幅に成長」＋「やや成長」－「大幅に縮小」－「やや縮小」%）をとったところ，次のような結果になった。

20 人未満の事業所はすべてマイナスの DI 値で，とりわけ 5 人未満の小規模事業所が大変低い DI 値となっていた。しかも，事業所の半数を占める 2 人以下では，マイナス 43 という低さである。こうした結果をみて，条例の制定を改めて決意するとともに，その名称に「零細」を入れる決断がなされたのである[5]。

---

4) 東温市の 2019 年 2 月 1 日現在の人口は 33,655 である。2004 年の合併による特例であって，いわゆる市の基準には満ちていない。

5) 東温市産業創出課「平成 23 年度東温市中小企業等現状把握調査事業報告書」。

この調査の結果から支援の課題として次のような諸点が浮き彫りになった。

・販路拡大が大事

・製品の独自性，技術・精度・品質，迅速さ，細かな対応に自信

・経営戦略，営業，市場開拓・販路拡大，人材，教育訓練を強めることが課題

・ブランド力の強化が大事

・経営者の自覚と人材育成が大事

この結果を踏まえ，円卓会議の下で審議がなされ，毎年の支援事業が決められていった。行政にありがちな前年度踏襲という施策ではなく，円卓会議での厳しい指摘をもらい，毎年工夫をしながら進められてきている。この間の主な支援事業は次のようなものであった。

・ブランド育成事業，見本市事業，「東温の匠・極み」紹介冊子制作事業，「東温銘菓」制作事業，三大都市観光物産展会，まちづくり型観光実現事業，事業所間ネットワーク事業，インターンシップ構築事業

その他，従来からある事業として，

・商工会補助金，中小企業振興資金融資，中小企業金融制度利子補給，観光物産協会補助金

こうした取組みを続けるとともに，条例制定5年に向けて，2016年度には，第2次市内事業所現状把握調査の調査票設計並びに調査実施，2017年度には，同調査の詳細分析を行うこととなった。同調査は次のような位置づけの下に実施された。

　「愛媛県東温市では，2011年度に中小企業等現状把握調査（市内全事業所訪問調査）を実施し，調査結果に基づき，市内中小零細企業の振興施策充実のため，2013年3月に愛媛県の市町で初となる『東温市中小零細企業振興基本条例』を制定した。また，条例制定に併せ『東温市中小零細企業振興円卓会議』も設置し，市内中小零細企業振興のため施策検討等を行っている。

　しかし，調査から既に5年が経過したことや，その間に振興基本条例の

280　第Ⅲ部　地域分析とデータ統合

制定や経済情勢など市内中小零細企業を取り巻く環境も変化したと思われることから，2016 年度において再度全事業所訪問調査を行うこととした。

　この事業所現状把握調査結果に，前回 2011 年度調査，2015 年度に商工会が会員対象に行った調査，2014 年経済センサス基礎調査，2012 年度経済センサス活動調査等をマッチングさせ，クロス集計，分析，研究を行うことで，市内中小零細企業の新たなニーズ及びこの 5 年間の施策に対する評価等を調査し，今後の中小零細企業振興施策の充実を図ると同時に，現状，課題，問題点等の把握を目的とする。

　さらに，2015 年度に策定した「第 2 次東温市総合計画」や「東温市まち・ひと・しごと創生総合戦略」での政策目標に対し，より実りある施策への反映を目指す。」（東温市中小零細企業現状調査事業仕様書より）

　2011 年の東温市調査は，全事業所を調査するとの意気込みで行われたが，「経済センサス」の名簿情報の利用は行われず，NTT の「タウンページ」に基づく調査となった。それでも，7 名の調査員による訪問調査として実施されたため，対象とした事業所 1,164 から 858 の回答が得られ，有効回答数 73.7％と総括された[6]。

　そして，こうしたところから始められたため，2016 年調査でも，全事業所を対象とすることが目標として掲げられた。そのため，上記仕様書が示す通り，名簿情報として「平成 26 年経済センサス−基礎調査」の調査票情報が用いられ，さらに追加の申請を行う形で分析も行われた[7]。実査については，リサーチ会社に委託し，7 名の係員による調査員調査として行われた。

　表 12-1 は，調査対象数と回答状況である。2 年前の 2014 年の経済センサス時の事業所数は 1,233 で，このうち回答が得られたのは 870 で，調査拒否・不在・記入不十分が 174，移転・廃業は 189 である。そして，タウンページで新規開設が確認できたのは 94 という結果になっている。この表をみると，廃業

---

6)　立教大学社会情報教育研究センター（2014）。
7)　愛媛県東温市（2017）。

第 12 章 地域での事業所調査と経済センサスの活用　281

表 12-1　2016 年度東温市事業所現状把握調査回答状況

	2016 年度東温市調査対象事業所数	有効回答数	無効	不適格
2014 年経済センサス基礎調査時存続事業所数	1,233	870	174	189
タウンページで新規確認事業所数(有効回答のみ)	94	94	–	–
合　計	1,327	964	174	189

（注）　無効は調査拒否・不在・記入不十分で，その 69％が回答拒否である。不適格は廃業・移転・不明で，その 65％（約 120）が廃業である。

確認が 120，新設確認が 94 となっており，わずか 2 年ほどの間に，事業所の 2 割近くに変動があったことがわかる。こうした点は，公的統計（「経済センサス」）の力を借りないと捉えられないところである[8]。

4.　浮き彫りになった経営力，人材育成力，連携力の大事さ

表 12-2 は，2016 年東温市調査の結果である。企業の組織形態別に，役員，家族を含む正社員数の分布を捉えたものである。正社員 2 人以下が 5 割を超えており，多くが小規模事業所であることがわかる。しかも，回答の 7 割が本所・本店であり，多くが小規模企業といってよい。

企業の規模が小さいため，経営基盤，経営力において課題を抱えている可能性が高い。とくに，正社員 2 人以下の企業の多くは個人企業であり，家族経営が多いため，全体として経営基盤，経営力が弱いと考えられる。しかし，市場においてはそうした事情に配慮して取引がなされるわけではなく，事業を続ける以上，経営力強化が不可欠の課題となってくる。

---

8)　統計法第 33 条第 1 号の規定に基づき，第 1 段階として名簿情報の申請が行われた。続いて第 2 段階として同第 2 号の規定に基づき，「2016 年東温市調査」の結果と個票レベルでマッチングさせて分析を進めるため，「平成 26 年経済センサス–基礎調査」，「平成 23 年経済センサス–活動調査」の調査票情報の利用申請が行われた。いずれの申請も，東温市産業創出課によって行われ，第 2 号に基づく申請では，分析者として立教大学社会情報教育研究センターの担当者も加えられ，誓約書を提出して，一定期間分析に携わった。菊地（2017a），17-37 ページ）。

282　第Ⅲ部　地域分析とデータ統合

表12-2　事業所の組織形態別正社員数

上段：度数 下段：％		正社員数（役員・家族含む）							
		合計	0人	1人	2人	3〜4人	5〜9人	10〜19人	20〜49人	50人以上
組織形態	全体	941	25	295	175	150	133	77	56	30
		100.0	2.7	31.3	18.6	15.9	14.1	8.2	6.0	3.2
	個人企業	356	4	208	93	35	12	1	3	-
		100.0	1.1	58.4	26.1	9.8	3.4	0.3	0.8	-
	法人企業	536	14	78	72	106	114	70	52	30
		100.0	2.6	14.6	13.4	19.8	21.3	13.1	9.7	5.6
	非営利組織	49	7	9	10	9	7	6	1	-
		100.0	14.3	18.4	20.4	18.4	14.3	12.2	2.0	-

　東温市条例第6条にいう「自主的な努力及び創意工夫により，経営基盤の強化に努める」とは，事業者の自主的な努力・創意工夫による取組みによって経営力を高め，もって経営基盤の強化を図ることを指している。これを事業者の役割として定め，そうした力をつけることを期待しているのである。

　では，そうした努力がなされているかはどのように捉えられるのか。振興施策の展開によって自動的にそうした力が高まるのか。高まらないとすれば，中小零細企業振興施策を打つことの意味がそもそものところで問われてくることになる。市内事業者が経営を維持し，雇用の維持を図るがゆえに振興施策を打つ意義が理解されるわけである。

　そうなると，経営上の課題や問題点のみでなく，経営力を高める取組みがどのようになされているかについても捉えていくことが必要となる。宮城県白石市，南三陸町での調査を参考に[9]，2016年東温市調査では，①経営理念の外部発信の有無，②中長期の経営方針の有無，③毎年時の経営計画の有無，④月次での事業の進捗状況の点検の有無，⑤経営に関する勉強会に参加する希望の有無，この5点について回答を求めることとした。

　そして，この問いに対する答えを「有り」「無し」で答えてもらい，この「有り」「無し」別に売上高DI（「増加」―「減少」割合％）をとると，「有り」の方が，格段にDI値が高く，「無し」に比べ30〜40％もの開きが出てしまって

---

9)　菊地（2016），73-94ページ。

図 12-1 経営指針の有無別にみた売上高 DI 値

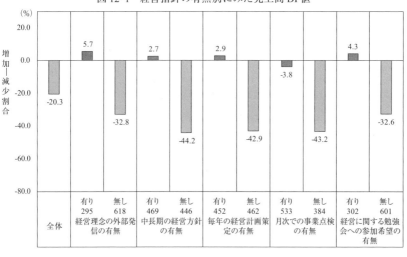

いるのである（図 12-1）。売上高に倣って利益 DI を取ってみても同様である。これらを経営指針の有無に関する問と名づければ，経営指針に関する取組みをきちんと行うことは，売上や利益に，ひいては経営基盤の強化につながると考えられる。

もちろん，以上はごく単純な設問なので，どのような経営理念を作ってどのように発信しているか，どのような中長期計画，単年度計画を作っているか，こうした設問ではその濃淡は捉えられない。そこから先は個別調査に委ねられ，個別ヒアリングにより良い実践を捉え，その普及を図ることもまた大事になってくる。

東温市条例第 6 条事業者の役割では，人材育成について次のように定められている。事業者は，「人材の育成，地域からの雇用の促進・雇用環境の充実に努める」。これもまた強固な経営基盤を形作ることになる。そこで，2016 年東温市調査では，人材育成に関して，① 人材育成マニュアルや仕組みの有無，② 就業規則の有無，③ 賃金規程の有無，④ 雇用環境整備の勉強会に参加意思の有無，⑤ 社員研修実施の有無，この 5 点の設問を設けた。

さらには，企業連携についての設問も設けた。① 他企業や異業種との連携

284 第Ⅲ部　地域分析とデータ統合

を図るための会やグループに参加の有無，②産・学連携等の事業経験の有無，である。それは，経営者としての力をつけるために，他の経営に学ぶ姿勢があるかどうかを捉える必要があると考えたからである。

　これら人材育成や企業連携の有無についても，「有り」「無し」で答えてもらい，「有り」「無し」別に売上高 DI，利益 DI をとると，図 12-1 同様，「有り」の方が，格段に DI 値が高く，「無し」に比べ 30〜40％もの開きが出ているのである。連携のための会やグループへの参加の有無でもそうである。

　会へ参加している場合の活動内容は，「情報交換」，「異業種交流」，「人脈・ネットワーク形成」，「経営のための知識の習得」などであり，まさに連携のための取組み，情報を得る取組み，学ぶ取組みがなされている。それが効果有りという結果である。東温市条例第 6 条で「経済団体への加入に努めるものとする」のは，こうした経営者同士の学習効果を期待してのものと考えられる。

　2016 年東温市調査では，併せて 5 年後の成長見通しについても聞いている。これを経営指針の有無別，人材育成の仕組みの有無別，企業連携の有無別に成長見通し DI（「成長」－「縮小」割合％）をとると一層裏づけが得られる。各項目について「有り」と答えられるほど 5 年後の成長見通し DI が高くなっている。このような事業者としての取組みが，5 年後の成長見通しを引き上げているのである[10]。

　このようにみてくると，中小零細企業支援を考えるとき，基礎に据えねばならない点が何かが，よりはっきりしてくる。産業振興のための事業所調査で，必ずしも意識されてこなかった点である。

5. 肝要な総合計画と行動指針への結実

　「条例を作り振興計画を策定していくことは，企業経営になぞらえて言えば，東温市としての経営指針を作ることに他なりません。市にとって

---

10)　愛媛県東温市（2017）。菊地（2017b）。菊地（2018a）。『ESTRELA』2018 年 2 月号，特集；東温市の産業振興。

も，事業者にとっても，金融機関にとっても，教育機関にとっても，経営者団体にとっても，市民にとっても，それぞれが儲かる関係になるのでなければなりません。」[11]

　確かに，そのように考えていかないと一丸となった力は出てこない。市，企業，金融機関，教育機関，経済団体それぞれが，基本計画，基本方針をもって仕事を進めている。『東温市中小零細企業振興基本条例』は，その全体が調和をもって，効率的・効果的に進むよう定めた東温市の経営指針ということができる。これに肉付けをしていくことが円卓会議の役割であり，東温市の役割であり，事業者，商工団体，地域金融機関の役割である。そこでは厳しい議論が必要になるとともに，事業者や各機関が相互に学び合い，切磋琢磨して成長していくことが必要である。そのような構成員が東温市を作る歩みこそが『東温市中小零細企業振興基本条例』の目指す道にほかならない。

　『東温市中小零細企業振興条例』は，2013 年 3 月東温市議会で議決された条例であることからわかるように，この条例に基づく取組みは行政活動としての側面をもつ。規模の大きい自治体であれば，円卓会議に大きな予算をつけることができさまざまな独自活動を展開することも可能となる。横浜市は，オープンデータの牽引自治体としてさまざまな取組みをし，地元企業や NPO との協働・共創の取組みが行い得ているのも，それなりの予算の裏づけがあるからである。人口 34,000 で，市の要件が満たせていない東温市において，円卓会議に大きな独自予算を講じることは厳しい。

　そうしたときに取るべき発想は，事業者も支援団体も金融機関も教育機関も，条例に基づく取組みが行政活動としての側面をもつことを理解し，目的達

---

11)　東温市をはじめ愛媛県各地において中小企業振興基本条例制定が進むよう奔走した中小企業家同友会元専務理事の鎌田哲雄（2017 年 3 月 11 日逝去）の言葉である。2015 年 9 月 17 日，東日本大震災で壊滅的打撃を受けた宮城県南三陸町の町役場の職員，地域の中小企業経営者が震災復興事業後の南三陸町の産業振興の参考にするため，東温市役所を視察に訪れた際の挨拶である。cf. 愛媛県東温市（2017），33 ページ。

286　第Ⅲ部　地域分析とデータ統合

成のためにそうした側面を効率的に活かすことが大事である。どこの自治体で
もそうであるが，中小企業振興は一部署である商工課が担う。東温市であれば
産業創出課である。自治体はさまざまな課を擁し，各課はそれぞれの政策をも
ち，その全体が当該自治体の政策となる。この政策全体は定期的に見直され，
10 年程度の総合計画として策定される。

　中小零細企業振興を進めようとすれば，この総合計画にしっかり位置づけら
れ，議会や庁内での地歩を確立しなければならない。東温市においては，2015
年に『第 2 次東温市総合計画』(2016 年度～2025 年度) が策定されており，国の
創生戦略に基づき，『東温市人口ビジョン』，『東温市 まち・ひと・しごと創生
総合戦略』(2015 年度～2019 年度) が策定されている。こうした計画のなかに
『東温市中小零細企業振興基本条例』に基づく取組みがしっかり位置づけられ
ていくことが大事である。人口ビジョンを進める取組みと中小零細企業振興の
取組みは一体不可分のものとして進められていくのでなければならない。

　「2016 年東温市中小企業現状把握調査」の報告会開催 (2017 年 11 月 3 日) 以
降，円卓会議ならびに産業創出課で検討を重ね，2018 年 3 月に「東温市中小
零細企業振興『行動指針』」を制定した[12]。

　行動指針①　中小零細企業の経営基盤の強化

　行動指針②　中小零細企業の人材確保・育成

　行動指針③　中小零細企業による地域経済環境づくり

　行動指針④　地域経済の活性化に向けた連携

　東温市条例第 6 条には「事業者の役割」として，「自主的な努力及び創意工
夫により，経営基盤の強化，人材の育成，地域からの雇用の促進及び雇用環境
の充実に努める」と定められていることからもわかるように，行動指針におい
ては，中小零細企業の取組みを中心に考え，各機関が支援施策を講じるものと
したいと述べている。まさに，事業者の役割を果たせるよう支援施策を講じる

---

12)　東温市中小零細企業振興円卓会議「東温市中小零細企業振興『行動指針』」(2018
　　年 3 月 26 日)。「2016 年東温市中小零細企業現状把握調査」の結果が大変よく踏まえ
　　られている。

ということである。この指針の特徴を捉えるため，指針 01 の冒頭項目のみ紹介しておきたい。

01：自社の現状を把握し，経営の基盤強化に対する取組み

> 現状把握調査によると"経営理念の外部発信"を「実施」と回答した割合が 33％で，"経営計画"を「作成している」と回答した割合が 50％と低く，更に小規模な事業者は低い割合となっている。しかし，外部発信や作成を「行っていない」場合，「行っている」場合に比べ売上高及び利益が減少傾向となっていることから，厳しい経済環境を乗り越えるためには，経営理念の外部発信及び経営方針，経営計画等の作成等が必要である。

○『中小零細企業』は，資産，従業員の数や年齢構成，資金繰り，負債，業界での競争力など自社の現状を把握し，経営理念の外部発信及び経営方針，経営計画等の作成等に努めるとともに，健全な経営基盤の強化に取り組みます。

○『市』は，中小零細企業に対して，経営理念や経営計画等の必要性に係る周知啓発を行うとともに，経営課題に関して適切な相談機関等への紹介ができるワンストップ窓口を設置します。また，中小零細企業の安定経営を目的に，設備資金や運転資金に係る融資制度を整えます。さらに，5 年毎に中小零細企業の現状を調査・分析し，円卓会議において振興施策の審議，研究，検証等を実施し，現状に適した振興施策を図ります。

○『商工会』は，中小零細企業が抱える経営課題に対して，有益な情報提供や的確なアドバイス・指導，経営計画の推進を行うとともに，専門的な分野については専門家の派遣による支援を行います。

○『金融機関』は，中小零細企業が抱える経営課題に対して，有益な情報提供を行うとともに，安定した経営運営ができるように，設備資金や運転資金に係る支援を行います。

以上のように，行動指針は 4 つの指針それぞれに，調査結果や事実情報を基に，目標を定め，その目標達成のために『中小零細企業』，『市』，『商工会』，

288　第Ⅲ部　地域分析とデータ統合

表 12-3　東温市行動指針の数値目標

平成 33 年に実施する現状把握調査において，以下の数値を目標に取組みを行う。

項　目	現状 （平成 28 年）	目標値 （平成 33 年）
① 3 年前と比べた売上高（大幅に増加＋増加）	23%	30%
① 3 年前と比べた利益（大幅に増加＋増加）	21%	30%
① 01 経営理念の外部発信（外部発信を行っている）	33%	40%
① 01 中長期の経営方針（経営方針を持っている）	52%	55%
① 01 経営計画の作成（毎年作成している）	50%	55%
① 03 得意先・販売先（県外）	12%	20%
① 04 インターネットサービス（活用している）	44%	50%
② 01 経営上の問題点（従業員の不足）	18%	10%
② 02 人材育成のマニュアルや仕組み（ある）	35%	40%
② 02 従業員を対象とした研修の実施（実施）	44%	50%
② 03 職場体験やインターンシップの受け入れ（受け入れている）	17%	30%
② 04 後継者（既に決定）	20%	30%
④ 01 振興基本条例の認知度（条文を読んでおり知っている）	5%	20%

現状把握調査以外については，以下の数値を目標に取組みを行う。

項　目	目標値
① 02 新事業や新サービスに向けた取組み	8 件
③ 01 地域資源を活用した取組み	8 件
③ 02 起業者の取組み	8 件

『金融機関』の役割を記しているのである。そして，数値化できる目標については，表 12-3 のように数値目標として設定された。「現状把握調査」の結果を基にこのような数値目標が設定できたのは，可能な限りすべての事業所を調べようとして調査が実施されたからである。まさに調査に基づく政策展開，EBPM の実質化である。

6. 田川市における中小企業振興基本調査

東温市の場合，2 度にわたり全事業所調査を行うことができたため，「東温市中小零細企業振興」において調査結果に基づく行動指針，数値目標を設定できたが，多くの自治体とくに小規模自治体においてはそうしたことはなかなか困難である。しかし，それでも自治体の担当課が市内中小企業者と認識を一にし，連携して取組みを始めれば目標をもって中小企業振興を開始することができる。福岡県田川市の例をみておきたい。

田川市は福岡県の中央部に位置し，その名が全国に知られるようになったの

は，明治33年に三井田川鉱が設立され，石炭産出地となってからである。全国から人が集まり，大正6年には全国産出量の50%を占めるまでになった。こうして日本近代産業発展の原動力となった筑豊炭田・田川鉱は，第二次世界大戦後の復興期まで日本経済を支え続けるが，1955年以降陰りがみえ始め，エネルギー革命によって石油にその座を奪われ，1964年に閉山となった。2019年2月1日現在，人口は47,963である。

　こうした歴史があることもあり，田川市では，「ひとを育て自然と産業が共に息づくまち」を将来像とし，若い世代の人材育成に力を入れつつ，環境にやさしいものづくり産業を根づかせ，発展をとげようとしてきた。

　しかし，博多より車で1時間，小倉からもほぼ同じくらいという立地条件のなかで，若者の流出による人口減少の兆候が徐々にあらわれてきていた。そのため，市内でのしごとづくりを進めることが何よりも大事であると考え，2015年9月「田川市中小企業振興基本条例」を制定したのである。中小企業振興としたのは，田川経済を主に支えているのが中小企業だからである。

　条例制定後，直ちに「田川市産業振興会議」が設置され，中小企業振興施策を考えるには，市内事業所の現状を把握することが何よりも必要と判断し，「田川市中小企業振興基本調査」の実施を決めた。同会議で検討を重ね，自前の調査票を作り，2017年度の11月から18年3月にかけて郵送と電話依頼により調査が実施された。対象名簿には，「2016年経済センサス−基礎調査」の調査票情報が使用された。ここから，宗教等非営利法人と廃業事業所を除き，2,104事業所を対象とし，751の回答を得た。回収率は35.7%であった。郵送調査としては高い方であるが，全事業所調査の結果と呼ぶには無理がある[13]。

　調査項目は，①事業所の状況，②事業所の強み，③事業所の課題，④人材に関すること，⑤売上・収益に関すること⑥今後の事業展開，事業承継（後

---

13)　調査票の作成と実査ならびにデータ入力の手続きは，田川市産業振興会議と産業振興課企業・商工振興係の手で行われた。名簿情報は，「平成26年経済センサス−基礎調査」の調査票情報で，この申請は同課によって行われた。データが入力されて以降の分析は，立教大学社会情報教育研究センターが引き受けた。

継者問題），⑦ 中小企業支援，⑧ 金融支援，⑨ 田川市の立地環境，⑩ 中小企業
振興基本条例，以上 10 項目で，この各項目が多数の枝質問に分かれ，調査票
は実に 16 ページに及んだ[14]。

　郵送調査であったため回収率は 35.4％ に止まったが，集計に入るにつれ大
変驚いたことがあった。記述による生の声が大変多かったことである。厳しく
も熱く感じられる記述が多かった。「街にきれいさがない。治安が悪いイメー
ジ」といった厳しい意見も多かったが，田川が好きという感情も入り混じり，
田川にもっと変わって欲しい，変えていきたいという熱い意思表示のようにも
思えた。

　記述回答を読み進むと，市内の経営者自身，思い切った発想の転換が必要で
あることに気づいてきていることがわかる。条例ができ，調査が始まったこと
を受け，行動するときが来たと受け止めている経営者もいた。「中小企業振興
を知って頂き，家族内での会話になってほしい。田川はダメだから市外へ行き
なさいというセリフはもう嫌です」，「中小企業振興への行政の取り組み方の熱
意を感じました。このままではいけないと以前から思いつつ，ようやく私に出
来ることは……？ と考えることが出来そうです。是非，1 つ 1 つを確実に形に
して行きましょう！　出来る範囲……全力で取り組みます」。

　以上のような声は，通常はヒアリングでなければ浮かび上がってこないもの
だが，記述で寄せられたということが注目に値する。類似の声も多く寄せられ
た。市民目線の声としては，「市内に働き口がないから子どもたちは市外に出
て行って，戻って来られない」。多くの家庭がこのように考えている。

　一方，市内経営者の気持ちとしては，「市内企業の良さをもっと見て欲しい。
市内企業で働くことも選択肢に入れて欲しい」。このようになる。こうした 2
つの気持ちが離れ離れであるため，若者がひたすら都市部へ流れ，戻ってこな
いという悪循環に陥っていた。これを切り替え，「人の域内循環」が作られる

---

14)　福岡県田川市産業振興会議『中小企業の熱意が田川を変えていく―2017 年田川市
　　中小企業振興基本調査』2019 年 2 月。菊地（2018b）。

方法はないか。

　この点について，大変大事な指摘があった。「田川市では高校を卒業すると市外へ勤務先を求める傾向が強い人口漏出地域である。それは地場の魅力ある企業がどれくらいあるかが未知数であるためかもしれない。情報が不足しているのかもしれない。学校教育においても教員自身がまずは知ることができないと，子どもに対しても，学力の高い大学への進学，安定した大企業への就職だけが促される。中小企業側も努力が必要な点があるのはもちろんであり，それらを結びつけることができて努力して成果を挙げている地場の中小企業の情報を学校教育の場で共有できていく仕組みがあれば，優秀な人材を地域に残し，発展していく原資となるかもしれない」（自由意見より）。

　田川市産業振興会議では，2017年調査の結果をもとに，中小企業支援のビジョン，行動指針づくりに向かうことになる。そして，2021年度から始まる『第6次総合計画』に反映させる予定とのことである。

　田川市産業振興会議としては，今回の調査の実施と結果の市民への還元を通じて大きな学びがあったという。2018年11月3日に開催された結果報告会において，地元高校生3チームに「田川市の経営指針について」のプレゼンテーションを依頼し，若手経営者のサポートで見事な発表がなされたからである。もちろん，高校の先生からの惜しみない協力もあった。

　サポートに当たった経営者自身，高校生の成長プロセスに目を見張り，その姿に大いに学んだという。市内で初めての取組みであった。市内の中小企業観の転換，支援計画の策定にとって一筋の光明が見出されたのではなかろうか。ただし，そのためには，市内企業のこれからの取組みが大事である。経営力を高める取組み，人材育成力を高める取組み，企業間の連携力を高める取組みの意義は，東温市調査同様に田川市調査でもしっかり確認された。

　市内の経営者がそのことに気づき，経営基盤を強化する取組みを強め，「産業振興会議」，「市」，「商工団体」，「金融機関」，「教育機関」などがそれを支援する取組みを強化していくことによって，田川市内の中小企業観が変わっていくならば，福岡県中部の中核的都市の1つとして持続していくことは十分可能

であろう。

7. おわりに——経済センサスによる独自調査サポートの必要性

東温市と田川市の調査では，「経済センサス」の調査票情報が縁の下の力持ちとして大きな役割を果たした。まず，統計法 33 号第 1 号に基づき，名簿情報としての申請を行い，利用することができた。小規模市では，「事業所母集団データ」が利用できないためこの方法をとる以外ない。「経済センサス」であると，独自調査実施時点との差が生じてしまうが，そのことが逆に，短期間でも事業所に異動，改廃のあることがリアルに捉えられた。

しかし，これは入口で，名簿情報としてより重要であったのは，事業所・企業の産業格付けである。これは別途申請しなければならなかったが，独自調査では業種情報を正確に，詳しく取ることは難しく，「経済センサス」の調査票情報による補完，訂正がどうしても必要である。産業大分類であると，製造業が 1 つにまとめられるなど実態把握に支障を生じるため，中分類コードがどうしても必要である。

このほか，単独事業所・本所・支所の別，年間売上金額，経営組織，親会社の有無，親会社の所在地，土地および建物の所有の有無などは，独自調査の個票データとマッチングさせることにより，新たな統計の導出が可能になる。まさに，「地方公共団体の作成する統計」となる。

田川市調査では，田川市内，田川市以外の福岡県内，福岡県外，海外にわけて，年間の売上金額比％を 10％刻みで聞いている。また，仕入額についても同様の比率を聞いている。このままの単純集計であれば，金額比ごとの事業所数の集計になるが，「平成 28 年経済センサス−活動調査」の売上額データがあれば，売上先別の売上額を実額で捉えることができる。仕入については，業種別の原価比率を導出すれば，仕入先別の仕入額を実額で捉えることができる。

実際にそのような集計をする目的で，「平成 28 年経済センサス−活動調査」の調査票情報の利用申請を行った。もともと 2,104 事業所を対象とし，751 の回答であったうえ，売上先比，仕入先比で整合性のある有効回答 574 に絞ら

第 12 章　地域での事業所調査と経済センサスの活用　293

表 12-4　取引先所在地別売上額，仕入額

(単位：百万円)

業種	有効回答数	売上・仕入	取引先所在地				合　計
			田川市内	福岡県内(田川市外)	福岡県外	海外	
全体	n=429	売上額	2,198,308	5,532,265	1,583,676	183,342	9,497,592
		仕入額	525,489	2,555,539	3,063,578	89,207	6,233,813
建設業	n=57	売上額	350,103	571,159	64,761	0	996,021
		仕入額	215,691	332,258	50,723	3,401	602,073
製造業	n=130	売上額	403,197	3,523,027	1,207,869	168,776	5,302,868
		仕入額	173,423	1,161,012	2,702,221	79,330	4,115,986
流通・商業	n=52	売上額	859,579	917,507	112,220	14,555	1,903,861
		仕入額	90,997	820,756	208,960	6,285	1,126,999
サービス業	n=158	売上額	523,387	467,344	169,515	11	1,160,257
		仕入額	29,833	186,759	100,223	191	317,006

(注) 平成 28 年経済センサス-活動調査の調査票情報を利用して集計。

れ，さらに「平成 28 年経済センサス-活動調査」へのマッチングが可能になったのは 429 であった。対象事業所の 20.4％である。それを集計した結果が，表 12-4 である。限られた回答数であるが，それでも多くを県外から仕入れ，多くを田川市以外の福岡県内に売上げていることがわかる。業種別にもそれぞれの特徴があらわれ，市内での仕入がさらに増えるような産業構造に切り替えていくことが大きな課題になっていることがわかる。

　これは事後的に特別集計を試みたものであるが，調査票設計の段階からセンサスの調査票情報の利用を想定しながら進める力が地方自治体についていくと，統計法の精神に沿った公的統計の活用へと大きなあゆみを始めることができると考えられる。統計学研究者もその後押しをするべきであろう。

参 考 文 献

植田浩史（2009）「地方自治体と中小企業振興」（中小企業家同友会全国協議会『企業環境研究年報』第 14 号）63-77 ページ。

瓜田靖（2015）「中小企業憲章・条例推進運動の成果と課題」（『企業環境研究年報』第 20 号）55-77 ページ。

愛媛県東温市（2017）『東温市を支える中小零細企業― 2016 年東温市事業所現状把握調査』2017 年 11 月。

菊地進（2016）「宮城県南三陸町における中小企業実態調査と地域振興」（『企業環境研究年報』第 21 号）73-94 ページ。

菊地進（2017a）「中小企業調査の個票分析に求められる一視点」（関西学院大学経

済学部研究会『経済学論究』第 71 巻第 2 号）17-37 ページ。

菊地進（2017b）「地域産業振興のための事業所全数調査」（統計情報研究開発センター『ESTRELA』2017 年 12 月号）18-23 ページ。

菊地進（2018a）「東温市調査が示す経営力・人材育成力・連携力の意義」（法政大学『経済志林』第 85 巻第 2 号）319-344 ページ。

菊地進（2018b）「地域での中小企業観の転換と経営力・人材育成力の向上」（統計情報研究開発センター『ESTRELA』2018 年 4 月号）8-13 ページ。

立教大学社会情報教育研究センター（2014）「輝きに満ちたまち東温市を支える中小企業-東温市中小企業現状把握調査の分析―」2014 年 8 月。

第 13 章

世帯規模の動向の分析における地域単位の検討

小　西　　純

1.　はじめに

　本章の目的は，東京圏[1]における世帯規模の縮小化における地域分布の傾向について，分析における地域単位の検討を踏まえて把握することである。

　住宅・土地統計調査によると，1978 年以降すべての都道府県で総住宅数が総世帯数を上回り，2013 年の日本の総住宅数は 6063 万戸，総世帯数は 5245 万世帯となっている。総世帯数よりも総住宅数の方が多いことから，空き家数，空き家率は増加し続けている。住宅数が世帯数を上回る要因として，少子高齢化や世帯規模の縮小化など人口・世帯の構造が多様化しており，既存の住宅ストックと世帯の需要のミスマッチがあると考えられる。

　国土交通省住宅局（2012）では，空き家の発生には地域性があることから，空き家調査実施における調査対象の選定や調査対象区域の設定にあたっては，地域性を考慮することの必要性を指摘している。空き家発生の地域性の例として，敷地が未接道や狭小で単独の建て替えが難しく放置された空き家や，中心

---

1)　埼玉県，千葉県，東京都，神奈川県の 1 都 3 県とする。ただし，東京都島嶼部は除く。

商店街の衰退による店舗併用住宅の空き家などの事例がある既成市街地，あるいは，利便性の高い都心に人口が回帰し，郊外の住宅需要が減退し，子供の独立後高齢夫婦世帯のみとなり施設等への転居などにより空き家が増加している郊外のニュータウン，住宅団地などが挙げられる。

　郊外ニュータウンにおける人口・世帯の動向について，統計情報研究開発センター（2017）は，東京圏における人口・世帯の変化を地図化した結果から，2010〜2015年の東京圏郊外において高齢単身世帯や高齢夫婦世帯が大きく増加したことを示した。さらに，周辺地域と比較して高齢夫婦世帯の割合の増加が卓越している地域を統計データとGISにより選定し，郊外における当該ニュータウンの高齢世帯の割合の増加要因について，第1次ベビーブーム世代が2015年国勢調査の調査時に65歳以上になり高齢世帯の割合が増加したという人口構造に起因するものと，20歳前後に進学，就職により離家した世代の30歳前後における再流入が1995〜2000年以降減少傾向にあり，若年世代が減少している，という2点を示している。

　高度経済成長を契機として拡大してきた東京圏の郊外も今後地域によっては衰退する可能性があり，地域別に世帯変動の様相を把握することが重要である。

　世帯変動の要因について小島（1996）は，第3回世帯動態調査の結果から，世帯規模の拡大要因として出生と結婚が大きく寄与していること，世帯規模の縮小の要因としては結婚による転出および死亡が多くみられ，世帯主の年齢別にみると45歳未満では親の死亡と離婚が，45〜64歳では親の死亡と，結婚，進学，就職といった世帯主の子の離家が，65歳以上では死亡と結婚が大きいことを明らかにしている。

　人口変動を把握する際の基礎的な単位は「人」であることから，その単位自体が拡大したり縮小したりすることはなく，人口変動は出生，死亡，移動の3要素で説明されるが，世帯変動は世帯自体の拡大や縮小があるため，その状況を端的に把握することが難しい。国勢調査によると，2010〜2015年の5年間で日本の人口は96万2607人減少している一方で，一般世帯数は148万9490

世帯増加しており，世帯の規模を表す1世帯当たり人員は1995年の2.82人から2015年の2.33人まで一貫して縮小している。

　統計データを用いて世帯の変化の様相を把握するためには，世帯数の増減率を測定することがよく行われるが，世帯規模の縮小化など世帯の構造は変化しており，全体の大きさは変わらないときでも世帯構造には変化がみられるのが普通である。このため，全体の増減率は世帯構造の変化を示す値，すなわち部分の増減率や構成比率の差によって補足することが望ましい。その場合，集団の増減率が大きくともその部分の構成比率が小さい場合，全体の増減に対する寄与はわずかである。このように全体の増減率に対する部分の変動の寄与の方向と程度を表す測度として寄与度がある（関 1992）。

　ところで，地域別の人口・世帯の変化の様相の把握においては，国勢調査をはじめとする公的統計データを使用した都道府県別や市区町村別などの行政界単位の分析が多い。しかし，このような地域別データを利用した分析については，集計された地域単位の大きさや分析する地域範囲の大きさで分析結果が異なる「可変単位地区問題」に注意する必要がある。これに関連して統計情報研究開発センター（2017）は，東京圏という比較的広い地域範囲を対象とし，都道府県や市区町村などの行政界にとらわれずに地域の人口・世帯の特徴，変化の傾向を明らかにすることを目的として，移動窓という手法により半径3,000mの円を地域単位とした地域別の人口・世帯の変化の空間分布の分析を行っている。

　さらに小西・田村（2018）は，この移動窓による分析地域単位のサイズについて，大域的空間的自己相関の指標であるMoranのI統計量による評価を行い，東京圏における2010～2015年の0～4歳→5～9歳のコーホート変化率の空間的偏在の把握に当たっては，半径1,000m，3,000m，6,000mのうち半径3,000mが適切であることを明らかにしている。しかしこの移動窓による集計では，半径3,000mの円という広い範囲の代表点を円の中心に集約していることから，地理的な位置の精度に課題がある。

　以上から本章では，世帯変動のうち世帯規模の縮小化に着目し，東京圏にお

ける地域別世帯人員別世帯数の変化の様相を把握する。具体的には，先に述べた可変単位地区問題を考慮し，市区町村別データと地域メッシュ統計データを使用して世帯数に対する世帯人員別世帯数の寄与度を地図化し，東京圏における世帯規模の縮小化の地域分布の動向と，その状況を把握する際の分析地域単位のサイズについて考察する。

第2節では市区町村別のデータを使用して，人口・世帯数の増減や世帯人員別世帯数の寄与度を地図化し，寄与度の地域分布について概要を把握する。第3節では2分の1地域メッシュ統計データと GIS を使用して移動窓による集計を中心点からの距離により重みをつけて行い，東京圏において世帯数の増減率を把握する際の分析地域単位について空間的自己相関の指標を用いて評価する。第4節では空間的なクラスタリングがみられる分析地域単位により1人世帯の寄与度を算出した後地図化し，寄与度の空間的な分布における市区町村別の結果との違いについて整理する。第5節では移動窓法により集計した結果を利用して分析することの意義と課題について考察する。

2. 東京圏における市区町村別人口・世帯数の増減と世帯人員別世帯数の寄与度の地域分布

2-1 東京圏における世帯規模の縮小化

国勢調査によると，東京圏（島嶼部を含む）の 2010～2015 年の5年間で人口は 51 万 2121 人，世帯数は 66 万 6748 世帯増加している。東京圏では人口よりも世帯数の増加数が多い。このように世帯数の増加が人口よりも多いのは，世帯規模が縮小し世帯数が増加しているためである。東京圏における1世帯当たり世帯人員は，2010 年の 2.26 人から 2015 年の 2.19 人に縮小している。

2-2 人口・世帯数の増減

2010～2015 年の東京圏（島嶼部を除く）における市区町村別[2]の人口・世帯

---

2) この期間の東京圏（島嶼部を除く）の市区町村では廃置分合が行われているが，

表 13-1　東京圏における人口・世帯数の増減別市区町村数
（2010～2015 年）

	世帯数増加	世帯数減少	合　計
人口増加	115	1	116
人口減少	86	40	126
合　計	201	41	242

（出所）国勢調査。

図 13-1　人口・世帯数の増減別市区町村の分布（2010～2015 年）

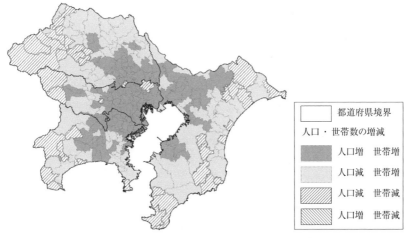

（出所）国勢調査。

数の増減について整理する。表 13-1 は，この 5 年間の人口・世帯数の増減について市区町村数を集計したものである。全 242 市区町村のうち人口が増加した市区町村は 116 であるのに対して，減少した市区町村は 126 であり，人口が減少した市区町村の方が増加した市区町村よりも多い。世帯数については増加した市区町村は 201，減少した市区町村は 41 で，人口と傾向が異なり世帯数が増加した市区町村の方が多い。人口・世帯数ともに増加した市区町村は 115 ともっとも多く，次いで人口は減少したものの世帯数が増加した市区町村が 86，人口・世帯数共に減少した市区町村は 40 であり，世帯数が減少したもの

分析は 2015 年 10 月 1 日現在の 242 市区町村にあわせて行った。

300 第Ⅲ部 地域分析とデータ統合

の人口が増加したのは1市（埼玉県和光市）であった。

図13-1は表13-1を地図化したもので，人口・世帯数ともに増加している115市区町村（濃灰色）は都心部から郊外にかけて分布しており，人口が減少したが世帯数は増加した86市区町村（薄灰色）はその周辺に分布している。その他41市区町村（斜線ハッチ）は世帯数が減少しており，山間部や千葉県の沿岸部に分布している。利便性が高い市区町村は人口・世帯数とも増加し，都心から離れるにつれて人口あるいは世帯数が減少した市区町村が分布している。

2-3 世帯人員別世帯数の増減

表13-2は，世帯人員を1人世帯，2人世帯，3人世帯，4人以上世帯に区分し，それぞれの世帯数の（増加，減少）を（＋，－）で表して東京圏における市区町村数を集計したものである。

全ての世帯人員で世帯数が増加している市区町村（＋＋＋＋）は27で東京圏の11.2％を占める。1人世帯，2人世帯，3人世帯は増加し，4人以上世帯が減少した市区町村（＋＋＋－）は83で34.3％，1人世帯，2人世帯の小規模世帯は増加し，3人世帯，4人以上世帯の比較的規模が大きい世帯が減少した市区町村（＋＋－－）は110市区町村で45.5％を占めており，東京圏でもっとも多い。またこれらの市区町村では世帯数が増加した市区町村が多い。

図13-2は表13-2を地図化したものである。すべての世帯人員で世帯数が増加した市区町村は特別区の南部や川崎市に分布している（白色）。1人世帯，2

表13-2 東京圏における世帯人員別世帯数の増減（2010〜2015年）

世帯人員別の増減 （1人，2人，3人，4人以上）	市区町村数	割合（％）	世帯数増加 市区町村数	世帯数減少 市区町村数
（＋＋＋＋）	27	11.2	27	0
（＋＋＋－）	83	34.3	75	8
（＋＋－－）	110	45.5	87	23
（＋－－－）	7	2.9	3	4
（－－－－）	2	0.8	0	2
その他	13	5.4	9	4
合　計	242	100.0	201	41

（出所）国勢調査。

図 13-2 世帯人員別世帯数の増減（2010〜2015年）

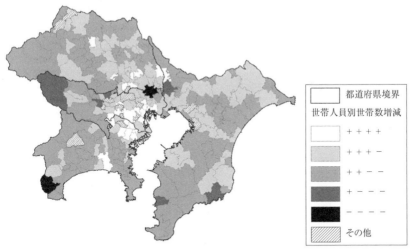

（出所）国勢調査。

人世帯，3人世帯が増加したが，4人以上世帯が減少した市区町村は鉄道路線沿いなど利便性が比較的高い地域に分布しており（薄灰色），1人世帯，2人世帯の小規模世帯のみ増加した地域は郊外に広く分布している（灰色）。世帯の小規模化は地域的に偏在しているといえる。

2-4 世帯人員別世帯数の寄与度

　世帯数の変動は世帯構成の変化の結果であるから，世帯数全体の変動を分析するのと同時に世帯構成（世帯人員別世帯数）の変動との関係を明らかにする必要がある。そのためには世帯人員別世帯数の増減率を求めることが一般的によく行われるが，増減率では全体（世帯数）と部分（世帯人員別世帯数）の量的変化の関係を把握できない。というのも，世帯数全体に占める割合が小さい世帯人員の世帯数は増減率が高くても世帯数全体の増減に及ぼす影響は大きくなく，逆に割合が大きい世帯人員の世帯数は増減率が低くとも世帯数全体を大きく変動させるからである。

　このため，本章では世帯数に対する世帯人員別世帯数の寄与度について分析

302　第Ⅲ部　地域分析とデータ統合

表 13-3　東京圏における世帯人員別世帯数の寄与度（2010～2015 年）

	一般世帯数	1 人世帯	2 人世帯	3 人世帯	4 人以上世帯
2010 年実数	15,562,143	5,784,349	4,077,433	2,745,172	2,955,189
2015 年実数	16,228,891	6,319,885	4,311,681	2,776,030	2,821,295
2010 年割合（%）	100.0	37.2	26.2	17.6	19.0
2015 年割合（%）	100.0	38.9	26.6	17.1	17.4
2010～15 年増加数	666,748	535,536	234,248	30,858	− 133,894
寄与度（%）	4.3	3.4	1.5	0.2	− 0.9

（出所）国勢調査。

する。寄与度は以下の式で計算できる。

$$寄与度 = \frac{内訳部分の変化分}{前期の全体の統計値} = \frac{S_1 - S_0}{T_0} \times 100 \tag{1}$$

ただし，S_0：前期の内訳の統計値，S_1：後期の内訳の統計値，T_0：前期の全体の統計値とする。

　例えば，東京圏における 2010 年の世帯数は 1556 万 2143 世帯，1 人世帯の増加数は 53 万 5536 世帯なので寄与度は 3.4% となり，世帯数全体の増加率 4.3% のうち，1 人世帯の増加が 3.4% 寄与しているといえる（表 13-3）。

　寄与度の分母は「全体の前期の統計値」でその値は正であるため，寄与度の正負は分子の「内訳部分の変化分」の正負による。つまり，内訳部分が増加していれば寄与度は正，内訳部分が減少していれば寄与度は負の値を示す。

なお，(1)式は次のように，「内訳部分の割合」と「内訳部分の増減率」の積に分解できる。

$$\frac{S_1 - S_0}{T_0} = \frac{S_0}{T_0} \times \frac{S_1 - S_0}{S_0} = （内訳部分の割合）\times （内訳部分の増減率）$$

$$\tag{2}$$

　表 13-4 は東京圏における世帯数に対する世帯人員別世帯数の寄与度の基本統計量をまとめたものである。平均値をみると，1 人世帯の寄与度の平均値が 3.2%，2 人世帯が 1.9%，3 人世帯が − 0.0%，4 人以上世帯が −1.9% となっ

第 13 章　世帯規模の動向の分析における地域単位の検討　303

表 13-4　東京圏における市区町村別世帯人員別世帯数の寄与度の基本統計量
（2010〜2015 年）

	1 人世帯	2 人世帯	3 人世帯	4 人以上世帯
平均値	3.2	1.9	− 0.0	− 1.9
最小値	− 10.4	− 3.2	− 3.3	− 7.6
最大値	21.9	6.1	2.8	2.0
データ数	242	242	242	242

（出所）国勢調査。

ている。1 人世帯，2 人世帯の小規模世帯の寄与度は平均値が正で高く，4 人
以上世帯の寄与度は平均値が負で他の世帯人員よりも低い。

　1 人世帯の寄与度の最大値は 21.9％で，東京都千代田区における 1 人世帯の
寄与度である。千代田区の世帯数の増減率は 30.5％と高く，2 人，3 人，4 人
以上世帯の寄与度は 4.5％，2.8％，1.3％であることから，1 人世帯の寄与度
は他の世帯人員別世帯と比較して卓越している。

　2 人世帯の寄与度の最大値は 6.1％であり，千葉県印西市における 2 人世帯
の寄与度である。印西市の世帯数の増減率は 10.0％であり，1 人，3 人，4 人
以上世帯の寄与度は 3.2％，2.0％，−1.2％を示す。印西市においては 1 人世
帯の寄与度よりも 2 人世帯の寄与度の方が高い値を示しており，千葉ニュータ
ウンが立地していることから 2 人世帯の寄与度が高いと考えられる。

　3 人世帯，4 人以上世帯で最大値となるのが埼玉県戸田市の寄与度である。
戸田市の世帯人員別世帯数の寄与度をみると，1 人，2 人，3 人，4 人以上世帯
の寄与度は 1.5％，3.1％，2.8％，2.0％ですべての世帯人員別世帯で増加し
ている。戸田市における世帯数の増減率は 9.4％で，世帯人員別にみると 1 人
世帯の寄与度がもっとも低い。

　図 13-3，図 13-4 は，2010 年における世帯人員が 1 人の世帯の世帯数に占め
る割合と 2010〜2015 年の寄与度を地図化したものである。東京圏における 1
人世帯の割合は東京都の特別区や神奈川県川崎市，横浜市の湾岸沿いにおいて
高く，都心部から離れるほど割合が低くなっている。図 13-4 の 1 人世帯の寄
与度の分布をみると，東京圏のほとんどの市区町村で 1 人世帯が増加してい

図 13-3 世帯人員 1 人世帯の割合（2010 年）

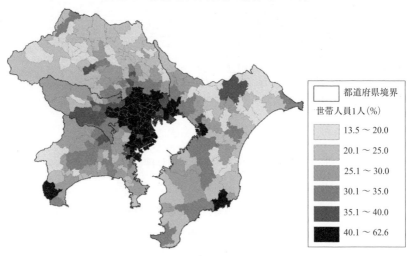

（出所）国勢調査。

図 13-4 世帯人員 1 人世帯の寄与度（2010〜2015 年）

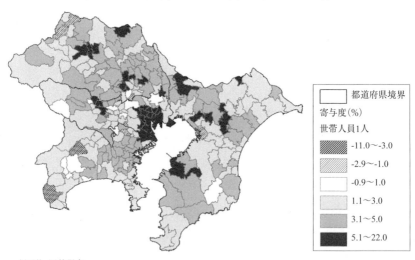

（出所）国勢調査。

第 13 章　世帯規模の動向の分析における地域単位の検討　305

図 13-5　世帯人員 4 人以上世帯の割合（2010 年）

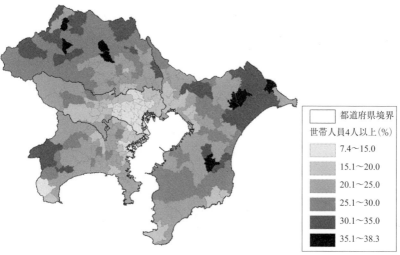

（出所）国勢調査。

図 13-6　世帯人員 4 人以上世帯の寄与度（2010～2015 年）

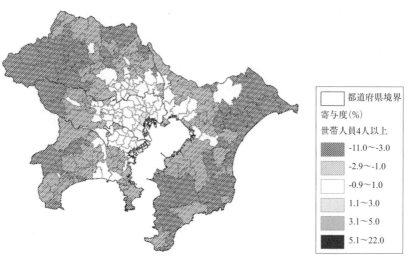

（出所）国勢調査。

る。特に特別区南部の寄与度が高く，そのほか埼玉県さいたま市大宮区，八潮市，千葉県木更津市，柏市，東京都立川市，瑞穂町などにおいて寄与度が高い。

図13-5は2010年における世帯人員が4人以上世帯の世帯数に占める割合を地図化したものであり，都心から離れた山間部や千葉県の沿岸部において4人以上世帯の割合が高い。図13-6の2010～2015年における4人以上世帯の寄与度の分布をみると，世帯人員が4人以上世帯の割合が高い山間部や沿岸部において寄与度が負の値を示しており，4人以上世帯が減少している。また，千代田区，中央区，港区の都心3区では4人以上世帯が増加している。

3. 移動窓法による分析地域単位の検討

3-1 移動窓法による集計の方法

本節では国勢調査に関する地域メッシュ統計を利用して世帯人員別世帯数の変化を地域別に把握する方法について述べる。

統計情報研究開発センター（2017）は，移動窓法により地域メッシュ統計データを集計して（以下「移動窓集計」という）東京圏における人口・世帯の変化の様相に関する分析を行った。この移動窓集計では，都市圏のように比較的広い地域範囲を分析対象として市区町村などの行政界に関係なく変化の傾向を捉えるために，全国について編成されている2分の1地域メッシュ統計データを使用した。

図13-7　地域メッシュ別人口・世帯数の集計

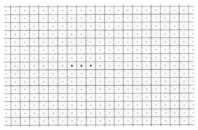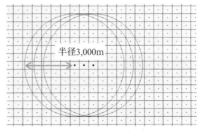

第13章　世帯規模の動向の分析における地域単位の検討　307

　移動窓集計は，地域メッシュ統計の表章地域単位である地域メッシュ区画単位で集計を行うのではなく，各地域メッシュ区画の図形重心点に統計値をもたせ，図形重心点を中心とする半径3,000mの円の範囲を分析地域単位として設定し，その範囲内にある図形中心点の統計データの集計を行い，増減率等を計算するものである。図13-7に示すように分析地域単位を設け，さらにその範囲を固定させるのではなく，移動させ重ねながら集計する方法を採用した。

　これは，地域メッシュ別に増減率を算出し地図化すると，増加したメッシュ，減少したメッシュ，変化していないメッシュが混在しており，世帯の変化の地域的な傾向を把握するのは難しいが，ある程度集計した方が地域的な傾向が把握しやすいことによる。

　ところで，地域別の集計データを使用して分析する際に注意すべき問題として可変単位地区問題がある。これは分析地域単位の大きさや地域単位の作り方によって分析結果が異なるという問題で，例えば地域メッシュ区画単位で分析を行った場合，その分析結果はあくまでもその地域メッシュ区画で行った場合の結果であり，別の地域区画で行うとまったく異なった分析結果が得られる可能性がある。

　この移動窓集計を採用し，場所を固定させずに重ねながら集計することによって，ゾーニング（境界設定の仕方）による影響に捕らわれない分析結果を得ることができるという利点もある。

3-2　移動窓集計の課題

　この移動窓集計は，移動窓内の人口・世帯数が空間的に一様に分布していると捉えて便宜的に移動窓の中心点に集計結果を集約している。しかし，実際には地域内で人口・世帯数が一様ではない場合も多く，図13-8左図の集落A,Bのように集計範囲の外縁部に集落が偏在し，中心点付近には人口・世帯数が分布しない場合もある。移動窓内の人口・世帯数が空間的に一様に分布しているという前提は，実際の人口・世帯数の空間分布の状況を反映していないことがあることから，地域分析の手法としては地理的な位置の精度の観点から問題

図 13-8 移動窓内で人口・世帯数の空間分布が一様でない例（エリア中心に沼がある）

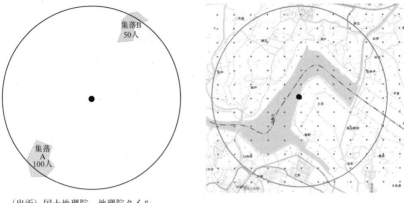

（出所）国土地理院　地理院タイル。

がある．本研究ではこの問題点の改善策として，集計する世帯数に中心点からの距離による重みを付けて集計を行った．すなわち，中心から近い地点の世帯数は多く，離れた地点の世帯数は少なくなるように係数を乗算後，集計する．これにより，集計される世帯数は中心点付近の世帯数の様子を反映することになり，集計結果の位置的な精度が向上する．

3-3　距離減衰関数

中心点からの距離により重みをかけて世帯数を集計するために，距離減衰関数として正規分布を用いる．正規分布 N（μ, σ^2）は(3)式のように示される．

$$f(x) = \frac{1}{\sqrt{2\pi}\sigma} exp\{-(x-\mu)^2/2\sigma^2\} \tag{3}$$

ただし，μ：平均，σ^2：分散である．

$\mu = 0$，$\sigma = 500, 1,000, 2,000$ の場合の正規分布 N をグラフ化すると，標準偏差 σ の値（以下，σ を「バンド幅」という）により正規分布の形状は異なる．

なお，本研究では 2 次元に分布する地域メッシュ統計データに距離減衰関数を当てはめるので，(4)式のような x, y が無相関である 2 次元正規分布 N（(0,

図13-9 2次元正規分布のグラフ(正規化済み)

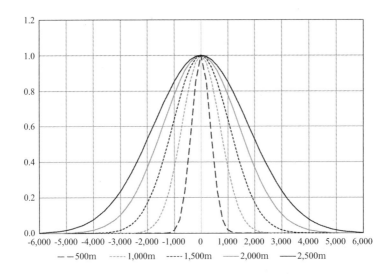

0),(σ_x, σ_y, 0))を用いる.

$$f(x, y) = \frac{1}{2\pi\sigma_x\sigma_y} exp\left[-\frac{1}{2}\left\{\left(\frac{x}{\sigma_x}\right)^2 + \left(\frac{y}{\sigma_y}\right)^2\right\}\right] \tag{4}$$

分析に当たっては,x方向,y方向とも同じバンド幅とするので,x=y=X,σ_x=σ_y=σとすると,(4)式は(5)式のように表せる.

$$f(X) = \frac{1}{2\pi\sigma^2} exp\left[-\left(\frac{X}{\sigma}\right)^2\right] \tag{5}$$

なお,この距離減衰関数の適用に当たっては,中心点の$f(X_0)$の値で各地点の$f(X_i)$を割って中心点の高さが1となるように正規化した重みをかけて当該地点のデータを集計した(図13-9)。

3-4 モランのI統計量によるバンド幅の評価
2次元正規分布による距離減衰関数を適用した移動窓集計においては,バン

310　第Ⅲ部　地域分析とデータ統合

ド幅により集計する範囲の大きさが変わる。例えば，$\sigma = 1,000\text{m}$ の場合，2$\sigma = 2,000\text{m}$ の地点の重みは 0.018 であり，$\sigma = 2,000\text{m}$ の場合，$2\sigma = 4,000\text{m}$ の地点の重みが 0.018 となる。適切なバンド幅＝集計地域単位を定めるために本研究では空間的自己相関の指標の 1 つであるモランの I 統計量による評価を行う。

　空間的自己相関は，値の空間配置による変数の関係を表し，距離の近いデータが似たような傾向を示すという「正の空間的自己相関」と距離の近いデータが非常に異なった値を示すという「負の空間的自己相関」に大別され，空間データの特徴である距離が近いほど事物の性質が似ることを表すものである（瀬谷・堤 2018）。データ全体の空間的自己相関の有無に関する測度は GISA（global indicators of spatial association）と呼ばれ，データに空間的自己相関が存在するか評価できる。GISA の指標の 1 つとして，Moran の I 統計量（Moran's I）がある。Moran の I 統計量は次式で定義される。

$$I = \frac{\sum_{i=1}^{n} \sum_{j=1}^{n} w_{ij}(x_i - \bar{x})(x_j - \bar{x})}{s^2 \sum_{i=1}^{n} \sum_{j=1}^{n} w_{ij}} \tag{6}$$

ただし，x_i は i 地点の値，x_j は i 地点の近傍 j 地点の値，n はデータ数，$w(i, j)$ はメッシュ i とメッシュ j の間の空間ウェイト，s^2 は分散である。

　上式から平均値からの偏差が大きくなるほど，偏差の積は大きくなり，データの値が空間クラスターを形成する（高い値が他の高い値の近くに集まり，低い値が他の低い値の近くに集まる）場合，Moran の I 統計量は正の値になる。なお，モランの I 統計量は，ピアソンの相関係数と異なり，必ずしも−1 から＋1 までの間をとるとは限らない（丸山 2014；堤 2018）。Moran の I 統計量は空間クラスターの有無や程度を表すので，この指標を用いて集計後の増減率の空間的分布傾向の把握しやすさについて評価する。

3-5　評価の結果

移動窓法による集計を行うと，隣接する分析地域単位では図 13-7 にあるよ

うにほとんどの図形重心点が重複する。重複する範囲が大きいほど隣接する分析地域単位の増加率の値もほぼ等しくなるため空間的自己相関も高くなる。本研究ではこの影響を取り除いてモランの *I* 統計量を算出するために、分析地域単位のサイズごとに互いに独立でランダムな点を抽出した（以下、「ランダム抽出点」という）。

このランダム抽出点をバンド幅のサイズごとに 100 種類作成し、東京圏におけるモランの *I* 統計量, *z* スコア, *p* 値について計算した[3]。

バンド幅のサイズごとの 100 種類のモランの *I* 統計量の基本統計量を表 13-5 に示す。2 分の 1 地域メッシュの *p* 値は 0.05 以上となるランダム抽出点が 85 個あり、これらのモランの *I* 統計量は 5% 水準で帰無仮説が棄却されないため、ランダムな空間分布となる場合が多い。モランの *I* 統計量の平均値が 0.301 と比較的大きく、東京圏において空間的にクラスタリングしていると考えられるのはバンド幅 1,500m の分析地域単位である。バンド幅 2,500m のモランの *I* 統計量の平均値は 1,500m と同程度の大きさであるが、ランダム抽出点の位置によっては *p* 値が 0.05 以上となり、ランダムな空間分布の結果を示

表 13-5　100 種類のランダム抽出点におけるモランの *I* 統計量の基本統計量

	メッシュ	500 m	1,000 m	1,500 m	2,000 m	2,500 m
平均	0.020	0.109	0.286	0.301	0.275	0.301
標準誤差	0.004	0.006	0.007	0.006	0.009	0.010
標準偏差	0.037	0.055	0.068	0.063	0.086	0.098
分散	0.001	0.003	0.005	0.004	0.007	0.010
最小	-0.033	-0.026	0.134	0.145	0.088	0.088
最大	0.264	0.233	0.463	0.474	0.499	0.545
データ数	100	100	100	100	100	100
P 値 ≧ 0.05 の数	85	13	0	0	6	14

（出所）国勢調査。

---

3)　ArcGIS10.4 を使用した。分析地域単位として、2 分の 1 地域メッシュ単位、バンド幅 σ = 500m, 1,000m, 1,500m, 2,000m, 2,500m の 6 種類とした。空間重み行列は「距離の逆数」とした。しきい値はバンド幅の 9 倍と設定した（例：バンド幅 σ が 1,000m のときは、しきい値は 9,000m）。また重み行列の行和は 1 になるように基準化した。

図 13-10　2 分の 1 地域メッシュ別世帯数増加率（2010～2015 年）

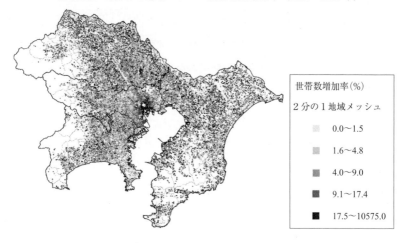

図 13-11　集計単位別（バンド幅 500 m）世帯数増加率（2010～2015 年）

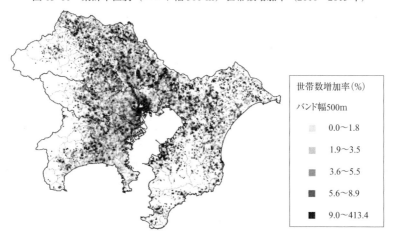

すケースもある。

　図 13-10 の 2 分の 1 地域メッシュ別の増加率は，東京圏全域にモザイク状に分布しており東京圏における地域的な分布傾向が把握し難い。

　図 13-11～図 13-13 は距離減衰関数として 2 次元正規分布を適用して集計した結果による 2010～2015 年の一般世帯数の増加率について地図化したもの

図 13-12　集計単位別（バンド幅 1,500 m）世帯数増加率（2010～2015 年）

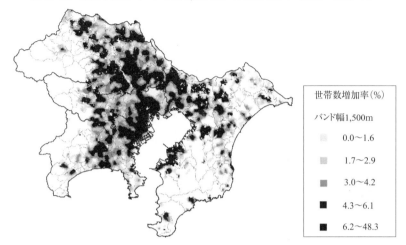

図 13-13　集計単位別（バンド幅 2,500 m）世帯数増加率（2010～2015 年）

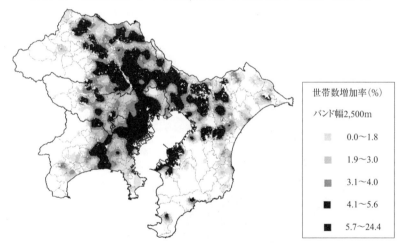

で[4]，バンド幅が大きくなるにつれて空間的な分布傾向が把握しやすくなることが確認できる。

図 13-11 のバンド幅 500m では十分に平滑化されていないため増加率が非常

---

4) 減少率は表現していない。

に大きい重心点も存在し，空間的な分布傾向を把握するには地域が細かい。一方の図 13-13 のバンド幅 2,500m の場合は平滑化の度合いが高く，地域における詳細な増加傾向が捨象されている。

4. 東京圏における移動窓集計による1人世帯の寄与度

4-1 移動窓集計による1人世帯の寄与度の分布

図 13-14 は 2 次元正規分布による距離減衰関数を適用した移動窓集計（バンド幅 1,500m）による 1 人世帯の寄与度を地図化したものである。2010～2015 年に集計結果による世帯数の寄与度が正で，2015 年の 2 分の 1 地域メッシュ別の世帯数が 1 以上のメッシュのみ表示している。都心や特別区の南部，神奈川県横浜市西区，千葉県木更津市，柏市，八街市，埼玉県八潮市，越谷市，さいたま市緑区，川越市などにおいて 1 人世帯の寄与度が 5.1％以上と卓越している。次いで神奈川県，埼玉県，千葉県で東京都への通勤利便性が高い地域において 1 人世帯の寄与度が 3.1％～5.0％と高い。

図 13-14　移動窓集計による 1 人世帯の寄与度（2010～2015 年）

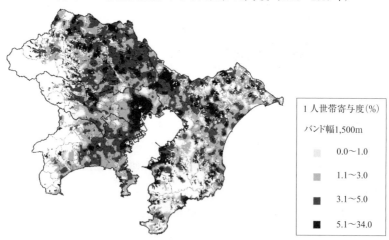

4-2　市区町村別寄与度との分布の比較

　図13-4の市区町村別の1人世帯の寄与度と比較すると，都心部から特別区南部において1人世帯の増加の寄与度が高いなどその分布傾向は概ね似ている。

　しかし異なる傾向を示す地域もある。図13-15は移動窓集計による寄与度の分布について，横浜市から茅ケ崎市付近を拡大した図である。市区町村別の寄与度についてみると（図13-4），海老名市の1人世帯の寄与度は3.1％〜5.0％となっているのに対して，図13-15の移動窓集計による寄与度では，海老名市中心部（厚木駅南部付近）において5.1％以上と高い値を示すエリアが表れている。そのほか，横浜市西区付近や綾瀬市においても同様に市区町村別では寄与度が3.1％〜5.0％の地域に，移動窓集計では寄与度が5.1％以上と高い地域が表れている。

　東京圏における世帯人員別世帯数の寄与度は，市区町村別集計結果を用いて空間的な分布傾向を把握することができるが，移動窓集計による寄与度を地図化すると，市区町村別集計結果では表れない寄与度の高い地域が表示されることから，市区町村境界のゾーニングにとらわれずに寄与度の地域分布の特徴を把握できるといえる。

図13-15　移動窓集計による1人世帯の寄与度（横浜市〜茅ケ崎市付近拡大）

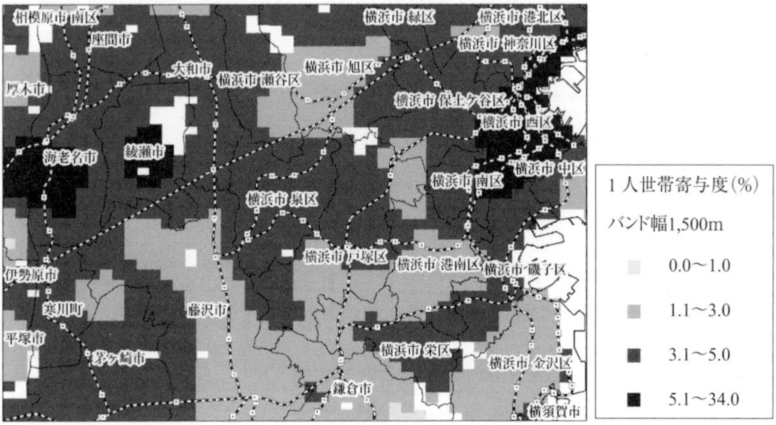

316　第Ⅲ部　地域分析とデータ統合

5. おわりに

　本章では東京圏における 2010～2015 年の地域別，世帯人員別世帯数の寄与度の分布傾向を把握した。東京圏においては世帯規模の縮小化は進展しており，都心部では 1 人世帯の寄与度が 5.1％以上と高く，そのほか郊外においても利便性の高い地域で 1 人世帯の寄与度が高い。また，規模が大きい世帯人員 4 人以上の世帯は減少しており，とくに山間部や沿岸部などの都心から離れた地域で寄与度が負の値を示していることを確認した。国勢調査の市区町村別集計結果を利用することにより，東京圏における世帯人員別世帯数の地域別の変化の傾向は，地域的に偏在していることを確認した。

　さらに本章では，距離減衰関数を適用して改良した移動窓集計により分析地域単位を変えて，世帯数の増減率を地図化した。分析地域単位のサイズ別に空間クラスターの有無や程度を表すモランの I 統計量による評価を行い，バンド幅 1,500m が空間的なクラスタリングの度合いが高いことを示した。

　このバンド幅 1,500m について 1 人世帯の寄与度を算出して地図化したところ，市区町村別の結果では把握できない寄与度の分布を把握することができた。

　移動窓集計による 1 人世帯の寄与度の空間分布は，地域の全体的な傾向を把握可能でありながら，鉄道路線や駅の近隣において 1 人世帯の寄与度が高いといった社会基盤との関係の有無が推測しやすいという特徴がある。市区町村別データを使用した分析よりも計算に手間がかかるが，比較的広い範囲における空間的な分布の構造を明らかにでき，より進んだ分析や考察を可能にするという利点がある。

参 考 文 献

国土交通省住宅局（2012）『地方公共団体における空家調査の手引き Ver. 1』5 ページ。

小島克久（1996）「世帯規模の変化の過程と要因―第 3 回世帯動態調査の結果から―」（『人口問題研究』52 巻 3 号）29 ページ。

小西純・田村朋子（2018）「コーホート変化率の空間分布における移動窓法のバンド幅の評価」地理情報システム学会第 27 回学術研究発表大会。

関彌三郎（1992）『寄与度・寄与率—増加率の寄与度分解法—』産業統計研究社，2 ページ。

瀬谷創・堤盛人（2018）『空間統計学』朝倉書店，10 ページ，30 ページ。

堤盛人（2018）「空間的自己相関」『空間解析入門』貞広幸雄，山田育穂，石光儀光編，朝倉書店，55 ページ。

（公財）統計情報研究開発センター（2017）『平成 27 年国勢調査に関する地域メッシュ統計を利用した地域分析　II 分析結果編』8-10 ページ，19-26 ページ。

（公財）統計情報研究開発センター（2017）『平成 27 年国勢調査に関する地域メッシュ統計を利用した地域分析　III 計算方法編』3-7 ページ。

丸山祐三（2014）「空間的自己相関に関するモランの修正型 I 統計量」CSIS Discussion Paper No. 130。http://www.csis.u-tokyo.ac.jp/dp/130.pdf（2019 年 5 月 23 日閲覧）

第 14 章

人口・世帯属性からみた居住期間分布について

森　博　美

長谷川　普一

1. はじめに

　急速な少子高齢化の進展にともない既に人口の長期減少局面に突入したわが国では，人口減少に歯止めをかけ活力ある社会を維持するために政府は「まち・ひと・しごと創生法」(平成26年法律第136号) を制定し各種施策に取り組んでいる。そのようななかで政策当局から「地方版総合戦略」とともに「地方人口ビジョン」の策定を要請された地方政府，基礎自治体では，今後は自然動態による人口回復が期待できないことから，地域人口の将来の趨勢を左右する社会移動への関心が近年高まっている。

　わが国では人口の社会移動について，住民基本台帳人口移動報告が転出入による登録変更の届け出に基づく行政情報として，また国勢調査では大規模調査年次の調査が，一定時点 (出生地，1年前，あるいは5年前の常住地) における常住地と現住地との比較という形での統計的把握を行ってきた[1]。その集約結果は「住民基本台帳人口移動報告」や「移動統計 (移動人口)」として提供され，

---

1)　2015年調査はいわゆる中間年調査 (簡易調査) にあたる。しかし，2011年3月の東日本大震災にともない大規模な居住地の移動が発生したことから，その実態把握を行うために特別に移動調査が実施された。

各種施策の策定や人口推計，さらには移動分析の資料として行政や学術分野などで広く利用されている。

ところで，大規模調査年次の国勢調査では，1970年以降，常住者の現住地における居住期間も調査されている。これは，人口の社会移動という動態現象を調査実施時点での当該地域における居住期間分布という静態量として捉えたもので，移動統計とはいわば表裏の関係にある。後述するように居住期間データは移動統計に比べて多少不詳が少なく，またそれからは1年未満や10年，20年未満などといった移動時点についての階級値情報も得られる。しかしながら居住期間という視点から移動分析に取り組んだ事例はこれまであまりなく，居住期間データは移動統計あるいは住民基本台帳人口移動報告ほどには利用されてこなかった。

これには，居住期間データが階級区分された静態量であり，移動という動態現象を直接反映したものではないというデータそのものの性格だけでなく，既存集計の結果表章方法もまた利用者を遠ざける一因となっているように思われる。そこで本章では，居住期間データを移動にかかる地域特性分析などに有効活用するための準備的作業として，以下のような点を考察してみたい。

以下，第2節では人口移動という動態現象の静態的帰結として形成される居住期間の統計的把握の意味について考察する。第3節では調査票の記載に基づき国勢調査における居住期間の把握方式を検討する。第4節では居住期間に関する既存集計の結果表章の特徴ならびにそこに内在する問題点の指摘を行う。第5節では調査票情報からの年齢別の独自集計により常住者の各種属性・居住期間別の集計結果を得るとともに，既存集計における居住期間分布との異同を比較考察する。そしておわりにでは今回の考察の総括を行うとともに，移動流動性の諸側面を明らかにするための分析資料としての新たな活用の可能性などを提案する。

2. 人口移動と居住期間

2-1 移動動態の静態的反映としての居住期間

　人口を構成する個々人の居住地の変更という個的動態事象は転居先での居住期間の起点となるものであり，その後の経過時間がその者の現住地における居住期間という量的変数の変数値を与える。このような動態事象としての移動行為を移動主体の側からではなく移動行為が展開される場における事象の生起として捉えた場合，調査時点という断面には居住期間の変数値が，またそれを地域という空間的広がりにおいて捉えると，各地域における居住期間別構成という分布情報が成立する。いい換えれば居住期間分布とは，移動という個的動態事象が作り上げ時間経過のなかで絶えず変容を遂げている像を調査時点において切り取った一種の静止画像（snapshot）に他ならない。その意味では常住者の移動行為と地域における人びとの居住期間は，人口の社会移動をそれぞれ時間軸とその空間面において捉えたものであるといえる。

　観察対象地域を都道府県や市区町村といった広域に設定した場合，それを構成する各地域単位が有する地域特性は，域内で平準化された平均像を与える。一方，地域を例えば町丁字といったよりマイクロな地域単位の集合として設定した場合，地域を構成する要素としての地域単位はそれぞれが域内的には均質化され，他方でそれの集合体としての地域全体はいくつかの比較的等質な地域特性をもつ地域単位群に類別されることになる。

　居住期間という視点から地域の類別を行う場合，単一時点での居住期間データは，常住者の居住期間構成の違いに従って，短期居住者あるいは長期居住者が卓越する地域といったような形で域内の諸地域を区分できるだけである。それだけでは例えば短期居住者の卓越地域として検出された地域グループ内に混在し得るサブグループまでは特定できない。一方，複数時点による居住期間データを用いれば，基準時点で短期居住者の卓越地域として抽出されていた地域について，比較時点でも同様に居住期間分布特性を維持している地域と居住年数が更新を遂げている地域など，それぞれ明らかに移動面での地域特性を異に

322　第Ⅲ部　地域分析とデータ統合

する地域類型をそのサブグループとして特定することができる。

　ところで，地域の常住人口は，①「域外からの転入者」と②「当該地域における継続居住者」とからなり，このうち②はさらに②-1「域内での居住地変更者」と②-2「出生時からの継続居住者」とに区分される。そのような地域の常住人口について，わが国の 1970 年以降の国勢調査（大規模調査）はその居住期間を調査してきた[2]。居住期間という変数が地域特性にしたがった地域の類別指標として有効性をもつには，上記の②-2 のカテゴリーにあたる居住者も含め，それぞれの地域において現実に成立している地域人口の居住期間に関する分布情報を与えるものでなければならない。

2-2　居住期間による地域類別の意義

　かつてレキシス（W. Lexis）やベッカー（K. Becker）は人の一生を出生と死亡とを端点としてもつ生命線という線分で表現した。この線分上で人びとはライフステージといういくつかの段階を辿ることになる。

　このようないくつかのステージを経て展開される個人・世帯の営みは，一方で個人・世帯の側では，それぞれの予算制約に見合う空間的な場（地域）において自らのステージが求める要件の充足を図ることになる。他方，それを行政という立場から捉えた場合，個人・世帯はそれぞれのステージにおいて固有の行政サービスの需要者，すなわち政策対象者として認識される。

　そのような場は空間的に無作為に選択されるのではなく，行政その他によるさまざまな政策的関与が政策対象者による選択行為に対して作用を及ぼし得る。その結果，自然発生的な性格の地域特性をもつ地域だけでなく，特定の政策的行為を反映した地域特性によって特徴づけられる地域も存在し得る。

　地域の居住期間分布は，それぞれの地域が移動面に関して有する地域特性の一端を表現するものである。居住期間分布は，2 種類の異なる要因群の作用の

---

2)　1970 年と 1980 年調査では現住居への入居年次が，また 2000 年と 2010 年，それに中間年調査である 2015 年調査では現住所地での居住期間が調査されている。なお，大規模調査として実施された 1990 年調査では居住期間は調査されていない。

第 14 章　人口・世帯属性からみた居住期間分布について　323

結果として形作られる。その 1 つは移動主体となり得る地域常住者の性別や年齢，従事産業や職業といった個人・世帯の属性にみられる諸特性であり，もう 1 つは，住宅の所有形態や生活利便度といった住環境などの地域の立地特性である。前者は行政ニーズの需要者属性であり，後者のなかには行政政策の行使がその条件に変容をもたらし得るものも含まれている。その意味で，それぞれの地域が人口の流動性に関してどのような特質を有しており，また人口の社会移動の結果として地域人口がどのような居住期間分布を形作るかといった地域実態の具体的な統計データに基づく把握は，都市経営を業務とする行政当局にとっての主要な関心事項となる。

　そこで以下では，移動行為の結果として形成される居住期間分布の側面に注目し，常住者の人口，世帯，居住などの諸属性と居住期間との関係を明らかにするための準備的作業として居住期間分布情報としての既存の居住期間集計の特徴を検討するとともに，新潟市[3]を対象地域とした調査票情報による独自集計に基づく新たな結果表章方法を提案する。

3.　調査票にみる移動と居住期間の把握

　本節では 2015 年調査を例に，調査票における調査事項の記載にしたがって移動の把握と居住期間の関係をみておくことにする。

　2015 年調査では調査事項第 8 欄が居住期間を調べている。そこでは市区町村，町丁字などの小地域といった地域単位ではなく現住所地という地点ベースで居住期間が把握されていることから，地域単位の境界を越えた移動だけでなく，域内での近隣転居移動であっても住所地の変更をともなった移動については，移動事象が生起した年次からその者の居住期間が起算される。

---

3)　本章では 2010，2015 年については政令市としての新潟市を対象地域としている。これらとの比較の関係で 2000 年のデータについては，当時の新潟市およびその後同市と合併する 14 市町村（黒崎町，新津市，白根市，豊栄市，小須戸町，横越町，亀田町，岩室村，西川町，味方村，潟東村，月潟村，中之口村，巻町）を合わせた地域を「新潟市」とした。

324　第Ⅲ部　地域分析とデータ統合

　調査票の第8欄では常住者を出生時以来居住する者と他の常住地からの転居居住者とに区別し，後者の現住地での居住期間を「1年未満」，「1～5年未満」，「5～10年未満」，「10～20年未満」，「20年以上」の5つの選択肢によって把握している。そして「1年未満」および「1～5年未満」と回答した者に第9欄によって「5年前の居住地」の居住地である都道府県ならびに市区町村名の回答を求める一方，「出生時から」および5年以上居住と回答した者に対しては第9欄への記入を求めることなく調査事項第10欄以降の設問に誘導している。このように，調査票の設計上，第9欄への回答義務者は，常住者の中で第8欄で5年未満（「1年未満」あるいは「1～5年未満」）を選択した者に限定されている。

　ここで移動統計が与える移動者数（＝「同じ区・市町村内の他の場所」＋「他の区・市町村」＋「外国」）と居住期間データが与える5年未満の常住者数を新潟市の2015年国勢調査結果によって比較してみると，移動統計が163,541人であるのに対し居住期間データでは173,898人と1万人ほど居住期間データの方が大きい。こうした両計数の乖離には次のような事情が関係しているように思われる。

　第1は，2015年調査が参照期間としている2010年10月から2015年9月までの間に生じた移動者のなかに現住所地から他の住所地へ転居した後に再度元の住所地へ戻ったいわばブーメラン的な移動者がいることが考えられる。すなわち，第8欄で居住期間を5年未満と答えた者が第9欄で5年前の常住地を「現在と同じ場所（現住地）」と回答するケースとしては，5年前の現住所地での居住者で転勤あるいは住宅の新築などの事情で他の住所地に一時転居し，その後に現在の住所地へと戻った者などがそれにあたる。

　第2は，前回の調査時点である2010年10月1日以後の出生者の存在である。先に言及した調査事項第9欄の欄外の説明には，該当者は「出生後にふだん住んでいた場所」を記入するよう指示されている。個々の回答者が調査票への記入に際して「ふだん」をどう解釈しているかは判然としないが，回答者のなかには2010年10月1日以降に現住所地以外の場所で出生した者で今回の調

査時点までに現住所地に移動した結果，現住所地を「ふだん住んでいた場所」と回答した者も少なからず含まれると推察される。この場合，第8欄の居住期間を「1年未満」あるいは「1〜5年未満」のいずれか，また第9欄の移動統計では「現在と同じ場所（現住地）」を選択肢としてそれぞれ選ぶことになる。このように0〜4歳の者で移動統計（第9欄）において「現在と同じ場所（現住地）」と回答した常住者のなかには，実際には常住地を移動させているにもかかわらず，いわば「みなし」非移動者と回答した者が含まれる可能性がある。

　第3の乖離要因として考えられるのが，第8欄と第9欄に想定される回答内容の差異である。移動統計の集計結果表には「不詳」項目として，「5年前の常住市区町村「不詳」」と「移動状況「不詳」」が，また居住期間の結果表にも「居住期間「不詳」」欄が設けられている。因みに2015年調査結果によってそれらを確認してみると，新潟市全体で「5年前の常住市区町村「不詳」」（364人），「移動状況「不詳」」（34,243人），「居住期間「不詳」」（32,971人）となっており，居住期間と移動統計の不詳の間には1,500人ほどの乖離がみられる。

　結果数字にみられるこのような乖離には，調査事項への回答に係る次のような事情が影響しているように思われる。すなわち，調査事項第8欄の居住期間の場合には，回答者は単に設定されている選択肢にマークするだけでよい。これに対して調査事項第9欄の移動状況の方は，回答者には具体的に前住地の記載が求められており，記入負担は後者の方が大きい。このことが結果的に移動統計における不詳を居住期間の不詳よりも大きくしているのではないかと考えられる。さらに，調査事項第8欄で居住期間「1年未満」あるいは「1〜5年未満」を選択した調査事項第9欄の移動状況に本来回答すべきであるにもかかわらず記入がなく，結果的に「不詳」と処理されていることも移動統計が把握した移動者数と居住期間データの5年未満の居住者数との乖離の理由となっているように思われる。

4. 居住期間に関する既存集計

　本章末に掲げた【付表1】は，今回取り上げた2000年，2010年，2015年国

326 第Ⅲ部 地域分析とデータ統合

勢調査の居住期間に関する公表結果表の一覧を示したものである。これからも
わかるように，常住者の居住期間については，人口属性（男女，年齢，配偶関
係，従業上の地位，産業，職業，学歴，5年前の常住地），世帯の家族類型，それに
住居の種類・住宅の所有の関係といった属性項目について，単純クロスあるい
は複数の属性項目を組み合わせた多くの結果表が提供されている。

　ところで，居住期間についての集計表の結果表章は，調査票に設けられた回
答選択肢の区分に従って「出生時から」，「1年未満」，「1年以上5年未満」，「5
年以上10年未満」，「10年以上20年未満」，「20年以上」の6区分それに「居
住期間「不詳」」として与えられている。このうち居住年数によって階級区分
された「1年未満」から「20年以上」の5つの表章事項は，常住者の現住地で
の居住年数にしたがった内訳区分を与えるものである。それに対して「出生時
から」はこれらとは全く表章の次元を異にする。なぜなら，「出生時から」と
いう表章事項の該当者はその者の年齢によって居住年数が異なり，それを「1
年未満」から「20年以上」までのいずれかのカテゴリーに再区分できるから
である。

　表14-1は，2000年，2010年，2015年国勢調査による新潟市（2000年は旧新
潟市域）ならびに2010年，2015年調査による市内各区の居住期間別の常住人
口を，また表14-2はそれぞれ不詳を除く総数に対する居住期間別人口の構成
割合を掲げたものである。

　表14-2によれば，新潟市では常住者の約15％が出生時から現住地に居住し
ていること，またその割合は市内の区によって異なり，中央区や東区それに西
区といった同市でもとくに市街地域を多く含む地域では10％前後であるのに
対して，南区や西蒲区といったその後新たに市域に加わった地域ではいずれも
25％を超える高い割合となっていることがわかる。

　このような「出生時」からの居住者について，もし調査票で「出生時から」
という選択肢を選択した常住者の居住期間の内訳が「1年未満」から「20年以
上」の5つの表章事項が示す構成割合と同等であれば，既存集計での5区分が
与える居住期間構成は，当該地域における常住者全体の居住期間分布と一致す

第 14 章　人口・世帯属性からみた居住期間分布について　327

表 14-1　居住期間別常住人口

		総数（不詳を含む）	総数（不詳を除く）	出生時から	1 年未満	1 年以上5 年未満	5 年以上10 年未満	10 年以上20 年未満	20 年以上	不詳
新潟市	2000 年	499,102	497,308	64,888	43,730	105,007	63,387	85,306	134,990	1,794
	2010 年	811,901	797,971	117,420	50,055	137,421	99,305	129,248	264,522	13,930
	2015 年	810,157	777,186	120,669	47,384	126,514	94,048	125,826	262,745	32,971
北区	2010 年	77,621	76,832	14,151	3,510	10,105	8,230	14,054	26,782	789
	2015 年	76,328	73,603	14,291	3,255	9,191	7,537	11,916	27,413	2,725
東区	2010 年	138,096	135,144	14,167	8,197	23,805	19,656	22,492	46,827	2,952
	2015 年	137,577	132,306	14,633	8,013	22,334	16,932	23,858	46,536	5,271
中央区	2010 年	180,537	174,169	17,076	15,581	40,282	25,345	26,716	49,169	6,368
	2015 年	183,767	170,166	17,679	14,753	36,548	24,759	29,102	47,325	13,601
江南区	2010 年	69,365	68,949	12,417	3,896	11,007	7,848	10,388	23,393	416
	2015 年	68,906	66,694	12,654	3,717	9,272	8,003	9,799	23,249	2,212
秋葉区	2010 年	77,329	76,898	13,977	3,358	10,423	8,292	12,918	27,930	431
	2015 年	76,843	75,324	14,767	3,215	9,781	8,223	11,598	27,740	1,519
南区	2010 年	46,949	46,690	12,065	1,804	4,951	4,091	7,789	15,990	259
	2015 年	45,685	44,692	11,901	1,720	5,133	3,702	6,062	16,174	993
西区	2010 年	161,264	159,005	17,944	11,672	31,303	20,796	25,236	52,054	2,259
	2015 年	162,833	156,970	18,941	10,758	28,813	20,279	25,566	52,613	5,863
西蒲区	2010 年	60,740	60,284	15,623	2,037	5,545	5,047	9,655	22,377	456
	2015 年	58,218	57,431	15,803	1,953	5,442	4,613	7,925	21,695	787

表 14-2　常住人口の居住期間別構成割合（不詳を除く）

		出生時から	1 年未満	1 年以上5 年未満	5 年以上10 年未満	10 年以上20 年未満	20 年以上
新潟市	2000 年	13.0	8.8	21.1	12.7	17.2	27.1
	2010 年	14.7	6.3	17.2	12.4	16.2	33.1
	2015 年	15.5	6.1	16.3	12.1	16.2	33.8
北区	2010 年	18.4	4.6	13.2	10.7	18.3	34.9
	2015 年	19.4	4.4	12.5	10.2	16.2	37.2
東区	2010 年	10.5	6.1	17.6	14.5	16.6	34.6
	2015 年	11.1	6.1	16.9	12.8	18.0	35.2
中央区	2010 年	9.8	8.9	23.1	14.5	15.3	28.2
	2015 年	10.4	8.7	21.5	14.5	17.1	27.8
江南区	2010 年	18.0	5.7	16.0	11.4	15.1	33.9
	2015 年	19.0	5.6	13.9	12.0	14.7	34.9
秋葉区	2010 年	18.2	4.4	13.6	10.8	16.8	36.3
	2015 年	19.6	4.3	13.0	10.9	15.4	36.8
南区	2010 年	25.8	3.9	10.6	8.8	16.7	34.2
	2015 年	26.6	3.8	11.5	8.3	13.6	36.2
西区	2010 年	11.3	7.3	19.7	13.1	15.9	32.7
	2015 年	12.1	6.9	18.4	12.9	16.3	33.5
西蒲区	2010 年	25.9	3.4	9.2	8.4	16.0	37.1
	2015 年	27.5	3.4	9.5	8.0	13.8	37.8

328 第Ⅲ部 地域分析とデータ統合

る。しかし，両者の分布構成が異なる場合には，「出生時から」を除外した既存集計が与える居住期間分布は，当該地域における常住人口の実際の居住期間分布とは異なったものとなる。

そのため，地域における常住者の居住期間という移動特性について，人口，世帯，居住などの諸属性との関係を分析するためには，既存集計において各居住期間別に区分されている者だけでなく，「出生時から」として一括されている常住者をその居住年数にしたがって切り分けそれぞれ加える必要がある。

「出生時から」に類別された常住者の各居住期間への切り分けは該当者の年齢別再集計によって容易にそれを行うことができる。なぜなら，該当者の年齢とその者の現住地での居住期間の間には，以下のような関係が成立しているからである。すなわち，調査時点において1歳未満であった者が「出生時から」と回答した場合，その者の居住期間は自ずと「1年未満」となる。同様に1〜4歳，5〜9歳，10〜19歳，20歳以上の「出生時から」との回答者については，その居住期間をそれぞれ「1年以上5年未満」……「20年以上」に切り分けることができる。

【付表1】として掲げた既存集計のなかには，「男女・配偶関係(3区分)」(2000年，2010年，2015年調査)，「男女」(2000年小地域統計)，「世帯の家族類型（16区分)・住居の種類・所有の関係（6区分)」(2010年追加集計)，「男女・最終卒業学校の種類・在学か否かの別（6区分)」(2010年追加集計)のように年齢5歳階級による結果表が一部含まれる。これらのデータについては，常住者の年齢情報によって「出生時から」に含まれる居住年数5年以上10年未満，10年以上20年未満，それに20年以上の者をそれぞれ特定することができる。その意味では，年齢の結果表章を持つ上記の各表のセルの数値のうち5年以上の居住者については，「出生時から」を各居住期間に再配分した数値が得られ，既存集計の範囲内でも「出生時から」居住する者の各居住期間への切り分けは部分的に可能である。

ただ，既存集計ではこれらの結果表について年齢がいずれも5歳階級による整理となっている。そのため，居住期間が5年未満の「出生時から」の者に関

第14章　人口・世帯属性からみた居住期間分布について　329

しては，それを既存集計から「1年未満」と「1年以上5年未満」の者への切
り分けはできない。そのような切り分けは，「出生時から」と回答した5歳未
満の常住者について，調査票における居住期間のカテゴリー区分である1年未
満と1年以上5年未満とに対応した形で年齢別集計を行うことによって初めて
可能となる。

　そこで今回は人口，世帯，住居属性など18の集計項目について，常住人口
の居住期間別分布の特徴を明らかにするために，2000年，2010年，2015年国
勢調査の調査票情報を用いた独自の集計を行うことで，各居住期間に対応した
年齢階級別結果表を作成し，「出生時から」と回答した者を各居住期間に配分
した居住期間分布を作成し，既存集計との比較を行った。

5.「出生時から」の居住期間分布への影響

　「出生時から」の各居住期間への切り分け結果を反映した居住期間別の常住
人口構成割合を既存集計による居住期間分布と比較することで，「出生時から」
という表章事項の居住期間別集計結果への影響の程度を調べることができる。

　本章末に【付表2】として掲げたものは，2000年，2010年，2015年国勢調
査データから，

　　[A構成]：出生時からの居住者を「1年未満」から「20年以上」の5つの居
　　　　　　　住期間カテゴリーに配分した場合の各期間居住者の常住人口に占
　　　　　　　める割合
　　[B構成]：既存集計における各居住期間居住者の割合
をそれぞれ求め，その差分を「[A構成] − [B構成]」として両者の乖離状況
をみたものである。

5-1　属性項目における構成割合の乖離状況

　移動統計における現住所以外の各属性項目（自市区町村内，自市内他区，県内
他市区町村，他県，外国から）については，今回の年齢別集計結果に基づく配分
結果は既存集計と同一の結果を与える。これは，現住地に出生時から居住する

330　第Ⅲ部　地域分析とデータ統合

者で居住期間が 5 年を超える者は全員が「現住地」と回答しており，既存集計で既に各年齢区分にしたがって集計されており，また 1 歳未満と 1〜5 歳未満の者で現住地に出生時から居住している者は，それぞれ居住期間 1 年未満と 1〜5 年未満として集計されているという事情によるものである。

　これ以外の属性項目では，世帯の種類における「寮・寄宿舎の学生・生徒」，「病院・療養所の入院者」，「社会施設の入所者」，「矯正施設の入居者」，一般・施設等の別における「施設等の世帯」，世帯人員における「20〜49 人」，「50 人以上」，それに住居の種類における「会社等の独身寮」などでは今回の集計による［A 構成］と既存集計による［B 構成］の結果にはほとんど差異がみられない。これは，施設居住者にはそもそも「出生時から」の者がおらず，今回の集計結果と既存集計における各居住年数に該当する常住者の構成割合がいずれも一致することによる。

　このように，現住地以外の前住地居住，施設居住，さらには教育関係の一部を含む全体の 1 割前後の属性項目については，常住者の居住年数に対して制度的に年齢の要素が作用している結果，いずれの調査年次においても本集計は既存集計と同一の結果，すなわち乖離度＝ 0 となっている。

　その一方でこれら以外の属性項目については，［A 構成］と［B 構成］の間には，多かれ少なかれ乖離がみられる。

5-2　各居住年数カテゴリーにみられる乖離状況

（1）各居住年数カテゴリー間の全体的特徴

　表 14-3 は，【付表 2】に掲げた［A 構成］と［B 構成］の 343 の差分値の基本統計量を示したものである。

　これからも読み取れるように，「1 年未満」から「10〜20 年未満」までと「20 年以上」とで乖離の傾向に大きな違いがみられる。表 14-3 の平均値や中央値をみると前者の 4 つの居住年数のカテゴリーではいずれも平均値と中央値がマイナスとなっているのに対して「20 年以上」ではそれがプラスとなっている。このことは，「出生時から」を各居住期間に切り分け処理をして求めた

第14章　人口・世帯属性からみた居住期間分布について　331

表 14-3　居住年数別の［A 構成 − B 構成］の基本統計量

	1 年未満	1～5 年未満	5～10 年未満	10～20 年未満	20 年以上
度数	343	343	343	343	343
平均値	-0.7288	-1.5029	-0.7719	-0.6850	3.5659
中央値	-0.4700	-1.1700	-0.9700	-0.6700	2.6600
標準偏差	1.3298	2.4187	1.7260	2.3264	3.7675
最小値	-11.32	-17.28	-4.17	-5.69	-7.64
最大値	1.79	12.26	14.47	15.88	15.78

表 14-4　［A 構成 − B 構成］の符号の調査年次・居住期間別一覧

		+の数	0 の数	−の数	合計			+の数	0 の数	−の数	合計
1 年未満	2000 年	3	13	80	96	10～20 年未満	2000 年	18	15	63	96
		3.1	13.5	83.3	100.0			18.8	15.6	65.6	100.0
	2010 年	25	12	92	129		2010 年	24	18	87	129
		19.4	9.3	71.3	100.0			18.6	14.0	67.4	100.0
	2015 年	21	9	89	119		2015 年	21	13	85	119
		17.6	7.6	74.8	100.0			17.6	10.9	71.4	100.0
1～5 年未満	2000 年	6	13	77	96	20 年以上	2000 年	71	15	10	96
		6.3	13.5	80.2	100.0			74.0	15.6	10.4	100.0
	2010 年	14	12	103	129		2010 年	90	18	21	129
		10.9	9.3	79.8	100.0			69.8	14.0	16.3	100.0
	2015 年	11	9	99	119		2015 年	99	11	9	119
		9.2	7.6	83.3	100.0			83.2	9.2	7.6	100.0
5～10 年未満	2000 年	9	14	73	96						
		9.4	14.6	76.0	100.0						
	2010 年	14	13	102	129						
		10.9	10.1	79.1	100.0						
	2015 年	3	11	105	119						
		2.5	9.2	88.2	100.0						

居住期間分布（［A 構成］）では，既存集計の［B 構成］が示している居住期間
分布に対して，一般に「1 年未満」～「10～20 年未満」までの各カテゴリーで
その構成割合が相対的に低く，「20 年以上」では高く再評価される傾向にある
ことを示している。

　このような「1 年未満」～「10～20 年未満」と「20 年以上」の間での差分
（［A 構成］−［B 構成］）の平均値や中央値といった分布統計量に表現された 2
種類の居住期間分布の違いは，乖離の方向を示す差分の符号（−，0，＋）にも
あらわれている。表 14-4 は，各居住期間カテゴリー別に各調査年次における
差分の符号数をみたものである。

　「1 年未満」～「10～20 年未満」までの 4 つの居住年数区分と「20 年以上」

332　第Ⅲ部　地域分析とデータ統合

の乖離度の分布の違いは表14-4中のプラスとマイナスの符号数の対称的な値となってあらわれている。すなわち前者の４つのカテゴリーではいずれの調査年次についてもその乖離度の符号がマイナスとなっているものが7〜9割を占めているのに対して，「20年以上」では逆にプラス乖離度をもつ属性項目の数が全体の75％を超えている。このことは，多くの属性項目について「出生時から」と回答した者が各居住年数のカテゴリー間で比例的に分布しているのではなく，実際には20年以上現住地に継続して居住している者が既存集計が与える構成割合以上に含まれていることを示唆している。

　本章末に【付図】として居住期間カテゴリー別の差分値のヒストグラムを掲げた。これらの図には，平均値や中央値といった分布統計量，さらには居住期間別の差分の符号の構成割合にみられた特徴が可視化されている。

　(2)［A構成 − B構成］に大きな乖離がみられる属性項目

　［A構成］と［B構成］との乖離状況は，居住期間の各カテゴリーについて(1)でみたような一般的な傾向を示す一方で，「1年未満」から「10〜20年未満」までの４カテゴリーのなかにも一部には今回の独自集計による構成割合が既存集計におけるそれを上回るもの，あるいは「20年以上」について逆にその差分値がマイナスの符号となっているものも散見される。ここでは，［A構成］と［B構成］の乖離の程度に注目し，どのような集計項目や居住期間カテゴリーで特に乖離幅が大きいかをみておくことにする。

　【付表2】は，ヒートマップ的に乖離幅が5％を超えるセルを強調表示したものである。そこでの強調表示のパターンにはいくつかの特徴が認められる。

　第1は，《国籍》，《世帯の種類》，《一般世帯・施設等》，それに《住居の種類》，《建て方の種類》，《建物の階数》，《居住する階数》といった住居関係の項目に関するものである。これらの項目に関しては上述したような差分値に見られる一般的な規則性，つまり「1年未満」〜「10〜20年未満」の居住期間カテゴリーのセルで「−」の符号をとり「20年以上」で「＋」の差分（［A構成］＞［B構成］）が全面的に妥当しているのではなく，「＋」の差分のセルが必ずしも「20年以上」の居住期間カテゴリーだけにみられるのではなく，他のカテゴリ

第14章　人口・世帯属性からみた居住期間分布について　333

ーでもいくつかみられ，「20年以上」で逆に差分の符合が「－」を示している
ケースも散見される。ただこのグループに属する項目については［A構成］と
［B構成］との乖離がいずれの居住期間カテゴリーについても比較的軽微であ
り，その乖離幅は大きいものでも2%程度である。このことは，「出生時から」
という表章事項が存在するにもかかわらず，既存集計の各居住期間カテゴリー
による常住者の居住期間別構成は，当該地域での常住者全体のそれについて，
十分に近似した分布情報を与えている。

　第2は，《産業》,《職業》,そして《従業上の地位》といった労働関係の調査
項目にみられるそれである。これらの3項目については，居住期間が「1年未
満」〜「10〜20年未満」のカテゴリーで特に特定の居住期間に集中すること
なく該当するすべての差分値で［A構成］＜［B構成］という関係が成立して
いるのに対して「20年以上」で大幅な［A構成］の超過となっている。

　第3の特徴的なパターンは《学校区分》の中の幼稚園，保育園・保育所にみ
られる。そこでは，「1年未満」で大幅な［B構成］超過であるのに対し「20
年以上」ではなく「5〜10年未満」の居住期間カテゴリーがそれを補完する形
で［A構成］超過となっている。同様の現象は《在学・卒業・未就学》におけ
る在学中と《就業状態》の中の通学にもみられ，「1〜5年未満」での［B構
成］超過と「10〜20年未満」における［A構成］超過とがお互いに補完的関
係にある。これは，通学者や通園者の就学年齢によるものである。

　差分値が［A構成］と［B構成］との間でとくに大きな乖離を示している上
記の3パターンは，今回取り上げた2000年，2010年，2015年調査のいずれに
もほぼ共通してみられるものである。これらの乖離パターンが調査年次のいか
んを問わず成立しているということは，既存の結果表章による居住期間分布に
ついて，次のような解釈が成り立つことを意味している。それは，「出生時か
ら」という他の居住期間カテゴリーとは異質の表章カテゴリーの存在が，［B
構成］として与えている既存集計による居住期間分布に対してある種の規則性
をもった形でそれぞれの地域における常住者の居住期間分布とは異なる分布の
姿を作り出しているというものである。

334 第Ⅲ部 地域分析とデータ統合

6. おわりに

わが国の国勢調査では，居住期間について，「1 年未満」，「1～5 年未満」，「5～10 年未満」，「10～20 年未満」，「20 年以上」の期間 5 区分に「出生時から」を加えた 6 区分による結果表章が行われてきた。前の 5 つの表章事項がいずれも期間による区分であるのに対し，「出生時から」にはさまざまな居住期間を持つ者が含まれており，両者は表章事項として明らかにその次元を異にしている。その結果，既存集計による居住年数にしたがった 5 区分による常住者の構成割合は，それぞれの地域での常住人口の居住期間の分布を表現したものとは必ずしもいえない。以上のような問題意識から本章では新潟市を対象地域として取り上げ，2000 年，2010 年，2015 年の国勢調査の調査票情報を用いた独自の年齢別集計により「出生時から」現住地に居住する者の居住年数を特定し，それを各居住期間カテゴリーに配分し直すことによって求めた構成割合（［A 構成］）と既存集計から得られる割合（［B 構成］）との差分値の分布情報からどのような項目においてとくに両者の乖離がみられるのかを人口・世帯・住居等にかかわる各属性について検討してきた。

その結果，［A 構成］と［B 構成］がそれぞれ居住期間分布として与える構成割合の間には，調査項目あるいは一部の表章事項で両者の乖離状況にいくつかのパターンが存在していることが明らかになった。

まず，［A 構成］と［B 構成］がそれぞれ与える居住期間分布の全体的な比較結果からは，居住期間が 20 年未満の各カテゴリーの差分値では一般に［A 構成］＜［B 構成］の関係が，他方「20 年以上」ではその逆の関係が成立している。このように両者の構成割合に乖離がみられることから，既存集計の各居住期間カテゴリーが与える構成割合は，それらをそのまま地域における常住人口の居住期間分布とみなすのは適当ではない。

その一方で調査項目（あるいはその一部の表章事項）のなかには，［A 構成］と［B 構成］とが常住人口の居住期間に関して同一あるいはかなり近似した分布形状を示しているものも見い出された。これらの点も含め，今回取り上げた

第 14 章　人口・世帯属性からみた居住期間分布について　335

表 14-5　「A 構成」と「B 構成」の分布パターンの異同による調査項目，
表章事項の類別

タイプ	「A 構成」と「B 構成」が与える分布の関係	各セルの差分のパターン	該当する調査項目，表章事項
I	「A 構成」と「B 構成」の分布が完全一致	すべてのセル値が 0	《5 年前の常住地》自市区町村内，自市内他区，県内他市区町村，他県，転入（国外から），《世帯の種類》自衛隊営舎，矯正施設入居者
II	「B 構成」の分布が「A 構成」の分布に類似	・「＋」「－」の符号の出方は不規則 ・各セルの差分値は微小	《国籍》，《5 年前の常住地》現住所，《世帯の種類》一般の世帯，1 人世帯，寮寄宿舎，病院・療養所，その他，《一般・施設等》，《世帯人員》1 人，2 人，3 人，4 人，5 人，6 人，7 人，8 人，9 人，20-49 人，50 人以上，《住居の種類》，《建て方の種類》，《建物の階数》，《居住する階数》
III	「A 構成」と「B 構成」の分布に大きな違い	居住期間 20 年未満では「A 構成」＜「B 構成」，20 年以上では「A 構成」≫「B 構成」	《男女》，《世帯主との続柄》世帯主，子，兄弟姉妹，《配偶者の有無》，《在学・卒業・未就学》卒業，《就業状態》主に仕事，家事ほか仕事，休業中，求職中，《従業上の地位》，《職業》，《産業》
IV	同上	特定の 2 つの居住期間カテゴリーのセル値が相互に補完的な関係	《世帯主との続柄》孫，《在学・卒業・未就学》在学中，未就学，《学校区分》幼稚園，保育所，《就業状態》通学

18 の調査項目ならびにその表章事項については，［A 構成］と［B 構成］が与える居住期間の分布形状に関して，それをいくつかのグループに類別できるように思われる。表 14-5 は，それを【付表 2】の［A 構成］と［B 構成］の差分のセル値のパターンにしたがって区分したものである。

　上記の諸タイプのうち，I と II に類別された調査項目（あるいは表章事項）では，「出生時から」を除いた各居住期間カテゴリーについて既存集計が与える居住期間分布（「B 構成」）は，それぞれの地域における常住人口の居住期間分布（「A 構成」）に対して同一のあるいは比較的良好な近似分布を与えている。それは，タイプ I では既存集計に年齢の要素が織り込まれており，一方，タイプ II については「出生時から」と回答した常住者の居住期間分布が既存集計における居住期間分布とその形状が類似していることによる。いずれにせよこれら 2 タイプに属する調査項目については，既存集計を常住人口の居住期間分布情報として用いることができる。

336 第Ⅲ部　地域分析とデータ統合

　これに対して今回タイプⅢとタイプⅣとして類別された調査項目について
は，「A構成」と「B構成」は相互にかなり異なった分布形状を示している。
【付表2】の各セルの差分値の絶対値の大きさからも，その乖離状況は無視で
きないレベルであることがわかる。このことは，既存集計が「B構成」として
与える分布は常住人口の居住期間分布情報としては適切性を欠くものであるこ
とを意味している。これらの調査項目については，今回の検証作業で行ったよ
うな既存集計における「出生時から」の各居住期間カテゴリーへの再配分が必
要となる。その結果として得られた「A構成」が初めて常住人口の実際の居住
期間分布を与えることになる。

　集計過程に本章で提案しているような年齢別集計を組み込むことで「出生時
から」を各居住年数に配分し，それを既存集計に反映することで，居住期間の
側面からみた人口の各種属性についての分布構造を捉えることができるように
思われる。その点で既存集計において「出生時から」を除く集計結果表として
公表されている居住年数別の分布は，当該地域の常住人口の居住期間の分布構
成そのものを表現する統計データとしては多少改善の余地があるように思われ
る。

　最後に，今回の分析作業を振り返り，公的統計データの学術的・行政的な意
味での調査票情報がもつ利用面での情報価値に関して若干の指摘を行っておき
たい。

　冒頭にも指摘したように，本章は居住期間変数を用いた地域の類型区分のた
めの準備的作業として，居住期間データを年齢別に再集計することで「出生時
から」を各居住年階級に切り分けることによって得た「A構成」と既存集計に
よる居住期間である「B構成」との分布の比較考察による属性別の特徴を明ら
かにすることを主たる課題としている。そのため行論の整合性への考慮から今
回行った調査票情報に基づく再集計結果そのものがもつ情報的な広がりについ
ては敢えて立ち入ることは控えた。

　今回の分析から得られた「出生時から」の表章項目をもつことの居住期間分
布への影響が属性によって異なることは，それぞれの地域における人口の属性

別特性が一様でない点を考慮すれば，地域別結果表章においてもこのような年齢別集計過程を組み込むことで結果データの居住期間分布情報としての情報価値の改善が見込まれることを示唆している。

　今回提案した居住期間データの年齢別再集計による「出生時から」の各居住期間への切り分けによって，調査時点における地域の常住人口の居住期間に関するより正確な分布情報を得ることができる。さらにそれを異時点での分布情報と合わせて利用することで，地域全体をいくつかの異質なタイプの地域群へと類別するといった利用も可能となる。

　また，国勢調査がもつ居住期間情報に年齢という追加的な変数を用いた処理を施すことで，例えば0歳児を「出生時から」と「1年未満」とに切り分けることもできる。「居住期間1年未満の0歳居住世帯」は都市人口政策の観点からも意味のある統計集団である。にもかかわらず，それを既存の行政情報だけからでは特定することができない。このように公的統計が持つ情報を既存の行政情報に関するデータマイニング的処理の補助情報として活用することで，既存の行政情報が潜在的に有する情報価値を新たに利用可能な情報へと転化させることもできる。

　これらの点も含め，居住期間データがもつ多面的な利用可能性の具体的な検討については今後の課題としたい。

　謝辞　本分析には統計法第33条により提供を受けた2000年・2010年・2015年国勢調査の調査票情報を使用した。なお，今回の分析結果は筆者達による独自集計結果に基づくものであり，総務省の公表統計によるものではない。本研究への調査票情報の使用に許可を戴いた関係機関の方々に記して謝意を表したい。
　　本研究は，JSPS科研費「センサスと行政情報の統合データによる人口移動分析の新たな展開可能性」（課題番号18K01549）による研究成果の一部である。

338　第Ⅲ部　地域分析とデータ統合

【付表1】　2000 年・2010 年・2015 年国勢調査の「居住期間」集計一覧

2000 年調査	第 2 次基本集計
	・「男女・年齢（5 歳階級）・配偶関係（3 区分）」（人口）
	〔報告書〕全国編・都道府県編第 9 表：全国，都道府県，人口 20 万以上の市（13 大都市）
	〔非掲載〕全国編第 8 表，都道府県編第 9 表：全国，都道府県，人口 20 万以上の市（13 大都市），人口 20 万以上の市（他の市），人口 20 万未満の県庁所在市，13 大都市の区，人口 20 万未満の市町村（＊），人口集中地区
	・「男女・従業上の地位（6 区分）・産業（大分類）」（15 歳以上就業者数）
	〔報告書〕全国編・都道府県編第 10 表：全国，都道府県，人口 20 万以上の市（13 大都市）
	〔非掲載〕全国編第 9 表・都道府県編第 10 表：全国，都道府県，人口 20 万以上の市（13 大都市），人口 20 万以上の市（他の市），人口 20 万未満の県庁所在市，13 大都市の区，人口 20 万未満の市町村（＊），人口集中地区
	・「世帯主の従業上の地位（6 区分）・世帯主の産業（大分類）・世帯主の居住期間・世帯主の就業・非就業」（一般世帯数，一般世帯人員）
	〔報告書〕全国編・都道府県編第 11 表：全国，都道府県，人口 20 万以上の市（13 大都市）
	〔非掲載〕全国編第 10 表，都道府県編第 11 表：全国，都道府県，人口 20 万以上の市（13 大都市），人口 20 万以上の市（他の市），人口 20 万未満の県庁所在市，13 大都市の区，人口 20 万未満の市町村（＊），人口集中地区
	・小地域集計
	第 19 表「男女・年齢（5 歳階級）」（人口）
	第 3 次基本集計
	・「男女・従業上の地位（6 区分）・職業（大分類）」（15 歳以上就業者数）
	〔報告書〕全国編・都道府県編第 8 表：全国，都道府県，人口 20 万以上の市（13 大都市）
	〔非掲載〕全国編第 10 表，都道府県編第 11 表：全国，市部・郡部，都道府県，北海道の支庁，人口 20 万以上の市（13 大都市），人口 20 万以上の市（他の市），人口 20 万未満の県庁所在市，13 大都市の区，人口 20 万未満の市町村（＊），人口集中地区
	・「住居の種類・所有の関係（7 区分）」（一般世帯数，一般世帯人員）
	〔報告書〕全国編・都道府県編第 9 表：全国，都道府県，人口 20 万以上の市（13 大都市）
	〔非掲載〕全国編・都道府県編第 8 表：全国，市部・郡部，都道府県，北海道の支庁，人口 20 万以上の市（13 大都市），人口 20 万以上の市（他の市），人口 20 万未満の県庁所在市，13 大都市の区，人口 20 万未満の市町村（＊），人口集中地区
	・「世帯の家族類型（6 区分）」（一般世帯数，一般世帯人員）
	〔報告書〕全国編・都道府県編第 10 表：全国，都道府県，人口 20 万以上の市（13 大都市）
	〔非掲載〕全国編・都道府県編第 9 表：全国，市部・郡部，都道府県，北海道の支庁，人口 20 万以上の市（13 大都市），人口 20 万以上の市（他の市），人口 20 万未満の県庁所在市，13 大都市の区，人口 20 万未満の市町村（＊），人口集中地区
2010 年調査	抽出速報集計
	・「男女・年齢（5 歳階級）・配偶関係（3 区分）」
	〔報告書〕第 13 表：全国
	〔ウエブ〕第 11 表：全国，全国市部，全国郡部，都道府県，都道府県市部，人口 50 万以上の市区（20 大都市），人口 50 万以上の市区（他の市区）
	産業等基本集計
	・「男女・年齢（5 歳階級）・配偶関係（3 区分）」（人口）
	〔報告書〕全国編第 8 表：都道府県・市区町村編第 4 表：全国，都道府県
	〔ウエブ〕全国編第 7 表，都道府県・市区町村編第 7 表：全国，都道府県，人口 50 万以上の市区（20 大都市），人口 50 万以上の市区（他の市区），北海道の

第14章　人口・世帯属性からみた居住期間分布について　339

振興局，人口20万以上50万未満の市，人口20万未満の県庁所在市，20
大都市の区，人口20万未満の市町村^(*)，人口集中地区
・「男女・従業上の地位（7区分）・産業8大分類」（15歳以上就業者数）
　〔ウェブ〕全国編第7表，都道府県・市区町村編第7表：全国，都道府県，人口50
　　　万以上の市区（20大都市），人口50万以上の市区（他の市区），北海道の
　　　振興局，人口20万以上50万未満の市，人口20万未満の県庁所在市，20
　　　大都市の区，人口20万未満の市町村^(*)，人口集中地区
・「世帯主の就業・非就業・世帯主の従業上の地位（7区分）・世帯主の産業」（一般世
帯数，一般世帯人員）
　〔ウェブ〕全国編第7表，都道府県・市区町村編第7表：全国，都道府県，人口50
　　　万以上の市区（20大都市），人口50万以上の市区（他の市区），北海道の
　　　振興局，人口20万以上50万未満の市，人口20万未満の県庁所在市，20
　　　大都市の区，人口20万未満の市町村^(*)
職業等基本集計
・「男女・従業上の地位（7区分）・職業（大分類）」（15歳以上就業者数）
　〔ウェブ〕全国編・都道府県編第5表：全国，都道府県，人口50万以上の市区（20
　　　大都市），人口50万以上の市区（他の市区），北海道の振興局，人口20
　　　万以上50万未満の市，人口20万未満の県庁所在市，20大都市の区，人
　　　口20万未満の市町村^(*)，人口集中地区
・「住居の種類・住宅の所有の関係（7区分）」（一般世帯数，一般世帯人員）
　〔報告書〕全国編第5表：都道府県編第3表：全国，都道府県，人口50万以上の市
　　　区（20大都市）
　〔ウェブ〕全国編・都道府県編第6表：全国，都道府県，人口50万以上の市区（20
　　　大都市），人口50万以上の市区（他の市区），北海道の振興局，人口20
　　　万以上50万未満の市，人口20万未満の県庁所在市，20大都市の区，人
　　　口20万未満の市町村^(*)
・「世帯の家族類型（16区分）」（一般世帯数，一般世帯人員）
　〔ウェブ〕全国編・都道府県編第6表：全国，都道府県，人口50万以上の市区（20
　　　大都市），人口50万以上の市区（他の市区），北海道の振興局，人口20
　　　万以上50万未満の市，人口20万未満の県庁所在市，20大都市の区，人
　　　口20万未満の市町村^(*)
・小地域集計
第13表「男女」（人口）
追加集計（第1回）
・「年齢（5歳階級）・世帯の家族類型（16区分）・住居の種類・所有の関係（6区分）」
（一般世帯人員）
　〔ウェブ〕第5表：全国，都道府県，人口20万以上の市
追加集計（第2回）
・「男女・年齢（5歳階級）・最終卒業学校の種類・在学か否かの別（6区分）」（15歳
以上人口）
　〔ウェブ〕第4表：全国，都道府県

2015年調査 | 抽出速報集計
・「男女・年齢（5歳階級）・配偶関係（3区分）」（人口）
　〔報告書〕第13表：全国
　〔ウェブ〕第12表：全国，全国市部，全国郡部，都道府県，都道府県市部，21大都
　　　市，人口50万以上の市区
世帯構造等基本集計（母子・父子世帯，親子の同居など）
・「男女・年齢（5歳階級）・配偶関係（3区分）」（人口）
　〔ウェブ〕表番号00100：全国，都道府県，北海道の振興局，市区町村，人口集中地
　　　区
・「住宅の種類・住宅の所有の関係（7区分）」（一般世帯数，一般世帯人員）
　〔ウェブ〕表番号00200：全国，都道府県，市区町村
・「世帯の家族類型（16区分）」（一般世帯数，一般世帯人員）
　〔ウェブ〕表番号00300：全国，都道府県，市区町村
・「男女・産業（大分類）・従業上の地位（7区分）」（15歳以上就業者数）

340　第Ⅲ部　地域分析とデータ統合

〔ウエブ〕表番号 00400：全国，都道府県，市区町村，人口集中地区
・「世帯主の就業・非就業・世帯主の産業（大分類）・世帯主の従業上の地位（7区分）」
（一般世帯数，一般世帯人員）
〔ウエブ〕表番号 00501：全国，都道府県，市区町村
・「世帯主の産業（大分類）・世帯主の従業上の地位（7区分）」（一般世帯数，一般世
帯人員）
〔ウエブ〕表番号 00502：全国，都道府県，市区町村
・「男女・職業（大分類）・従業上の地位（7区分）」（15歳以上就業者数）
〔ウエブ〕表番号 00600：全国，都道府県，市区町村，人口集中地区
・「世帯主の就業・非就業・世帯主の職業（大分類）・世帯主の従業上の地位（7区分）」
（一般世帯数，一般世帯人員）
〔ウエブ〕表番号 00701：全国，都道府県，市区町村
・「世帯主の職業（大分類）・世帯主の従業上の地位（7区分）」（一般世帯数，一般世
帯人員（就業者））
〔ウエブ〕表番号 00702：全国，都道府県，市区町村
移動人口の男女・年齢等集計（人口の転出入状況）
・「男女・5年前の常住地（6区分）」（人口）
〔ウエブ〕表番号 00800：全国，都道府県，市区町村

（＊）県庁所在市を除く。

第14章 人口・世帯属性からみた居住期間分布について　341

【付表2】 居住期間別居住者割合の比較結果 [A構成 - B構成]

	2000年					2010年					2015年				
	1年未満	1-5年未満	5-10年未満	10-20年未満	20年以上	1年未満	1-5年未満	5-10年未満	10-20年未満	20年以上	1年未満	1-5年未満	5-10年未満	10-20年未満	20年以上
[男女]															
男	-1.46	-3.13	-1.47	-0.23	6.29	-0.76	-1.93	-1.18	-0.51	4.38	-0.90	-2.26	-1.34	-0.97	5.46
女	-0.36	-0.63	-0.10	1.11	-0.02	-0.08	-0.29	-0.16	0.53	0.00	-0.22	-0.49	-0.17	0.34	0.54
[世帯主との続柄]															
世帯主・代表者	-1.02	-2.34	-1.30	-1.66	6.32	-0.63	-1.61	-0.98	-1.25	4.48	-0.71	-1.81	-1.16	-1.55	5.24
世帯主の配偶者	-0.11	-0.33	-0.25	-0.38	1.07	-0.08	-0.26	-0.21	-0.31	0.85	-0.10	-0.33	-0.29	-0.43	1.15
子	-0.87	-3.46	-3.46	-0.32	8.10	-1.33	-9.93	-2.51	-0.95	4.97	-0.35	-2.19	-2.57	-1.23	6.34
子の配偶者	-0.11	-0.36	-0.42	-0.75	1.64	-0.11	-0.34	-0.36	-0.69	1.51	-0.12	-0.38	-0.39	-0.74	1.62
世帯主の父母	-0.20	-0.57	-0.54	-0.89	2.19	-0.13	-0.45	-0.45	-0.69	1.72	-0.17	-0.49	-0.48	-0.80	1.94
世帯主の配偶者の父母	-0.25	-0.64	-0.52	-0.83	2.24	-0.13	-0.53	-0.42	-0.55	1.64	-0.21	-0.52	-0.51	-0.74	1.97
孫	-2.81	-5.54	-1.97	6.28	4.05	-2.26	-15.17	-2.90	3.34	4.37	-2.18	-4.00	-2.90	2.42	6.66
祖父母	-0.17	-0.58	-0.40	-0.58	1.73	-0.33	-0.48	-0.41	-0.38	1.59	-0.26	-0.96	-0.56	-0.72	2.49
兄弟姉妹	-3.26	-5.94	-3.08	-3.50	15.78	-1.91	-4.23	-2.70	-2.81	11.62	-2.11	-4.37	-3.12	-4.22	13.82
他の親族	-2.51	3.35	2.66	-0.07	-3.43	-2.04	-17.28	2.57	1.19	-3.73	-0.68	1.59	-0.07	1.28	-2.13
住み込みの雇人	-0.12	-0.26	-0.12	-0.06	0.56	0.00	0.00	0.00	0.00	0.00	-0.46	-0.53	-0.11	-0.18	1.27
その他	-0.10	-0.09	0.00	0.07	0.12	-0.09	-0.19	-0.02	0.04	0.09	-0.12	-0.03	-0.03	0.06	0.10
[配偶者の有無]															
未婚	-2.66	-4.88	-1.38	3.71	5.20	-1.39	-2.97	-1.34	1.58	4.11	-1.69	-3.48	-1.42	1.10	5.48
配偶者あり	-0.60	-1.67	-1.26	-1.91	5.44	-0.38	-1.17	-0.91	-1.33	3.78	-0.42	-1.26	-1.03	-1.54	4.25
死別	-0.35	-0.63	-0.44	-0.80	2.22	-0.24	-0.54	-0.36	-0.49	1.63	-0.31	-0.68	-0.35	-0.51	1.86
離別	-0.75	-1.65	-1.15	-1.29	4.84	-0.45	-1.29	-1.08	-1.15	3.97	-0.51	-1.59	-1.30	-1.62	5.03
[国籍]															
日本	-0.82	-1.72	-0.74	0.44	2.84	-0.37	-1.01	-0.63	0.03	1.98	-0.51	-1.27	-0.70	-0.27	2.76
外国	-0.54	-0.21	-0.07	0.52	0.29	-0.29	-0.05	-0.05	0.00	0.39	-0.27	-0.14	-0.04	-0.04	0.49
[5年前の常住地（6区分）]															
現住所	-0.04	-0.07	-1.76	-0.37	2.24	0.85	2.33	-1.82	-1.27	-0.10	0.70	1.92	-1.84	-1.62	0.85
自市区町村内	0.00	0.00	0.00	0.00	0.00	0.00	0.00	0.00	0.00	0.00	0.00	0.00	0.00	0.00	0.00
自市内他区	0.00	0.00	0.00	0.00	0.00	0.00	0.00	0.00	0.00	0.00	0.00	0.00	0.00	0.00	0.00
県内他市区町村	0.00	0.00	0.00	0.00	0.00	0.00	0.00	0.00	0.00	0.00	0.00	0.00	0.00	0.00	0.00
他県	0.00	0.00	0.00	0.00	0.00	0.00	0.00	0.00	0.00	0.00	0.00	0.00	0.00	0.00	0.00
転入（国外から）	0.00	0.00	0.00	0.00	0.00	0.00	0.00	0.00	0.00	0.00	0.00	0.00	0.00	0.00	0.00
[在学・卒業・未就学]															
在学中	-4.31	-11.53	-1.05	15.63	1.26	-3.01	-8.83	-0.93	11.32	1.44					
卒業	-0.89	-2.23	-1.57	-2.03	6.72	-0.59	-1.63	-1.20	-1.58	5.00					
未就学	-4.75	0.73	5.29	-0.26	-1.02	-2.95	-0.08	3.86	-0.17	-0.66					

[学校区分]

区分															
小学・中学	-1.11	-3.07	1.28	4.17	-1.27	-0.89	1.33	4.53	-2.07						
高校・旧中	-0.99	-2.74	-2.31	0.11	5.93	-0.58	-1.75	-1.59	-0.05	3.97					
短大・高専	-1.73	-3.72	-1.94	-0.78	8.17	-1.02	-2.66	-1.14	6.52						
大学・大学院	-1.21	-2.77	-1.17	-0.78	5.93	-0.97	-2.36	-1.12	-0.85	5.30					
幼稚園	-8.90	-5.57	14.47	0.00	0.00	-7.70	-4.54	12.24	0.00	0.00					
保育園・保育所	-11.32	-0.66	11.98	0.00	0.00	-10.30	2.96	7.34	0.00	0.00					
幼児・その他（就業状態）	-3.48	8.65	-0.53	-0.92	-3.72	0.75	3.88	-0.79	-0.84	-3.01					

[就業状態]

区分															
主に仕事	-1.31	-3.39	-2.29	-2.99	9.98	-0.89	-2.62	-1.89	-2.56	7.96	-1.02	-2.81	-2.16	-2.94	8.91
家事ほか仕事	-0.19	-0.75	-1.17	-1.17	2.88	-0.15	-0.61	-0.64	-0.98	2.38	-0.18	-0.69	-0.81	-2.67	2.98
通学ほか仕事	-2.92	-6.76	-1.44	-5.55	5.56	-2.29	-5.83	-1.04	3.75	5.40	-2.29	-6.38	-1.20	3.87	6.00
休業中	-1.71	-4.20	-2.03	-2.03	9.97	-0.92	-2.37	-1.10	-1.03	5.42	-1.07	-2.79	-1.22	-1.13	6.20
求職中	-2.01	-3.58	-2.68	-2.22	10.49	-1.35	-2.71	-2.08	-2.57	8.71	-1.63	-3.21	-2.51	-3.28	10.63
家事	-0.20	-0.58	-0.41	-0.57	1.76	-0.16	-0.49	-0.37	-0.51	1.53	-0.20	-0.60	-0.44	-0.68	1.93
通学	-4.26	-11.38	-1.33	15.88	1.09	-2.90	-8.70	-1.32	11.64	1.28	-2.83	-8.06	-1.66	10.98	1.57
その他	-3.32	12.26	1.65	-2.95	-7.64	1.79	6.29	0.97	-1.83	-7.22	1.09	4.00	1.15	-1.42	-4.82

[従業上の地位（7区分）]

区分															
雇用者（常雇）	-1.24	-3.22	-2.07	-2.51	9.04	-0.99	-2.78	-1.84	-2.29	7.91	-1.12	-2.96	-2.09	-2.67	8.84
雇用者（臨時雇）	-0.89	-2.23	-1.61	-1.18	5.92	-0.98	-2.97	-1.99	-2.48	8.43	-1.20	-3.04	-2.23	-2.96	9.43
雇用者（パート）	-0.45	-1.50	-1.47	-2.74	6.16	-0.45	-1.49	-1.18	-1.34	4.46	-0.47	-1.56	-1.31	-1.53	4.86
役員	-0.60	-2.20	-2.19	-3.54	8.54	-0.30	-1.09	-1.17	-2.21	4.77	-0.37	-1.35	-1.44	-2.54	5.70
自営業主（雇人有）	-0.96	-3.26	-3.25	-5.69	13.17	-0.41	-1.78	-1.81	-3.13	7.13	-0.60	-2.17	-2.26	-3.69	8.72
自営業主（雇人なし）	-0.25	-0.97	-1.19	-2.33	4.74	-0.64	-2.46	-2.31	-4.12	9.53	-0.82	-2.71	-2.83	-4.54	10.89
家族従業者	-0.18	-0.67	-0.76	-1.14	2.74	-0.23	-0.94	-0.95	-1.99	4.10	-0.24	-1.12	-1.29	-2.22	4.87
家庭内職者						-0.20	-0.83	-0.79	-1.52	3.34	-0.22	-1.10	-1.16	-1.53	4.01

[職業（大分類）]

区分															
管理的職業	-0.62	-1.73	-1.34	-2.54	6.23	-0.42	-1.26	-1.06	-2.06	4.80	-0.45	-1.46	-1.34	-2.53	5.78
専門的・技術的	-0.93	-2.44	-1.43	-1.77	6.57	-0.61	-1.79	-1.57	-1.57	5.16	-0.67	-1.86	-1.35	-1.80	5.68
事務従事者	-0.93	-2.54	-1.77	-2.37	7.61	-0.60	-1.91	-1.44	-2.03	5.98	-0.69	-1.95	-1.60	-2.31	6.55
販売従事者	-1.11	-2.79	-1.71	-1.99	7.59	-0.81	-2.31	-1.53	-1.71	6.35	-0.91	-2.55	-1.78	-2.08	7.32
サービス職業	-0.95	-2.21	-1.51	-1.43	6.10	-0.72	-1.99	-1.34	-1.44	5.48	-0.74	-2.08	-1.50	-1.75	5.98
保安職業	-1.36	-3.09	-1.68	-1.53	7.65	-1.01	-2.19	-1.45	-1.45	5.67	-1.23	-2.58	-1.29	-1.75	6.85
農林漁業	-0.41	-1.31	-1.60	-3.51	6.83	-0.51	-1.64	-1.59	-2.87	6.61	-0.74	-2.14	-2.32	-3.59	8.78
生産工程	-1.08	-3.08	-2.48	-3.27	9.90	-0.80	-2.58	-2.08	-2.86	8.32	-1.00	-2.98	-2.48	-3.36	9.83
運輸・通信	-1.11	-3.27	-2.64	-3.55	10.58	-0.65	-2.23	-1.98	-2.84	7.70	-0.79	-2.41	-2.33	-3.34	8.87
建設・採掘						-0.99	-3.15	-2.39	-3.01	9.55	-1.32	-3.44	-2.64	-3.34	10.73
運搬・清掃・梱包						-0.48	-1.57	-1.47	-2.15	5.66	-0.55	-1.83	-1.68	-2.55	6.60
分類不能の職業	-1.33	-3.12	-1.89	-1.33	7.67	-0.95	-2.54	-1.73	-2.27	7.50	-1.20	-3.15	-2.18	-2.18	8.45

※ 2000年の「職業」の配列順は2010・2015年のものに調整。

	2000年					2010年					2015年				
	1年未満	1–5年未満	5–10年未満	10–20年未満	20年以上	1年未満	1–5年未満	5–10年未満	10–20年未満	20年以上	1年未満	1–5年未満	5–10年未満	10–20年未満	20年以上
〔産業（大分類）〕															
農業	-0.41	-1.19	-1.53	-3.61	6.73	-0.49	-1.69	-1.56	-3.05	6.79	-0.77	-2.24	-2.36	-3.70	9.06
林業	-2.50	-1.67	-4.17	-0.83	9.17	-0.70	-4.20	-2.10	-2.33	9.32	-0.73	-1.61	-1.17	-2.94	6.46
漁業	-0.83	-3.74	-2.49	-4.98	12.04	-0.82	-1.48	-2.14	-2.48	6.92	-0.47	-0.94	-1.88	-4.46	7.74
鉱業	-1.86	-2.70	-1.61	-1.89	8.06	-1.80	-3.53	-1.48	-0.84	7.66	-0.96	-2.50	-1.12	-0.97	5.55
建設業	-1.41	-3.79	-2.69	-3.29	11.19	-0.81	-2.52	-1.99	-2.71	8.02	-1.00	-2.68	-2.28	-3.12	9.07
製造業	-0.93	-2.72	-2.23	-3.26	9.14	-0.74	-2.42	-1.97	-2.80	7.93	-0.98	-2.89	-2.35	-3.11	9.34
電気・ガス	-1.43	-3.42	-1.80	-2.07	8.72	-0.87	-2.18	-1.32	-1.41	5.78	-1.09	-2.42	-1.50	-2.05	7.06
情報通信業						-0.75	-2.30	-1.35	-1.62	6.01	-0.87	-2.30	-1.66	-2.10	6.93
運輸・通信	-1.00	-2.92	-2.14	-2.78	8.84	-0.64	-2.16	-1.77	-2.56	7.13	-0.79	-2.32	-2.03	-3.03	8.17
卸売・小売業	-1.14	-2.60	-1.80	-1.98	7.42	-0.71	-2.20	-1.62	-1.99	6.51	-0.79	-2.37	-1.86	-2.38	7.40
金融・保険業	-0.85	-2.30	-1.31	-1.80	6.26	-0.61	-1.64	-1.08	-1.71	5.04	-0.75	-1.90	-1.29	-1.95	5.90
不動産業	-0.69	-2.30	-1.77	-2.76	7.52	-0.65	-1.87	-1.33	-1.78	6.00	-0.68	-1.98	-1.74	-2.22	6.62
学術研究						-0.54	-1.74	-1.21	-1.71	5.20	-0.60	-1.73	-1.33	-1.83	5.49
宿泊業						-0.68	-1.82	-1.19	-0.76	4.45	-0.75	-2.04	-1.38	-1.10	5.30
生活関連サービス娯楽業						-0.70	-2.01	-1.32	-1.69	5.72	-0.75	-2.05	-1.48	-1.86	6.13
教育・学習支援業						-0.46	-1.36	-0.97	-1.33	4.13	-0.48	-1.45	-1.12	-1.61	4.66
医療・福祉業						-0.65	-1.86	-1.32	-1.78	5.61	-0.66	-1.94	-1.29	-1.93	6.01
複合サービス						-1.13	-3.67	-3.07	-4.42	12.29	-1.06	-3.56	-3.30	-5.66	13.59
サービス業	-0.92	-2.48	-1.63	-2.09	7.12	-0.58	-1.92	-1.55	-2.09	6.14	-0.69	-2.07	-1.72	-2.64	7.13
公務	-1.22	-2.81	-1.47	-1.87	7.37	-0.86	-2.12	-1.16	-1.50	5.64	-0.89	-2.00	-1.13	-1.55	5.58
分類不能の産業	-1.35	-3.19	-1.86	-1.39	7.79	-0.95	-2.56	-1.75	-2.26	7.51	-1.21	-3.18	-1.94	-2.19	8.53
〔世帯の種類〕															
一般の世帯	-0.46	-1.37	-0.88	0.21	2.51	-0.10	-0.68	-0.71	-0.14	1.63	-0.23	-0.90	-0.80	-0.48	2.42
一人の世帯	-0.35	-0.63	-0.21	-0.16	1.35	-0.35	-0.70	-0.28	-0.25	1.57	-0.50	-1.04	-0.43	-0.42	2.39
寮・寄宿舎の学生・生徒	0.00	0.00	0.00	0.00	0.00	0.00	0.00	0.00	0.00	0.00	0.00	0.00	0.00	0.00	0.00
病院・療養所の入院者	0.00	0.00	0.00	0.00	0.00	0.09	-0.04	-0.02	-0.01	-0.01	0.09	-0.05	-0.02	-0.02	0.01
社会施設の入所者	0.00	0.00	0.00	0.00	0.00	0.00	0.00	0.00	0.00	0.00	0.01	-0.02	-0.01	0.00	0.01
その他	0.00	0.00	0.00	0.00	0.00	0.00	0.00	0.00	0.00	0.00	-0.86	-0.56	-0.40	-0.30	2.12
自衛隊営舎	0.00	0.00	0.00	0.00	0.00	0.00	0.00	0.00	0.00	0.00	0.00	0.00	0.00	0.00	0.00
矯正施設入居者	0.00	0.00	0.00	0.00	0.00	0.00	0.00	0.00	0.00	0.00	0.00	0.00	0.00	0.00	0.00
〔一般・施設等の別〕															
一般世帯	-0.75	-1.69	-0.77	0.41	2.80	-0.31	-0.95	-0.64	-0.02	1.91	-0.42	-1.16	-0.73	-0.34	2.66
施設等の世帯	0.00	0.00	0.00	0.00	0.00	0.03	-0.02	-0.01	0.00	0.00	0.02	-0.03	-0.01	0.00	0.02
〔世帯人員（男女総数）〕															
1人	-0.35	-0.63	-0.21	-0.16	1.35	-0.35	-0.70	-0.28	-0.25	1.57	-0.50	-1.04	-0.43	-0.42	2.39
2人	-0.48	-0.86	-0.50	-0.79	2.63	-0.32	-0.67	-0.44	-0.59	2.02	-0.37	-0.83	-0.55	-0.83	2.58
3人	0.37	-0.61	-1.33	-1.48	3.05	0.44	-0.24	-1.02	-1.22	2.04	0.21	-0.77	-1.14	-1.35	3.05

344　第Ⅲ部　地域分析とデータ統合

	1	2	3	4	5	6	7	8	9	10	11	12	13	14	15	16	17
4人	3.49	-0.91	-1.44	-1.01	-0.13	2.59	-0.73	-1.26	-0.67	0.07	3.52	-0.38	-1.66	-1.25	-0.23	0.00	0.00
5人	3.71	-0.29	-1.69	-1.33	-0.40	2.64	0.21	-1.50	-1.26	-0.10	3.35	1.01	-1.76	-2.11	-0.49	0.00	0.00
6人	1.80	0.40	-0.87	-0.92	-0.40	-0.19	1.41	-0.63	-0.37	-0.23	-0.15	2.02	-0.60	-0.88	-0.40	0.00	0.00
7人	0.31	0.63	-0.16	-0.68	-0.10	-2.00	1.77	0.19	0.05	-0.02	-2.68	2.39	1.00	-0.25	-0.46	0.00	0.00
8人	1.94	0.87	-1.39	-0.87	-0.55	-1.39	1.71	-0.15	-0.08	-0.08	-2.65	0.44	1.38	0.53	0.29	0.00	0.00
9人	5.61	0.59	-0.48	-3.44	-2.28	1.08	0.67	0.18	-1.65	-0.28	-1.33	-1.00	-0.15	1.76	0.72	0.00	0.00
10-19人	5.87	1.81	1.49	-5.18	-3.99	5.89	2.40	1.40	-5.49	-4.20	8.16	2.34	0.88	-5.55	-5.83	0.00	0.00
20-49人	0.00	0.00	0.00	0.01	-0.01	0.00	0.00	0.00	-0.01	0.02	0.00	0.00	0.00	0.00	0.00	0.00	0.00
50人以上	0.00	0.00	0.00	-0.01	0.02	0.00	0.00	-0.01	-0.02	0.03	0.00	0.00	0.00	0.00	0.00	0.00	0.00
[住居の種類]																	
持ち家	1.99	-0.67	-0.67	-0.52	-0.14	1.25	-0.25	-0.58	-0.38	-0.04							
公営の借家	-0.11	0.54	-0.50	-0.31	0.21	-0.65	0.57	-0.17	0.12	0.14							
公社の借家	0.15	0.83	-0.44	-0.39	-0.15	-0.36	-0.46	0.44	-0.69	1.07							
民営の借家	0.18	-0.10	-0.30	-0.10	0.31	0.03	-0.12	-0.35	0.10	0.33							
給与住宅	0.47	0.03	-0.21	-0.26	-0.03	0.10	0.03	-0.03	-0.40	0.30							
間借り	1.79	0.41	-0.10	-1.04	-1.06	1.29	0.12	-0.43	-0.73	-0.26							
会社等の独身寮	0.00	0.00	0.00	0.00	0.00	0.00	0.00	0.00	0.00	0.00							
その他の住居	1.76	0.20	-0.58	-0.87	-0.50	2.59	0.98	-0.70	-2.30	-0.58							
[建て方の種類]																	
一戸建	2.04	-0.55	-0.67	-0.64	-0.19	1.27	-0.16	-0.61	-0.43	-0.07							
長屋建	0.76	-0.24	-0.50	-0.22	0.21	0.95	-0.47	-0.67	-0.14	0.33							
共同住宅	0.07	-0.02	-0.19	-0.06	0.20	-0.07	-0.11	-0.16	0.04	0.29							
その他の建物	1.97	0.15	-1.01	-0.65	-0.46	1.80	0.53	-1.10	-0.48	-0.75							
[建物の階数]																	
1-2階	0.18	-0.06	-0.20	-0.17	0.26	0.01	-0.20	-0.25	0.08	0.36							
3-5階	0.15	0.12	-0.25	-0.23	0.21	-0.10	0.16	-0.25	-0.07	0.26							
6-10階	-0.23	0.15	-0.01	0.03	0.06	-0.22	-0.16	0.24	0.01	0.13							
11-14階	-0.17	-0.55	0.01	0.64	0.07	-0.12	-0.25	-0.32	0.38	0.31							
15階以上	-0.03	-0.31	-0.91	0.63	0.61	-0.02	-0.36	0.26	-0.46	0.57							
[居住する階数]																	
1-2階	0.14	-0.04	-0.18	-0.16	0.25	-0.03	-0.17	-0.22	0.06	0.36							
3-5階	-0.05	0.05	-0.16	0.03	0.12	-0.11	0.10	-0.13	0.01	0.13							
6-10階	-0.07	-0.07	-0.08	0.16	0.08	-0.17	-0.15	0.12	-0.09	0.30							
11-14階	-0.15	-0.28	-0.59	0.60	0.41	-0.15	-0.41	0.22	0.26	0.09							
15階以上	0.14	-0.42	-1.36	1.14	0.50	0.15	0.01	-0.36	-0.55	0.75							

第 14 章 人口・世帯属性からみた居住期間分布について 345

【付図】常住人口の居住年数別構成割合の差のヒストグラム［A 構成 − B 構成］

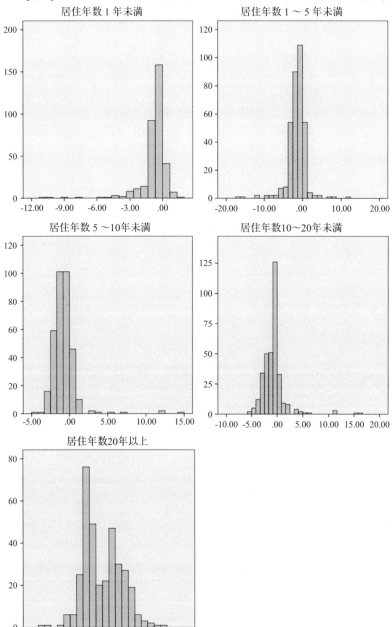

第 15 章

境域情報などを用いた公的統計と行政情報の
マッチングについて

長 谷 川　普 一

1. は じ め に

　自治体では個別行政法規に基づく行政行為のなかで組織外部から各種の申請・届出などの形で提出される情報を受理し，あるいは行政遂行記録として自ら行政情報の作成者となっている。行政は，それらの情報を用いることで当該業務に関する計画を立案し，個々の行政行為の遂行にあたっている。このような行政行為とそれにかかわる行政情報の関係は，行政内での部門の性格によっても当然異なる。法令に従った行政行為の遂行者として，行政情報の作成者という側面が卓越する部門もあれば企画部門のように行政情報の利用者となっている部門も存在する。

　個々の部門によって作成される行政情報には対象となる個人あるいは事業所に関する属性情報に加えて申告書類あるいは各種調書といった形で把握される項目も含まれる。それらの情報は行政遂行に直接活用されるケースもあれば数値情報を中心に各種統計資料の作成や分析にも用いられている。行政行為は基本的に行政法規に基づき部門単位で遂行されることから，作成される行政情報も自己完結的性格をもち，その利用も多くの場合には行政の各部門単位で用いられる性格が強い。

348　第Ⅲ部　地域分析とデータ統合

このような行政情報を俯瞰してみると，行政各部門の所管事項を変数要素としてもつ個体レコードからなるデータセットが，相互に独立し閉じた情報の世界を形作っている。そのようなデータとしての存在形態から異種の行政情報が統合利用されることは，これまでにほとんどなかった。ただし，筆者の所属する新潟市では，住民基本台帳と建物台帳を用いて作成した年齢・築年数別居住者のクロス集計結果を 2017 年からオープンデータとして公開するとともに都市経営の基礎資料として用いている（長谷川 2018）。このデータから得られる居住者の年齢と居住する住居の築年数との関係にみられる規則性については，原情報となった住民基本台帳あるいは建物台帳といった個別の行政情報だけで得ることのできないものである。既存の行政情報の統合による情報創出という本市の取組みは，行政情報の新たな利活用の試みとして注目される。

他方で行政情報は把握し得る項目が行政的観点から選定されるため属性情報が手薄となりがちである。その点で個体ベースでの豊富な属性情報を有する公的統計，とくに悉皆（センサス）型調査の調査票情報とリンケージすることができれば飛躍的な情報量の拡充が図られ，より深度を有する行政情報の政策活用によって新たな地平を切り開くことが期待される。

2. 新潟市における公的統計と行政情報をリンケージする 必要性と課題

新潟市では都市経営における基礎資料として，行政目的に応じた地域単位で個人属性別人口動態の把握を必要としていた。人口動態については住民基本台帳から移動時点とともに男女あるいは年齢別に把握できる。しかし，住民基本台帳は居住期間，住居の種類といった属性情報を登載していないことから，例えば図 15-1 の①のように『常住地における継続居住期間別人口動態』などは明らかにすることができない。一方，国勢調査は，個人・世帯属性の他にも 5 年前の常住地と現住地の移動，居住期間，住居の種類など，豊富な属性情報を有している。ただし，図 15-1 の②に示すように調査対象は期日現在の客体に限定されることや調査結果が年次間で連結した縦断情報ではないことから，各

第 15 章 境域情報などを用いた公的統計と行政情報のマッチングについて 349

図 15-1 住民基本台帳と国勢調査における個体レベルの人口動態情報

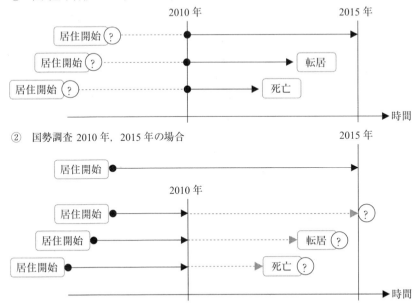

種属性の変化を子細に捉えることはできない。

　これらの課題は国勢調査と住民基本台帳の統合データによって解決される。しかしながら原情報はリンケージを想定して作成されていない。さらに，国勢調査の集計単位は事前に設定された市区，小地域等の境域となっていることから，行政目的に応じたバッファリングなど任意の境域による集計結果を得ることができず，都市経営における資料としては充分ではない状況にある。

　公的統計や行政情報のデータリンケージや集計領域の課題について，小池 (2011) は測地系の変更により国勢調査の集計領域が時間のなかで不整合となるため時系列分析に支障があると指摘し，事後に設定した新たな領域での集計結果が実態を観測し得るか検証し，その活用可能性を確認している。データリンケージに関して森 (2012) は各種統計が集計されたことによる情報の逸失が発生するため，個体レコードへのリンクが可能な XY 座標をもつマッチングファイルを別途作成することを提案している。

350　第Ⅲ部　地域分析とデータ統合

今回の作業は小池（2011）の提案する「事後」の情報処理と森（2012）の「XY座標をもつマッチングファイル」の提案を踏まえ，「位置情報を有する異種のデータセットを利用し時空間のなかで一意な個体レコード識別番号（照合キー）を公的統計へ事後的に付与する」ことで新たな統合データセットを編成し，都市経営にとって有益な情報を取得するための準備作業として行ったものである。具体的には新潟市を対象地域として，統計法33条利用申請により許可された2010年と2015年国勢調査の調査票情報と同年の住民基本台帳の登録情報とを個体レベルで照合しデータリンケージを行った。

3.　使用データと二種のサブデータセット

照合作業は，新潟市を対象地域とする2010年と2015年の国勢調査の調査票情報と当該年次の住民基本台帳をリンケージの照合データとして用いた。各年次のそれぞれのデータの総個数を表15-1に示す。

使用した国勢調査の調査票情報については，氏名や住所といった個人あるいは世帯を直接識別できる調査項目（以下，変数）は含まれていない。データリンケージを試みた国勢調査と住民基本台帳を個体レベルで直接マッチングできる共通コードや個体識別変数も存在しない。そのため今回の照合作業では，両データセットが共通にもつ個人属性情報である性と年齢を用いた。

ただし，人口約80万人規模の新潟市について，これらの変数だけを用いて個体レコードの照合を試みた場合，1対1対応のユニークなマッチング結果を得ることは期待できない。その点でデータ個数が少数の集団（以下，サブデータセット）であれば，仮に共通変数が限られていたとしても，個体識別情報として有効性をもつと考えられる。そこで，国勢調査の集計などで空間的に細分化

表15-1　対象データの総個数

	2010年	2015年
国勢調査	811,902	810,157
住民基本台帳	808,215	802,974

されている境域や個人が属する最小集団である世帯で切り分けたサブデータセットの2種を用いて異種データ間の照合作業を行った。

3-1 境域コードとサブデータセット(a)

国勢調査の調査票情報にはさまざまな境域レベルに対応した境域コードが付与されている。

それらを統合度の高い境域レベルから順に示せば，「都道府県」(KEN)，「市区町村」(KEN + CITY) といった行政区界に対応するコードから，「町字」(KEN + CITY + KIHON1)，「小地域（公開時秘匿化されていない最小領域）」(KEN + CITY + KIHON1 + KIHON2)，「基本単位区」(KEN + CITY + KIHON1 + KIHON2 + KIHON3)，「調査区または基本単位区」(KEN + CITY + KIHON1 + KIHON2 + KIHON3 + C2) に関するコードが付与されている。（図15-2 参照）

基本単位区は平成2 (1990) 年国勢調査から導入されているもので，街区に相当し「「住居表示に関する法律」に基づき住居表示されている地域について

図15-2 国勢調査境域コードと境域模式図

(出所) 各種境域コード＝国勢調査基本単位区境界データより。

は，一般的な住居表示でみると○○市○○町○○丁目○○番○○号の○○番に
あたる地域である」（羽渕 2012，3ページ）。それはほぼ20〜30世帯で構成され
ており，複数の基本単位区を組み合わせる形で調査区が一般に設定されている
ことから，通常は調査区よりも基本単位区の方が境域としてはより狭小で，そ
れぞれに含まれる個体レコード数についても［調査区＞基本単位区］といった
関係にある。ただ，基本単位区が2次元空間的に設定されているのに対して調
査区については実査を担当する調査員の業務量等の関係もあり，大規模な共同
住宅については棟屋や階数によって基本単位区が2つ以上の調査区に切り分け
られており，なかには基本単位区の方が調査区より大きくなることもある
（同，4ページ）。地域単位を境域の統合レベルに従って示した上記の記述におい
て「調査区または基本単位区」を国勢調査の境域区分の最小単位としているの
はこのためである。

　以上のことから国勢調査の調査票情報は，サブデータセットとして4つの境
域がデータ処理としては可能であり，2015年の国勢調査における各境域数は
「町字」が1,003，「小地域」が2,135，「基本単位区」が18,570，「調査区または
基本単位区」が19,194となっている。

　次に照合相手である住民基本台帳の位置情報としては，住所が文字情報とし
て登載されている。文字情報である住所は（長谷川・卯田 2012）による全住民
位置情報作成手法を適用することによって常住地座標を求めてポイントデータ

表15-2　常住地座標と境域コードの付与

型式	常住地特定型	常住地候補多数Ⅰ型	常住地候補多数Ⅱ型
常住地座標（候補）	一点	複数点（候補多数）	複数点（候補多数）
対象境域	一意	一意	複数
境域コード付与	あり	あり	なし
常住地座標と境域イメージ図			

へ変換可能である。表 15-2 に示す通り，その常住地ポイントが空間上一点に特定される常住地特定型，および，常住地が複数候補（複数の点群）であるが，候補点がすべて同一境域内に含まれ，境域と実質 1 対 1 の関係となる常住地候補多数 I 型の場合に境域コードを付与し得る。

3-2　境域コードと個人属性コードから成るサブデータセット(a)のリンクキー

より多くの個体レコードが性と年齢によりユニークとなる条件は小規模な個体数が望ましい。サブデータセット(a)の境域は微細なほど条件に合致するが，照合対象の両者が位置情報の精度で不整合となる場合には不合理なマッチングとなる。最小の境域レベル「調査区または基本単位区」は大規模な共同住宅を階層別，或いは，棟別などに細分化されている。一方，住民基本台帳から作成される常住地ポイントデータは建物重心点の座標としており，共同住宅を棟屋別や階層別に切り分けた情報とはなっていないため，両者間に不整合の状態を生じさせている。このため両者の間で整合的な境域最小単位となる「基本単位区」をサブデータセット(a)の境域コードとして用いた。

この境域コードに加えて国勢調査の調査票情報と住民基本台帳の個体レコードが有する共通変数，性（男 = 1，女 = 2），年齢（3 桁）によって 4 桁からなる個人属性コード，例えば男性，35 歳であれば『1035』を作成し照合キー（以下，リンクキー）の一部として用いた。

これらの境域コードと個人属性コードを連結させたリンクキーを用いることによる照合は，国勢調査と住民基本台帳の各々のサブデータセット内でユニークに識別された場合に対象となる。個体レコードの結合が 1 対多あるいは多対多といった関係は不合理であり 1 対 1 の関係を必須としているためである。

3-3　世帯コードと個人属性コードからなるサブデータセット(b)のリンクキー

多数の集団を境域によって小規模に切り分けたサブデータセット(a)と同様にして，コミュニティの最小集団である世帯ベースでも個体レコードは切り分けられる。国勢調査と住民基本台帳のいずれにも世帯を識別する国勢調査世帯

354　第Ⅲ部　地域分析とデータ統合

図 15-3　世帯コードなどを用いたサブデータタイプ（b）のリンクキー概念図

リンクキーが
ユニークな場合
照合対象

国勢調査の調査票
→リンクキー＝世帯コード（住民基本台帳世帯コード）＋個人属性コード（性、年齢）

住民基本台帳
→リンクキー＝世帯コード（住民基本台帳世帯コード）＋個人属性コード（性、年齢）

国勢調査世帯コードを住民基本台帳世帯コードに変換する条件など

(1) 境域コード等から作るサブデータセット（a）の照合によりマッチングした
　　個体レコード抽出

(2) マッチングした個体レコードから国勢調査世帯コードと住民基本台帳世帯コードの
　　組合せを抽出

(3) 国勢調査世帯コードと住民基本台帳世帯コードが 1 対 1 となる組合せを絞り込み抽出

(4) 国勢調査世帯コードを 1 対 1 の組合せで対となっている住民基本台帳世帯コード
　　に変換しリンクキーの世帯コードとして使用

(5) 世帯コードと個人属性コードから成るリンクキーを作成しユニークであれば照合対象

コードと住民基本台帳世帯コードが付与されている。ただし，いずれの世帯コードも独立して管理されているため，原情報のままではリンクキーとして用いることができない。

　図 15-3 と図 15-4 に示す通り，世帯による照合は境域コードと個人属性コードからなるサブデータセット(a)のリンクキーによる照合でマッチングした個体レコードが両者の世帯コードについても結びつけることで可能となる。これにより，サブデータセット(a)のリンクキーがユニークではなかった者についても世帯コードと個人属性コードから成るサブデータセット(b)のリンクキーによって照合を可能とする。しかしながら，国勢調査と住民基本台帳における世帯の定義は一致していないため，結びつけられた国勢調査世帯コードと住民基本台帳世帯コードの組合せが 1 体多，多対 1，多対多を出現させ，必ずしも 1 対 1 となっているわけではない。このため両世帯コードが 1 対 1 の組合せの場合のみを抽出し，世帯コードと個人属性コードから成るサブデータセット(b)のリンクキーとして照合対象とした。また，世帯内に同性の双子などがいた場合，世帯コードと性，年齢が一致するリンクキーとなるため，これらについてはサブデータセット(b)の対象から除いた。

第15章　境域情報などを用いた公的統計と行政情報のマッチングについて　355

図15-4　照合作業フロー図

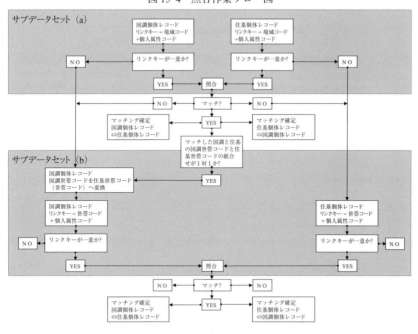

4. マッチングから得られた統合データセットのデータ特性

　本節では，国勢調査の調査票情報と住民基本台帳のマッチング結果から得られた統合データがどのようなデータ特性をもつかを，マッチング率の分布にみられる個人属性，世帯構成，さらには小地域による地域的特徴という側面から検討する。

　マッチング率は下記の(1)式に示す通り国勢調査の一般世帯居住者数や住民基本台帳の登載者数に対するマッチング成功個体数の割合として算出した。

$$\text{マッチング率} = S / T \tag{1}$$

S：マッチング成功個体数（個人属性別，世帯構成別）
T：国勢調査の場合　一般世帯居住者数（個人属性別，世帯構成別）
　　住民基本台帳の場合　住民基本台帳登載者数（個人属性別，世帯構成別）

図 15-5 国勢調査 2015 年 年齢別一般世帯居住者割合

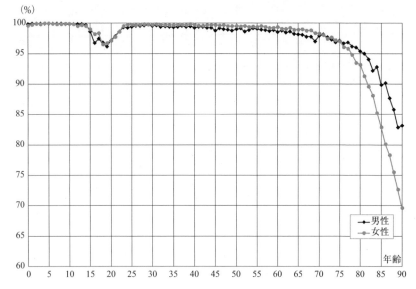

　国勢調査の場合，(1)式では寮，病院，社会施設，矯正施設等の施設居住者を除く一般世帯居住者を対象とした。理由として，社会施設等の居住者は居住実態と住民登録の申請内容を不整合とすることが一般的に知られており，マッチング率に影響を与える他の要因を観測するため事前に除いたものである。なお，図 15-5 は国勢調査 2015 年の性別・年齢別一般世帯居住者割合を示した。このグラフおよび国勢調査の調査票情報から，15〜22 歳の寮・寄宿舎に居住する者と高齢者の社会施設入居者の影響により，他の年齢階層と比べて一般世帯居住者割合が低くなっている。一般世帯居住者割合が年齢階層間で不均一であることは，以下にみる国勢調査人口と住民基本台帳人口に対するマッチング率の年齢別分布状況に少なからず影響を及ぼすことに留意する必要がある。

4-1　マッチング状況

　表 15-3 は，2010 年と 2015 年の国勢調査と住民基本台帳についてのサブデータセット(a)とサブデータセット(b)によるマッチング状況を示したものである。

第15章 境域情報などを用いた公的統計と行政情報のマッチングについて 357

表 15-3 マッチング結果

		総数	サブデータセット (a) マッチング数 （マッチング率）		サブデータセット (b) マッチング数 （マッチング率）		合計 マッチング数 （マッチング率）	
2010 年	国勢調査	811,902	435,457	(54%)	165,032	(20%)	600,489	(74%)
	住民基本台帳	808,215		(54%)		(20%)		(74%)
2015 年	国勢調査	810,157	435,814	(54%)	152,680	(19%)	588,494	(73%)
	住民基本台帳	802,974		(54%)		(19%)		(73%)

　データの年次，種別によるマッチング率は，照合作業行程における差がほとんどみられず同様の傾向を示している。いずれのデータも「基本単位区」の境域コードと個人コードから作るサブデータセット(a)のリンクキーによって約54％となった。その結果を用いて世帯コードと個人属性コードから作るサブデータセット(b)のリンクキーによる照合ではサブデータセット(a)で非照合として残されたレコードから約19〜20％が追加照合分として上積みされた結果，いずれの年次についても全体として73〜74％のマッチング率を得ることができた。

4-2　個人属性別，世帯構成別マッチング率

　図 15-6 は，一般世帯に居住する男女の1人世帯居住者と複数人世帯居住者について，年齢別のマッチング率の推移を示したものである。

　このマッチング率の年齢分布グラフから，複数人世帯居住者は，男女，年齢を問わず75％以上のマッチング率となっていることがわかる。1人世帯居住者の場合には複数人世帯居住者に比べて総じてマッチング率は低い。男女いずれも19歳で男性6％，女性5％が最低値となっており，それ以降，20代半ばまで急激にマッチング率が上昇し，30代以降は傾きが緩慢なものの上昇傾向が維持されている。

　1人世帯居住者と複数人世帯居住者との比較でみられる形状の違いは，2つ理由として考えられる。1つには，1人世帯のとくに学生の場合，居住の実態はあるものの，住民登録を行っていないケースが多くみられることの影響である。もう1つには，世帯コードを用いたサブデータセット(b)による照合作業

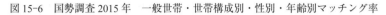

図 15-6　国勢調査 2015 年　一般世帯・世帯構成別・性別・年齢別マッチング率

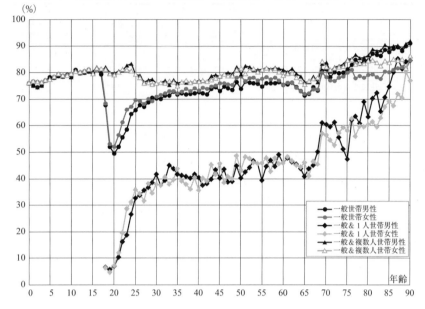

が1人世帯居住者では行われないため，リンクキーがユニークとなりにくいという照合手法によるものと考えられる。

そこで照合手法上の問題を除却するため，1人世帯居住者 103,981 人について「基本単位区」の境域コードと個人属性コードから成るサブデータセット(a)のリンクキーがユニークとなる 18〜90 歳の個体レコード 53,208 人を対象として最終的なマッチング率を比較した結果が図 15-7 である。なお，当該対象者全数の平均マッチング率は 75% である。

図 15-7 のグラフは非ユニークの個体レコードを除いているため，居住実態と住民登録との整合について，性，年齢による傾向の違いを相対的に観測している。

マッチング率の最低値は男女とも 18 歳で男性 21%，女性は 19% となっている。その後，男女ともに急上昇し男性 25 歳，女性 23 歳で 60% を超える。それ以降，数値は粗い動きを示しながらも女性は微増に転じ 60 代後半には 90% まで上昇し，70 代から 80 代は 90% 前後で推移する。男性は 30 代中頃から 65

第 15 章　境域情報などを用いた公的統計と行政情報のマッチングについて　359

図 15-7　国勢調査 2015 年　一般世帯・1 人世帯・第 1 段サブデータセット (a)
　　　　　リンクキーユニーク・性別・年齢別マッチング率

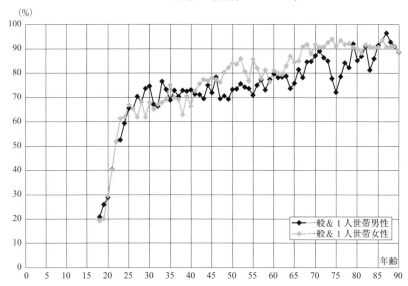

歳まで 70％台で推移した後，乱高下しながらも概ね上昇傾向となり 80 代後半では 90％を超えるマッチング率となる．男女差は 40 代以降で女性のマッチング率が総じて高い．

　図 15-8 は 2015 年の住民基本台帳，男女別の 1 人世帯居住者と複数人世帯居住者について，年齢別のマッチング率の推移を示したものである．複数人世帯居住者の場合 18 歳以下と男性 24 歳以降，女性 23 歳以降の年齢で 70％を超え，変動幅の小さい安定した値を示すが，男女いずれも 20 歳を底とする 19〜23，24 歳前後で凹状のマッチング率となっている．複数人世帯居住者の形状に注目し図 15-6 と比較すると，国勢調査は年齢別変動がほとんどみられないのに対して，住民基本台帳では 18 歳〜23，24 歳にかけての年齢層で低水準となっている．このことは 1 人世帯居住者の 18 歳〜20 代前半のマッチング率の低さと整合的であり，1 人世帯居住者は，住民基本台帳の複数人世帯，おそらく父母の住所に住民登録を残し居住実態と不整合である者が多いことによるものと推察される．

図 15-8　住民基本台帳 2015 年　世帯構成別・性別・年齢別マッチング率

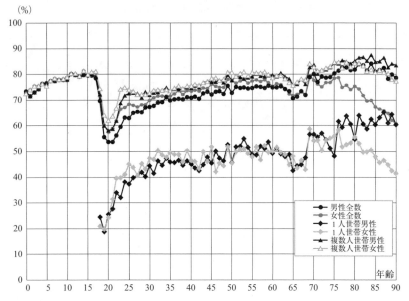

　次に 1 人世帯居住者についてみると，男女ともに 19 歳でもっとも低く，男性 19％，女性 20％となっている．その後の推移は，ほぼ国勢調査と同様であるが，住民基本台帳では女性の 70 代後半以降で漸減する傾向が国勢調査との違いとして注目される．

　1 人世帯居住者の居住実態と住民登録との整合関係を見るため，2015 年の住民基本台帳に 1 人世帯居住者として登録されている 108,036 人について，「基本単位区」の境域コードと個人属性コードから成るサブデータセット (a) のリンクキーがユニークとなる 18〜90 歳の個体レコード 60,555 人を対象として最終的なマッチング率を比較した結果が図 15-9 である．なお，当該対象者全数の平均マッチング率は 81％である．

　図 15-9 によれば男女ともに 19 歳で 50％を割り込んで底を打ち，22 歳までに急上昇する．女性は 22 歳，男性が 24 歳で 70％を超え，その後は女性が男性を上回る傾向で推移し 80 代以降で減少傾向が顕著となる．この 80 代以降の傾向は図 15-7 に示す国勢調査の 1 人世帯居住者の場合と異なっている．その

図 15-9 住民基本台帳 2015 年　1 人世帯・第 1 段サブデータセット(a)
リンクキーユニーク・性別・年齢別マッチング率

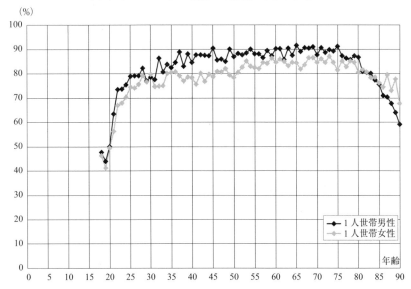

理由としては，図 15-7 では社会施設等の居住者を対象としておらず，自宅居住者と住民登録との整合のみを観測している一方で，図 15-9 では社会施設居住者も含めた居住実態と住民登録の整合をみているため，加齢とともに増加している社会施設居住者割合の増加が影響していると考えられる。

4-3　小地域によるマッチング率の空間分布

個人・世帯属性は当然のことながら市内でも地域によって異なる。また，前節でもみたように，マッチング率の分布は性や年齢といった個人属性あるいは世帯構成員数によっても大きく異なる。特にマッチング率の分布で特異な水準にある年齢階層の集住地域では，差異を生じ得ることは十分想定される。そこで図 15-10，図 15-11 に 2,133 の小地域別にマッチング率を可視化した結果を掲げた。

可視化に際してはマッチング率の閾値を 50％として設定し，常住者が 20 人に満たない小地域については評価結果の安定性を考慮して非表示とした。年齢

362 第Ⅲ部 地域分析とデータ統合

図15-10 国勢調査2015年 一般世帯・小地域別マッチング率

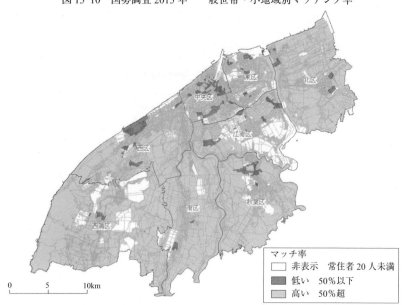

図15-11 住民基本台帳2015年 小地域別マッチング率

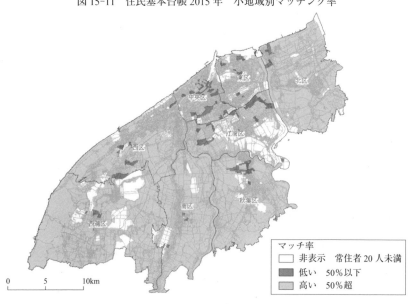

別マッチング率では，設定した閾値50％のマッチング率を下回ることがないため，閾値以下の小地域は何らかの地域特性により低い値となっている可能性がある。

この表示結果によれば，50％以下となる小地域は国勢調査で114カ所，住民基本台帳で98カ所が検出された。そのうち国勢調査と住民基本台帳いずれでも閾値以下となる小地域は84カ所となっており，国勢調査だけが閾値以下は30カ所，同様に住民基本台帳では14カ所である。国勢調査と住民基本台帳での空間的不一致のうち，例えば新潟大学の五十嵐キャンパスに近接した小地域で学生の居住実態と住民登録の不整合により，国勢調査だけが閾値以下として観測されるなど特異地域の存在を示している。その他の小地域でも居住者特性が反映されたと考えられるため，いかなる理由によってマッチング率に差を生じさせるのか，今後，人口構造や施設立地等子細な点検を要する。

5．おわりに

1980年前後から「小さな政府」を掲げる政権が各国で成立した。行政の効率化策の導入により，各国で公的統計作成に投入される予算・人員の大幅な削減が断行された。統計の作成環境が厳しさを増すなかで，とくに海外では行政機関が維持管理している行政情報の統計的価値が注目され，多くの国で統計法制度を改定し行政情報を公的統計の作成に積極的に活用する方向へと舵を切った。すでにオランダのように，個体ベースでの行政情報にも公的統計と共通の識別コードの搭載を義務づけ，その活用を本格的に制度化しているところもある。

一方，わが国では公的統計と行政情報に共通コードを設け，両者をデータ統合することによって情報の高度利用を実現し行政サービスの拡充につなげるという発想は，これまで俎上にも上ってこなかった。このようななか，公的統計と行政情報の間に共通コードが未整備な状況下でどのようにすればそれらの統合利用が実現できるかという問題意識から，とくに時点的に併存する複数の異なるデータセットについて，共通変数が限られているケースにも適用できる照

合方法を本章では提案した。

　具体的には新潟市域を対象地域として 2010 年と 2015 年の国勢調査と住民基本台帳のそれぞれ 80 万を超える規模のデータセットに対して限られた共通変数を用いた個体ベースでの照合を行うために，原データセットの境域情報と世帯情報を用いた小規模なサブデータセットへの区分に基づく新たな手法を提案し，マッチング結果がもつ個人属性面でのデータ特性の考察を行った。以下では，今回提案した照合方法とマッチング結果に関して若干の指摘を行うことでむすびとしたい。

　本章で紹介した方法は直接の識別コードをもたず共通変数の種類も限られている同時点あるいは近接時点での複数のデータセットに主として適用できる照合手法を提案したものである。それが境域的同一性を前提とした照合方法であることから，個体を直接識別する情報を持たないデータセットについても，例えば常住地における継続居住人口についての縦断面データの作成などにもある程度有効性をもつものと考えられる。

　国勢調査の基本単位区による境域情報に連動させた個体レコードに基づくサブデータセット(a)と世帯レコードによるサブデータセット(b)によってマッチングを行った結果，全体として約 74％のマッチング率を達成することができた。ただし，マッチング率は一様でなく，性，年齢，世帯構成などの個人属性や地理的特性によって異なっている。

　照合作業は，境域により対象集団の絞り込みを行っているとはいえ，性，年齢といった限られた個人属性変数によるマッチングが居住実態と住民登録の不整合による偽照合結果を与える可能性は否定できない。確度の高い照合結果を得るためには，本作業で未使用の続柄などの個人属性情報や複数ある境域情報の活用など，より高度化した照合手法が考えられる。

　一方，今回のマッチング結果については，第 4 節で国勢調査と住民基本台帳のそれぞれに対するマッチング率を性別，年齢，世帯の種類といった個人属性，さらにはその特異地域の空間的分布といった側面からデータ特性の検討を行った。

第 15 章　境域情報などを用いた公的統計と行政情報のマッチングについて　365

　国勢調査と住民基本台帳の間でマッチング率の分布形状に特に乖離がみられる人口セグメントについては，国勢調査による捕捉状況，あるいは，居住実態と住民登録の不整合といった要素が反映されているように思われる。

　いずれにせよ，個人属性間でのマッチング率の差異，とりわけ低位のマッチング状況にある人口セグメントに関しては，統合データが元データセットである国勢調査あるいは住民基本台帳を母集団情報とみなした場合，代表性の点で過少であるというデータ特性をもつ。このことは空間的にも，そのような人口セグメントからなる者の集住地域についてはマッチング率の差異を介して代表性に偏りをもたらしうると考えられることから，地域分析などへの利用に際しては注意が必要である。

　いうまでもなく上述したような統合データがもつ母集団代表性に関する問題は，共通コードによる公的統計と行政情報のマッチングが可能となった段階では，その多くが解消する性格のものである。その意味では，公的統計と行政情報のデータ統合が未だ制度化されていない段階に固有の難点といえる。そのようななかで今回提案したような方法によって作成した統合データについては，データ特性に留意しつつ有効活用することができれば，将来の本格的な公的統計と行政情報との統合利用に向けた第一歩としても意味をもつように思われる。

　謝辞　本分析には統計法 33 条により提供を受けた 2010 年・2015 年国調データおよび同年次国勢調査の境界データを使用した。なお，今回の分析結果は筆者による独自集計結果に基づくものであり，総務省の公表統計によるものではない。本研究への調査票情報の使用に許可を頂いた関係機関の方々に記して謝意を表したい。
　　　本研究は，JSPS 科研費「センサスと行政情報の統合データによる人口移動分析の新たな展開可能性」（課題番号 18K01549）による研究成果の一部である。

参 考 文 献

小池司朗（2011）「地域メッシュ統計の区画変遷に伴う時系列分析の可能性に関する一考察―測地系間・メッシュ階層間の比較から―」（『人口問題研究』67-2）65-83 ページ。

長谷川普一・卯田強（2012）「災害時における全住民位置情報の重要性（その 2）アドレスマッチングに係わる諸問題と解決方策について」（地理情報システム

366　第Ⅲ部　地域分析とデータ統合

学会講演論文集 Vol. 21）。

長谷川普一（2018）「行政情報の統合データによる世帯員の居住行動に関する一考察」（『経済志林』第 85 巻第 2 号）。

羽渕達志（2012）「国勢調査の地域区分と地域データについて」統計センター製表部資料。

森博美（2012）「場所特性変数の付加による個体レコードの拡張について」（『オケージョナルペーパー』法政大学日本統計研究所 No. 36）1-30 ページ。

第 16 章

行政情報と統計情報のデータ統合の
分析的意義について
——静態・動態情報のデータ統合を中心に——

森　博　美

1. はじめに

　1960 年代後半から 70 年代にかけて欧米諸国を中心に個人情報の保護が社会
的な盛り上がりをみせる。プライバシー意識が高揚するなか，統計の分野では
調査非協力が顕在化する。そしてそれは結果的に回答率の低下や回答内容の劣
化となって顕在化し，いわゆる調査環境の悪化が統計の対象反映性に対する脅
威となる。加えて 1980 年代に主要先進諸国で相次いで誕生した新保守主義政
権が唱えた市場原理に基づく小さな政府政策は統計分野にも及び，統計の予算
や職員の大幅削減は，政府統計の委縮や品質の深刻な劣化をもたらした。

　このように政府の統計作成環境が悪化するなかで，前世紀の終盤には欧米を
中心に各国の政府統計機関は必要な法整備を行い，行政情報の統計活用の制度
化へと大きく舵を切る。行政情報を統計作成のための情報源として評価する動
きは 1994 年に国連統計委員会が採択した「公的統計の基本原則」[1]にも反映さ
れており，レジスターベースの統計制度を実現している北欧諸国だけでなく，

---

1)　原則 4 には，統計作成のためのデータが「統計調査又は行政記録など全ての種類
のデータ源から入手しうる」旨が規定されている。

368　第Ⅲ部　地域分析とデータ統合

統計調査を統計作成のための情報（統計原情報）の第一義的な獲得手段として
きた国にも広汎な広がりをみせる。

　こういった世界の統計をめぐる一連の動きを受けて，本章では行政情報と統
計情報のデータ統合による認識資料としての政府統計の新たな展開可能性につ
いて考察する。

　以下第2節では，調査によらない統計作成のための情報（統計原情報）の獲
得方法である第二義統計（業務統計）に焦点を当て，そこでの情報獲得の制度
的枠組の特徴について述べる。次いで第3節では，行政情報として獲得される
統計原情報の統計利用に際しての諸制約を考察する。第4節では今日の第二義
統計の統計原情報がもつ個体性と動態性という2種類の情報特性について論じ
る。第5節では調査情報と行政情報との相互補完性ならびにそれらの個体ベー
スでの統合可能性について考察する。第6節では，調査情報と行政情報の統合
の意義を，静態情報と動態情報の個体ベースでのデータ統合という視点から考
察する。そしておわりにでは，これら一連の考察を踏まえて行政情報とのデー
タ統合による政府統計の新たな展開可能性を展望する。

2.　調査によらない統計原情報の獲得

　政府統計のなかには調査の過程を経ることなく獲得・作成される情報を統計
原情報として作成されるものがある。第二義統計（業務統計）と呼ばれる諸統
計がそれである。このカテゴリーに属する諸統計は現実には調査統計とならん
で政府による現実に対する統計的認識にとって不可欠な情報となっている。し
かし第二義統計が統計作成そのものを目的とする調査過程を欠くことから，調
査論を中心としたこれまでの統計学では，それが本格的に研究対象として取り
上げられることはあまりなかった[2]。

---

　2)　1869年から1979年までの約10年間バイエルン王立統計局長として統計行政に従
　　　事し1895年から1920年までミュンヘン大学の統計学・財政学・経済学の正教授で
　　　あったドイツ社会統計学の創始者の1人とされるマイヤー（Georg von Mayr：
　　　1841-1925）は，第二義統計（sekundäre Statistik）を「第一義的に統計以外の目的の

第 16 章　行政情報と統計情報のデータ統合の分析的意義について　369

　全数調査（悉皆大量観察）の調査法を中心に展開されてきたかつての統計学
は，「（大量観察の実施が―引用者）困難或は不可能であり，或は敢て其の手続き
を踏むことを必ずしも必要とせぬ」（蜷川 1932，189 ページ）統計作成を，それ
らが「大量観察の実質的要件を欠く」大量観察代用法として，大量観察を基準
として「部分的で，且つ不正確」（同，192 ページ）であり，したがって「真の
意味に於いて統計であるとは云い難い」（同，189 ページ）と位置づけてきた。
実査の手続きを必要とせず作成されるいわゆる第二義統計（業務統計）は，一
部調査や推計とともにここでいう大量観察代用法に属する。
　そのようななかで第二義統計の政府統計体系における重要性にいち早く目を
向け，独自の視角からその考察を行ったのが上杉正一郎である。上杉は，政府
と国家企業が「統計外の目的のために，統計外の機構（行政機構，経済機構）に
よって作成される記録にもとづく」（同，11 ページ）第二義統計を，作成機関の
種類および統計作成に用いられる情報の獲得方式の違いに従って第 1 形態から
第 4 形態までの 4 つの形態に区分し，それぞれの特徴を考察している（上杉
1960）。そこで本節では，これら 4 つの形態のうち行論の展開にとくに密接に
かかわると考えられる第 1 形態と第 2 形態に絞り，それぞれの統計源情報獲得
方式の特徴をみておくことにする。

2-1　第二義統計の第 1 形態と第 2 形態

　第二義統計の第 1 形態と第 2 形態に属する諸統計は，いずれも政府行政機関
をその作成主体とする。上杉は両者の区別の根拠を，統計作成に用いられる統

　ために社会的集団の要素について行われた観察結果（Feststellung）が二次的に当該社
　会集団のとくに統計的把握を行うために役立てられるもの」（Mayr 1914, S. 56，大橋
　訳 140 ページ）と捉えている。また彼は，調査統計（第一義統計：primäre Statistik）
　の場合には観察は新規に組織され，統計の質問は生きた材料，社会の要素そのもの
　ないしはそれに責任を有する者に向けられるのに対して，第二義統計では既存の文
　書的記録という死せる材料（toten Material）について統計的な調べは行われる（Mayr
　1914, S. 57，大橋訳，141 ページ）として，第二義統計においては統計原情報の質も
　含め既存の情報へ依存する部分が大きく，調査統計に比べて調査実施者の関与が受
　動的にならざるを得ないという特徴づけを与えている。

計原情報の所在ならびにその獲得方法の違いに求める。

　まず第1形態に属す諸統計は,「法令上届出または申告の義務ある者が,官庁の外部にある」(同, 9ページ) 点をその特徴としており, 住民基本台帳人口移動報告や建築着工統計, 雇用保険統計, 法人登記統計などがそれに該当する。これに対して第2形態として類別される諸統計の場合, 統計原情報は行政機関それ自体が自らの行政活動を根拠づける個別業務法規に従った業務遂行の記録として組織の現業部門の業務担当者によって作成される。裁判所の裁判記録から作られる司法統計, 警察庁が作成する交通事故・違反統計, 犯罪統計などがそれである。なお第二義統計の類型化にあたって上杉は, 組織の外部から提出された各種申告・申請書に対して監督官庁が許認可や承認を与えた裁可結果書類の記載内容を統計原情報として作成される統計を第1形態から第2形態への過渡的性格の統計としている (同, 9ページ)。

2-2　第二義統計における統計原情報の精度担保論理

　行政情報として統計原情報が獲得される第二義統計は, 統計作成を本来の目的とする調査統計とは異なる独自の精度担保論理をもつ[3]。

　まず第1形態として類別される諸統計では, 一般に行政機関の外部に存在する個人や企業といった報告主体から行政機関の窓口に対して個別業務法規によって義務づけられた許認可あるいは届出の形で各種申請・届出が行われる。その際の提出書類への記載内容の一部を統計原情報として統計が作成される。

　第1形態の統計の場合, 行政機関の窓口は報告の受理というあくまでも受け身の立場にある。その際に報告者に対しては統計法が基幹統計に義務づけているような申告義務は課されていない。しかしながら第1形態に属する統計の場合, 個別業務法規が義務づける許認可申請の不履行は申請者にとって, それによって享受できたはずの便益などの放棄を意味し, また所定の手続きを経るこ

---

3)　わが国における調査統計と業務統計の精度担保の論理については, 詳しくは (森 1992) を参照。

となく実行された行為は，違法行為として法的処罰の対象となる。届出の不履行も各種の行政サービスを受給できなくなるなどの不利益をもたらす。統計法における罰則が調査協力促進的規定であるのとは異なり，個別業務法規における罰則規定は一般に行政処分等の実質的強制力をもつ。

　第1形態に属する諸統計の場合，行政機関の窓口での統計原情報の受理行為は業務の遂行そのものであり，個別業務法規を根拠に行政機関が行う業務の一環として統計原情報が獲得される。こうして獲得された統計原情報は，組織設置規程の運用細則が定める書式により所定の期限までに地方下部組織から中央へと組織内の報告系統を経て上申される。その過程全体に貫徹する組織設置規程を根拠とした組織の論理が，作成される統計の精度を担保する。

　これに対して第2形態に属する諸統計の場合には，統計原情報の獲得にかかる個別業務法規の関与は第1形態のそれとは逆に能動的である。そこでは行政機関の職員自らが個別業務法規を根拠に行政権限を行使するなかで統計原情報の獲得が行われる。行政権限の行使として作成される各種調書等の行政記録の作成にあたっては，記載当事者は自らの意思とは無関係に一方的な情報の提供者という受動的地位に立ち，そこでは行政機関側が情報獲得における主導権をもつ。したがって，このタイプの統計の場合，個別業務法規に照らした行政権限の行使の実効性の程度がその副産物として作成される統計の精度を規定する。

　末端組織から組織内部の指揮・命令系統にしたがって上申される統計原情報の報告形式やその提出期限については，第1形態の場合と同じように第2形態においても組織部門の所掌事務の1つとして業務報告が制度化されており，報告資料の作成ならびにその提出は，組織そのもののルーチン・ワークとして遂行される。第2形態に属する諸統計においては，統計原情報の作成から統計の編成に至る統計作成の全過程が個々の行政組織という閉じた体系のなかで完結している。そこでは統計作成がまさに組織そのものによって担われている。

3. 第二義統計における統計原情報の情報特性（その1）

　第二義統計の第1形態と第2形態のいずれにおいても，統計原情報は調査統計のような調査票を介した実査過程を経ることなく行政情報としてその獲得が行われる。このことは，近年深刻さを増す統計の調査環境に左右されることなく統計作成に必要な統計原情報が獲得できることを意味する。日本よりも調査環境がより深刻であった欧米諸国でいち早く行政情報の統計への活用が模索されたのもこのような事情による。

　行政情報の場合には特別な調査体制を組む必要もなく統計原情報が獲得できる。その一方で行政情報を源泉とする統計原情報は，その統計への使用にあたっていくつかの制約をもつ。

　まず，行政情報として獲得される情報は，あくまでも行政目的遂行の一環として法令で義務づけられた申告などによるものあるいは行政自らが業務遂行の記録として作成したものである。このことは，例えば密輸による国際取引や発覚しなかった交通違反事例のように申告当事者による義務不履行あるいは行政権の行使がおよばなかった事例の場合，そこでの統計原情報は当然把握漏れとなる。

　第2に，行政情報として収集される項目やその定義あるいは分類は，何よりも行政行為の遂行に適合した形で定められる。税務情報を例にとれば，企業などの活動分類や商品分類は適用税率などにしたがって区分され，その際に統計基準としての産業分類などとの整合性の側面が考慮されることはほとんどない。今日海外では多くの国が統計ビジネスレジスター（SBR）の維持更新や経済統計における取引額情報を税務に依存している。これらの国では税務上の分類の統計分類への調整が政府統計機関にとっての重要な業務となっている。このように行政項目（行政変数）と統計項目（統計変数）の間の非整合性が，行政情報から得られる統計原情報の利用制約の1つとなっている。

　行政情報から得られる統計原情報の利用面での第3の制約は，行政にかかる制度変更にともなう系列の非接続性である。調査統計の場合には，調査項目の

内容などに変更が加えられる場合にも時系列的な接続性に配慮して遡及再集計などども行われている。これに対して行政情報では，当該行政にかかる法制度の変更にともない適用対象ないしはその範囲に変更が加えられる場合にも，作成される統計の接続性に対してとくに配慮されることはない。その結果，例えば課税限度額が変更されるような場合，税務情報が捉える所得や取引額の範囲が変化し，統計系列の連続性が損なわれることになる。

行政情報は個人や企業といった社会経済の構成単位に対する国（行政）の関与結果の記録である。その意味では第二義統計の統計原情報の源泉としての行政情報のカバレッジは，行政による関与の制度的枠組のおよぶ範囲に限定される。

近年，国内的な行政事務簡素化や国際的な自由化圧力などにより政府は規制緩和への対応を余儀なくされている。制度化された規制が行政情報を源泉とする統計原情報獲得の基盤であることから，規制緩和や規制の撤廃は，第二義統計の存立基盤そのものを突き崩すことになる。

このように，行政情報を源泉とする統計原情報の場合，調査統計のようにそれが元々統計作成を目的として獲得・作成されたものではないことから，その統計への利用に当たっては種々の制約をもつ。ただその一方で行政情報の場合，調査統計のような統計作成のためだけの特別な人的・予算的資源の支出も必要とせず，また調査環境に影響されることもない。さらには，何よりも統計調査からは得難い統計原情報が獲得できることから，近年ますます拡大，多様化する政府統計に対するニーズに対応するための未開拓の情報源として行政情報の活用可能性に大きな期待が寄せられている。

4. 第二義統計における統計原情報の情報特性（その2）

本節では，行政情報から得られる統計原情報がもつデータ特性について，個体性と動態性という2つの側面から考察する。

374　第Ⅲ部　地域分析とデータ統合

4-1　行政情報由来の統計原情報がもつ情報の個体性

今日第二義統計として作成されている統計のなかには都市計画基本調査[4]のように基礎自治体に対して一定の書式による集計量の形での統計原情報の提供を求めているものもある（森 2015a）。しかしながら，その第1形態において行政機関の窓口が受理する組織外部の者から提出される各種の許認可申請や届出様式，あるいは第2形態として行政機関の職員が行政行為の遂行過程で作成する調書などの書類は，データ形式としてはいずれも個体ベースの情報である。

このようにして個体ベースの行政情報として獲得された統計原情報は，その後データとして二様の展開方向を辿ることになる。

その1は，それぞれの地域を所管する出先機関ごとに個体レコードがもつ変数が単純集計され，遂行業務量報告を兼ねて組織内の報告系統を所定の報告期限にしたがって上申される。このような地域集計値を統計原情報としていわゆる表式調査方式で積み上げ集計されたものが第二義統計であり，それは地域単位を欄外変数とする基本的に単純集計的性格をもつ。

統計原情報のデータとしてのもう1つの展開方向は，その分析的利用である。近年，行政事務の効率化・ペーパーレス化の進展により，行政情報として獲得された情報の多くは個体ベースのデジタルデータとして維持管理されている。そのうち数値変数あるいはカテゴリー変数として処理可能な変数のなかには，行政機関での分析に活用されているものもある。事故調書に記載された情報を用いた交通事故分析や求人・求職票情報に基づく労働市場分析などがそれである。

集計値の場合には諸変数はあくまでも平均化されたいわば間接的な変数間関係を示している。これに対して個体レコードは直接的な変数間関係を表現し得る。その点で個体ベースの統計原情報は，因果性解明の糸口を与える情報としても意味をもつ。統計原情報は，それがもつデータとしての個体という性格の

---

4)　都市計画基本調査によって各自治体から提出されたデータは集約され，その一部は国土数値情報として一般の利用に供されている。

ゆえに，具体的にはさまざまな要因をコントロールしたクロス表あるいはミクロベースでの多変量回帰分析などにも対応できる。

このように，第二義統計の第1，第2形態における行政原情報の獲得あるいは作成の実態をみると，それはかつて村落などを対象境域として最初から集計量を所定の書式（表式）に従って記入することで収集されていた表式調査による統計原情報とは異なり，情報の多くが個体（あるいは個別事象（イベント）の生起）ベースで把握されており，第二義統計の作成だけでなく，個体データそのものとしての活用可能性ももっている。

4-2　行政情報由来の統計原情報がもつ情報の動態性

調査時点における統計対象の静止撮影（snapshot）を与える静態調査には，ストックとしての現在高だけでなく，世帯の年間所得額，企業等の生存期間，現住地での居住期間といった時間の要素を内蔵したデータあるいは当該年度の生産額や過去5年間の移動状況といった期間集計としての動態統計量の調査項目も設けられている。しかし静態調査は，時空間内の調査対象を一定時点で切り取った際のその断面にあらわれる構造（構成）の統計的把握を目的として実施されるものである。その意味で静態調査における動態現象の把握は，統計単位としての個体が引き起こすイベントについて，その発生（あるいはその結果報告）時点を明示的な変数情報とともに把握する動態統計のそれとは基本的にその性格を異にする。

上杉は，第二義統計の特徴として，「動態集団，とくにそのうちのある種の動態集団……が第二義統計調査によってでなければ，把握されないか，または把握されにくいことは，多くの実例が示すとおりである」（上杉 1960，5 ページ）と述べている。なお，ここで上杉が具体的にどういった集団を「ある種の動態集団」として想定していたかは詳らかでないが，例えば犯罪や交通事故の発生状況を静態調査によって悉皆把握しようとした場合，そのための統計原情報の獲得には，全国民を対象とした犯罪調査あるいは事故調査によって当該イベントの発生の有無を定期的に調査し，また貿易取引を取引ベースで把握する

ためには，海外との商取引を行っている全企業・個人に対して恒常的に調査を
実施する必要があることなどを想定していたものと推察される。

イベントは時や場所を選ばず生起し得る。したがってそれを調査によって把
握するには最終的には任意時点での悉皆型調査が必要となる。動態事象の静態
調査による把握は回答者の記憶に依存せざるを得ず，統計原情報の精度は保証
されない。とはいえ，この種の大規模静態調査を高い頻度で実施することは現
実的ではない。

上杉が指摘するように，行政情報が動態現象の把握面で長じているのは，行
政機関でのこの種の情報捕捉の制度的仕組みによる。第二義統計の第 1 形態の
場合，常置された窓口では個別業務法規によって義務づけられた許認可等の申
請や各種の届出を経常業務として受け付ける態勢が整えられており，また第 2
形態についても，行政は自らの権限行使という形で事象を発生主義による記録
として把握する。そこではイベントの発生が時間の要素を内蔵した情報として
変数化される。行政が常設の窓口あるいは個別業務法規を根拠に実行される行
政行為の結果として獲得する統計原情報の多くは，まさに動態現象としてのイ
ベント生起の記録である。獲得された統計原情報は，日，週，月，あるいは年
といった任意の期間単位によって集計され第二義統計となるが，統計原情報が
動態情報としての性格をもつ所以は，それが自らの個体情報に時間要素を内在
させている点にある。

統計調査の場合，調査実施のたびに実施本部を立ち上げその下に調査組織が
設置される。第二義統計が特別にそのための調査組織を立ち上げることなく動
態把握が行えるのは，実は第一義統計調査にはない第二義統計に特有な常設組
織の存在とその機能にある。すなわち，第 1 形態にせよ第 2 形態にせよ，統計
作成目的とは異なる現実の行政事務を遂行するために組織に常設された窓口や
行政行為の遂行現場における行政事務遂行の過程で行政情報として原情報の獲
得が行われる[5]。そしてそこで把握された件数等の情報が市区町村といった行

---

5) マイヤーは，静大量の統計観察を Zählung（数え上げ，調査），動大量の観察を

政区あるいは直轄組織の末端部署の管轄区域毎に数値化され，組織設置規定等
で定められた報告系統を経由して上申される。そこでの報告系統を形作る部署
は，仮に定期的な統計報告のみを所管しているものであっても，当該行政組織
の一部門であり，報告業務そのものが当該部署の本来業務となっている。第二
義統計が動態現象の統計的把握を得意とするのは，このような統計の作成体制
のあり方による。

5. 行政情報と統計情報のデータ統合

5-1 行政情報と統計情報の相補性

社会を構成する個人，企業，各種組織といった個体それ自体あるいはその活
動や行為に関して，個別業務法規を根拠とした行政による何らかの関与が成立
している事項に対しては，行政機関による情報獲得網が機能し行政行為の遂行
記録としての行政情報が存在する。

その一方で活動や営業の自由が基本的に保証された近代社会では，行政の個
体に対する関与は限定的である。そのため行政情報として把握しきれない政策
事項について行政は，業界などの当事者に対する直接照会あるいは統計調査を
実施することで現状の把握を行ってきた。

筆者はかつて旧統計法・統計報告調整法という統計法規を根拠に実施される
指定・承認・届出統計調査からなる政府調査統計と個別業務法規あるいは組織
設置規定にしたがって作成される第二義統計（業務統計）について，統計調整
権限の行使形態ならびに獲得される統計原情報の精度担保論理を説明軸として
その体系的整理を試みたことがある（森 1992）。そこでは，一国の政府統計体
系を形作る政府調査統計と政府業務統計（第二義統計）は，調査票情報と行政
情報としてそれぞれ統計原情報獲得の源泉を異にし，また統計の精度担保論理
についても調査統計が統計法規を根拠としているのに対して第二義統計のそれ

Verzeichnung（記録）として区別している（Mayr 1914, S. 80, 大橋訳 194-195 ペー
ジ）。

が個別業務法規ならびに組織設置規定に依拠するというようにその制度的根拠を異にするとの総括を行った。それぞれの統計群を規定する上述の制度的枠組は，政府調査統計の根拠法規が統計法に一本化された現在も基本的に妥当する。

　統計調査と行政情報がそれぞれ捉えているものはいうまでもなく時空間における存在そのものである。その一方の側面が調査統計によって，また他の側面が行政情報として把握される結果，現実の存在としての個体がもつ諸側面がそれぞれ統計情報と行政情報という制度的根拠を異にする統計群として併存している。それらは現実に対する統計的認識材料としては相互補完的関係にあるにもかかわらず，それぞれの制度的根拠が異なることから，これまでそれらは相互に連携を欠くそれぞれ閉じた情報体系として取り扱われてきた。統計情報と行政情報との統合利用の可能性の検討を課題とする本章で統計原情報を調査票情報だけでなく行政情報を源泉とする情報も含めた広義の概念として扱った根拠は，これらの情報が本来反映すべき現実的存在というその存在形態そのものにある。

5-2　行政情報の統計情報とのリンク可能性

　第二義統計のなかでもとくに第1形態に属する諸統計の場合，出生や死亡，婚姻等の人口動態事象，居住地の移動や帰化による国籍変更，さらには医療，年金等の社会的扶助，建築申請や土地の売買登記など国民が社会生活を行っていくなかで発生するさまざまな行為などに対して，行政は行政機関外からの個別業務法規に基づく許認可申請や各種届出を提出事由の発生の都度，法定期間中に当事者から担当窓口へ提出される資料に基づいて把握している。このような届出・申告行為を通じて獲得される統計原情報は，それを各行政区域内の行政サービスの対象者の総体を母集団とした時間を関数とするイベント生起の記録情報としてみることができる。この点は4-2で行政情報の動態性として既に指摘した通りである。

　このような届出・申請はあくまでも個別業務法規によって義務づけられた行

為である。したがって行政の側でもその主たる業務上の関心は提出文書における記載内容の適法性の審査にあり，その処理件数が業務遂行の記録として計数化される。そしてこのようにして取りまとめられた数値は，当該行政機関での業務遂行量ならびにその質の評価指標ともなる。

統計調査で報告負担の軽減のために調査事項の整理が行われるのと同様に，行政情報についても提出を求める事項は自ずと個別業務法規に規定された行政的関心事項が中心であり，統計作成目的のためだけに当事者の各種属性項目などが申告項目として新たに加えられるケースは稀である。さらに行政機関内部でも，行政事務量軽減のために内部報告系統を経由して上申される項目や報告の範囲[6]に対して限定が加えられるケースもある。

他方で 4-1 でも指摘したように，第 1 形態，第 2 形態を問わず現在第二義統計として作成されているものの多くが個体ベースで把握された行政情報を原情報としている。そのためもしそれらを悉皆型のセンサスデータとマッチングさせた統合個体レコードを編成することができれば，例えば行政情報から得られる時点変数に紐づけられたタイプ別のイベント生起状況にセンサスがもつイベント当事者の個体属性変数を付加することによって情報の変数次元の拡張を行うことができる。時間の関数としてのイベント生起情報と当事者の属性情報との個体ベースでの統合データには，時間の経過の中でのイベント生起の有無とその当事者の属性情報とがそれぞれ変数として直接関係づけられている。こういった動態情報と静態情報との統合データは，行政情報あるいは統計調査情報のそれぞれ一方のみでは明らかにできない動態現象の静態属性分析という新たな統計の可能性を秘めている。

---

6) 住民基本台帳人口移動報告では，届け出によって受理した居住地移動情報のうち市区町村外への移動だけが県内，県外移動として該当する男女や年齢別の件数が上部機関へと報告されている。

380　第Ⅲ部　地域分析とデータ統合

6. 静態情報と動態情報の統合データの分析的価値

6-1　静態情報と動態情報のデータ統合

　行政記録としての行政原情報はあくまでも行政行為それ自体として収集（作成）されることから，そこでの項目（変数）は自ずと行政的関心事項を中心としたものとなる。それらの情報の統計原情報としての使用はあくまでも二次的であることから，採用される分類区分なども専ら行政的関心にしたがったものとなる。

　行政は行政的関心事項として個体において発生するイベントを行政情報として記録する。そのためそこでの中心的関心は，時間軸の中でのイベント発生の把握にある。したがってイベントを生起させる主体の属性などの情報（変数）の把握が行われる場合にも，その範囲は行政上の関心事に絞られ，第二義統計においてイベント主体の各種属性などが専ら統計目的での結果表章のために記録されるケースは稀である。

　第二義統計の場合，第1形態と第2形態を問わず，行政情報は基本的に個体あるいは個体に関係したイベントという動態現象の記録として収集される。このようにして獲得された統計原情報からの統計作成を第二義統計における統計原情報の本来の使途とすれば，とくに第1形態の場合にはイベントの時間的生起結果の期間別集計という整理に主眼がおかれ，その作成過程でイベントの生起を規定する要因などの考察にまで関心が及ぶケースは比較的少ないと考えられる。他方で，4-2でも言及したように，統計調査の実施体制を恒常的に維持することが技術的にも制度的にも困難であるため，現実の静態面把握を得意とする調査統計の側ではイベントの発生主義による把握は事実上不可能である。

　行政情報の多くは個体ベースというデータ形態で収集・維持されている。また，動態特性をもつ行政情報由来の統計原情報と静態特性をもつ統計調査が与える統計原情報とは相互に補完的関係にある。したがって，もし両者を個体ベースでリンケージすることができれば，動態現象の諸特性の分析を可能にする多様な属性変数をデータ統合した変数次元の拡張を行うことができる。こうい

第16章　行政情報と統計情報のデータ統合の分析的意義について　381

った動態情報と静態情報のデータ統合による変数次元の拡張は，動態量の動向さらにはイベントそれ自体の生起に対する種々の属性要因の関係等に関するミクロ分析へも道を開くことになる。

6-2　静態・動態統合データの分析的意義

社会的存在としての個人や世帯，企業や組織などの活動やその結果が統計による把握の対象となる。そこでは各個体は無機的で相互に孤立した存在ではなく，時空を貫き相互に連関する社会的集団現象の諸側面を作り上げる主体として存在している。

まず時間軸方向に関して各個体は，象徴的にはさまざまなライフイベントを生起させつつ動態的に変貌を遂げる存在である。そこでは誕生した個体はその時々に多様な社会集団を形成しつつ，時代という場をくぐりながら，それぞれは時間の経過のなかで年齢を重ね最終的に消滅に至る。

他方横断面では，各個体の活動やそれを支える意識が，観測可能な変数あるいは観測不能な変数の作用結果としての個体差をもって存在する。それらは他の個体との間でいろいろな関係を結びつつ同時点あるいは異時点での情報に基づき判断し行動する主体として存在する。そこでは個体の属性や行動それに意識といったものが静態調査による把握の対象となるだけでなく，個体の時点を異にする存在形態から構成される動態的集団類型，さらには個体間の関係そのものもまた個体から切り離し難い関連情報として存在している。静態調査が捉える統計の横断面にあらわれた個体とは，まさにこういった情報特性をもつ個体なのである。

ここで，イギリス国家統計局（Office for National Statistics：ONS）が維持更新しているLSパネルデータ（Longitudinal Study data）を参考に静態情報と動態情報の統合データがもつ分析的価値を考察してみよう。

旧人口センサス調査局（Office of Population Censuses and Surveys：OPCS）では1974年に71年人口センサスの1%抽出サンプル（LS sample）[7]の個体レコードを誕生日，氏名，住所情報を用いて政府保健登録（NHSCR）のレコードとマッ

382 第Ⅲ部 地域分析とデータ統合

チングさせることで，静態・動態統合データの作成に着手した（Hattersley and Creeser 1995）。

このような NHSCR のイベントデータと人口センサスデータとの個体ベースでの統合データの作成ならびにその定期的更新に OPCS が取り組むことになった動機をみることで，このタイプのデータがもつ分析的価値の一端を探ることができる。

イギリスで 1970 年代に LS データが作成された主な契機としては，1960～70 年代に職業あるいは社会経済階層間での死亡率の違いとくに炭鉱業従事者の高い罹患率や死亡率が広く社会的関心を集めたこと，慢性病による死亡の社会的要因の究明に行政と研究者の多くが取り組んでいたこと，そして出生率の低下に直面していた同国で女子の出産パターン，とくに出産間隔との関連での出産行動分析さらには国内移動の疾病や死亡への影響などを分析できるデータ整備が求められていたことなどが挙げられる。

従事した職業や社会階層による居住環境の違いが特定の疾病の発症あるいは死因に関係しているとしても，それらは通常は長期的な要因として作用する。したがって，発症や死亡といったイベントは，その者の退職後あるいは問題の地域などからの転居後に生起するケースが多い。そのため NHSCR の情報だけでは職業病の発症やそれによる死亡を検証できる職業履歴，あるいは発がん性物質などによる汚染地域から既に転居した者に対する住環境を通じた汚染物質による健康への影響の有無を特定することはできない。また，人口センサスからは死者に関する情報が得られない。

このようにイベントの時点情報をもつ動態統計と人口の静態面の構造把握を目的とする人口センサスは，それぞれ単独ではイベント生起状況と静態属性情報との関係を明らかにすることはできない。そこで，NHSCR がもつ発症や死亡あるいは出生にかかわる個体ベースでのイベント情報を人口センサスの各種

7）外国籍の者も含めイングランド・ウェールズに常住するなかから 4 誕生日（LS birthday）をもつ者。ただし秘密保護の観点から具体的な日は秘匿扱いとされている。

属性情報とリンクさせることによって統合データとして編成されたのが LS デ
ータである。

NHSCR データとセンサスデータとのマッチングは移民による入国者も含め
て更新され，現在では 40 年にわたるパネルデータとなっている。なおイギリ
スの人口センサスは 10 年周期で実施されており，NHSCR のイベント情報に
リンクされるセンサスの個体属性情報は，あくまでも調査時点における情報で
ある。その意味では，時間の経過のなかでの個体属性の変化がそのまま統合デ
ータの中に織り込まれているわけではない。このように部分的な情報制約を持
つとはいえ，イベントという動態情報に静態属性情報をデータ統合すること
で，LS データからはセンサスあるいは NHSCR データといったそれぞれのデ
ータセットからでは得られない新たな分析的知見が提供されている。

このような LS データにみられるようなイベント情報と当事者の各種属性情
報とのデータ統合は，元々当該個体において一体化されていたものをデータ面
に反映したものに他ならない。さらに，統合データをパネル化することによっ
て，時空間における個体の動的存在の面にも研究の展開が可能となる。

周知のように，今日，マーケティングなどの分野ではビッグデータの 1 つと
される POS データが与えるイベント生起情報にコーザルデータを事後的に付
加することで，気象条件や設定価格，媒体別の広告の売上高への感応度分析等
が広く行われている。人口動態あるいは住民基本台帳人口移動報告などのイベ
ントデータが個人ベースで国勢調査の属性情報とデータ統合できれば，時間の
関数として与えられる出産や結婚などの人口動態イベントや移動といったイベ
ント生起までの期間という時間要素を取り込んだ分析なども可能となる。

7. おわりに

本章では，行政情報を情報源とする第二義統計の第 1，第 2 形態として類別
される諸統計の統計原情報の情報特性に関して，とくに情報の獲得方式並びに
その形態面での個体性と動態性という観点から統計調査によって得られた静態
属性情報との個体ベースでのデータ統合による統計の情報価値の拡張の意味と

384 第Ⅲ部 地域分析とデータ統合

それがもつ可能性について考察してきた。

　時空間内で静態性と動態性とをあわせもった個体を統計側では統計単位として，一方行政側では行政対象としてそれぞれの関心事項にしたがって統計情報あるいは行政情報という形でその諸側面を捉えてきた。その意味では今回その情報特性を考察してきた公的統計における統計原情報と行政記録に含まれるそれは，本来相互にシームレスな存在が単に制度的に切り分けられていたにすぎない。

　それらが本来的には個体においては一体化された存在であることから，もし両者を１つの情報として統合することができれば，それぞれ統計あるいは行政情報のいずれか一方だけよりも当該個体に対してより包括的な認識資料となり得るものと思われる。さらに，行政情報と調査情報とのデータ統合は，これまで制度的に分断されてきた２種類の情報群の間の単なる橋渡し以上の意味をもつ。なぜなら，行政情報が動態面すなわち時間軸上のイベント生起の統計的把握に長けているという情報特性をもつことから，それに統計調査から得られる静態属性情報を付与することでイベント生起あるいはイベント生起までの期間を規定している諸要因の解明への道が開かれることになるからである。

　ここで行政情報と統計情報のデータ統合という視点から悉皆型調査であるセンサスの統計体系上の新たな役割を統計史的に捉え直すとすれば，当初構造統計としてその時々の断面にあらわれる構造とその長期的な推移の把握を目的としていたセンサスには，戦後，標本調査が速報統計として政府統計体系において独自の地位を獲得するなかでそれに対するフレーム情報の提供という新たな機能が追加される。そして今日，行政情報が政府統計の新たな情報源として見直され行政情報由来の統計原情報の有効活用が統計行政上の主要な政策課題となるなかで，センサスはその悉皆性という調査特性のゆえに，他の情報に対する個体ベースでの属性情報提供機能を新たに担うことになる。

　ところで，個体静態情報をデータ統合のプラットフォームとして捉えた場合，動態情報と静態情報の個体ベースでのデータ統合は，動態統計それ自体の新たな展開方向を示唆しているように思われる。個体にかかる各種イベントが

もつ動態性のなかには，期間（インターバル）によってそれぞれの生起が相互に関係づけられているものもある。すなわち個体の動態現象として生起する各種のイベントは，それらがもつ時間という要素を相対化することで，時点情報をインターバル変数へと変換することができる。にもかかわらずこれまでの動態統計は，専らそれをイベントの種類別に例えば月次単純集計として結果表章してきた。そのため，既存の動態統計では個体レベルでは意味をもっていた種々のイベント間のインターバルによって結びつけられた情報の側面は捉えきれていなかった。その点で静態情報と動態情報の統合データは，その変数次元の拡張の方向によっては，生起するイベント間のインターバルに秘められた統計的規則性の検出などにも用いることができるであろう。

　統計の調査環境悪化ならびに統計作成に充当される人的・財政的資源の削減により公的統計の作成環境の劣化が累積的に進行するなかで，海外の政府統計機関は前世紀の終盤以降行政情報の統計活用の制度化へと大きく舵を切ることで，拡大・多様化する統計ニーズに対応するとともにその質の確保を図ってきた。ただ，行政情報と統計情報は情報そのものの制度的背景を異にすることから，現状ではいずれの側でもデータ統合を想定したデータ仕様とはなっていない。そのようななかで統計原情報の情報源の軸足をそれまでの調査統計から行政情報へとシフトすることでレジスターベースの統計制度へと移行した北欧諸国やそれへの傾斜を強めているオランダなどでは，de-identification table を介在させることで双方の個体データとしての秘密保護との両立を図りつつ行政原情報の統計活用に実効性を持たせる取組みが行われている。

　かつての海外諸国がそうであったように，わが国でも統計情報と行政情報はこれまで制度的に切り分けられ，相互に隔絶した情報の世界を形作ってきた。このような海外での統計の新たな展開方向をみると，両者を隔てる垣根を相対化する方向での制度的取組みは，今後拡大・多様化する統計ニーズへの統計作成面での対応だけでなく利用面での統計の情報価値の新たな拡張につながる契機を内包しているように思われる。

参 考 文 献

Mayr, Georg von (1914), *Statistik und Gesellschaftlehre*, Erster Band. Theoretische Statistik (大橋隆憲訳 (1943)『統計学の本質と方法』小島書店).

Hattersley, L. and R. Creeser (1995), "Longitudinal Study 1971-1991-History, organization and quality of data", *Series LS*, No. 7.

上杉正一郎 (1960)「資本主義国における第二義統計の諸形態 (『統計学』第 8 号)。

蜷川虎三 (1932)『統計利用に於ける基本問題』岩波書店。

森博美 (1992)「業務統計の作成論理とその構造」(『経済志林』第 59 巻第 4 号)。

森博美 (1999)「社会経済分析における縦断的データの意義について」(『阪南論集』 Vol. 35, No. 2)。

森博美 (2007a)「我が国政府統計の展開と展望—政府統計は現実をどう反映してきたか—」((財) 日本統計協会『統計』1 月号)。

森博美 (2007b)「統計把握空間と個体情報の潜在的情報特性について」(経済統計学会政府統計研究部会『ニュースレター』No. 2)。

森博美 (2009)「統計個票情報の情報特性について」(『経済志林』第 76 巻第 4 号)。

森博美 (2013)「行政記録情報の情報形態と表式調査」(『ディスカッション・ペーパー』法政大学日本統計研究所 No. 1)。

森博美 (2015a)「業務統計の作成論理から見たその構造」(『ディスカッション・ペーパー』法政大学日本統計研究所 No. 9)。

森博美 (2015b)「調査票情報の情報特性とその拡張性について—位置情報による拡張を中心に—」(『立教経済学研究』第 68 巻第 2 号)。

執筆者紹介 （執筆順）

山口幸三　客員研究員（総務省統計研究研修所特任教授）

小林良行　客員研究員（総務省統計研究研修所教授）

伊藤伸介　研究員（中央大学経済学部教授）

高橋将宜　客員研究員（鹿児島国際大学経済学部准教授）

西村善博　客員研究員（大分大学経済学部教授）

坂田幸繁　研究員（中央大学経済学部教授）

栗原由紀子　客員研究員（立命館大学経済学部准教授）

大井達雄　客員研究員（和歌山大学観光学部教授）

宮寺良光　客員研究員（田園調布学園大学人間福祉学部准教授）

松丸和夫　研究員（中央大学経済学部教授）

上藤一郎　客員研究員（静岡大学学術院人文社会科学領域教授）

菊地　進　客員研究員（立教大学名誉教授，立教学院常任監事）

小西　純　客員研究員（（公財）統計情報研究開発センター主任研究員）

森　博美　客員研究員（法政大学名誉教授）

長谷川普一　客員研究員（新潟市都市政策部 GIS センター主幹）

公的統計情報—その利活用と展望

中央大学経済研究所研究叢書　75

2019 年 11 月 5 日　発行

編　者　坂田幸繁
発行者　中央大学出版部
代表者　間島進吾

東京都八王子市東中野 742-1

発行所　中央大学出版部

電話 042(674)2351　FAX 042(674)2354

ⓒ 2019　坂田幸繁　　ISBN978-4-8057-2269-5　　藤原印刷㈱

本書の無断複写は，著作権法上の例外を除き，禁じられています。
複写される場合は，その都度，当発行所の許諾を得てください。

中央大学経済研究所研究叢書

6. 歴 史 研 究 と 国 際 的 契 機　中央大学経済研究所編　A 5 判　1400 円

7. 戦 後 の 日 本 経 済——高度成長とその評価——　中央大学経済研究所編　A 5 判　3000 円

8. 中 小 企 業 の 階 層 構 造　中央大学経済研究所編　A 5 判　3200 円
——日立製作所下請企業構造の実態分析——

9. 農 業 の 構 造 変 化 と 労 働 市 場　中央大学経済研究所編　A 5 判　3200 円

10. 歴 史 研 究 と 階 級 的 契 機　中央大学経済研究所編　A 5 判　2000 円

11. 構 造 変 動 下 の 日 本 経 済　中央大学経済研究所編　A 5 判　2400 円
——産業構造の実態と政策——

12. 兼 業 農 家 の 労 働 と 生 活・社 会 保 障　中央大学経済研究所編　A 5 判　4500 円　〈品 切〉
——伊那地域の農業と電子機器工業実態分析——

13. ア ジ ア の 経 済 成 長 と 構 造 変 動　中央大学経済研究所編　A 5 判　3000 円

14. 日 本 経 済 と 福 祉 の 計 量 的 分 析　中央大学経済研究所編　A 5 判　2600 円

15. 社 会 主 義 経 済 の 現 状 分 析　中央大学経済研究所編　A 5 判　3000 円

16. 低 成 長・構 造 変 動 下 の 日 本 経 済　中央大学経済研究所編　A 5 判　3000 円

17. ME 技 術 革 新 下 の 下 請 工 業 と 農 村 変 貌　中央大学経済研究所編　A 5 判　3500 円

18. 日 本 資 本 主 義 の 歴 史 と 現 状　中央大学経済研究所編　A 5 判　2800 円

19. 歴 史 に お け る 文 化 と 社 会　中央大学経済研究所編　A 5 判　2000 円

20. 地 方 中 核 都 市 の 産 業 活 性 化——八戸　中央大学経済研究所編　A 5 判　3000 円

中央大学経済研究所研究叢書

21. 自動車産業の国際化と生産システム 中央大学経済研究所編 A5判 2500円

22. ケインズ経済学の再検討 中央大学経済研究所編 A5判 2600円

23. AGING of THE JAPANESE ECONOMY 中央大学経済研究所編 菊判 2800円

24. 日本の国際経済政策 中央大学経済研究所編 A5判 2500円

25. 体制転換——市場経済への道—— 中央大学経済研究所編 A5判 2500円

26. 「地域労働市場」の変容と農家生活保障 中央大学経済研究所編 A5判 3600円
——伊那農家10年の軌跡から——

27. 構造転換下のフランス自動車産業 中央大学経済研究所編 A5判 2900円
——管理方式の「ジャパナイゼーション」——

28. 環境の変化と会計情報 中央大学経済研究所編 A5判 2800円
——ミクロ会計とマクロ会計の連環——

29. アジアの台頭と日本の役割 中央大学経済研究所編 A5判 2700円

30. 社会保障と生活最低限 中央大学経済研究所編 A5判 2900円 〈品切〉
——国際動向を踏まえて——

31. 市場経済移行政策と経済発展 中央大学経済研究所編 A5判 2800円
——現状と課題——

32. 戦後日本資本主義 中央大学経済研究所編 A5判 4500円
——展開過程と現況——

33. 現代財政危機と公信用 中央大学経済研究所編 A5判 3500円

34. 現代資本主義と労働価値論 中央大学経済研究所編 A5判 2600円

35. APEC地域主義と世界経済 今川・坂本・長谷川編著 A5判 3100円

━━━ 中央大学経済研究所研究叢書 ━━━

36.	ミクロ環境会計とマクロ環境会計	A5判	小口好昭編著 3200円
37.	現代経営戦略の潮流と課題	A5判	林・高橋編著 3500円
38.	環境激変に立ち向かう日本自動車産業 ──グローバリゼーションさなかのカスタマー・ サプライヤー関係──	A5判	池田・中川編著 3200円
39.	フランス─経済・社会・文化の位相	A5判	佐藤 清編著 3500円
40.	アジア経済のゆくえ ──成長・環境・公正──	A5判	井村・深町・田村編 3400円
41.	現代経済システムと公共政策	A5判	中野 守編 4500円
42.	現代日本資本主義	A5判	一井・鳥居編著 4000円
43.	功利主義と社会改革の諸思想	A5判	音無通宏編著 6500円
44.	分権化財政の新展開	A5判	片桐・御船・横山編著 3900円
45.	非典型労働と社会保障	A5判	古郡鞆子編著 2600円
46.	制度改革と経済政策	A5判	飯島・谷口・中野編著 4500円
47.	会計領域の拡大と会計概念フレームワーク	A5判	河野・小口編著 3400円
48.	グローバル化財政の新展開	A5判	片桐・御船・横山編著 4700円
49.	グローバル資本主義の構造分析	A5判	一井 昭編 3600円
50.	フランス─経済・社会・文化の諸相	A5判	佐藤 清編著 3800円
51.	功利主義と政策思想の展開	A5判	音無通宏編著 6900円
52.	東アジアの地域協力と経済・通貨統合	A5判	塩見・中條・田中編著 3800円

中央大学経済研究所研究叢書

53. 現 代 経 営 戦 略 の 展 開 　A5判　林・高橋編著　3700円

54. Ａ Ｐ Ｅ Ｃ の 市 場 統 合 　A5判　長谷川聰哲編著　2600円

55. 人 口 減 少 下 の 制 度 改 革 と 地 域 政 策 　A5判　塩見・山﨑編著　4200円

56. 世 界 経 済 の 新 潮 流 　A5判　田中・林編著　4300円
　　　──グローバリゼーション，地域経済統合，
　　　　　　経済格差に注目して──

57. グローバリゼーションと日本資本主義 　A5判　鳥居・佐藤編著　3800円

58. 高 齢 社 会 の 労 働 市 場 分 析 　A5判　松浦　司編著　3500円

59. 現代リスク社会と3・11複合災害の経済分析 　A5判　塩見・谷口編著　3900円

60. 金 融 危 機 後 の 世 界 経 済 の 課 題 　A5判　中條・小森谷編著　4000円

61. 会 　 計 　 と 　 社 　 会 　A5判　小口好昭編著　5200円
　　　──ミクロ会計・メソ会計・マクロ会計の視点から──

62. 変化の中の国民生活と社会政策の課題 　A5判　鷲谷　徹編著　4000円

63. 日 本 経 済 の 再 生 と 新 た な 国 際 関 係 　中央大学経済研究所編　A5判　5300円
　　　(中央大学経済研究所創立50周年記念)

64. 格 差 対 応 財 政 の 新 展 開 　片桐・御船・横山編著　A5判　5000円

65. 経 済 成 長 と 経 済 政 策 　中央大学経済研究所経済政策研究部会編　A5判　3900円

66. フランス─経済・社会・文化の実相 　A5判　宮本　悟編著　3600円

67. 現 代 経 営 戦 略 の 軌 跡 　高橋・加治・丹沢編著　A5判　4300円
　　　──グローバル化の進展と戦略的対応──

68. 経 済 学 の 分 岐 と 総 合 　A5判　益永　淳編著　4400円

中央大学経済研究所研究叢書

69.	アジア太平洋地域のメガ市場統合	A5判	長谷川聰哲編著 2600円
70.	世界から見た中国経済の転換	A5判	中條・唐編著 2900円
71.	中国政治経済の構造的転換	A5判	谷口洋志編著 3800円
72.	経済理論・応用・実証分析の新展開	A5判	松本昭夫編著 4100円
73.	経済成長と財政再建	A5判	篠原正博編 2400円
74.	格差と経済政策	A5判	飯島大邦編 3400円

＊価格は本体価格です．別途消費税が必要です．